KB203101

민족통일과 기독교

민족통일과 기독교 〈개정판〉

1986년 4월 30일 초판 1쇄 펴냄
2023년 10월 25일 개정판 1쇄 펴냄

지은이   박순경
엮은이   김애영
펴낸이   김영호
펴낸곳   도서출판 동연
등 록   제1-1383호(1992. 6. 12)
주 소   서울시 마포구 월드컵로 163-3
전화/팩스   (02)335-2630 / (02)335-2640
이메일   yh4321@gmail.com
인스타그램   instagram.com/dongyeon_press

Copyright ⓒ 김애영, 2023

이 책은 저작권법에 따라 보호받는 저작물이므로 무단 전재와 복제를 금합니다.
잘못된 책은 바꾸어 드립니다. 책값은 뒤표지에 있습니다.

ISBN 978-89-6447-956-8 93230

민족통일과 기독교

박순경 지음

동연

개정판을 펴내며

　2020년 10월 24일에 돌아가신 원초 박순경 교수의 장례식을 치르고 얼마 되지 않은 어느 날 나는 도서출판 동연 김영호 사장님한테서 원초의 추모집 출판을 제안받았다. 그리고 『하나님 혁명의 열망자, 원초 박순경』이라는 추모집을 만들어 2021년 11월 10일에 원초 박순경 교수 서거 1주기 추모 예배와 출판기념회 행사를 가졌다. 또다시 동연 김 사장님의 제안으로 원초의 통일 신학 저서 중 하나인 『민족통일과 기독교』를 원초가 루드비히 포이에르바하(Ludwig Feuerbach)의 독일어판 *Das Wesen des Christentums*을 번역 출판한 『기독교의 본질』과 함께 새로 출판하게 되었다. 1982년 4월 종로서적에서 초판 발행된 『기독교의 본질』은 1993년에 초판 중쇄되었고, 한길사에서 1986년 4월에 출판된 『민족통일과 기독교』는 같은 해 여름 제12회 오늘의 책에 선정되었으며, 1988년에 제3판을 발행하였다.

　『민족통일과 기독교』는 "이 민족의 기도를 들으소서: 기독교 100주년에 드리는 기도문 해설"로 시작하고 있다. "이 민족의 기도를 들으소서"라는 기도문은 1984년 한국기독교 100주년을 맞이하여 한국기독교 100주년 기념사업협의회 여성분과위원회의 부위원장 중 한 사람으로 활동했던 원초가 위원회의 위탁을 받아 작성하였으며, 팸플릿으로 만들어 한국기독교 100주년 여성분과위원회의가 전개한 모든 활동에서 사용되었다. 또한 여성분과위원회가 펴낸 책 『여성! 깰지어다, 일어날지어다, 노래할지어다: 한국기독교 여성 100년사』(서울: 대한기독교출판사, 1985)에 실려 있다. 『민족통일과 기독교』에 실려 있는 기도문 해설에서 원초는 우리 민족사와 민족 분단, 교회 분열과 일치 문제, 여성의 의의와 각성, 민족과 세계 평화, 하나님 나라와 온 피조물의 기도라는 주제들을 다루고 있음을 밝히고 있으니, 이 주제들은 "한국 민족과 기독교의 문제: 민족 분단을 넘어서는 길", "한국 민족과 기독교 선교의 문제", "한민족의 신학", "한국 민족과 여성 신학의 과제", "한국에 있어서의 복음주의와 교회 성장", "교회 연합과 민족통일"이라는 글들에서 깊이 있게 다루어지고 있다.

이 책의 머리말에서 원초가 밝히고 있듯이 원초는 1940년대에 감리교신학교에서 신학 공부를 시작했을 때부터 한민족과 기독교의 관련성에 대한 해답을 추구하였는데, 특히 피억압 식민지 민족의 고난과 민족 분단 상황이 그것과 기독교와의 관련성 문제를 생각하게 했다고 한다. 그러나 감리교신학교와 서울대 철학과를 거쳐 미국에서의 오랜 유학 생활이라는 길고 긴 신학 탐구 그리고 이대 기독교학과 교수직을 수행하느라, 민족 모순과 기독교의 관련성 문제를 오랫동안 보류하고 있었다고 한다. 1972년 2월 미국과 중국의 국교 정상화와 같은 국제적인 화해 분위기에 힘입어 자주 · 평화 · 민족 대단결이라는 통일의 3대 원칙을 천명한 7.4남북공동성명이 발표되자, 원초는 더 이상 민족 분단과 이를 극복하기 위한 통일의 과제를 미뤄둘 수 없다는 자각과 더불어 한국 신학으로의 전환을 결심하고 한국 신학의 일환으로서 통일 신학을 제창하기에 이르렀다. 1986년에 출판된 『민족통일과 기독교』는 1984년에 출판된 『하나님 나라와 민족의 미래』(대한기독교출판사)와 함께 '통일 신학'을 전면에 내세우고 있지는 않으나 원초의 통일 신학의 시작을 알리는 첫 신호탄이라고 할 수 있다.

　"한국 민족과 기독교의 문제: 민족 분단을 넘어서는 길"이라는 글은 원초가 1984년 6월 기독교 대한감리회의 100주년 기념 국제대회에서 행한 강연이다. 이 글에서 원초는 한국에서의 기독교 선교 그리고 한국 교회사에 있어서 기독교가 얼마나 또 어떻게 민족 분단에 이바지했는가를 밝혀 놓았는데, 이것은 기독교의 전반적인 참회를 촉구하고자 하는 의도, 그럼으로써 통일을 지향하려는 의도를 분명히 하고 있다. "한국 민족과 기독교 선교의 문제"라는 글은 앞에서 언급한 『여성! 깰지어다, 일어날지어다, 노래할지어다: 한국기독교 여성 100년사』에 실린 글로 "한국 민족과 기독교의 문제"라는 글을 확장한 글이다.

　"한민족의 신학"이라는 글은 1985년 한국 기독 청년 운동 지도자 수련회에서 행한 강연 내용인데, 원초는 이 글에서 '한민족(韓民族)의 신학(神學)'이라는 표현을 처음으로 사용한다. 민족 혹은 민족주의라는 용어 혹은 개념들을 맹목적인 배외주의(chauvinism)와 구별하지 않은 채 시대착오적 유산으로 규정하거나 낡은 것, 심지어 수구적인 것으로 치부하는 경향을 원초는 의식하고 있다.
　민족이 유구한 전통을 지닌 것이라는 '전통주의' 견해는 프랑스혁명과 같은 국민 혁명과 자본주의의 지구적 확산의 산물이라는 '근대주의' 견해를 통해 비판되었고 또 낡은 것으로 치부되었다. 하지만 이 '근대주의' 견해가 또다시 격렬한 반격에 직면한 것 또한 사실이다.

이스라엘의 아자 가트와 알렉산더 야콥슨은 근대주의 역사학자들이 주로 유럽의 근대사에 근거하여 민족 개념의 형성을 옹호하는 '유럽 중심주의'의 오류, 근대주의자들이 민족이라는 쟁점을 잘못 이끌어 간 '인식론적 오류'의 문제점을 지적하고 있다. 민족과 민족주의를 근대의 발명품으로 해석하는 일군의 역사학자들과는 달리, 민족이라는 단위는 개인이나 계급으로 환원할 수 없는 인간 실존의 조건에서 탄생한 것임을 강조한다는 점에서 이들의 주장은 원초의 견해를 충실하게 뒷받침해주고 있다.

원초는 자신이 한민족 혹은 조선 민족을 한국 신학의 주제로 생각하게 되는 직접적인 역사적 배경이 우리의 근현대 민족사에서 전개된 항일 민족운동과 1945년 이래의 민족 분단 상황을 극복하려는 통일운동에 있다는 점을 통일 신학 관련 논문들에서 밝히고 있다. 원초는 '한민족의 신학', '민족 신학'이라는 표현을 오랫동안 망설이다가 사용하기 시작했다고 한다. 그 이유는 '민족'이라는 용어 혹은 개념이 일반적으로 매우 논쟁적인 것으로 받아들여질 뿐 아니라, 기독교는 통념적으로 민족 혹은 민족주의를 초월해야 한다는 모호한 보편주의를 생각하기 때문이다. 특히 히틀러의 민족주의에 대한 공포를 떠올리게 되면서, 기독교인들이 민족 신학이란 '피의 신학'을 주장하는 것으로 오해하는 문제도 있기 때문이다.

한국 현대 역사가 도진순에 따르면, 한반도는 동북아의 회전축에 자리하고 있어서 외압과 원심력에 시달렸으며, 사대·식민·분열의 역사가 증명하듯이 민족 문제는 항상 '역사적 화두'였다. 현재 우리의 남북 분단의 본질은 '한반도와 강대국 또는 세계의 접촉'이라는 민족 문제이며, 한반도의 통일은 단순히 남북의 지역 문제나 자본주의-사회주의 체제 문제에 그치는 것이 아닌, 세계 강대국들과의 민족 문제가 높은 차원에서 복잡하게 얽혀 있다는 것이다. 이러한 상황에서 민족, 민족주의를 내세우는 것을 마치 '국가 파시즘'처럼 간주하여 비판하는 것은 과거의 경험으로 오늘을 재단하거나, 서구 등 타자의 것으로 우리를 재단하는 일종의 오리엔탈리즘이라고 비판하고 있다. 그는 분단 상황에 대한 인식의 차이, 분단의 성격과 연원, 단군에서부터 우리 민족이 자아와 타자를 어떻게 인식해 왔는가를 일별해 나가면서 통일 문제에 대한 우리의 시야를 시공간적으로 확장하고 있다. 도진순 교수의 주장을 따라 읽어가다 보면 많은 부분에서 원초의 통일 신학과 일맥상통하는 점을 발견하게 된다. 원초는 분단 문제로부터 발생하는 민족 모순과 이를 극복하기 위한 통일운동에 몰두하게 되었으며, 그러한 노력의 일환으로 우리의 근·현대사 연구에서 시작하여 점차 민족의 시원으로 소급해 올라가기에 이르렀다. 원초의 우리 역사 연구를 위해 수많은 우리 역사 단행본과 논문을 구입하고 복사하여 함께 읽으며 원초의 연구를 도왔던 기억이 생생하다.

이제 이 책에 실린 글들이 "민족통일과 기독교"라는 제목 혹은 주제에 합당한가 혹은 서로 어떤 연관성 혹은 일관성을 지니고 있는가에 대해 계속 파악해 보기로 하자.

원초는 1980년 4월에 창립된 한국여신학자협의회(여신협)에서 초대 회장으로 추대되었는데, 회장으로 추대된 취임사 즉석에서 "한국교회와 사회의 민주화, 남녀평등, 민족통일"이라는 한국 여성신학의 원칙과 과제를 제시하였다. 이처럼 한국 여성신학자들은 처음부터 미국 주도의 여성해방운동과 여성신학에 대한 무비판적 추종에 떨어지지 않고, 분단 극복을 위한 통일운동과 통일 신학을 한국 여성신학의 주요 주제로 삼아 왔다. 한국 여성신학이 기독교와 신학의 남성 중심주의를 근본적으로 변혁하려는 여성신학의 보편적 아젠다와 목표들을 추구할 때 우리의 분단 극복인 통일의 성취를 도외시하고 추구된다면, 우리의 구체적인 실존적 삶의 멍에인 분단 현실로부터 추상화된 서구 여성해방운동의 추종에 그치고 만다는 사실을 원초는 끊임없이 촉구하는 데 있어서 결정적 역할을 하였다. 이런 의미에서 75쪽에 달하는 "한국 민족과 여성신학의 과제"라는 긴 글은 한국 여성신학이며, 동시에 한국 신학으로서의 통일 신학이다. 1960년대 이래의 페미니즘의 제2의 물결이라는 여성해방운동에 의해 여성학이 등장하게 됨에 따라 기독교, 불교, 이슬람 등등의 각 종교와 여성이라는 주제가 활발하게 연구되기 시작하였다. 서구 페미니스트들이 종교를 논하는 경우, 대체로 유대교, 기독교, 이슬람을 위주로 다루는 경향이 있다. 그러나 "종교와 여성"이라는 글에서 원초는 신화와 여성, 무속과 여성, 불교와 여성, 기독교와 여성을 논하며 우리의 역사와 문화적 맥락에서 이를 다루고 있다.

"기독교와 타 종교"라는 글은 '한국기독교 100주년 기념 신학자대회'에서 발표된 변선환 교수의 "타 종교와 신학"에 대한 원초의 비판적 논평이다.

과거 서구 사회는 기독교가 독점적 위치에서 사람들에게 기독교 신앙만이 유일한 종교로서 인식되어 왔으나, 이미 오래전부터 우리는 수많은 종교가 난무하는 종교 시장이 펼쳐지고 있음을 잘 알고 있다.

이러한 종교 다원적 현실에 대해 1960년대 이후 서구의 일부 개신교 신학자들이 반응하기 시작하였으니, 이는 하나의 실체에 대한 '여러 가지의 길'로 종교 다원주의적 현실을 이해하려는 시도였다. 1990년 한국기독교학회에서 발표된 논문들을 묶어 출판한 책 『종교다원주의 와 신학적 과제』의 머리말에서 변선환 교수는 "우리는 배타주의가 지배하던 요단강 중심의 유대 문화에서부터 포괄주의 패러다임의 이리소스강과 티베르강 중심의 희랍-로마 문명을 거쳐서 다원주의를 상징하는 갠지스강과 한강 중심의 태평양 문화 시대에서 신학하고 있다"고 주장한다. "우리가 다른 사람들과 똑같은 큰 강물들에서 마실 수 있지만, 똑같은 잔을 사용할 필요는 없다", "종교의 영혼은 하나다. 그러나 그 영혼은 다양한 형태 속에 들어 있다"라고 주장하는 마하트마 간디가 사용한 소위 강의 유비는 변선환 교수의 주장에서 그대로 울려 퍼지고 있다. 종교들의 다원성을 의식하는 현시대의 기독 교인들은 폴 니터가 말하는 '신학적 루비콘강'(theological Rubicon) 앞에 서 있다는 것이다.

구원이 그리스도에 대한, 오직 이 한 사람(solus Christus)에 대한 신앙으로 말미암는다는 것 혹은 '예수 그리스도의 유일성'을 결코 포기하지 않는 칼 라너, 존 캅, 슈버트 오그덴 등은 종교적 다원성을 진지하게 여겨 종교 간의 대화를 모색하며 '상호변혁'을 주창하면서도, 여전히 그리스도론-중심적 방식을 고수하는 포괄주의자의 입장에 서 있다. 이에 대하여 종교다원주의자들은 아직까지 '신학적 루비콘강' 을 건너지 않은 이러한 신학자들을 향해 이들의 신학 역시 배타주의적 이며 억압적이라고 비판한다. 종교다원주의의 핵심은 바로 기독교 신학을 이끌어 왔던 확신, 즉 예수 이외에는 "다른 이름이 없다"(행

4:12)는 확신에 대한 도전이니, 이처럼 '예수 그리스도의 유일성 혹은 유일회성' 문제가 걸려 있다.

기독교 신학은 기독교 신앙의 진리에 대한 사상적 해명이다. 기독교 신앙은 예수 그리스도의 일, 즉 하나님의 일과 인간의 일을 문제삼는다. 이 예수 그리스도는 역사적 신화도, 초역사적 이념도, 가르침 또는 세계관도 아니며, 예수 그리스도에 대한 원래적인 신앙적 증언이 기독교 신학의 토대를 이룬다. 오늘날 다문화적 사회가 세계 어느 곳에서나 전개되고 있다. 다양한 종교 공동체들이 서로 이해하고 존중하는 것은 중요하다. 종교들, 특히 기독교, 불교, 이슬람과 같은 큰 종교들은 대화를 나누어야 하는데, 이러한 대화의 목적은 모든 종교를 단일한 종교로 혼합하는 것이 아니라, 서로를 인정하면서 타 종교와의 관계 속에서 자신의 정체성을 발견·유지하는 것이어야 한다. 타 종교 전통들과의 만남 혹은 대화가 성장과 활력을 위한 기회를 제공해 주기도 하지만, 편협한 신앙과 미온적인 타협적 관용주의 사이의 무익한 선택으로 이끌 수도 있다는 지적을 염두에 두어야 한다. 신학적 도전은 또 다른 대안, 구체적으로 신앙의 대안을 분명하게 하는 일이라고 하는데, 이는 예수 그리스도를 믿는 신앙으로서 기독교 신앙이 진실로 무엇인지를 한 번 더 분명히 밝힐 것을 요구한다는 사실이다. 우리가 타 종교들로부터 배우고 그것들을 통해 변형되려고 한다면, 우리 유산의 온전한 풍성함을 가지고 만남에 임해야 한다. 신학의 주된 목표는 예수 그리스도를 믿는 것과 그 신앙이 참되다는 것을 이해하고 기술하는 것이다. 다원주의적인 오늘의 상황에서 사람들은 자신이 진리라고 주장하는 수많은 세력에 둘러싸여 있다. 또한 각각의 종교는 목적지에 이르는 하나의 역에 불과하므로, 시대의 변화에 따라 유행하는 종교를 믿으라고 권하기까지 한다. 서로 경쟁하는 세계관의 틈바구니에서 기독교 신학은 기독교 진리를 더욱더 명확하게 정립하고자 하는 시도를 중지할 수 없다. 변선환 교수에 대한 원초의 비판적 논평, "기독교와 타 종교"라는 글은 오늘의 종교다원주의 세계에서 기독교 진리를 더욱 명확하게 정립하고자 하는 신학적 시도이다.

특히 원초는 타 종교와의 대화에 있어서 신학의 상황성을 논한다. 신학의 상황성은 역사적 문제 상황에서 규정되며 이 문제 상황의 극복이라는 실천적 과제를 지닌다는 것인데, 한국에서의 민중 상황은 한편 세계의 지배 구조를 반영하는 민족 내부의 사회 · 경제 질서의 모순과 민족 분단의 상황에 규정되어 있다는 것이다. 다른 한편으로, 기독교를 비롯한 타 종교의 종교적 문제 상황은 오늘의 지배 구조 아래서의 한국 민족과 민중의 곤경에는 몰인식한 채, 구원이라든지 정신의 초월경으로 몰입하는 문제를 지니고 있음을 지적하고 있다.

원초의 "제3세계 신학과 방법론에 대한 고찰"이라는 글을 위해서 우리는 1976년에 창립된 제3세계 신학자 에큐메니컬협의회(Ecumenical Association of Third World Theologians, ETWOT)를 주목해야 할 것이다. ETWOT는 아프리카, 아시아, 라틴아메리카 제3대륙의 가톨릭, 프로테스탄트 신학자들의 협의회이다. 원초는 1978년부터 한국 책임자, 신학위 위원, Concilium 신학지 자문위원, Voice 신학지 편집위원, 한국위원회 고문을 역임하였다. 이 글에서 원초는 제3세계란 미 · 소를 비롯한 세계 분단 상황에 의한 것이지만 제3세계가 겪고 있는 고통이란 서구에 의해 저질러진 억압과 수탈에 의한 수 세기에 걸친 피억압의 역사적 산물임을 지적하고 있다. 제3세계 도처에서 일어나고 있는 사회정의를 촉구하는 억압받는 가난한 자들의 요구와 운동, 정의와 평등과 평화가 지배하는 새로운 세계 질서에의 갈망이 바로 제3세계 신학이 등장하게 된 맥락임을 밝히면서, 원초는 ETWOT에서의 신학적 논의를 고려하면서 제3세계 신학의 방법론과 주제들을 다루고 있다. 1987년에 한국기독교사회문제연구원이 조사연구총서라는 형식으로 펴낸 『제3세계의 상황신학』에는 파블로 리햐르의 "니카라과의 '가난한 자 교회'"를 비롯해 "필리핀: 크리스챤과 해방의 정치학", "교회에 대한 도전: 남아프리카의 정치적 위기에 관한 신학적 주석", "상황신학이란 무엇인가"의 네 편 글이 실려 있으며, 이 글들에 대한 종합적 해설을 통해 제3세계 상황신학 시도들에 대한 분석의 글로서 원초의 "제3세계에서의 신학적 시도들의 의의와 문제"라는 글이 실려 있다(박순경·파블로 리햐르 외 지음, 『제3세계의 상황신학』, 서울: 민중사, 1987). 이 책 역시 ETWOT를 중심으로 활발하게 전개되고 있던 당시의 제3세계 신학의 영향력을 반영하고 있다. 그러나 ETWOT는 점차 퇴조의 길로 접어들게 되었다. 그 원인은 아놀드(G. Arnold)가 제3세계는 이제 갈 데가 없게 되었다고 지적하였듯이, 거센 시장화·지구화 물결에 의해 '제3세계'라고 불렸던 나라들이 '지하 세계'(Unterwelt)로 전락함으로써 제3세계라는 용어조차 성립되기 어려운 세계 상황이 전개됨에 따라 그나마 제3세계의 신학적 목소리를 내었던 ETWOT가 역사의 뒤안길로 사라지고 만 것이다. 원초는 이를 매우 안타까워했고 애석해하였다.

원초는 1980년부터 1986년까지 아시아 교회협의회(CCA) 신학위원회 위원과 세계교회협의회(WCC) 신앙과직제위원회(Commission on Faith and Order) 위원으로 에큐메니컬 운동에 참여하였다. "교회 연합과 민족통일"이라는 글은 원초가 1985년 8월에 노르웨이에서 개최된 WCC의 신앙과 직제위원회 전체 회의에 참여하여 논의된 신학적 주제들을 한국 신학계에 전하는 역할을 보여준다. 원초는 '기독교 역사에서 세례, 성만찬, 사목을 둘러싸고 벌어진 기독교의 불일치점들의 극복을 위한 교회 연합, 오늘의 사도적 신앙, 니케아 콘스탄티노플 신조, 교회 연합과 인류 공동체 갱신'이라는 신학적 토론 주제들과 방향에 대해 한국 신학계에 충실하게 전달하고 있을 뿐 아니라, 더 나아가 교회 연합 운동의 과제와 우리의 민족통일의 과제의 상호연관성에 대하여 논하고 있다. 첫째, 세례(Baptism), 성례(Eucharist), 사역(Ministry)이라는 BEM과 사도적 신앙이 교회 연합의 내적 주제들이면서 동시에 인류 공동체 갱신이라는 세계 문제에 대한 해답으로서 추구될 수밖에 없듯이, 한국교회연합의 과제는 우리 민족 공동체의 갱신 혹은 민족통일의 과제와 결부되어 연구 추진되어야 함을 역설하고 있다. 둘째, 교회 연합이 민족 분단 극복과 통일된 새로운 민족 사회 창출이라는 과제를 수납해야 하지만, 이것만이 교회 연합의 주제는 아니라는 사실에 대해 역설하고 있다. 교회 연합은 초월성에 근거하는 BEM과 사도적 신앙이라는 교회 자체의 주제를 지닌다는 것이다. 교회 연합이라는 주제의 이러한 양면성은 하나님과 세계의 관계성, 즉 세계에서 역사하시는 하나님의 신앙에 근거해 있다는 것이며, 교회 연합은 복음과 신앙의 통일성과 민족의 통일성을 동시적으로 설정해야 한다는 것이다.

이 책에서 원초는 기독교의 복음과 서구 신학 전통의 주제들 자체와 서양 문명이나 서기(西器)의 정신, 즉 서양인들의 정신을 동일시해서는 안 된다는 것이다. 서기의 정신으로 전해지고 받아들여진 기독교는 다름 아닌 서양 지배 세력의 정신이기 때문에 탈서양 기독교는 우선 복음과 서양 문명과의 구별을 요구한다는 것이다. 원초는 한국 기독교는 바로 복음과 서양 문명을 혼합한 서양 기독교 이데올로기를 대변해 왔다는 사실을 강하게 비판한다.

원초는 한국에서의 기독교 선교와 한국 기독교에 내포된 반민족적 요인들을 제시하는 데 집중한다. 우선 반공 기독교에 대한 대대적인 비판 작업을 수행하고 있는데, 이러한 부정적인 반공 기독교에 대한 비판은 그 자체가 바로 신학을 위한 긍정적인 작업이라는 것이다. 철저한 기독교 비판은 더욱더 수행되어야 한다는 것을 역설하고 있지만, 원초는 우리 민족사에 대한 기독교의 의의가 모두 반민족적인 것으로 간주되어서는 안 된다는 점 역시 분명히 밝히고 있다.

민영진 교수는 한 논문에서 1) 단재 신채호의 기독교 이해, 2) 신축년(1901) 이재수의 난, 3) 박순경의 참회록 『민족통일과 기독교』 (1986)라는 순서로 논할 만큼 원초의 이 책에 주목하였다. "우리는 우리 민족의 분단에 있어서 기독교가 그 책임을 벗어날 수 없다는 예언자적 신탁을 듣기에 이르렀다. … 박순경 교수는 기독교를 비난하려는 악의적인 도전자의 편에 서 있지 않다. 오히려 한 기독교인으로서 그가 우리 신도들 모두를 대표해서 잘못을 고백하는 참회록을 우리는 그의 『민족통일과 기독교』(한길사, 1986)에서 본다." 한국 기독교의 뿌리 깊은 반공 이데올로기는 서양 기독교와 선교 역사의 유산임을, 우리의 민족 분단과 세계 분단의 뿌리 깊은 종교적 정신사적 요인들을 파헤쳐온 원초는 기독교에 대한 철저한 일대 비판을 통과하지 않고서는 이를 극복할 수 없음을 줄기차게 촉구하고 있다.

　미·중 대립과 러시아의 우크라이나 침략으로 오늘의 국제 질서는 탈냉전 이후 가장 급격히 변하고 있으며, '신냉전'이라 명명되기도 하지만, 동의하지 않는 견해도 만만치 않다. 어쨌든 한·미·일과 북·중·러의 대결 구도는 현재 윤석열 정부에 들어서자마자 급속히 격화되고 있다. 윤 정부는 한반도 정세가 신냉전으로 가지 않도록 긴장 완화를 위한 노력보다는 오히려 앞장서서 신냉전을 강화, 완성하고 있다는 비판에 직면해 있으니, 윤석열 정부의 한국은 한반도, 동아시아, 나아가 세계 정치의 '신냉전 촉진자'가 되었다는 우려를 낳고 있다. 한반도의 오래된 군비 경쟁이 이제 선제 타격을 추구하고 있다는 점에서 새로운 국면에 돌입했으며, 미국은 오래된 확장 억제를 개편하여 북한 정권의 종말을 지향하는 한·미·일 통합 억제력으로 확장하고 있으며, 중국 역시 군사력을 현대화하고 핵 군사력을 증강하고 있다. 이러한 맥락에서 윤석열 대통령은 한·일 관계 급속 밀착으로 한·미·일 '준동맹화'의 첫발을 내디뎠고, 나토와 주요 7개국(G7), 유엔 총회 등에서 자유의 투사로 자신을 각인시키고 있다. 이는 대북·대중 최전선에 윤석열 정부가 총대를 메고 나서서 한·미·일 군사 협력을 완성하라는 미국의 요구와 압력에 의한 것이라고 해도, 한·미 동맹에 국가 안보를 보장받고 대중 관계도 한미 동맹 강화를 통해 해결하려는 윤 정부의 기본적인 입장이 우리의 미래를 매우 위태롭게 만들고 있다는 점은 부인할 수 없다. 게다가 2023년 광복절 경축사에서 윤석열 대통령은 공산 전체주의 세력이 민주주의 운동가, 인권 운동가,

진보주의 행동가로 위장하고 허위 선동과 패륜적 공작을 일삼아 왔다고 비난하였으며, 육군사관학교에 세워진 홍범도 장군을 포함한 항일 독립 영웅 5인의 흉상을 이전하는 등 과도한 이념적 잣대로 독립운동의 역사마저 지우려는 윤 정부의 행태는 시대에 대한 통찰은 커녕 철 지난 이데올로기로 온 나라를 쑥대밭으로 만들고 있다.

남북관계가 '관계'라는 말이 무색해질 정도로 관계 자체가 사라지고 남북 대화와 북미 대화가 '제로'가 된 지 이미 오래되었을 뿐만 아니라, 우크라이나 사태, 기후 위기 그리고 미 · 중 대결 구도가 촉발한 '시대 전환'이라는 과제에 직면해서 기독교의 반공 이데올로기는 성서의 정신과 민족에 위배된다는 사실 그리고 분단 세력들을 묵과하면서 교회와 신학이 하나님 나라의 의와 나라를 증언할 수 없다는 사실을, 민족 분단 상황을 파악하고 이 상황에서부터 그 극복과 통일을 위한 미래 방향을 제시하고자 하는 의지를 줄기차게 피력해 온 원초의 『민족통일과 기독교』은 아직도 우리에게 큰 울림으로 다가와야 하지 않겠는가! 만에 하나라도 한미·일과 북중러의 대결 구도로 인해 이 땅에서 발발할 수도 있는 전쟁을 저지하고 우리의 통일 염원을 되살려 내야 하는 임무가 우리에게 주어져 있음을 생각할 때, 1986년에 출판된 원초의 『민족통일과 기독교』의 증보판 형식으로 2023년에 재소환되는 것은 충분한 이유가 될 것이다.

원초(1923. 7. 14. ~ 2020. 10. 24.)의 탄신 100주년과 서거 3주기를 맞이하게 된 2023년 올해, 거창한 기념행사를 해드리지는 못하지만 절판되었던 번역서와 저서 두 권을 개정판으로 출판되게 되었으니 하늘에 계신 원초께서도 진정 기뻐하시리라! 도서출판 동연의 김영호 사장님과 실무를 담당해 준 분들께 깊은 감사를 드린다.

2023년 10.4 선언 기념일에

제자 道璟 김애영

머 리 말

　1946년 신학 수업을 시작했을 때부터 나는 한민족과 기독교의 관련성 문제에 대한 해답을 생각해 왔다. 피억압 식민지 민족의 고난과 민족 분단의 상황이 그 관련성 문제를 생각하게 된 핵심적 계기였다. 그런데 신학 수업을 시작하면서 나는 신학 자체에 대한 연구에 몰두할 수밖에 없었으며, 저 민족 문제들은 내 의식 속에서 오랫동안 침묵하고 있었다. 그런데 신학 수업의 기간 동안에도 간간이 그것들을 말할 기회가 주어졌을 때 나의 신학적 정열이 그것들에 총집중되곤 했으나, 공적으로 말할 기회는 아직 나에게 주어지지 않았다. 1945년 이래 내가 각성하게 된 저 관련성 문제는 특히 민족 분단에 있어서 기독교가 결정적으로 잘못했고 또 잘못하고 있다는 문제점이었으며, 기독교의 진리는 민족 분단을 극복하고 넘어서는 일임이 틀림없다는 것이었다.

　1972년 남북공동 성명이 발표되자, 이것이 어떠한 정치적 상황에서 발표되었든지 간에 이것을 계기로 해서 나는 저 민족 문제들을 한국 신학의 필연적인 주제들로 재반성하기 시작했다. 한국 신학의 주제로서의 한민족은 물론 그러한 특정한 주제들 이상이며, 종교와 문화 사상을 내포하고 있는 민족사 전체에서 파악되어야 하지만, 민족사 전체의 의의는 오늘의 민족적인 삶의 문제 상황, 특히 분단 상황의 극복이라는 방향에서부터 파악되어야 할 것이다. 따라서 한국 신학은 저 특정한 민족 문제들에 집중할 필요가 있다. 그럴 때, 한국 신학의 방향이 열리고 방법론이 형성되리라고 생각한다. 『민족통일과 기독교』라는 이 책에 그러한 한국 신학적 작업의 일부분이 제시되어 있다.

이 책의 논문들은 한국에서의 기독교 선교와 한국 기독교에 내포된 반민족적 요인들을 제시하는 데 집중되어 있으므로 민족과 민족사에 대한 기독교의 적극적 의의는 충분하게 제시되어 있지 않다는 사실을 지적해둔다. 철저한 기독교 비판은 더 수행되어야 하지만, 민족사에 대한 기독교의 의미가 모두 그렇게 부정적으로, 다시 말해 반민족적이라는 부정적 의미로 파악되는 것은 아니다.

철저한 기독교 비판을 위해서는 기독교가 전승해 온 진리를 철저하게 이해해야 한다. 한국 기독교가 민족통일의 길에 있어서 대체로 저해 조건이 되어 있으나, 그럼에도 불구하고 기독교 없이 민족통일은 성취되지 못할 것이다. 민족 분단은 세계 분단의 일환이며, 세계 기독교는 세계 분단의 요인들 근저에 있는 정신적 계기이지만, 세계 기독교의 참여 없이 세계 분단은 극복되지 못할 것이다.[1] 기독교의 민주화운동 혹은 기독교는 민족통일과 민족 사회의 평등화가 실현될 그때까지 필요한 수단이기는 하나, 실현될 그때에는 불필요하게 되리라는 견해는 너무도 근시안적이다. 세계 분단의 근저에 있어서 기독교와 공산주의 혹은 사회주의가 어떻게 불가분하게 쌍둥이처럼 얼크러져 있는가 하는 문제를 도외시하고 또 이 양자 없이 세계 분단이 극복될 수 없다는 문제가 대체로 비기독교계의 민족사가들, 지성인들, 젊은이들에게서 간과되고 있는 것 같다. 기독교의 본질이나 주제 혹은 신학 자체는 좀 도외시되어도 된다는 기독교계 인사들과 청년들의 의식과 경향성도 착각이다. 그러한 근시안적 생각은 민족 분단과

---

1 박순경, "하나님 나라와 민족의 미래,"『기독교와 공산주의의 이론과 현실』(기독교서회, 1984), 457-498.

세계 분단의 정신적 혹은 사상적 요인을 간과해버리는 것이며, 분단 극복의 정신적 기초를 닦을 수 없다. 사회·경제적인 평등화가 사회와 민족 문제 해결의 전부는 아니다. 사회·경제적인 물질의 문제는 인간 정신의 문제와 상관적이다. 기독교가 선포해 온 인간의 자유, 역사의 구원과 같은 근원적인 주제들이 저 사회·경제적 문제 제기의 발단에 내포되어 있었다는 사실이 간과되어서는 안 된다. 이러한 정신적 차원이 저 사회·경제적 차원과 함께 고려되지 않는다면, 인간성의 성취도 사회 평등화의 성취도 기대될 수 없을 것이다. 한민족에 대한 기독교의 적극적인 의의는 기독교의 반민족적인 요인들이 극복될 때, 그렇게 됨으로써 민족 분단을 넘어서는 새로운 길을 제시할 때 밝혀지게 된다. 그 요인들 때문에 기독교의 적극적인 의의가 은폐되어 있다. 기나긴 민족사의 장(場)에 기독교가 등장했다는 것은, 우선 단적으로 말하자면, 민족사의 구원사적 의의에 대한 신학적 조명을 가능하게 하는 사건이며, 이 사건은 민족사의 한 새로운 빛이다.

이 책의 글들은 대체로 여성이라는 특수 주제를 포함한다. 나는 지금까지 한국 여성운동과 한국 여성신학의 과제를 한민족의 문제들의 관점에서부터 취급해 왔다. 여성신학은 여성해방을 주제로 삼는 특수성을 가지고 있으나, 민족의 문제들과 결부해서 취급될 수밖에 없다. 이러한 민족사적 맥락에서 '민족의 어머니' 혹은 '역사의 어머니'라는 어머니 모델이 채택된 것이다. 어머니 모델은 출산의 모상(母像)을 이상화시킨 것도 아니고 여성다움의 상(像)도 아니다. 종교와 문화, 사회와 역사에 있어 서의 지배 구조와 피지배자의 존재가 남성 지배에 의해서 창출되어 왔으며, 새로운 민족의 미래와 인간성의 성취는 남성의 그러한 지배 의식과 세계의 지배 구조에 의해서 창출될 수 없으므로 어머니 모델이 채택된 것이다. 그것은 민족과 세계사의 새로운 미래의 표징이요, 구원사적 의의를 가진다. 민족의 어머니, 역사의 어머니는 여성뿐만 아니라 남성의 새로운 인간성, 지배 의식과 지배 구조로부터 자유로운 인간성, 그래서 평등과 평화와 의(義)가 지배하는 하나님 나라의 인간성의 표징이다.

끝으로 말해둘 것은 이 책의 글들은 쓰인 시기의 순서대로 배열되지 않고, 그 주제들의 관련성에 따라 배열되었다.『한국 민족과 여성신학의 과제』는 현대신서 130(기독교서회, 1983)으로 이미 출판된 바 있으나, 이 책에 다시 싣는다. 이 책의 발간을 서둘러준 한길사의 배려와 후학들의 노력에 심심한 감사를 표하면서, 나의 미완성의 글을 내놓는 바이다.

1985년 10월

박순경

차 례

개정판을 펴내며   5
머리말   20

여는 글
이 민족의 기도를 들으소서   26

1부 | 한민족과 기독교 ·· 45

한국 민족과 기독교의 문제   47
    I. 민족의 역사적 의미와 문제   47
    II. 서양 자본주의·식민주의와 기독교 선교   51
    III. 항일 민족운동과 사회운동의 의의와 문제   64
    IV. 민족 분단과 분단을 넘어서는 길   73
한국 민족과 기독교 선교의 문제   83
    I. 글머리에   83
    II. 한국 민족과 기독교 선교의 문제   85
    III. 한국 민족과 기독교 선교의 미래   181
한민족의 신학   214
    I. 역사와 신학의 주체로서의 한민족   214
    II. 서구 신학 전통과 한민족의 신학   218
    III. 한민족의 신학의 성서적 근거   222
    IV. 한민족의 민중 의식의 대두와 민족 분단   230
    V. 민족 분단을 넘어서는 복음과 선교   234

한국 민족과 여성신학의 과제   239

    I. 여성신학의 의의와 방법   239

    II. 하나님론의 여성신학적 해석   255

    III. 교회론의 여성신학적 해석   281

    IV. 인간의 여성신학적 해석   295

    V. 민족과 여성신학의 과제   327

한국에 있어서의 복음주의와 교회 성장   343

2부 | 기독교와 세계 ···355

기독교와 타 종교   357

    I. 그리스도교와 타 종교의 대화의 필요성과 신 문제   357

    II. 하나님의 계시와 종교의 구별   365

    III. 예수 그리스도의 통일성 문제   369

    IV. 신학의 토착화와 상황화 문제   371

    V. 역사와 인간성의 구원 문제   375

종교와 여성   379

    I. 여성학의 과제와 방법   379

    II. 종교와 여성해방   384

    III. 기독교와 여성해방   399

제3세계 신학과 방법론에 대한 고찰   403

    I. 제3세계 신학의 대두   403

    II. 제3세계 신학의 방법론적 주제들   417

    III. 성령과 제3세계 신학   435

교회 연합과 민족통일   441

    I. 세계기독교교회협의회 신앙과직제위원회의 동향   441

    II. 교회 연합과 민족통일   453

참고문헌   459

이 민족의 기도를 들으소서*

기독교 100주년에 드리는 기도문 해설

어둠 속에 있던 이 겨레에게 빛과 구원이 되신 하나님.

우리가 당신을 하나님으로 고백하기 이전부터 이 겨레를 사랑하신
하나님,

당신께 감사와 찬송과 영광을 드립니다.

이 땅의 모든 교회들과 겨레의 기도를 들으소서.

이 땅에 전해진 예수 그리스도의 복음의 100년의 역사를 맞이하여 당신께
드리는 감사와 찬송과 영광을 받으소서.

100년의 역사를 계기로 하여 우리의 모든 잘못을 넘어서서 당신의 새로운
역사가 일어나게 하소서.

과거에도 이 민족을 일본의 억압에서부터 구원하신 하나님,

---

* 이 기도문은 "한국기독교 100주년 여성분과"를 위해서 1984년에 쓴 것이며, 그 해설은 「기독
교사상」 1984년 8월호에 실렸다.

다시금 이 민족을 강대국들의 억압에서부터 구원하소서.

민족 분단의 비극과 불의에서부터 이 민족을 구원하소서.

민족의 불의와 우매함에서부터 이 민족을 구원하소서.

이 땅의 교회들이 이 민족의 구원을 증언하도록 하소서.

이 땅의 불의와 거짓을 증언하게 하소서.

하나님, 당신의 구원과 진리의 말씀을 외면하는 이 땅의 교회들을 용서하소서.

한 분 하나님과 한 분 예수 그리스도와 한 분 성령을 고백하면서도 분열에 분열을 거듭하는 이 땅의 교회들을 용서하소서.

정의를 외면하고 예배 의식과 형식에 몰두하는 이 땅의 교회들을 용서하소서.

이 땅의 교회들이 악의 권세를 이기게 하소서.

세상을 심판하는 십자가의 진리를 알게 하소서.

악의 권세를 이긴 예수 그리스도의 십자가와 부활의 권능을 알게 하소서.

낭비와 부패와 폭력이 난무하는 세계에서,

남성들에 의해 계획되고 실행되고 조정되는 세계에서,

이 땅의 드보라여, 일어날지어다! 깰지어다! 노래할지어다!

이 땅의 드보라, 당신들이 일어서기까지,

이 땅의 어머니, 당신들이 일어서기까지,

이 땅은 죽어 있었다는 하나님의 말씀으로

오늘 이 땅의 여성들이 일어서게 하소서.

하나님, 이 땅의 여성들이 새로운 세계를 대망하고 있습니다.

이 땅의 여성들이 가정과 교회와 사회와 이 민족의 새로운 미래를 선포하게 하소서.

이 민족의 위기에서 이 땅에 용감한 드보라와 에스더가 나타나게 하소서.

하나님, 우리는 예수 그리스도 안에서 옛 세계가 지나가고

새로운 질서가 이미 시작되었음을 믿습니다.

이제 모든 육체들 위에 성령을 부어주시어

이 땅의 여성들이 이 구원의 영을 선포하게 하소서.

당신의 평화를 이 땅에 강물처럼 끌어들이며,

민족들의 평화를 개울물처럼 쏟아져 들이는 일을 이 민족에게 허락하소서.

하나님의 말씀과 거짓된 말들을 분별케 하는 성령을 우리에게 허락하소서.

하나님, 우리는

이 땅에서 힘 있는 자들이 당신 앞에서 무서워 떠는 날을 대망합니다.

이 땅에서 이름 없이 죽어간 이들이 당신 앞에서 기억되는 날을 대망합니다.

이 땅에서 눌려 있던 여성들이 남성들과 더불어 민족의 위기에 대처하여

하나님 나라의 파수꾼이 되고 민족의 미래가 동트는 날을 대망합니다.

분단된 민족이 하나 되는 구원의 날을 대망합니다.

백두산과 한라산이 하나 되고, 이 땅의 산들과 언덕들과 바다들이

우리 앞에서 소리높여 노래하며, 들의 모든 나무들이 손뼉을 치며,

당신의 나라를 찬양하는 날을 대망합니다.

하나님, 세계의 불의와 분열 속에서

모든 피조물들이 구원과 부활을 기다리며 탄식합니다.

우리가 마땅히 간구해야 할 바를 모를 때에도

우리를 대신하여 탄식하고 간구하시는 성령을 믿습니다.

분열된 민족들과 교회들을 하나 되게 하시고

당신의 나라가 땅 위에 임하도록 예비하게 하소서.

당신의 주권과 평화와 의가 이 땅에서 이루어지기를

예수 그리스도의 이름으로 기도합니다. 아멘!

"기독교 100주년에 드리는 여성의 기도"라는 기도문이 한국기독교 100주년 기념사업협의회의 여성분과위원회의 팸플릿에 이미 실렸으며, 기독교 여성단체들에 의해서 사용되기도 한다. 이 기도문은 꼭 여성의 기도만은 아니다. 이것은 '민족의 기도'이다. 올바른 이해를 위해 이제 그 해설을 하고자 한다.

한국 기독교 100주년 사업에 여성분과위원회가 있다는 사실은 여간 다행한 일이 아니다. 이 사실은 보수적인 한국 기독교계 인사들에게도 오늘의 세계 여성운동의 영향이 작용했다는 것을 암시한다.

여성분과의 부위원장 가운데 한 사람으로서, 공덕귀 위원장과 주재숙 부위원장의 헌신, 나선정 서기의 조직력을 배우고 고마워해 마지않는다. 그분들의 위탁으로 나는 이 기도문을 작성하게 되었다. 그것은 한국 기독교 여성 전체, 한국 여성 전체, 한국 기독교와 민족의 문제들을 하나님 앞에 고하고 그의 해답을 기원하는 것이므로 여성의 기도, 교회의 기도, 민족의 기도이기를 바라는 바이다.

기도문에는 몇 가지 주제들이 있으니 민족사와 민족 분단, 교회 분열과 일치 문제, 여성의 의의와 각성, 민족과 세계의 평화, 하나님의 나라와 온 피조물의 기도가 그것들이다. 여섯 소절로 나뉘어 있다.

각 소절의 성서적 근거와 신학적 의미를 풀이해 보기로 한다.

> 어둠 속에 있던 이 겨레에 빛과 구원이 되신 하나님,
> 우리가 당신을 하나님으로 고백하기 이전부터 이 겨레를 사랑하신 하나님,
> 당신께 감사와 찬송과 영광을 드립니다.
> 이 땅의 모든 교회들과 겨레의 기도를 들으소서.
> 이 땅에 전해진 예수 그리스도의 복음의 100년의 역사를 맞이하여 당신께
> 드리는 감사와 찬송과 영광을 받으소서.
> 100년의 역사를 계기로 하여 우리 모든 잘못을 넘어서서
> 당신의 새로운 역사가 일어나게 하소서(제1 소절).

이 땅에 예수 그리스도의 복음이 들리기까지 "어둠 속에 있던 이 겨레에게 빛과 구원이 되신 하나님"이라는 고백은 잘못하다가는 의식 있는 민족사가들의 지탄을 받게 될 것이다. 그것은 마치 서양 기독교 선교가 아니었더라면 이 민족이 암흑 속에 묻혀 있었을 뻔했다는 말처럼 들리기 때문이다. 사실 그 고백은 기독교 선교나 한국 기독교 200주년 혹은 100주년의 업적이라고 할 수는 없다. 대체로 기독교계 역사가들은 기독교 선교와 한국 기독교의 200주년 혹은 100주년을 평가함에 있어서 이 역사에서의 반민족적 요인들을 간과해 버리는 경향을 갖는다. 이에 반하여 의식 있는 비기독교계의 역사가들은 기독교 선교와 한국 기독교가 민족의 자주적 근대화의 잠재력을 약화시켜 버렸고, 좌절시켜 버렸다고 생각한다. 나는 이러한 기독교 비판을 보류해 왔으나, 역사를 들추어 보면서 이 비판이 옳다는 것을 거듭 발견하곤 한다. 기독교 선교 초기에 이 민족은 사실 '어둠

속에' 처해 있었고, 지금도 그러하다.

바로 이 때문에 예수 그리스도의 복음은 이 민족에게 구원의 빛이라고 고백할 수밖에 없다. 그러나 선교사들이 구원의 빛을 가져왔다는 말이 아니다. 그들의 선교가 이 땅에서 복음이 들리게 한 시초라고 말한다 해도 그것은 하나님 자신의 선교(*Missio Dei*)라고 말해져야 한다. 그것은 선교사들의 업적도, 한국 기독교의 업적도 아니다. 이들의 선교가 실패했다 해도 하나님 자신의 선교는 이들을 능가하며 이 겨레의 구원 의미를 성취하리라는 신앙에서 우리는 그의 복음이 "어둠 속에 있던 이 겨레에게 빛과 구원"이라고 고백할 수밖에 없다.

하나님의 이 민족에 대한 구원의 경륜과 사랑함은 서양 기독교 선교와 한국 기독교의 성립 훨씬 '이전부터', 우리가 '고백하기 이전부터', 즉 영원부터라고 고백되어야 한다. 이 고백은 복음과 신앙의 빛으로 민족사 전체에 새로운 의미를 부여하는 것이다. 이것은 바로 민족사의 구원사적 조명의 시도를 의미한다. 이러한 역사 이해를 우리는 전형적으로 구약성서에서 발견한다. 예언자들의 구원 신앙의 역사적 기점은 출애굽 사건이다. 이 사건이 하나님의 구원의 사건이라는 신앙에서부터 그들은 미래의 구원의 성취, 즉 이스라엘 백성의 삶에서의 하나님의 의(義)의 성취를 대망한다. 이 미래의 성취가 바로 구원의 약속, 하나님의 약속(*Promissio Dei*)이다. 이 미래는 바로 종말적인 의미를 가진다. 예언자적 신앙은 이 종말적 시점에서부터 출애굽 사건 이전 족장들의 시기뿐만 아니라 창조 시, 즉 태초의 창조 역사 혹은 원역사(原歷史)까지 조명한다. 그래서 역사 전체의 구원에 대한 예언자적 신앙이 성립된다. 그런데 구원의 미래성은 역사에서 반복되는 현재적 불의에 대한 하나님의 심판에 관련해서 선포된다. 이스라엘과 열국들의 그때그때의 현재적 죄악에 대한 그의 심판을 선포하면서 그의 구원은 미래에서부터 오는 것으로, 미래에 성취될 것으로 예언자적으로 대망된다. 이러한 종말적 구원은 다름 아니라 역사의 죄악에 대한 하나님의 의의 승리를 의미한다. 역사에서는 죄악이 승리하는 것처럼 보이나 이 역사는 멸망하고 만다는 것이 저 승리에 대한 예언자적 신앙이다. 이스라엘과 열국들의 멸망은 거듭 선포되었고 실제로 멸망했다. 멸망의 폐허에서 애통해하면서도 예언자적 신앙은 하나님의 구원을 선포한다(사 40:66, 에스겔서, 요엘서 등 참조).

이러한 구약의 구원 신앙은 이스라엘 백성에게만 해당되는 것은 아니다. 그것은 이스라엘 백성의 역사를 능가하는 보편성을 가진다. 보편적 세계사의 죄악의 문제와 심판과 구원이 그 특수 역사에서 고백된 것이다. 그러므로 구약의 구원 신앙은 그대로 한민족과 민족사의 빛이다. 이 구원의 빛이 이 민족사 어느 시점에서 고백되든지, 민족사 전체의 빛으로 고백된다. 우리 한 사람 한 사람은 이 민족의 언어, 피부, 피, 죄악의 멍에와 은혜를 물려받았으며, 어느 시점에서 우리가 그 구원의 빛을 고백하든지 우리는 민족사 전체를 짊어지고 있다. 기독교 200주년이든 100주년이든 오늘 하루이든, 그 고백은 민족사 전체에 관련될 수밖에 없다. 이 때문에 하나님의 이 민족에 대한 구원의 경륜과 사랑함은 기독교 선교 이전부터, 영원부터라고 고백된다.

영원부터라는 고백은 신약에 증언된 예수 그리스도의 사건에 기초해 있다. 신약에 들어 있는 초대교회의 선포(Kerygma)는 예수 그리스도가 구원 약속의 성취, 율법과 예언의 성취, 즉 구약의 성취라고 증언했다. 이 종말적 성취는 곧 온 인류의 역사적 성취를 의미한다. 이 성취점은 이스라엘 백성의 역사와 직결되어 있으나 이 역사의 한계, 즉 특수 역사로서의 한계를 넘어서는 것이며, 인류 역사 전체의 죄악을 심판하고 능가하는 시점이다. 그래서 묵시록 1장 8절은 "예수 그리스도가 지금도 계시고 전에도, 즉 영원부터 계셨고 또 장차 오실 자이니, 이는 곧 알파와 오메가, 인류 역사의 처음과 나중이라"는 것을 고백한다. 한국 기독교 200년 혹은 100년의 역사는 그러한 예수 그리스도를 오늘 새롭게 고백할 수 있는 기회를 우리가 가짐에 한 역사적 계기, 반민족적 요인들을 안고 있음에도 불구하고 한 역사적 계기가 된다는 데 그 의의가 있다. 예수 그리스도가 알파와 오메가라는 고백은 그가 온 역사의 의미요, 주(主)라는 뜻이다. 이에 대응하는 사도 바울의 고백을 들어 보자. 갈라디아서 1장 15절에서 바울은 그의 사도 됨이 태어나기 전부터의, 모태로부터의 하나님의 택정하심 이라고 고백한다. 그가 사도로 회심하게 된 시기는 약 30세 좀 넘었을까 하는 시기였다고 추정된다. 그런데 이 회심과 사도로서의 결단의 시점에서부터 그는 모태로 소급하여 그의 생 전체를 조명한다. 그러나 그는 꼭 30여 년 전부터 사도로 택정되었음을 말하는 것이 아니다. 그러면 언제부터? 모태로부터라는 육체적 현실의 의미는 바로 영원부터 결정되었다는 것이다. 이 한 개인의 실존이 갖는 의미와 사명은 자신의 소유물이 아니라 이스라엘 백성의 역사와 온 역사에 대한 증언과 책임을 짊어지는 것이다. 역사의 어느 시점에서 또 어디에서 고백되든지, 오늘 이 땅에서 그 신앙이 고백되든지, 이 고백은 이 시점에서부터 온 역사의 의미를 조명할 수 있다. 이 고백의 순간은 키르케고르가 말한바, 바로 영원한 순간, 종말적 순간이다. 이 영원한 순간은 예수 그리스도에서 성취된 영원한 구원의 생명과 빛에 대한 신앙에서 고백되는 온 시간과 역사의 의미이다.

우리는 이러한 복음의 놀랍고 영원한 의미에 도취되어 있을 수 없다. 복음에 반대되는 기독교 선교와 한국 기독교의 과오들이 이 복음의 빛 아래서 밝혀져야 한다. 선교 초기부터 한국 기독교 분열의 씨는 심어졌고, 이것은 무익한 싸움과 분열을 거듭해 왔으며, 반민족적 요인들을 몰각해 왔고, 민족 분단을 하나님의 이름으로 굳혀 왔다. 이제 하나님의 새로운 역사가 일어나지 않고는 한국 기독교와 민족은 계속 어둠 속에 갇혀 있을 수밖에 없을 것이다.

> 과거에도 이 민족을 일본의 억압에서부터 구원하신 하나님,
> 다시금 이 민족을 강대국들의 억압에서부터 구원하소서.
> 민족 분단의 비극과 불의에서부터 이 민족을 구원하소서.
> 민족의 불의와 우매함에서부터 이 민족을 구원하소서.
> 이 땅의 교회들이 이 민족의 구원을 증언하도록 하소서.
> 이 땅의 불의와 거짓을 증언하게 하소서(제2 소절).

이 소절은 민족사 전체의 문제들을 일본 제국주의 · 식민주의의 억압과 오늘의 민족 분단에 집중시키고 있다. 일본의 식민화의 배후에는 서양, 특히 미국과 영국이 있었고, 그것은 이들의 자본주의 · 식민주의의 도구를 사용함에서 가능했다. 이 세계열강들은 또 민족 분단의 세력들이다. 민족의 우매함은 그 세력들의 정체를 파악하지 못하고 그것들에 예속되어버리고 말았다는 점에 있다. 이 소절의 기도는 민족의 우매함에도 불구하고 항일 민족운동이 갖는 구원의 의미를

고백하면서 다시금 열강들의 억압에서부터의 구원을 간구한다. 이것은 민족 분단을 넘어서는 미래의 구원을 절규한다. 기독교 선교와 한국 기독교는 정신적으로 민족 분단을 분단 이전부터 예비했고, 8.15 직후부터 조장해 왔다. 한국 기독교는 민족 분단에서 야기된 온갖 조작과 희생과 고난의 원인들을 알지 못했고, 지금도 그렇다. 결국 이 민족은 세계 분단의 볼모로서 주역을 담당하는 격이다. 기독교 200주년이다, 100주년이다 하는 기념사업들이 그러한 민족의 문제와 아픔을 그냥 넘기고 말 것만 같다. 여의도 집회들이다, 기념관 건립이다, 기도의 성회다 해도 민족의 문제가 올바르게 인식되지 않고는 허공을 치는 소리에 불과할 것이요, 공중누각을 지으려는 일일 것이다. 한국 기독교는 민족 분단의 비극과 죄악에 대하여 통회하는 기도를 하나님 앞에 드리고 사죄를 빌어야 할 것이다. 우리가 분단을 넘어서는 길을 찾지 않고는 하나님의 새로운 역사하심이 일어나기를 구하는 기도는 헛된 기도일 것이다. 남과 북의 갈등의 요인들을 넘어서는 제3의 길이, 정치 · 경제 · 사상의 상호 접근의 길이 열리지 않고는 교회와 민족의 새로운 미래, 구원의 미래는 도래하지 않을 것이다. 종말적인 하나님 나라의 복음과 의는 체제들의 문제들을, 주어진 어느 체제들도 이것들을 넘어서는 초월성을 지시하므로, 극복하고 넘어서게 하는 역사의 동력이다. 특히 한국 기독교는 복음의 그러한 자유를 상실해 온 것이다.

> 하나님, 당신의 구원과 진리를 외면하는 이 땅의 교회들을 용서하소서.
> 한 분 하나님과 한 분 예수 그리스도와 한 분 성령을 고백하면서도
> 분열에 분열을 거듭하는 이 땅의 교회들을 용서하소서.

정의를 외면하고 예배 의식과 형식에 몰두하는 이 땅의 교회들을 용서 하소서.

이 땅의 교회들이 악의 권세를 이기게 하소서.

세상을 심판하는 십자가의 진리를 알게 하소서.

악의 권세를 이긴 예수 그리스도의 십자가와 부활의 권능을 알게 하소서

(제3 소절).

이 소절은 교회 분열을 통화하고 교회 일치를 기도하는 것이다. "한 분 하나님과 한 분 예수 그리스도와 한 분 성령"이라는 고백은 에베소 4장 5절에서 6절까지에 기초한 것이다. 교회의 분열은 그 원인들이 무엇이든 간에 하나님과 민족 앞에서의 불의이다. 교회 자체 내에서의 분열 현상에도 불구하고 교회는 어떻게 민족 분단에 대해서는 그렇게도 일치하는지 알 수 없다. 묘하게도 교회의 지도층이 곧잘 분열을 야기해 오지 않았던가. 젊은이들은 점점 교파들이나 교파 자체 내의 분파들에 대해서 아무런 관심도 가지지 않으니, 이로 보아 기성세대들은 이제 지도력을 상실한 셈이다.

교회의 예배 의식은 두 가지 점에서 볼 때 공허하다. 첫째로 한 분 하나님, 한 분 예수 그리스도, 한 분 성령을 분파들이 각각 자체의 분파로 잡아당기니 그 한 분은 아무 곳에도 임재하지 않는다. 둘째로 민족과 사회와 세계의 불의의 문제들을 몰각하는 예배 의식은 공허하다. 예배 의식의 공허성은 흥분 상태로써 채워진다고 착각되곤 한다. 흥분 상태가 성령의 역사함의 표징이라고 착각되곤 한다. 성령은 복음과 구원의 영으로서 한 분 하나님과 예수 그리스도를 민족 · 사회 · 세계에 증언하게 하는 능력이며, 민족 · 사회 · 세계의 불의를 근원

적으로 꿰뚫어 보게 하는 눈이다. 그렇게 함으로써 성령은 역사의
문제를 극복하고 새로운 미래를 창출하게 한다. 그렇게 함으로써
성령은 육체의 현실로, 물질의 잘못된 질서를 넘어서서 새로운 물질의
질서로 의를 실현하고 수육(受肉)하는 영이다. 민족·사회·세계의
불의한 질서들의 문제를 몰각하는 예배 의식, 찬송과 기도, 여의도
집회들은 공허하다.

　갈라진 교파들과 분파들이 기구적으로 통일을 시도하기는 어렵다.
기구적으로 교회들이 개체화되어 있어도 통일운동 혹은 연합 운동을
전개함으로써 예배와 신앙의 일치에로의 궤도에 들어설 수 있다.
요사이 교회 청년들이 인권 문제, 민족통일 문제에 관여함으로써
연합 운동을 전개하듯이 민족·사회·세계 문제들의 극복을 위한
연합 운동에서 교파들과 분파들은 일치에로의 궤도에 들어서야 할
것이다.

　　낭비와 부패와 폭력이 난무하는 세계에서,

　　남성들에 의해 계획되고 실행되고 조정되는 세계에서,

　　여성들이 억압되고 있는 세계에서,

　　이 땅의 드보라여, 일어날지어다! 깰지어다! 노래할지어다!

　　이 땅의 드보라, 당신들이 일어서기까지,

　　이 땅의 어머니, 당신들이 일어서기까지,

　　이 땅은 죽어 있었다는 하나님의 말씀으로

　　오늘 이 땅의 여성들이 일어서게 하소서.

　　하나님, 이 땅의 여성들이 새로운 세계를 대망하고 있습니다.

　　이 땅의 여성들이 가정과 교회와 사회와 이 민족의 새로운 미래를 선포하

게 하소서.

이 민족의 위기에서 이 땅의 용감한 드보라와 에스더가 나타나게 하소서.

하나님, 우리는 예수 그리스도 안에서 옛 세계가 지나가고

새로운 질서가 이미 시작되었음을 믿습니다.

이제 모든 육체들 위에 성령을 부어주시어

이 땅의 여성들이 이 구원의 영을 선포하게 하소서(제4 소절).

이 소절의 주제는 "눌린 자 여성"이다. 눌린 자 여성의 의의는 구원의 영을 증언하는 데서 구원의 의의를 지니게 된다. 오늘의 세계의 소리는 눌린 자, 가난한 자, 무산자 민중의 소리이다. 눌린 자 여성의 구원에로의 외침은 그 모든 눌린 자 층의 구원을 함께 외칠 수밖에 없다. 바로 이 구원이 해방신학의 주제이다. 오늘의 눌린 자의 일반적 상황은 바로 자본주의 사회 · 경제의 산물이라는 것이다. 그래서 자본주의 사회에 있는 미국의 여성신학은 미국을 비판하고 있다. 눌린 자 여성의 상황은 원시 때부터인지라 오랜 역사에서 창출된 것이나 오늘에 있어서는 자본주의 사회 · 경제 체제에 의해 조성되어 있다는 것이 일반적인 문제 제기이다. 그래서 오늘의 여성운동은 놀라운 사회의식을 환기시키고 있다. 피식민지의 피억압 민족의 상황도 그러한 세계적 맥락에서 초래된 것이다. 오늘의 민족 분단의 상황도 그러한 세계의 맥락을 지속시키는 것이다. 한국 여성 혹은 한국교회 여성의 상황도 여성의 문제일 뿐만 아니라 민족의 문제 안에 내포되어 있다.

4소절의 주요 성서 본문은 사사기 5장에 있는 드보라에 관한 이스라엘 백성의 옛 노래이다. 그 노래의 몇 구절들이 이 땅의 여성, 이 땅의 어머니로 재표현된 것이다. 5장 7절에 의하면 드보라가

깨어 일어나서 이스라엘 백성을 가나안 족속의 공략에서부터 구출하기까지 이스라엘 백성은 "죽어 있었다"는 것이다. 그래서 드보라는 그 '이스라엘에 있어서의 어머니'라고 일컬어진다. 이 말은 곧 '이 땅의 어머니', '민족의 어머니'라고 재표현될 수 있다. 이 땅은 미국의 핵 보호 아래 있으니 죽음의 그늘 아래 있음이다. 이제 이 땅의 드보라 여성, 이 땅의 어머니는 일어서서 이 민족으로 하여금 저 죽음의 위기를 넘어가도록, 민족의 새로운 미래를 탄생시키도록 하는 계기를 산출해야 하지 않겠는가. 드보라는 기원전 12세기경의 여성 사사요 예언자였다. 드보라의 어머니 됨은 하나님의 구원이라는 의미가 있다는 사실이 주목되어야 한다.

민족의 어머니는 역사의 어머니이다. 민족과 역사의 어머니 됨은 두 가지 차원을 가진다. 여성은 자연 출산의 의미에서도 민족과 역사의 어머니이다. 그러나 어머니 됨의 새로운 의미가 구원의 빛에 나타나 있다. 자연 출산은 언젠가는 멈추어버리는 유한한 것이며, 특히 오늘의 인구 팽창 문제에 처해서는 인위적으로도 제한되어야 하는 것이다. 어머니 됨의 의미는 자연 출산에 한정되어 버려서는 안 된다. 자연 출산의 어머니는 허무하기만 하다. 어머니 됨이 민족의 구원, 하나님의 구원에 참여하게 될 때 새로운 초월적 의미를 획득하게 된다. 이 구원의 역할을 수행하는 여성이 누구이든, 그는 모든 앞서간 어머니들의 고난과 눈물을 위로하고 이들의 허무와 무덤을 넘어서는 의미를 이들에게 증언하게 된다. 그에게서 이들의 자연 출산의 의미는 이것을 넘어서서 성취된다.

하나님의 구원에 동참하는 민족과 역사의 어머니 됨은 바로 교회의 어머니 됨이다. 많은 교회사 서적에는 혁혁한 교부(教父)들의 역사가 볼 만하다. 그러나 교모(敎母)들의 역사라는 개념조차 발견되지 않는다. 이것은 분명히 교회 전통과 체제가 남성 지배에 의한 산물이라는 것을 말해 주고도 남는다. 가톨릭교회에 신부(神父)가 있다면 신모(神母)도 마땅히 있어야 하지 않겠는가. 본래 고대 교회에서 성모 마리아는 신모라고 일컬어졌다. 마리아의 어머니 됨은 곧 교회의 어머니 됨을 의미한다. 그러나 신모라는 칭호는 많은 논란을 야기하는 것이므로 이 칭호를 제창할 필요는 없다고 해도 교회의 어머니 칭호는 아주 타당하다. 이제 교부의 시대는 지나갔다. 전통적 교부의 이미지는 어쩔 수 없이 가부장적 남성 지배를 반영하며, 이러한 이미지는 더 이상 지속되어서는 안 된다. 본래 교회 공동체의 인간성은 여성 어머니 됨의 인간성을 의미한다. 교회 공동체의 인간성은 새로운 미래, 종말적 구원의 인간성의 표징이 될 때 성립한다. 세계사와 교회사에서 여성이 눌려 왔다는 역사적 상황에서, 바로 그 때문에 여성은 새 시대의 새로운 인간성의 탄생을 위한 어머니 역할에 적합하다. 지배자로서의 남성은 새 인간성과 새 시대를 창출해 낼 자격을 상실한 것이다. 그는 하나님의 의를 증언할 수 없다. 그는 자신의 지배욕을 곧잘 이데올로기로써 은폐한다. 지금까지 여성은 그러한 남성을 흠모했고 추종해 왔다. 그러한 남녀는 인간성과 민족들과 세계를 계속 왜곡·분열시키고, 전쟁을 도발할 수밖에 없다. 민족과 세계 분단과 핵무기 산출은 지배 의식의 창출이 아니고 무엇인가. 지배 의식은 피억압 여성, 민족, 인종, 민중을 창출할 수밖에 없다.

4소절의 마지막 부분에 "모든 육체 위에 성령을 부어주시어, 이 땅의 여성들이 구원의 영을 선포하게 하소서"라는 구절은 요엘서 3장 1, 2절(사도행전 2장에 인용됨)의 재표현이다. 이 요엘서 구절은 종말적 구원의 날을 지시한다. 그날에 성령이 부어질 모든 육체는 새로운 인간성을 입는 인간들을 의미한다. 성령을 부어 받을 육체들은 새로운 민족들과 세계의 도래를 예언하는 새로운 혀와 입을 부여받는다. 그 새로운 육체들의 탄생을 위하여 교회의 어머니, 한국의 어머니는 깨어 일어나 증언하고, 종말적인 그날에 노래할 때까지 일해야 할 것이다.

> 당신의 평화를 이 땅에 강물처럼 끌어들이며,
> 민족들의 평화를 개울물처럼 쏟아져 들이는 일을 이 민족에게 허락하소서.
> 하나님의 말씀과 거짓된 말들을 분별하게 하는 성령을 우리에게 허락하소서.
> 하나님, 우리는
> 이 땅에서 힘 있는 자들이 당신 앞에서 무서워 떠는 날을 대망합니다.
> 이 땅에서 이름 없이 죽어간 이들이 당신 앞에서 기억되는 날을 대망합니다.
> 이 땅에서 눌려 있는 여성들이 남성들과 더불어 민족의 위기에 대처하여,
> 하나님 나라의 파수꾼이 되고 민족의 미래가 동트는 날을 대망합니다.
> 분단된 민족이 하나 되는 구원의 날을 대망합니다.
> 백두산과 한라산이 하나 되고, 이 땅의 산들과 언덕들과 바다들이
> 우리 앞에서 소리높여 노래하며, 들의 모든 나무들이 손뼉을 치며
> 당신의 나라를 찬양하는 날을 대망합니다(제5 소절).

5소절은 민족의 분단을 넘어서는, 평화를 간구하는 기도이다. 민족의 평화는 세계 분단을 넘어서는 서광이리라. 핵무기 아래 평화와 안전이란 없다. 평화를 박탈하면서 평화를 내세우는 세계 패권자들의 거짓 평화의 소리가 판별되어야 한다. "당신의 평화를 이 땅에 강물처

럼 끌어들이며, 민족들의 평화를 개울물처럼 쏟아져 들이는 일"이라는 구절은 이사야 66장 12절의 재표현이다. "백두산과 한라산이 하나 되고, 이 땅의 산들과 언덕들과 바다들이 소리높여 노래하며, 들의 모든 나무가 손뼉을 치며…"라는 구절은 이사야 55장 12절의 재표현이다. 이사야 55장은 제2이사야 예언서에, 이사야 66장은 제3이사야 예언서에 속한다고 한다. 제2이사야와 제3이사야는 기원전 6세기 후반기 이후의 예언자들로서 열국들의 전쟁과 살생과 약탈을 이미 목격했고, 후자는 아마도 아직 당대 민족들의 평화 없는 상황들을 목격하고 있었을 것이다. 그러한 세계 역사와 상황들에서 저 예언자들은 평화는 하나님으로부터 주어지는 선물임을 고백한다. 참된 평화는 무기에 의해 보장되지 않음을, 그래서 하나님은 이것들을 파괴해버린다는 것을 선포하고 노래한다.

평화를 기도하고 노래하면서 우리는 곧 평화 없는 민족과 세계를 직시하고 증언해야 한다. 첫째로 우리는 민족 분단과 군사적 대립 관계를 방관하면서 평화를 기도하고 노래할 수 없다. 그러한 기도와 노래는 헛소리요 거짓말이다. 그러한 상황에 대한 한국교회의 침묵은 반성서적이요 반민족적이며, 기도하고 노래할 복음의 자유를 상실한 것이다. 둘째로 민족들과 인종들 사이의 지배와 피지배 관계, 사회에서의 빈부의 차별, 남자와 여자의 불평등한 관계가 존속하는 한 평화란 없다. 기득권을 장악한 열강들이나 사회의 기득권층은 곧잘 거짓 안정을 도모하는 거짓 평화를 표방한다. 그러한 세계 상황에 휘말려 든 교회는 평화를 기도하고 노래할 자유, 하나님의 평화에 참여할 자유를 상실한 것이다. 셋째로 세계의 패권자들을 위해서 종노릇 하는 기술 과학, 산업화와 핵무기 생산, 핵 원자력 개발은 약소 민족들과 약자들을 예속화시키는 도구일 뿐 아니라 생태계와 생명을 파괴한다. 구약에서의 샬롬, 평화의 원초적 의미는 창조자의 축복 아래서 자연과 화합하는 삶, 사회에서의 번영을 향유하는 삶을 의미한다. 오늘의 세계의 패권자들과 기술 과학의 결탁, 핵무기 생산과 핵 원자력의 위협은 바로 창조자 하나님의 축복을, 특히 세계의 약자층으로부터 박탈하는 일을 자행하면서 평화를 운운한다. 한국 기독교는 북한이 쳐내려온다고 하면서 민족과 세계의 그러한 죄악을 은혜라고 착각해 오지 않았는가. 여성들이 지배자 남성들의 이데올로기를 앵무새처럼 따라 해 왔다는 것은 자명한 사실이다. 피억압자 여성들은 이제 생명과 평화를 박탈하는 이데올로기가 무엇인지를 분별할 수 있는 위치에 놓여 있다. 여성들은 이 역사적 민족적 상황을 포착하고, 단연 참된 평화를 하나님에게 간구하고 평화 없는 세계에 증언해야 한다. 평등과 평화, 자유와 사랑의 인류 공동체의 탄생에서 여성의 어머니 됨은 성취되리라. 그날에는 모든 산과 언덕과 나무가, 바다와 개울물이, 거기에 거하는 동물, 새, 물고기가 생명과 평화를 노래하리라.

하나님, 세계의 불의와 분열 속에서
모든 피조물이 구원과 부활을 기다리며 탄식합니다.
우리가 마땅히 간구해야 할 바를 모를 때에도
우리를 대신하여 탄식하고 간구하시는 성령을 믿습니다.
분열된 민족들과 교회들을 하나 되게 하시고
당신의 나라가 땅 위에 임하도록 예비하게 하소서.
당신의 주권과 평화와 의가 이 땅에서 이루어지기를
예수 그리스도의 이름으로 기도합니다(제6 소절).

이 소절의 기도는 마지막으로 특히 종말적 기도이며, 하나님 나라의 도래를 간구하는 온 피조물들의 기도이다. "모든 피조물이 구원과 부활을 기다리며 탄식합니다. 우리가 마땅히 간구해야 할 바를 모를 때에도 우리를 대신하여 탄식하고 간구하시는 성령"이라는 구절은 로마서 8장 19절에서 23절에 있는 종말론적 우주적 기도, 온 피조물들의 탄식 소리를 오늘의 민족과 세계로 옮겨놓은 것이다. 성령이 피조물들 안에서 탄식하고 기도하므로 우리는 탄식하고 기도한다는 것이다. 우리는 눌리고 고난받는 자 측에서부터, 죽임을 당하는 자 측에서부터 이 탄식 소리와 신음을 듣는다. 이 탄식 소리는 평등과 평화, 자유와 사랑이 지배하는 의로운 그 나라, 하나님 나라의 도래에 대한 신앙에서 들린다. 이 때문에 그 소리는 그 나라를 부르는 표징이요, 그 나라에서 위로받을 것이다. 이 때문에 그 소리는 역사를 변혁하는 성령의 소리에 동참한다. 배부른 교회와 패권자들은 이 탄식 소리를 듣지 못하니, 이제 눌린 자 여성, 교회의 여성은 그들로 하여금 귀를 열게 하고, 그 나라의 도래를 재촉해야 할 것이다.

여성의 기도는 민족의 기도이며, 온 피조물의 기도이다. 성령의 탄식 소리를 세상으로부터 듣는다는 것은 세상의 신음 소리를 들을 때 동시적으로 일어난다. 성령이 우리를 대신하여 탄식하고 기도하듯이 여성은 모든 지배자 남성을 대신하여 기도할 수 있는 역사적인 위치와 시기에 직면해 있다. 이들이 민족과 세계에서 민족들 안에서 눌린 자의 탄식 소리를 듣게 함이 바로 대신하는 기도이다. 한국 기독교 200주년을 맞아서 혹은 100주년을 맞아서 드리는 기도는 민족과 세계로 하여금 죽음의 세력들 너머에 약속된 부활과 새 나라를 증언하는 계기가 되기를 희망한다. 주여, 이 땅에 오시옵소서!

1부

한민족과 기독교

한국 민족과 기독교의 문제

한국 민족과 기독교 선교의 문제

한민족의 신학

한국 민족과 여성신학의 과제

한국에 있어서의 복음주의와 교회 성장

한국 민족과 기독교의 문제*
: 민족 분단을 넘어서는 길

I. 민족의 역사적 의미와 문제

민족이라는 말은 우선 공동체를 의미한다. 이 공동체는 혈연, 지연, 종족과 같은 자연적인 요인들을 내포하고 있으나, 자연적으로 이루어진 공동체는 아니다. 왜냐하면 그것은 문화 · 사회 · 경제의 역사적 형성 과정에서, 특히 민족들 상호 간의 투쟁과 정복 과정에서 존속해 왔고 형성되어 왔기 때문이다. 민족이라는 말은 우선적으로 인민(people)을 의미한다. 근대에 있어서 민족 혹은 인민은 국가(nation)라는 공동체 형식으로 존립하게 되었다. 이 때문에 민족주의는 내셔널리즘(nationalism)으로 통칭되기도 한다. 그러나 우리는 국가라기보다는 인민이라는 말이 암시하는 의미를 더 좋아한다. 국가라는 정체(政體)는 소멸할 수도 있으나 사람들의 공동체는 그것을 능가하기 때문이다. 국가라는 정체는 인민을 억압할 수도 있고, 변화하고 소멸할

---

* 이 논문은 1984년 6월, "기독교대한감리회의 100주년 기념 국제대회"를 위한 강연 내용이며, 「기독교사상」, 1985년 1월호에 실렸다.

수도 있으나 인민은 역사의 구원 대상이며 주체이기 때문이다.

영국국제문제연구소(Royal Institute of International Affairs, RIIA)는 내셔널리즘을 "개인이나 집단이 가지는 국민이라는 성원 의식, 국가의 힘과 자유 및 번영을 촉진하려는 열망…"이라고 규정했다.[1] 이러한 민족주의 규정은 너무도 일반적이며, 민족들 사이에서의 상호충돌과 지배와 피지배의 불의한 역사적 상황을 고려하지 않은, 따라서 추상적인 규정이다. 항일 민족운동가이면서 사가(史家)인 신채호의 민족사적 역사 규정에서 우리는 보다 현실적인 민족 규정을 읽는다. 북경에서 1915년에 집필을 구상했던 『조선상고사』에서 그는 말하기를, 역사는 "인류사회의 아(我)와 비아(非我)의 투쟁"이라고 했다.[2] '아'라는 말은 역사의 주체로서의 민족, 여기에서는 한민족을 뜻하며, 이 민족의 자유를 의미한다. 신채호의 이러한 민족의식은 민족사에 있어서 실로 혁명적인 것이다. 박은식, 장지연, 문일평과 그 외의 민족사가들에게서 동일한 역사의식과 민족의식을 우리는 발견한다. 그것은 항일 민족운동이라는 역사적 상황에서 탄생한 것이다. 항일투쟁이라는 상황에서의 내적인 혁명적 주제는 민족의 자유라는 사실이 주목되어야 한다. 이 주제를 우리는 하나님의 구원의 빛에서 관철시켜야 할 것이다.

내셔널리즘은 서양에 있어서 종래의 제국 혹은 제국주의에 대립하여 등장한 근대의 주권 국가들의 형성 이념이다. 그것들의 민족주의는 산업 발달과 자본주의 경제발전, 자본주의·부르주아 명문의 형성

---

1 이정식, 『한국민족주의의 정치학』 (한밭), 5. 이 저자는 그 정의를 그대로 수용하고 있으며, 따라서 그 정의의 문제점을 간과하고 있다.

2 신채호, "조선사 총론," 안병직 편, 『신채호』 (한길사), 233.

이념이기도 하다. 그렇게 형성된 서양 열강들은 자본주의 · 식민주의 세계 팽창으로 전개되었으며, 따라서 약소 민족에는 제국주의 · 식민주의자로 군림하게 되었다. 이러한 억압적 민족주의에 있어서는 자유 · 주권 의식이 악마로 둔갑해버린 것이다. 약소 민족의 근대적 민족주의는 그러한 억압에 의한 피억압적 상황에서 각성된 것이며, 바로 신채호가 말한 것처럼 자유로운 주체성 쟁탈의 이념이다. 그런데 약소 민족의 민족운동은 제국주의 · 자본주의 · 식민주의 세력에의 항거운동일 수밖에 없으면서도, 자본주의 문명에 예속되어버린 자가당착의 가능성을 처음부터 내포하고 있었고, 사실이 자가당착으로 떨어졌다. 그래서 약소 민족의 민족주의는 어쩔 수 없이 식민국들의 부르주아 자유주의(liberalism), 이른바 자유세계라는 것을 표방하고 지배 민족에 대한 의식적인 예속을 초래하고 말았다. 한국과 같은 분단 상황에서는 철저한 반공 의식이 바로 약소 민족의 민족운동의 참된 의미, 즉 민족의 자유라는 적극적인 목표에 모순되는 민족 분단을 조장해 온 것이다. 다른 약소 민족과 마찬가지로 한국 민족의 그러한 자가당착적 문제 상황은 기독교의 선교와 한국 기독교에 의해서 밑받침되어 왔다. 이제 우리는 항일 민족운동에서 희생의 대가를 치르면서 각성된 민족의 자유와 주체의 역사적 실현이라는 주제를 다시 포착해서 민족 분단을 넘어서는 미래로, 동시에 하나님의 구원이라는 미래로 관철시켜야 할 것이다. 이 과제는 제국주의 · 식민주의 일본뿐만 아니라 일본의 배후 세력이었던 서양 열강들의 죄악에 대한 하나님의 심판을 증언하는 주제요, 이러한 의미에서 민족사뿐만 아니라 세계사의 구원의 의미가 있다. 이러한 세계사적인 또 신학적인 의미에서 항일 민족운동의 의의가 해석되어야 한다.

1945년 이래의 민족 분단의 상황은, 이것이 애초에 어떻게 기인했든 간에 피억압 민족의 상황이다. 분단 상황의 민족 내적 계기들을 우리는 1920년대 이래 이 역사에서 관찰할 수 있으나 어쨌든 분단 상황이 민족 내에서 주체적으로 해결되지 못한 것은 열강들의 세력 아래 한국이 놓여 있다는 사실에서 연유한다. 물론 이 상황은 이 민족과 기독교의 우매함과 정치적 세력 다툼에 의해서 지속되어 왔다. 그러나 이 상황이 세계 분단의 세력들에 직결되어 있기 때문에 민족 내에서의 해답이 거의 불가능하게 보이기조차 한다. 그러나 이 상황을 넘어서지 않고는 이 민족은 미·소 핵무기의 시험대에서 멸망하고 말지도 모른다. 이 민족은 세계 분단의 인질이라는 사실이 문제 상황의 핵심이다.

한국 기독교는 현재 민족이 당면한 문제 상황의 요인들, 민족과 교회의 우매함과 세계열강들의 지배 세력의 정체를 인식해야 한다. 복음의 능력은 분단된 세계의 어느 한 편에 해당하는 것이 아니라, 이 양편을 넘어서는 궁극적인 가능성을 증언할 수 있는 자유를 행사해야 하며, 이러한 복음 인식은 지금까지의 교회의 전통적인 적대감, 북한과 소련에 대한 적대감을 넘어서게 하는, 그래서 교회 자체의 과오를 승인하게 하는 새로운 길을 열어주는 첩경이다.

한국 신학은 복음에 근거해서 역사와 현재에서의 한국 민족의 의의와 문제 상황을 주제로 삼아야 한다.[3] 그렇지 않으면 역사에서 행위하는 하나님이라는 신앙은 추상적인 것이 되어버린다. 민족교회

---

3 박순경, "민족의 문제와 신학의 과제," 『하나님 나라와 민족의 미래』 (대한기독교서회).
  필자는 이 글에서 한국 근대사를 소재로 하는 한국신학을 정초하려고 시도했다. 그러나
  이 과제는 미완성으로 남아 있다.

론이 기독교 선교 시기에, 특히 1920년대 이래 간간이 등장했으나 특히 근래에 이르러 강조되고 있다. 그러나 민족의 문제를 몰각하는 교회는 민족교회가 아니다. 특히 현재의 민족의 문제 상황, 민족 분단에 직결된 교회의 문제 상황이 대체로 교회사가들에 의하여 규명되어 있지 않다. 민족교회는 민족과 세계의 죄악과 억압으로부터 민족을 해방하고 자유롭게 하는 역사적 과업에서 성립할 것이다.

II. 서양 자본주의 · 식민주의와 기독교 선교

기독교 선교는 잘되었든 잘못되었든 원칙적으로 말하자면, 결코 자본주의 · 식민주의와 동일시될 수 없으며 민족주의운동을 초월하는 복음 혹은 하나님의 구원을 주제로 가진다. 그럼에도 불구하고 서양 기독교 선교는 19세기의 자본주의 · 식민주의 세계 팽창의 대세를 따라 동양 혹은 한국에 들어왔으며, 선교사들은 알게 모르게, 적극적으로 혹은 소극적으로 서양의 그러한 팽창주의에 협조했다. 그들이 청교도적인 보수주의자들이었건 어쨌건 19세기의 서양 자본주의 · 자유주의의 문화를 대변했고, 피선교자에 관한 정보들을 서양 자본가들에게 제공했으며, 그럼으로써 서양의 동양 지배의 길을 평탄하게 했다. 가톨릭이든 개신교든 한국 기독교는 처음부터 그러한 서양의 자본주의 · 자유주의의 문화 배경과 기반에서 성립되었고 성장해 왔으며, 따라서 서양 문화에 대한 예속의 길을 걸어왔다. 교회사가들 혹은 기독교계의 사가들이 민족교회론을 제창하지만, 대체로 서양 기독교 선교와 자유주의 문화와의 결탁에서부터 초래된 문제점을 간과하는 경향이다.

심일섭(沈一燮)은 "서구 제국주의의 동양 식민지 정책과 기독교를 직결시키는 견해는 일반화될 수 없다"고 말한다.[4] 그는 서양 기독교가 동양 선교를 생각한 것은 식민주의의 동양 진출 이전부터라고 하며, 예컨대 실학자 이익(李瀷, 1681~1763)의 시기에도 이미 천주교 문서들이 조선에 들어왔고, 이벽(李蘗)이나 이승훈(李承薰) 등의 자발적인 기독교 수용으로 한국 천주교가 성립되었으므로 기독교 선교와 한국 기독교는 식민주의의 동양 진출과 직결될 수 없다는 것이다.[5] 서양 기독교 선교의 근원적 동기와 선교 활동 전부가 식민주의 세계 팽창과 동일시될 수는 없다. 그러나 소극적이든 적극적이든 이 양자의 결탁과 이 결탁의 문제를 몰각한 선교는 피선교지의 서양에 대한 예속화와 식민지화에 문화적으로 크게 공헌했다는 사실이 간과되어서는 안된다. 심일섭은 초기 천주교 순교자들의 순교가 로마제국 아래서의 기독교 순교와 방불하다고 한다.[6] 가톨릭교회 측의 평가도 원칙적으로 이러한 평가와 동일하다고 추측된다. 그런데 이러한 평가는 19세기 이전부터 기독교 선교 거의 전반이 서양의 식민주의 세계 팽창과 결부되어 있었다는 상황이 고려되지 않은 평가이다. 한국 천주교 순교자들은 그들 나름대로 훌륭했으며, 민족사의 불행을 반증해준다.

---

4 심일변, 『한국 민족운동과 기독교수용사고』(아세아문화사), 27, 주 2. 그 말은 한탁근의 말을 수정하는 것이다. 후자는 천주교가 서양의 자본주의와 더불어 한국에 전파되었다고 말하는데, 너무도 자명한 말이다. 물론 기독교의 복음은 결코 자본주의 · 자유주의 문화와 동일시될 수 없으나 사실적으로 동일화되다시피 하였다는 문제 상황이 확인되어야 한다. 한탁근, 「천주교 초기전파와 그 반향」, 『이조 후기의 사회와 사상』(을유문화사), 327.

5 심일섭, 같은 책, 27-45.

6 같은 책, 40.

그러나 그들의 순교는 서양의 세계 지배 탐욕과 결부된 기독교의 책임이기도 했다는 기독교 자체에 대한 비판과 결부해서 평가되어야 한다. 기독교 선교에 대한 수구파 혹은 위정척사파의 배척은 서양 침략 세력에 대한 민족의식으로서 불가피했다. 그들 위정척사파는 로마제국의 지배자 황제들이 아니라 침략당하려는 한민족을 서양 침략 세력들로부터 구출하려던, 그러나 패배할 수밖에 없었던 사람들이었으며, 더욱이 저 순교자들은 서양 기독교와 지배 세력에 의한 희생제물이 아닌가. 기독교계 사가들이나 지식인들은 대체로 개화 사상과 기독교의 전래는 종래의 봉건사회 극복에 있어서 결정적인 계기들이라고 생각한다. 개화 사상은 서양의 자본주의 · 자유주의를 모델로 삼는 근대화의 사조였으며, 필요한 것이었다. 그러나 그것이 서양 침략 세력의 이데올로기적 수단이었다는 사실과 이에 결부되어 전래된 기독교의 문제가 저들에게 있어서 대체로 간과되어 있다. 기독교의 전래는 민족의 자주적인 봉건 체제 극복과 근대화의 잠재력을 꺾어버린 침략 세력들의 정신적 지주가 되었던 것이다.

1944년에 출판된 해링턴(F. H. Harrington)의 저서(*God, Mammon and the Japanese*)가 이광린(李光麟)에 의해 『개화기의 한미관계』라는 제목으로 번역되었다. 문자 그대로 "하나님 · 황금 · 일본인"이라고 번역되었다면 더 좋을 뻔했다. 그 번역서 제목은 기독교 선교와 식민주의 세력들의 문제를 무마해버린다. 원 책명은 사실 "하나님 · 황금 · 일본인 · 미국인"(God, Mammon, Japanese, and Americans)이었어야 했다. 그 책 1장의 주제는 "알렌 박사의 활동 무대"로서, 식민주의적 관점을 여실히 나타내준다. 저자 해링턴은 그 책에서 마치 중립적인 구경꾼처럼 객관적으로 알렌을 위시한 침략 세력들과 이것들에 대해

어두운 황실과 민족 상황을 서술했다. 그 때문에 그의 책은 침략 세력들의 불의를 각성시키는 정신적 계기가 되지는 못한다. 어쨌든 이 책을 통해 기독교 선교와 침략 세력들이 결탁한 단면들을 살펴보자.

해링턴에 의하면 기독교 선교에 있어서 개화파와 일본이라는 두 세력이 선교사들의 활동에 유리했다. 이 두 세력은 선교가 개화운동에 힘이 될 것이라는 점과 한국을 서양 문화에 접하게 하리라는 점에서 기본적으로 일치했으며, 서양 문화에 의해서 신흥세력으로 등장한 일본은 한국을 일본에 귀속시킬 수 있다고 계산한 것이다.[7] 위정척사파와 동학의 반서학(反西學)의 소리나 동학농민전쟁의 척왜양(斥倭洋)의 소리는 바로 그러한 상황에서의 민족의 위기를 알리는 것이었다. 1876년 한국의 개항 이후부터 적극적으로 추진된 개화운동은 서양 기술 문명의 영향을 어쩔 수 없이 일본을 통해서 받았으며, 이 운동은 봉건 체제의 해체 과정에서 일어날 수밖에 없었으나, 제국주의 · 식민주의 세력들의 침략을 대체로 파악하지 못했고, 방어할 수도 없었다. 위정척사파도 동학파도 개화파도 사실상 침략 세력들과 그 책략을 방어할 수는 없었다. 기독교는 개화의 추세에 따라서, 더 나아가서는 개화의 정신적 지주로서 놀랍게 급속도로 수용되기 시작했다. 당시 온건개화파의 동도서기론(東道西器論)은 동양의 전통적 사상과 정신에 입각해서 서양의 기술 문명에 의한 근대화의 길을 생각했다. 동도라는 것은 여기서 정신적 주체성을 보존하려는 의도를 함축하고 있었다. 그러나 동도서기론은 자가당착에 봉착할 수밖에 없는 상황에 처해 있었으니, 서기는 침략 세력의 도구였기 때문이다. 동도란 서기의

---

7 F. H. Harrington/이광린 역, *God, Mammon and the Japanese*, 『개화기의 한미관계』(일조각), 13.

세력 앞에서 패배할 수밖에 없었다. 기독교는 서기의 세력에 힘입어 성공적으로 전파되었고, 따라서 위정척사파는 반기독교, 반개화파의 길, 패배할 수밖에 없는 퇴행적인 길을 고수할 수밖에 없었다. 서기 자체는 침략 세력들로부터 분리되어 중립적으로 수용될 수 있었을 것이나, 동도서기론도 개화파도 그 세력들을 방어할 만한 민족적 기반과 주체력이 될 수 없는 민족적 국제적 상황에 처해 있었다. 근대화의 민족적 주체력은 침략 세력들 아래서 분열될 수밖에 없었다. 그러나 기독교 선교의 길은 침략 세력들에 힘입어서 순탄하게 개척되기 시작했다.

개화파였던 정동교회의 최병헌(崔炳憲) 목사는 동도서기론을 비판했는데, 서기를 이것의 정신적 근거인 기독교와 분리한다는 것은 불가능하다는 것이다.[8] 최병헌의 이러한 기독교 이해는 바로 기독교 선교의 전제였으며, 이것이 오늘날까지 대체로 한국 기독교의 생각이다. 개화 개념을 정치, 법, 기계 문명, 교육, 즉 사회와 문화 전반의 지선극미(至善極美)한 경지에 이르는 실현이라고 정의한 유길준(兪吉濬)과 관련해서 심일섭은 말하기를, 개화의 그러한 이상은 "기독교적 입장에서 표현한다면 '천주', 즉 하나님의 나라…와 같은 것이라 볼 수 있지 않을까 싶다"고 한다.[9] 유길준의 개화 개념 규정은 19세기 이래의 서양의 발전주의적 혹은 자본주의적 자유주의의 이상을 그대로 반영해준다. 이 사조가 바로 서양 기독교와 합류하여, 이른바

---

8 송길섭, 『일제하 감리교의 삼대성좌』(성광문화사), 77-88. 최병헌 목사는 그렇게 생각할 수밖에 없었다. 그러나 송길섭은 기독교와 서양 문화의 그러한 유대가 민족의 몰락과정에 얼마나 영향을 끼쳤는가 하는 문제를 완전히 간과하고 있다.

9 심일섭, 앞의 책, 118-119; 이광린, 『한국개화사상연구』(일조각), 45-86.

19세기의 자유주의 문화 기독교(Kulturchristentum)의 정신을 형성한 것이다. 가톨릭주의이든 프로테스탄트 보수주의이든, 19세기의 서양 기독교는 그러한 문화 기독교의 사조로 대체로 합류해 들어갔다. 이 사조가 바로 기독교 선교의 맥락이었으며, 바로 서양의 세계 팽창주의 이데올로기였던 것이다. 이러한 서양 문화의 이데올로기와 결부되었던 기독교 선교는 그것의 불의를 통찰할 도리가 없었다. 심일섭의 저 해석은 그러한 역사적 문제 상황, 즉 개화 사상이 반영하는 서양 문화의 이상주의 이데올로기라는 문제 상황을 도외시하고 관념론적이고 추상적으로 이것을 하나님 나라와 일치시킨 것이다. 이광린에 의하면 "개화파의 신앙심은 견고"하였다고, 그래서 "민족적 수난 속에서도 교회를 반석 위에" 올려놓을 수 있었다고 한다.[10] 이광린의 이러한 기독교 이해도 기독교 선교의 문제 상황을 완전히 몰각하고 있다.

1901년 6월 25일자의 『윤치호 일기』(尹致昊日記)에 의하면 영국 성공회의 휴 밀러(Hugh Miller)가 말하기를 "결국 나라가 심란하면 선교 사업에 도움이 됩니다. 좋은 정부하에서는 서양의 학문이나 과학이 회의론과 불가지론 등을 수반하게 되니까요"라고 했다는 것이다.[11] 여기서 말하는 학문 혹은 과학은 바로 서양의 지배 수단이었으며, 동시에 기독교 선교의 수단이었다. 밀러는 당시의 정부가 붕괴의 수렁으로 빠져들어 가기만 했던 상황의 주역이 침략 세력들이었다는 사실을 몰각했으며, 그러한 상황에서의 기독교 선교의 성공을 다행스럽게 여긴 것이다. 이것은 기독교 선교의 서양 지배 문화와의 유대를

---

10 이광린, 같은 책, 238.
11 위와 같음.

암시해주고도 남는다.

해링턴에 의하면 선교사들은 미국 문명을 가르치고 나서 기독교가 바로 서양 문명의 기본이라는 것을 성급하게 보여주려고 노력했으며, 그들의 잘사는 생활 양식을 호기심과 선망에 찬 한국인들에게 과시했다는 것이다.[12] 선교사들은 양품 시장을 열었고, 상품 선전에 힘썼고, 시장에 상품을 공급했고, 어떤 선교사는 원산에서 과수원을 경영했고 또 어떤 이들은 서울에서 하숙과 여관을 겸하여 경영했고 또 어떤 이들은 미수출업자들 특히 타운젠드 회사(Townsend Company)에 정보를 제공하여 시장개척을 알선해줌으로써 이득을 얻었다고 한다. 언더우드(H. G. Undewood)는 석유, 석탄, 농기 등을 수입했다.[13] 알렌(Horace N. Allen)의 선교 직원이었던 그래함 리(Graham Lee)와 모펫(S. A. Moffet) 등은 압록강 채벌권을 얻어내어 약 3천 그루를 벌목해버렸는데, 한국 정부의 세금 요청이 제기되자, 그래함 리는 그 요청이 불법이라고 마구 생떼를 썼다고 한다.[14]

누구보다도 알렌의 상업 행적이 혁혁하다. 그는 1884년부터 선교의 전초기지를 마련하려고 와서 황실의 외교 고문관으로 시작하여 미 공관의 외교관이 되었다. 그는 1897년부터 1905년까지 최초의 전차 노선, 최초의 도시 발전소, 상수도, 전화 시설, 현대식 관청 건물 등의 사업권을 얻어내어 미(美) 상업가들에게 중개했다. 그는 "한국 내의 중요한 모든 재정사업은 우리들의 것이다"라고 자랑했다.[15] 그는 1895년에 평북 운산 지역의 금광, 즉 아시아 대륙에서

12 해링턴, 앞의 책, 61, 95.
13 같은 책, 112.
14 같은 책, 114.

가장 풍부한 금광권을 얻어냈고, 그것은 미국의 독점이 되었다. 해링턴은 "호레이스 알렌의 제국주의적 외교에서 얻어진 가장 멋들어진 것 중의 하나였음은 잘 알려진 이야기"라고[16] 말하는데, 마치 제국주의 침탈의 성공과 이득을 경탄이나 하는 것 같다. 당시 국왕은 재정상 국고금 확보를 위해 200만 달러의 차관을 필요로 했다. 미국은 필요한 차관을 제공하지 않고, 오로지 10퍼센트(기껏해야 20퍼센트)의 광구사용료를 지불하는 조건으로 15년 내지 20년간의 이권을 요구했다. 미국은 1895년부터 25년간 채굴독점권을 획득했고 과세는 면제되었다. 당시 국왕에게 바친 것은 현금도 아닌 주식 2만 5천 달러 정도에 해당하는 당시 회사 주식의 4분의 1에 해당했다. 1903년 한 해 광석 220만 톤의 순이익이 750만 달러에 달했으니, 그 주식이란 터무니없는 것이었다. 1900년 알렌은 국왕에게 12,500달러 현금을 상납하고, 금광의 이권을 1954년까지 연장했는데, 1939년에 일본 금광회사에 800만 달러로 매각했다.[17] 미국은 약 40년 동안 900만 톤 광석의 순이익 1,500만 달러를 획득했다고 한다. 강만길(姜萬吉)의 한화 수치 보도에 따르면 1902년 1년간 순이익이 90만 원 정도였는데, 왕실 상납금은 2,500원 정도였고 1897년에서 1915년까지, 즉 18년간의 상납 금액이 4,900원 정도였다. 1910년 전 국민이 외채 상환 운동을 벌여 얻어진 금액이 4,500원이었다고 하니, 미국이 가져간 순이익은 실로 막대한 것이었다.[18] 해링턴에 의하면, 알렌은 3천 명 금광 노동자

15 같은 책, 208.
16 같은 책, 151. 해링턴은 이 책을 중립적인 태도로 서술하는 것 같고, 역시 미국 측의 관심을 대변하며 제국주의·자본주의의 기독교 선교의 결탁에 대한 도덕적 무책임성을 반영한다.
17 같은 책, 142-143, 170-171.

들에게 1년간 지불한 임금이 10만 달러의 저임금이라는 것을 자랑삼아 말했다고 한다. 금과 다이너마이트 일부분의 행방이 불확실해졌을 때 그는 노발대발했고, 감독관에게 태형의 불가피성을 역설했다고 한다. 그는 1897년 11월 3일자 미 국무차관에게 보낸 전문에서 한국인들이 인디언들과 같이 흑인들보다는 호의적인 태도를 보이고 있다고 말했다.[19] 한국은 과연 그의 제국주의 지배 의식의 '활동 무대'였다. 그는 한국을 '보잘것없는 곳'[20]이라고 경멸했다. 그의 제국주의 우월의식은 한국을 "자치능력이 없고… 과거에 언제나 그랬듯이 종주국을 가져야 했다"고 보았다.[21] 알렌의 그러한 지배 의식의 편견이 대다수의 미 선교사들과 일반 서양 사람들의 의식을 반영하고 있었음이 분명하고, 이들에게 영향을 끼쳤음이 틀림없다.

러일전쟁에서 일본의 승리는 한국 식민지화의 결정적인 계기였다. 일본의 승리 자체가 서양 제국주의 · 식민주의와의 결탁의 결과였으며, 영 · 미 특히 미국의 배경에서 얻어진 것이었다. 1902년의 영일동맹은 두 나라의 제국주의 · 식민주의적 이권을 위한 동맹이었다. 조선에 대한 일본의 우위권이 거기에서 승인되었다. 러일전쟁 당시 미국과 영국은 일본에 전쟁 비용을 조달해주었다. 루스벨트 대통령은 "일본이 우리(미국인들)를 위한 싸움을 해주고 있기 때문에 일본의 승리에 대해 충심으로 기뻐한다"고 말했다.[22] 1905년 일본의 강압적 을사조약에 의한 한국 국권과 외교권 박탈도 미 · 일의 식민지 밀약을 통해

---

18 강만길, "문호개방을 전후한 역사적 상황과 한미수교," 「기독교사상」 1982년 2월호, 22.
19 해링턴, 앞의 책, 174.
20 같은 책, 346.
21 같은 책, 344.
22 강만길, 앞의 책, 23의 인용문.

밑받침되었다. 1905년 7월 29일 일본 수상 가쓰라 다로(桂太郎)와 루스벨트의 특사인 육군 장군 태프트(W. H. Taft) 사이에서 제국주의 · 식민주의 흥정이 비밀리에 체결되었다. 이 음모의 요지는 일본이 미국의 필리핀 지배를 인정하고 욕심내지 말 것이며, 일본의 한국 지배에 미국은 간섭하지 않는다는 것이었다.[23] 이 밀약 성립 직후에 을사조약이 성립되자, 미국은 한 · 미 수교에서의 우호관계라는 조약을 일방적으로 폐기해버리고 미 공관을 철수시켜버렸다.

일본의 한국 지배 세력이 노골화되면서 기독교 선교는 정교(政敎) 분리 정책을 제창하면서 그러한 국제적 불의에 대한 책임을 모면할 길을 열어 놓았고, 결국 그 불의와 협력한 것이다. 정교분리 정책은 이토(伊藤)의 식민지 정책과 완전히 합치했던 것이다. 1901년 선교사들만의 장로교공의회는 교회와 국가의 상호 불간섭이라는 취지문을 전국에 배포했다.[24] 이러한 선교 정책이 한국 기독교를 일본의 정치적 탄압으로부터 구출하려는 것이었다고 변호되어서는 안 된다. 모펫은 소박한 복음의 영적 진리만을 전한다고 생각했다.[25] 복음 선교가 이미 당시의 제국주의 · 식민주의 문화와 결부되어서 전해지고 있었다는 사실이 모펫의 말에서는 완전히 은폐되어 있었다. 복음은 정치를 초월한다. 그러나 이 초월성은 정치의 불의한 상황을 묵과하고 도피하는 것이 아니라 이것을 극복하고 넘어서는 계기가 되어야 하는 것이며, 이러한 의미에서 정치와 직결된다. 또 당시의 복음 선교가 이미 불의한

---

23 위와 같음.

24 이만렬, 『한국기독교와 역사의식』 (지식산업사), 64.

25 민경배, 『교회와 민족』 (기독교서회), 88-89에 인용된 Moffett 자신의 말. 이 책은 참으로 놀라운 역사 문서이기는 하나 정교분리 정책의 문제를 밝혀 주지 않는다.

제국주의·식민주의 세력들을 타고 있었다는 사실, 정교분리 정책은 일본의 식민화 독점권을 허용하고 있었다는 사실을 선교사들은 복음의 영적 진리라는 이름 아래 은폐하고 말았으며, 이러한 기독교 이해가 한국교회의 치명적인 반민족적 요인이 되었던 것이다. 통감부 아래서의 이토의 정교분리 정책에 호응해서 감리교의 존즈(George H. Jones)와 스크랜튼(W. B. Scranton)은 "선교사들은 정치적인 사건을 떠나 한국 인민의 도덕적 및 영적인 고양에 전적으로 힘쓰는 것을 행동 법칙으로 삼는다"고 표명하게 되었다.[26] 감리교 선교의 영적 계몽과 교육 운동이란 얼마나 비역사적 추상적 책임 회피였던가. 선교사들의 비정치화 계획으로 1905년 원산에서 부흥회가 시작되어 1907년 평양에서 대부흥회가 열렸고, 전국적으로 확산되었다. 그 부흥회의 만민구령 운동은 민족의 위기에서부터의 도피처를, 민족의 위기와 상관없는 정신적인 위로를 제공한다는 구실이었다. 서양 문명과 기독교의 문제를 알 길 없었던 무지한 백성들은 그러한 추상적 구령 운동이 침략 세력에 의해서 아주 유리하게 사용될 수밖에 없었던 상황을 어찌 분별할 수 있었겠는가. 심령 부흥은 타당하다. 그러나 그것이 현실 문제의 올바른 파악과 참여와 해답을 위한 정신적 계기가 될 때 역사적 타당성을 가진다. 일본을 제2의 고향으로 여겼던 감리교회의 해리스(M. C. Harris)는 일본과 한국의 감독이었는데, 그에게 이토가 다음과 같이 당부했다.

정치의 사건은 불초 본인에게 맡겨주고 금후 조선에 있어서 정신적 방면

---

26 이만열, 앞의 책, 272; George T. Ladd, *In Korea with Marquis Ito*, 63-64.

의 계몽교화에 대해서는 원컨대 귀하 등이 그 책임을 맡아주시오. 이렇게 해야만 참으로 조선 인민을 유도하는 사업은 비로소 완전하게 이룰 것이 오.[27]

이 정책이 해리스, 존즈, 스크랜튼, 게일(G. S. Gale) 등 감리교 선교사들에게 아주 용이하게 수납되었으며, 감리교의 정신적 문화 · 교육사업은 조선 인민의 자유 혹은 주체성 박탈을 무마해줄 수 있었다. 장로교의 순수 복음 선교라는 제창도 물론 그러한 정치적 불의를 은폐시키는 좋은 구실이 되었다. 일본은 회유책으로 한국 기독교를 정책적으로 원조했으며, 1910년에 목사들을 일본에 초청했고, 일본 조합 교회의 한국 진출의 길을 열어 놓았다. 기독교의 정신적 보편주의가 오용된 것이니, 정치적 불의에 직면해서 불가피하게 일어날 갈등을 무마시키는 지배 세력의 이데올로기로 전락한 것이다.

그러한 상황에서도 헐버트(H. B. Hulbert)는 일본 제국주의 · 식민주의의 죄악과 조선 민족의 억울한 상황을 서양에 알리려고 노력했으나, 물론 그의 노력은 허사였다. 미국을 위시한 당시의 서양 세력 자체가 일본의 제국주의 · 식민주의의 모체였으니 허사일 수밖에 없었다. 어쨌든 그가 선교의 정교분리 정책을 비판하기 시작했으니, 주목되어야 한다. "백성들과 관련된 모든 것이 다 정치적이다"라고 그는 역설했다.[28] 그는 세계에 대해서 "악의에 찬 외세의 시달림을 받으며, 정당한 평가를 제대로 받아본 적이 없는 국가와 민족"을

---

27 조선총독부, "조선의 통치와 기독교"(1921), 같은 책, 95.

28 H. B. Hulbert, "Missionary Work in Korea," *The Korea Review*, vol. X (October, 1806), 361, 1-66; 민경배, 앞의 책, 104.

위해서 변호했고 그 민족의 종말을 기록했다.[29]

3.1운동 직후 새로 부임한 총독 사이토 마코토(齋藤實)는 총독부에 종교과를 설치하고 일본의 웰치 감독, 스미드, 브로크맨, 아펜젤러 등과의 협조를 강구했다. 경무총감 미즈노 렌타로(水野鍊太郎)는 1920년 평양에서 열린 선교사들 초대연에서 이들에게 "그 용기와 희생적 정신에 대해서 나는 감사해 마지않는다. … 조선 문화의 향상이 여러분에게 달려 있는 바가 적지 않다고 해도 결코 아첨하는 말은 아니라고 여긴다. 나는 여러분의 임무가 중대하며 고상하다는 것을 마음으로부터 되새기며 깊은 경의를 바치는 바이다"라고 치하하고 나서, 조선인을 일본인답게 교육시키는 것과 일본 관헌과 솔직해지고 친밀해져 오해나 잘못이 없도록 하자는 것을 당부했다. 이러한 회유책은 효과적이었다. 친일 선교사들은 '조선 독립 불능론'을 공언하기까지 했다. 웰치 감독은 사이토가 '기독교 정신의 현시자(顯示者)'라고까지 극찬했다. 그 감독은 일본 정부로부터 훈장 3등을 표창받았으며, 1924년 귀국 시에 기자회견에서 언명하기를 "조선인은 일본 지배 아래 있는 것이 행복하다", "조선인은 독립사상을 포기했다"고 말했다.[30] 나는 웰치가 사이토에게 아부했다고 생각하지 않는다. 이른바 사이토의 문화정책이란 바로 서양 기독교 선교의 문화 정신과 완전히 합치했기 때문에 웰치는 그를 바로 기독교 정신의 현시자로 볼 수 있었던 것이다. 이러한 오판은 바로 서양의 지배 문화와 일치화된 기독교 선교의 이데올로기를 단적으로 반증해준다. 물론 사이토 찬양은 웰치 자신의 지배 의식을 노골화시킨 증거이며, 이것은 외세들과 일본

29 H. B. Hulbert, *The Passing of Korea* (1906), 연세대 출판부, 『대한제국의 종말』, 95.
30 이만열, 앞의 책, 333-334.

침략 아래서 우왕좌왕하고 무력해지기만 했던 한국 민족의 독립 불능을 선언하게 된 침략 정신적 전제였던 것이다.

III. 항일 민족운동과 사회운동의 의의와 문제

항일 민족운동은 기독교 선교의 반민족적 확산에도 불구하고 철저하게, 때로는 미약하게, 분열에 분열을 거듭하면서도 줄기차게 전개되었으며, 민족의 숱한 고난과 유혈의 역사는 이 민족이 살아 있었다는 것을 증명하며, 지배자 측의 독립 불능설을 능가하는 역사이다. 이 역사는 제국주의·식민주의의 죄악을 증언하는 무력한 속죄양의 고난의 역사로서 예수 그리스도의 고난에 참여하는 세계사적 의미와 구원사적 의미가 있다. 기독교 측의 민족운동은 선교의 정교분리 정책과 선교사들의 지배와 잘못 이해된 구원 신앙 때문에 만주와 노령에서의 무장투쟁이나 사회주의 측의 항일운동에 비하면 미약한 계몽운동 혹은 문화 운동의 성격을 농후하게 가졌으나, 그래도 민족정신의 명맥을 유지했다. 기독교에 의한 민족정신과 운동의 약화에도 불구하고 비기독교인이든 기독교인이든 민족운동을 계속했다는 것은 한국 민족이 살아 있는 민족이었음을 말해준다.

1905년 말 을사조약이 강압적으로 체결된 후에 상동교회의 전덕기(全德基) 목사와 정순만(鄭淳萬) 등을 비롯한 을사조약 무효화 투쟁, 을사조약의 매국노 암살계획과 같은 운동은 비록 실패할 수밖에 없었으나,[31] 기독교계의 민족정신 혹은 주체 의식이 살아 있었다는 것을 말해준다. 역시 상동교회를 집합 장소로 해서 1907년에 조직된

최대의 민족운동 단체인 신민회(新民會)가 기독교계의 다른 애국계
몽단체들의 미약한 운동의 한계를 다소 넘어서는 정치투쟁적 비밀
결사 단체였으며, 이것은 지식인들뿐만 아니라 민중과 청년 계층과도
연관되어 있었고, 국내 국외에까지 광범한 인맥을 형성했던 것이다.
전덕기 목사를 비롯한 상동파 인사들은 군사훈련을 포함한 청년
교육을 전개했다.[32] 일제 탄압 음모에 의하면 신민회는 데라우치(寺內)
총독 암살을 계획했다는 구실로 1911년 10월부터 몇 달 사이에 600
내지 700여 명이 전국에서 체포 검거되었고 매질과 고문을 받았으며,
105인이 유죄판결을 받게 되었다.[33] 이 탄압 이후부터 기독교계의
항일 민족투쟁은 약화되어 갔다. 그러니까 기독교 민족운동의 약화는
한편 선교의 정교분리 정책과 일제 탄압이라는 상황의 한 추세였다.

　　1919년 3.1운동에 있어서 일부 기독교 인사들은 독립 선언보다는

---

31 같은 책, 84, 273, 290; 송길섭, 앞의 책, 172; "전덕기 편". 송길섭은 전덕기의 생애와 훌륭
　한 민족운동 업적을 보도해준다. 그러나 저자의 두 가지 잘못된 해석은 수정되어야 한
　다. 즉, 소년 전덕기가 돌멩이로 스크랜튼 집의 유리창을 깨뜨렸다. 그러나 스크랜튼의
　관대한 친절에 그 소년은 감화를 받아 스크랜튼에 의해서 세례받고 기독교인이 된 것이
　다. 이 사건에 대해서 송길섭은 "한국판 사울의 회개"였다고 한다(146). 이 말은 어처구
　니없이 스크랜튼을 신적 위치로 추켜올렸고, 어린 소년의 오기를 사울의 기독교 박해와
　유대교로부터 예수 그리스도에로 전환한 사도 바울에 비교한 것이며, 결국 스크랜튼의
　선교 사업을 찬양하는 말이다. 선교 역사의 문제가 고려되었더라면, 이러한 해석은 가능
　하지 않았을 것이다. 또 전덕기 목사가 을사조약의 매국노들 암살 계획을 했다는 사실에
　관련해서 송길섭은 말하기를 "전덕기는 이런 악까지도 용서해줄 만한 그런 성자는 아니
　였던 것 같다"고 한다(173). 그러한 용서란 반민족적 값싼 처사였을 것이다. 이 해석은
　전덕기의 민족운동의 의의를 무효화하는 것이다. 하나님의 용서는 죄악에 대한 심판을
　통과해 나갈 때 주어지는 것이다. 일본과의 을사조약 매국노들이 이 민족 앞에서 사죄를
　구할 때 용서와 화해가 이루어지는 것이다.
32 신민회 조직, 인맥, 활동, 상동파의 교육활동에 관해서 송길섭, 같은 책, 175-179; 전택부,
　『토박이 신앙산맥 2』(기독교서회), 134 이하; 이만열, 앞의 책, 303 등.
33 이만열, 같은 책, 304 이하.

일본에 독립 청원을 하자는 나약한 의견을 내세웠다.[34] 이정식(李庭植)에 의하면 운동이 평화주의적 방법을 가지지 않았더라면 기독교 인사들은 참가하지 않았을 것이라고 한다.[35] 이러한 민족 주체 의식의 약화 원인이 일률적으로 규정될 수는 없으나, 어쨌든 선교의 정교분리 정책에 의해서 예비된 기독교 정신이라는 계기를 함축하고 있다. 33인에 의한 독립 선언의 의의는 이것 자체보다는 이것을 계기로 해서 전국적으로 확산되어 계속 일어난 청년들, 학생들, 일반 민중봉기와 같은 운동에서 발견된다.

또 3.1운동의 한계점은 그 이후 1920년대 초부터 일어난 사회운동에 비추어 규명되어야 한다. 교회가 3.1절 기념 예배를 수행할 시에는 그것의 의의와 더불어 한계라는 문제를 반성해야 한다. 그래야만 교회는 민족사의 올바른 전진에 이바지할 수 있다. 특히 3.1운동의 한계 문제는 민족 분단의 상황에서부터 밝혀져야 한다.

1920년대에는 사회주의운동이 민족사에 개입하게 되면서 항일 민족운동은 민족운동의 새로운 활력, 시각, 방향을 형성하기 시작했다. 기독교인이었던 이동휘(李東輝)는 주로 시베리아 · 연해주 국경 지역과 만주에서 무장투쟁을 전개했는데, 1918년 하바로프스크(Khabarovsk)에서 한인사회당(韓人社會黨)을 결성했으며, 이것은 1919년 고려공산당으로 개칭되었다. 1920년 그는 또 상해에서 고려공산당을 창설하기에 이르렀다.[36] 한국 기독교의 이러한 새로운 민족의식과 운동은 지금까지 올바르게 평가되지 못했다.

---

34 같은 책, 320.
35 이정식, 앞의 책, 160.
36 같은 책, 195, 201.

1921년 상해에 있었던 민족운동가 중에서 약 100명가량이 공산주의로 전향했다.[37] 그러한 전향은 민족해방전선이 사회혁명을 필요로 하는 것으로 생각되었기 때문이었으리라고 추측된다. 국내에서도 기독교청년회(YMCA)계의 이대위(李大偉)는 "사회주의와 기독교"라는 글을 「청년」(靑年) 1923년 5월호에 실었다. 「청년」 1924년 5월호에는 "민중화할 금일(今日)과 농촌 개량 문제"라는 그의 글이 실렸다. 「기독신보」 1924년 10월 15일자 사설에는 진정한 사회주의는 교회를 위한 '준비'라는 말이 있다.[38] 민경배에 의하면 1925년 이후 사회주의자들의 반기독교운동에 접하면서 기독교 사회운동은 "본래적인 기독교화에 급진전"했다고 한다.[39] 민경배는 그러한 갈등과 기독교 사회운동의 전환이 기독교 사회운동의 역사적 방향 상실의 시초라는 것과 민족 분단의 시초라는 문제를 간과하고 있다.

105인 사건 이후부터 기독교청년회계의 항일운동은 소극적으로 되었고, 이상재(李商在)와 윤치호(尹致昊) 등의 주도 아래 교육이나 하령회 같은 기독교 문화 프로그램 전개로 변했으며, 1927년부터는 그 이전의 민족 사회의 혁신적 추세는 거의 상실되어갔다.[40] 「청년」 1927년 3월호에서 조병옥은 여론에 의한 도덕적 사회 개조를 지향하는 기독교 사회운동이라는 추상론을 제시했다. 기독교 청년의 민족해방 · 사회 혁신 운동의 추세는 거의 해소되어버리는 과정에 있었다. 기독교와 사회주의 혹은 공산주의는 세계의 역사적 상황에 있어서

---

37 같은 책, 215.
38 민경배, 앞의 책, 263 비교.
39 위와 같음.
40 이만열, 앞의 책, 91, 97.

충돌할 수밖에 없었으나, 만일 일제의 탄압이 아니었더라면 국내에서의 기독교계 민족운동은 사회주의자가 제창한 사회혁신의 많은 요소를 흡수해 가질 수도 있었을 것이다. 또 기독교와 사회주의운동이 민족 내에서 독자적으로, 즉 세계사에서의 반립(反立) 상황으로부터 자유롭게 독자적으로 민족해방과 민족혁명이라는 방향으로 통합해서 전개될 수 있었더라면 8.15 이후의 민족 분단을 넘어서는 민족적 잠재력이 예비될 수 있었을 것이다.

민족주의운동도 사회주의운동도 피식민지들에 있어서는 민족해방과 자유를 우선적으로 지향했으며, 이러한 역사적 특수상황에서 통합될 가능성이 열려 있었고, 실제적인 통합 운동이 한국과 중국에서 전개되었다. 1927년 민족주의 진영과 사회주의 진영의 유일당(唯一黨) 운동으로의 통합 운동, 즉 신간회(新幹會) 운동이 전개되었다는 사실, 또 기독교 여성단체들과 사회주의 여성단체들의 통합으로서의 근우회(槿友會) 운동이 전개되었다는 사실[41]은 민족주의의 새로운 방향과 동시에 사회주의의 새로운 차원을 암시해준다. 그러한 연합 단체들이 1931년에 해체되고 말았는데, 그 해체의 요인들은 그것들 자체 내의 분열과 일제의 탄압, 특히 좌익계에 대한 탄압과 분열 책동에 연유했으며 또한 국제 코민테른의 노선에 따라서 민족주의와 사회주의의 연합 전선은 결렬되고 말았다. 1928년의 국제 코민테른은 피지배 민족들의 민족주의적 운동에 개재되어 있었던 부르주아 성격을 비판하고 공산주의 혁명의 독자 노선을 선언했고,[42] 우리의 연합 전선도

---

41 김준엽·김창순, 『한국공산주의운동사』, 3 (고려대학교, 아세아문제연구소), 33-99.
42 이정식, 앞의 책, 322. 1928년 9월 모스크바에서의 코민테른 제6차 총회에서 식민지 문제가 취급되었고, 12월 코민테른 집행위원회의 결정은 한국 공산주의자들의 독자적 혁명

그러한 세계적 상황에서 민족주의운동의 부르주아적 요인과 국제적 코민테른의 그러한 비판에도 불구하고 일제의 탄압으로부터 비교적 자유로웠던 해외에서는 연합 전선이 계속 시도되었다. 1935년에 상해에서 비교적 폭넓은 연합 전선으로서 민족혁명당(民族革命黨)이 창설되었고,[43] 기독교계 인사들도 물론 거기에 참여하였으나, 역시 자본주의 기독교계 민족주의는 그러한 연합 전선으로부터 이탈했다. 민족혁명당도 그 외의 연합 전선 운동들도 결국 내적 분열을 거듭했고, 따라서 통일 이념과 세력을 형성하지는 못한 셈이다. 그러나 그러한 연합과 결렬의 과정에서 민족해방을 위한 민족주의운동이 사회혁명의 요소들을 흡수해 가지게 되었다는 사실들이 주목되어야 한다.

국내에서의 기독교계 사회운동은 사회 · 농촌 봉사와 계몽의 방향으로, 즉 민족 내의 근본적 사회문제를 외면한 방향으로 전개되었으며, 이에 따라 민족해방의식은 해이해져 가기만 했다. 그러한 운동은 서양 기독교와 문화로부터 전수한 시민적 개인주의 혹은 자유주의의 성격을 그대로 반영한다. 시민적 개인주의 혹은 자유주의는 봉건주의 타파를 위하여 필요했으나, 한국 기독교는 바로 서양으로부터 전수한 기독교 때문에 정신적으로 서양에 예속되는 과정에 들어섰던 것이며, 따라서 한국 기독교의 민족의식은 약화될 수밖에 없었다. 1930년대 초에 교회의 사회신조(社會信條)가 설정되었는데, 이것은 당시의 민족과 사회문제와 세계 상황을 몰각하고 있다. 이 몰각의 가장 근원적 원인은 사회주의운동의 반기독교 상황에 직면해 서양 기독교의 과오, 즉 지배 문화의 정신적 이데올로기로서 군림한 과오를 몰각하고

노선을 요구했다. 이때 취해진 선언이 바로 12월 테제이다.
43 같은 책, 246-255.

곧바로 서양 기독교 정신으로 합류해버렸다는 사실에 있다. 1932년 장로교·감리교 연합공의회의 사회신조에 의하면, 기독교는 일체의 유물교육, 유물사상, 계급투쟁, 혁명에 의한 사회 개조와 탄압에 반대하고, 전도와 교육과 사회사업을 확장하여 기독교 속죄의 은사를 받게 하고 기독교 정신이 사회에 활약하게 하며, 모든 재산은 신으로부터의 수탁물임을 알고 신과 인간을 위해서 공헌할 것으로 믿는다는 것이었다.[44] 이 신조에서의 사회의식은 세계의 지배 세력들에 의해서 민족에게 안겨진 문제와 민족 사회 자체 내의 문제를 완전히 간과한 것이다. 또 그것은 민족 분단을 민족 내에서 예비한 것이다. 세계 기독교와 마찬가지로 한국 기독교는 사회주의의 유물사상이 자본주의·식민주의와 결부된, 바로 기독교 자체의 황금주의와 관련해서 등장했다는 역사적 상황을 이해하지 못했고, 그렇게 된 이유는 바로 서양 기독교 전수 때문이다. 신으로부터 주어진 모든 재산 혹은 수탁물이 서양 지배의 자본주의·식민주의 경제 체제에서 모든 인간과 모든 민족의 평등한 삶을 위하여 쓰일 수 없게 된 역사적 상황이 바로 서양 기독교 전수 때문에 인식될 수 없었다. 당시에는 그러한 문제 상황이 인식될 수 없었다고 해도 오늘날 한국교회의 몰인식을 서양 기독교 전수 때문이라고 전가할 수는 없다.

중일전쟁 이후부터 일제의 탄압은 민족정신 말살 정책의 일환으로서 신사참배를 기독교에 강요하게 되었는데, 1938년 교회들은 신사참배를 결의했고, 감리교의 양주삼은 그것이 황국신민의 당연한 의무이니 총회 결의도 불필요하다고 하여 전국에 통고만 했다. 물론 많은

---

44 백낙준, "한국기독교의 사회신조," 「한국교회사학회지」 (창간호, 1979).

기독교인의 저항과 투옥과 순교가 일어날 수밖에 없었다. 그러나 기독교의 친일 전환은 이제 결정적이었다. 1938년에 감리교 지도층에 의해서 제기된 '일본적 기독교' 운동이 드디어 1940년에 이르러 장(長), 감(監), 구세군(救世軍), 성결교(聖潔敎) 등의 연합에 의해서 일본적 '조선기독교연합회'를 창설하게 되었다. 이 일본적 기독교란 일본에의 완전한 굴복이었고, 민족 독립과 자주성을 포기하고 일본이라는 세력 권에 양도한 것이다. 일본적 기독교에 대한 정당화론은 아주 재미있다. 당시에 감리교 감독이었던 정춘수(鄭春洙)는 기독교 선교의 정교분리 정책이라는 노선과는 외견상 전혀 다르게 한국 기독교와 일본제국의 이상을 완전히 합일시켜버린 듯했다. 신흥우(申興雨)의 정당화론에 의하면, "기독교가 지금까지는 박래품에 지나지 않았으나 이제는 동양화한 기독교의 실현을 보게 되었으니… 우리의 바라는 것은 동양의 기독교가 머지않은 앞날에 서양에까지 뻗치어 기독교를 지배할 날이다."[45] 정춘수는 기독교를 불의한 정치세력과 합일시켰다. 이러한 잘못된 합일이 선교의 정교분리 정책에 은밀하게 은폐되어 있었고, 예비되어 있었다. 신흥우는 물론 일본을 잘못 선택했으나 서양의 지배 세력에 대한 그의 저항은 일본의 세력에의 동화에 의한 동양의 세계 지배라는 환상으로 표출되었다는 사실이 엿보인다. 3.1운 동의 33인 중의 한 사람이었던 감리교의 박희도(朴熙道)는 1939년에 "내선일체의 실천 강화를 목표"로 하는 「동양지광」(東洋之光)이라는 월간지를 발간하기 시작했고, 1942년에 미·영 타도 좌담회를 개최해서 미·영인의 종교를 배격한다고 했고, "동방을 복배(伏拜)하고 감루

---

45 민경배, 앞의 책, 408; 신흥우, "동양화완성," 「매일신보」, 1940년 10월 3일자.

(感淚)하여 흐느껴 운다"고 하면서 징병제 실시를 역설했다.[46] 박희도의 이러한 말은 단순히 일본에의 아부라고만 해석되어버려서는 안된다. 서양 기독교의 지배 세력에 대한 그의 저항이 일본의 지배 세력에의 굴종에서 재표현된 것이다. 어쩌면 일본의 지배 세력이 동양의 운명, 신의 섭리라고 착각되었던 것 같다. 당시에 많은 기독교 인사와 여성들의 친일 행적들은 너무도 기막히다. 그러나 친일로 전환한 요인이 다만 그들의 지조 없음이었다고만 판정되어서는 안된다. 그러한 친일 현상과 민족의식의 완전 상실은 우선 기독교 선교의 정책에 의해서 또 친일 선교사들에 의해 준비되고 있었다고 간주되어야 한다. 둘째로 서양 기독교 문명과 지배에 예속되어버린 기독교인들에게 은폐되어 잔존해 있었던 반서양 의식이 일본 세력에의 예속에서 표출되었으나, 물론 이것은 민족 자주성의 완전 상실이었다. 셋째로 기독교인들의 반공 정신이 민족해방과 사회 혁신에 대한 지성과 잠재력을 약화시키고 변질시켰다는 사실이 주목되어야 한다.

항일 민족운동의 내적 주제는 민족의 자유와 주체성, 곧 역사의 주체성이며, 서양 자본주의 · 식민주의에의 민족의 예속이라는 문제를 지니고 있었으나, 일본 제국주의 · 식민주의라는 죄악에 대한 투쟁으로서 세계사적 의미가 있다. 만일 한국 민족주의 혹은 민족운동이 사회주의가 표방한 사회 변혁의 주제를 일관되게 흡수해 관철했더라면, 한국 민족주의는 서양의 자본주의 · 식민주의적 전제를 처음부터 지니고 있었던, 이른바 서양의 부르주아 민족주의를 넘어서는 것으로서 오늘의 제3세계 민족들의, 서양에 대한 예속 상황을 극복할 가능성

---

46 민경배, 같은 책, 409; 「동양지광」, 1942년 6월호, 2.

을 예비했을 것이며, 무엇보다도 우리의 민족 분단을 넘어설 수 있는 잠재력을 마련해줄 수 있었을 것이다. 피지배 민족의 민족운동 혹은 민족주의가 구미의 자본주의·부르주아 자유주의라는 세계사적 맥락의 영향권 안에서 일어났으나, 이것을 넘어서지 않고서 민족의 자유를 쟁취할 수는 없었고, 지금도 그렇다. 피지배 민족운동은 서기(西器)를 수용하면서도 서양의 지배를 넘어서야 하는 힘겨운 과제를 처음부터 지니고 있었고 또 지금도 그렇다.

항일 민족운동에서의 저 연합 전선 시도들은 비록 관철되지는 못했다고 해도 피지배 민족운동의 그러한 방향, 서양의 지배 세력과 우리의 민족 분단을 넘어설 수 있는 방향을 함축하고 있다는 점에서 평가되어야 한다.

IV. 민족 분단과 분단을 넘어서는 길

민족 분단의 요인들이 역사적으로 규명되어야 이 분단을 넘어서는 길이 열리게 될 것이다. 결론적으로 그 요인들을 논하자면, 민족 분단은 우선 일본 제국주의·식민주의 침략에 의해 도발된 결과이다. 한반도의 38선은 미·소에 의해서 우연하게 설정된 것이 아니다. 그것은 바로 지배 세력들의 교체 표지였으며, 일본의 침략 세력은 이 새 지배 세력들의 밑거름이었다. 즉, 민족 분단의 요인들은 첫째로 일본을 비롯한 서양 제국주의·자본주의 지배 세력에 의해 비롯되었으며, 둘째로 미·소의 분단 상황의 일환이며, 셋째로 기독교의 편당에 의해서 정신적으로 밑받침되어 왔다. 이 세 가지 분단요인이 그대로

1920년대 이래의 민족사 자체 내에서 작용하기 시작했으며, 8.15 이래의 민족사의 온갖 비극적 상황을 빚어냈다.

　미·소를 주축으로 하는 세계 분단은 서양 기독교·문화·사회의 역사적 과정에 있어 이미 오랫동안 예비되어 온 것이며, 이것이 마르크스-엥겔스에 의해서 결정적으로 노골화되고 규명된 것이다. 이들의 비판에 의하면, 기독교는 특권층의 이데올로기, 예컨대 중세기에는 봉건영주들과 통치자들을 위한, 18세기 이래에는 자본주의의 발달에 힘입어 새로 부각된 시민 부르주아 층을 위한 이데올로기로서의 정신적 지주가 되어 왔다는 것이다. 이러한 기독교는 일반 대중·인민 혹은 무산자·민중으로 하여금 이들이 처해 있는 현실의 모순을 올바르게, 사실 그대로 인식하지 못하게 하고, 이들이 당하는 굶주림과 고통을 신으로부터 주어진 섭리·운명인 것처럼 견디어내도록 하며, 그 대신 피안의 어떤 영적인 하늘나라에 들어가는 입장권을 담보해주는, 그래서 이들의 고통을 달래주는 아편, 이른바 '인민의 아편'이라는 것이다. 그러한 기독교의 신은 결국 현실적으로 존재하는 신이 아니라 관념이나 환상, 현실 문제를 은폐하고 유지시키는 관념적 이데올로기의 산물이라는 것이다. 마르크스주의·공산주의의 무신론과 유물론은 바로 그러한 역사적 기독교에 대한 반립(反立)으로서 출현한 것이다. 기독교의 신은 무산자·민중이 현실의 사회·경제적 모순을 극복하고 역사를 변혁시킬 수 있는 주체적 잠재력을 마비시켜버린다고 해서 일부 기독교계에서도 무신론과 유물론은 역사 변혁의 주체로서의 인간의 자유를 제창하는 휴머니즘으로 해석되어 왔다.[47] 역사의

---

47 박순경, "기독교와 공산주의의 이론과 현실," 『하나님 나라와 민족의 미래』 (대한기독교 출판사).

구원자 하나님, 현실적으로 존재하는 하나님에 대한 증언은 단순히 저 무신론과 유물론에 대한 반립·정죄, 즉 반공으로써 되지 않고, 역사의 현실적 죄악과의 투쟁과 극복과 새로운 미래 창출이 아니고는 올바르게 하나님이 선포될 수 없다. 서양 문화 기독교의 선교는 서양 자체 내에서의 문화·기독교의 문제를 완전히 몰각했으므로 서양 그리고 일본의 지배 세력들과 결탁할 수 있었고, 따라서 하나님의 복음의 의미를 몰인식했던 것이다. 따라서 피선교지의 교회들은 서양에 예속되어버린 것이다. 러시아혁명에 있어서 귀족 기독교와 부르주아 기독교 계층은 반혁명 저항에 가담할 수밖에 없었는데, 이러한 상황은 역사적 기독교·문화에 있어서 오랫동안 예비되어 온 것이다. 그러한 분단 상황이 중국과 한국에서도 어쩔 수 없이 재현되고 말았다. 한국에서는 1920년대 초부터 분단 상황이 시작된 것이다. 1920년대 초반기에 기독교계의 민족운동가들이나 청년 계층이 사회주의운동의 등장과 민중 의식의 영향을 받기 시작한 것은 민족 독립이 국제적 억압으로부터의 해방과 동시에 봉건사회 체제 극복과 사회계급 타파가 필요했다는 것을 말해준다. 즉, 민족해방을 위해서는 새로운 민족사회의 건설이 필요하다는 것이 의식되었다. 기독교계의 이 새로운 의식은, 바로 기독교라는 것 때문에 약하기는 했으나, 주어진 서양 기독교의 저 역사적 문제와 갈등을 넘어설 수 있는 잠재력이었다. 그러나 이 민족적 기독교계의 잠재력은 기독교와 사회주의 사이 갈등의 세계적 상황과 압력 아래서 상실되고 말았다. 1920년대 후반부터 시도된 민족주의 진영과 사회주의 진영의 연합 전선 시도들은 그러한 민족적 잠재력을 역력히 반증해준다. 그러한 잠재력은 중국과 다른 약소 민족, 즉 오늘의 제3세계의 민족운동에서도 관찰된다.

이 잠재력은 미·소라는 세계의 분단 상황과 미국의 경제적 지배 세력 아래에서 우왕좌왕 분열될 수밖에 없는 운명에 처해 있다. 그러나 피억압 민족들의 저항 의식이 살아 있는 한 그 잠재력은 계속 살아 있을 것이며, 민족 분단과 세계 분단을 넘어설 힘이 될 것이다. 바로 이 민족적 잠재력은 오늘의 분단 상황에 있어서, 이것을 넘어설 수 있는 제3의 길의 가능성을 암시해준다.

한민족의 식민화에서 일본의 무기는 서양의 산업 기계 문명이었으며, 영·미의 세력에 의해서만 가능했다. 그러므로 항일 민족운동은 동시에 반서양 투쟁이어야 했으며, 보수적 위정척사파와 민중의 기반을 가졌던 동학과, 갑오농민전쟁의 척왜양 사상은 이러한 상황을 인식했다. 그러나 위정척사파도 동학파도 농민군도 결코 저 제국주의·식민주의 세력들을 막아낼 수는 없는 상황에 처해 있었다. 일본을 막아내기 위해서는 서양의 산업기술이 필요했으나, 이 기술이 서양 침략 세력의 도구였다는 사실은 한민족의 자주적 서양 문명 수용의 길을 차단해버린 것이었다. 동도서기파는 민족의 자주적 정신, 즉 동도라는 것을 의식했고, 이에 입각해서 서기를 수용할 수 있다고 생각했으나, 그 동도라는 것은 너무도 깊이 종래의 봉건 체제와 관련되어 있었으며, 자본주의적 서기를 수용하기 위해서는 재해석과 변혁이 필요했다. 그러나 동도라는 것의 이러한 재해석의 잠재력도 침략 세력들과의 급격한 접촉과 이것들의 위협 아래서 좌절될 수밖에 없었다. 동도서기파든 개화파든 일본의 침략과 서양에의 의존과 예속을 막아낼 도리가 없었다. 서양의 자본주의 기술 문명에 접해서 이것의 필요성이 절박하게 요청되었기 때문에 침략 세력들이 방어될 수가 없었다. 기독교 선교가 서양의 침략 세력의 문제를 몰각하고서 추상적으로 영적인 구원이니 인류 사랑이니 하면서 서양 문화를 대변했으니, 침략 세력의 죄악이 은폐되고 미화되기에 아주 효과적이었다. 19세기의 서양 문화 기독교(Kulturchristentum)는 바로 서양 문화의 이상화(化)였고, 기독교 선교는 그것을 전제하고 있었으며, 한민족의 정신을 거기에 예속시켜 오는 과정에 있어서 정신적 계기가 된 것이다. 그래도 잔존해 있던 반서양 저항 의식이 묘하게도 '일본적 기독교'의 출현에 함축되어 있었고, 이것을 정당화시킨 지주였다. 일본적 기독교는 친서양 기독교에 입각해서 그 종주국들인 영·미 타도를 선전하는 기막힌 자가당착에 떨어졌다. 이러한 혼란이 침략 세력들의 책략과 지배관계의 변화에 의해 약소 민족에게서 일어났다는 사실이 간과되어서는 안 된다. 세계 기독교의 맥락 안에서의 한국 기독교의 결정적인 과오는 친일기독교이든 이에 대립한 보수주의 기독교이든 서양의 문화 기독교의 전제 때문에 반공으로 응집되어 민족 분단의 민족 내적 계기가 되었을 뿐만 아니라 분단 상황을 굳혀 왔고, 결국 세계의 분단 세력들 사이에서부터 해방되기 어려운 민족 상황을 초래하여 왔다는 사실이다.

항일 민족운동의 민족주의는 일본의 식민화 세력에 결부되었던 미국을 비롯한 서양에 민족해방을 호소하는 국제적 상황으로 진전되었으며, 따라서 서양의 자본주의적 부르주아 민족주의의 맥락에 설 수밖에 없었다. 그러므로 항일민족주의의 첫 번째 한계는 그것이 서양의 자본주의·식민주의 세력을 막아낼 수 없었고, 이 한계성이 사회주의 민족운동에 직면해서 노골화된 것이다. 항일민족주의의 두 번째 한계는 자주적 민족국가와 사회질서, 즉 민족·사회의 새로운 방향을 제시해줄 수 없었다는 점이다. 민족주의가 전제한 민족·사회는 서양의 부르주아 시민사회였는데, 일제 아래서 그것을 실현할 수도 없었거니와 이미 그것 자체가 문제화된 문제 상황, 즉 그것에 내재한 사회적 모순이 통찰될 수 없었다.

따라서 민족주의는 민족과 세계 분단을 넘어설 수 있는 기반을 형성하지 못한 것이다. 이 실패는 세계사적 상황에서 불가피했던 것도 같다. 그럼에도 불구하고 민족주의의 새로운 방향이 간취된다. 즉, 민족주의 진영과 사회주의 진영의 연합 전선의 시도들과 8.15 직후의 여운형, 김규식, 김구, 그 외의 철저한 민족주의자들의 통일 노선이 바로 그러한 새로운 방향을 암시해준다. 그것은 민족주의의 두 가지 한계점들을 넘어서는, 그래서 민족과 세계 분단을 넘어서는 제3의 길을 열어 놓을 가능성을 암시해준다. 저 연합 전선의 시도들은 국제적으로 또 민족운동 자체 내에 있어서도 성공적으로 추진될 수 없었다고 해도 민족·사회의 새로운 방향, 즉 민족혁명과 사회 평등이라는 새로운 방향을 제시할 수 있었다. 8.15 직후의 활발했던 통일 노선은 미군정, 이승만 정권, 기독교의 반공 세력이라는 상황 아래서 결국 실패할 수밖에 없었다.

8.15 민족해방은 미국을 비롯한 연합군이 승리한 결과이기는 하지만, 그 해방이 연합군이 우리에게 가져다준 선물이라고 일반적으로 생각되어 왔다는 사실은 미국에 대한 민족적 예속을 의미한다. 8.15 해방이 일단 일본으로부터의 해방임은 틀림없고, 이 점에서 연합군이 승리한 결과였다. 그러나 그 해방의 배후에는 식민지 민족들의 고난과 희생, 투쟁과 죽음, 세계 평등을 위한 사회주의운동의 역사가 있었으며, 피지배 민족들의 이러한 역사가 해방의 결정적인 요인이었다. 그러나 그것이 연합군의 승리를 통해 확정되었다는 사실 때문에

한민족은 다시 세계열강의 지배로 굴러 들어가기 시작한 것이다. 이러한 민족적 상황은 바로 분단의 직접적인 요인이다. 8.15 직후부터 벌어지기 시작한, 남북에서의 모든 갈등, 암투, 암살, 분열 책동, 기독교의 반공 투쟁과 기독교 박해, 6.25의 민족 상쟁과 희생, 이 모든 비극적 사건들의 진상은 대체로 우리에게 은폐되어 있으며 밝혀지기 어려우나, 어쨌든 세계 분단의 지배 세력들 아래 있는 피억압 민족의 상황을 말해준다. 한국 민족과 기독교의 우매함과 몰인식은 거의 불가피했다고도 생각된다. 이승만 정권은 친일파와 부르주아 지식인들과 기독교 세력을 기반으로 성립되었으며, 이것은 민족 분단을 넘어설 수 있는 민족적 잠재력을 거의 완전히 봉쇄해 버렸다. 6.25 이후부터 발전된 남북한의 군사체들은 한반도가 미·소의 핵무기 실험장으로 될 가능성을 내포하고 있었다. 그것들의 유지가 필요하다고 역설되거나 생각되는 한 민족 분단을 넘어서는 길은 열리지 않는다.

이제 남북의 대화의 길은 어떠한 형식으로든 열려야 할 것이다. 이제는 남북의 이산가족 상봉이다, 서신 왕래다 하는 단계를 넘어서서 정치·사회·경제적 상호 접근의 길이 모색되어야 할 것이다. 이러한 길을 모색하는 과정에서 이산가족들의 상봉은 허용되어야 할 것이다. 한국 기독교는 서양으로부터 물려받은 분단 이데올로기를 버려야 한다. 기독교의 하나님과 복음은 서양의 자본주의 문화의 담보자도 담보물도 아니다. 하나님과 복음의 초월성은 서양 지배의 세계 경제 체제를 넘어서는 자유를 우리에게 열어준다. 그 초월성은 현실 문제에서 도피하는 추상적 피안의 극락세계나 추상적인 영적 구원을 의미하지 않는다. 그 초월성은 주어진 현실의 문제 상황을 초극하고 새 역사를 창출하는 정신적 자유와 능력을 우리에게 열어준다. 하나님과 복음은 한국 기독교 처음부터 지배 세력으로서의 서양 문화의 담보물로서 잘못 전해져 왔다. 서양 물질문명이 인류를 위하여 어떤 의미가 있다면, 그것이 이제 지배자의 손아귀로부터 탈취되어 피지배 민족에게 봉사하는 도구가 될 때이다. 이제 피지배 민족이 그 민족의 문화뿐만 아니라 세계 문화를 소재로 삼아서 새로운 문화를 창출해 내는 주역이 되어야 할 것이다. 그렇지 않으면 세계의 지배 · 피지배 구조가 극복될 수는 없을 것이다. 복음은 이제 지배자의 손아귀로부터 해방되어 피지배 민족 · 민중을 자유롭게 하고 새 역사의 주체가 되도록 하는 능력이다. 복음은 도대체 민족 분단과 세계 분단의 종교일 수가 없다. 복음의 능력은 민족사를 구원의 역사로서 재조명하고 민족사의 현재적 문제를 극복하고 새로운 미래, 구원의 미래를 열어주는 것으로서 포착되어야 한다. 복음에 대한 이러한 신앙에서만 하나님 나라는 이 민족의 미래로서 선포될 수 있다.

분단된 민족과 세계의 양편은 서로 상대적이다. 제1세계의 문제는 제2, 제3세계에 의해서 노골화되고 판정되었다. 그러나 제2, 제3세계는 저것의 기술 문명을 어느 정도 필요로 하고 또 저것의 변혁 없이 새로운 세계의 미래를 창출해 낼 수 없다. 바로 이 때문에 새로운 미래로의 제3의 길, 분단을 넘어서는 길이 막혀 있다. 세계 분단의 주역들의 세력권들을 언제라도 넘어설 수 있는 제3세계, 피억압 민족들은 제3의 길을 개척하는 역사적 주체 세력이 되어야 한다. 이미 제시했듯이 항일 민족운동에서의 민족 진영과 사회주의 진영의 연합 전선 시도들에 그리고 8.15 직후의 통일 노선에 그 제3의 길의 가능성이 함축되어 있었다. 그 시도들과 통일 노선은, 의식적이었든 무의식적이었든, 실패했든 어쨌든 한민족의 동일성, 긴긴 역사적 과정에서 주어진 민족적 동일성을 전제하고 있었다. 이것 때문에 항일 민족운동이 일어났고, 희생의 대가가 주어졌고, 민족사에 대한 의식이 각성되었고, 역사 연구가 전개되었던 것이다. 그것 때문에 8.15 이후부터 이 땅은 피의 제전이 되어 왔으며, 민족통일을 향한 갈망이 포기될 수 없었다. 남북한 사이 대화의 길이 바야흐로 열리는 것 같은 징조들이 보인다. 분단의 주역들의 세력권들로부터의 해방과 정치적 중립의 기반이 점진적으로 조성되어야 하리라. 제3세계의 중립이 여기 붙었다 저기 붙었다 하는 피지배의 상황을 넘어서서 피억압 민족들의 해방과 민족들의 평등과 세계 평등을 주제로 삼는 역사적 과제를 수행해야 할 것이다. 제3세계의 중립의 길은 자본주의 기술 문명의 사회화·세계화를 시도하지 않고는 그것의 지배로부터 해방될 수도, 세계 평등을 실현할 수도 없다.

제3의 길은 민족통일의 방향을 가리킨다는 점에서는 정치·사회·경제적 차원에 직결된다. 그것은 신학적으로는 하나님 나라의 초월성을 가리키는 말이다. 그 나라에 대한 신앙이 주어져 있는 체제의 이데올로기로 둔갑해서는 안 되는 자유, 즉 이것을 넘어서는 역사의 자유를 의미한다. 반공은 역사에 대한 자유가 아니라, 적대하고 있는 양편을 넘어서지 못하고, 결국 하나님 나라의 초월성과 신앙의 자유를 상실하고 말 것이다. 물론 하나님 나라와 신앙은 사회주의도 아니다. 사회주의는 주어진 역사의 문제를 극복하기 위한 방편이 될 수는 있으나, 그것에 의해서 역사의 궁극적 구원이 성취되는 것은 아니다. 제3의 길로서의 하나님 나라의 초월성은 한국 민족과 제3세계의 중립의 길 이상이며, 역사의 종말적 구원을 의미한다. 그러한 종말적인 제3의 길은 궁극적으로 화해의 길이다. 그러나 이 화해는 주어진 세계의 지배 구조를 극복함이 없이, 지배자의 속죄함이 없이, 피지배 민족의 실제적인 해방이 없이 성취될 수 없다. 남북한의 화해의 길은 민족적 동일성에 기초하되, 그러나 민족 내에서의 사회 평등 없이 성취되지 못한다. 또 남북한의 화해의 길이 어떤 의미로 어떤 조건으로 열리든 간에 그것이 피지배 민족들과 민중을 자유롭게 하는 길로서의 표본이 되어야 하리라. 그렇게 할 때 피억압 민족으로서의 항일 민족운동의 세계사적 의미가 되살아나게 되고, 분단 상황에서의 모든 죄악이 속죄되고, 민족사의 모든 고난이 세계사적 의미를 갖게 되고, 하나님의 구원과 그의 나라의 의에 참여하게 되리라. 그의 나라의 도래와 성취에 대한 신앙은 세계로 하여금 주어진 체제에서의 기득권에 고착하지 못하게 하는, 즉 자유롭게 하는 능력이다. 그 신앙은 역사를 변혁하는 실천의 능력, 즉 주어진 세계를 초월하여 새 역사를 창출하는 계기가 되어야 하리라.

한국 민족과 기독교 선교의 문제

I. 글머리에

한국 기독교 200년 혹은 100년을 맞이하면서 우리는 종래의 기독교 선교와 한국교회의 문제점들을 규명하고 극복하지 않고서는 '하나님의 새 역사(役事)'를 기대할 수도, 분별할 수도 없다. 200주년 혹은 100주년을 축하하고 기념사업들을 전개한다고 해서 새 역사가 일어나는 것도 아니고, 종래의 선교와 교회 문제들이 극복되는 것도 아니다. 우선 우리는 선교와 교회의 문제들을 규명해야 하고, 동시에 그것들의 극복을 위한 결단이 필요하다. 우리는 그 문제들을 한국 민족의 문제, 즉 피억압 민족의 문제와 분단 상황에 관련지어 고찰하고자 한다.

우리는 19세기의 기독교 선교가 어떻게 서양 자본주의 문명과 팽창주의와 결부되어 전개되었는가 하는 문제와 선교가 그 문명을 한국보다 먼저 수용한 일본의 한국 침략 세력과 어떻게 결부되었는가 하는 문제 또 그러한 선교와 한국교회가 어떻게 민족 분단을 예비했으며 지탱시켜 왔는가 하는 문제를 고찰하고자 한다. 여기에서 선교사, 선교사 사가, 한국 기독교계 사가의 문헌들이 대략 참고되었고, 그러한 문제 규명을 위한 소재들이 끌어내어졌다. 그러나 그러한 문제 규명의 작업을 위해서 더 많은 역사적 문헌이 참고되어야 할 것이며 또 그 작업도 계속되어야 할 것이다. 그런데 선교사, 선교사 사가, 한국 기독교계 사가의 문헌들은 그 문제 규명을 위한 소재를 제공하나, 그 문제를 거의 전반적으로 간과하고 있다. 백낙준(白樂濬)의 『한국 개신교사』나 민경배(閔庚培)의 『교회와 민족』과 같은 대저서들도 기독교 선교와 한국교회 역사 내의 저 문제들과 관련된 상황을 서술해주지만, 문제를 문제로 말해주지 않고 있다. 그러나 선교와 교회의 역사를 개관하는 데서 그 저서들은 많은 도움을 주었다.

기독교 선교와 한국교회의 역사가 대체로 남자들에 의해서 쓰였고 대변되어 왔으며 또 기독교계 여자들의 역사관이 저들과 다르게 제시되지도 않았기 때문에 우리는 저들의 문헌에 의거해 선교와 교회 문제들을 고찰하지 않을 수 없다. 또 기독교계 여자들의 역사관과 활동들이 거의 전반적으로 저들의 선교와 교회 이해와 활동의 영향권을 대체로 벗어나지 못하므로 저 문제 규명은 여자들의 문제까지 포함한다. 그러나 여성해방이라는 여성의 문제 제기는 남성들에 의해서 대변된 역사 서술이나 역사관에 포함된 일부분으로서 취급될 수 없다. 그러나 남성들에 의해서 대변된 역사는 여성해방의 전망으로부터 재반성되고 재규정되어야만 한다. 그러한 의미에서 모든 역사는 여성해방의 전역사로서 고찰되어야 하며, 모든 역사적 문제는 여성해방의 성취를 통해 답을 얻어야 하리라. 여성해방은 피억압 한국 민족의 해방을 포함하기도 하고 또 여기에 포함되어 있기도 하다. 『한국기독교여성 100년사』는 남성들에 의해서 대변된 100년사에 포함되기도 한다. 여성해방의 주제는 여성만의 주제가 아니라 남성에 의해서 주도된 역사적 문제를 규명하고 극복하는 주제이다. 따라서『한국기독교여성 100년사』에 대한 반성은 민족사와 기독교의 새로운 미래를 열어 놓는 계기가 될 수 있고 또 되어야 하리라고 믿는다.

II. 한국 민족과 기독교 선교의 문제

1. 민족의 위기와 기독교 선교

1) 국제적 정세, 민족의 문제, 기독교 선교

서양 기독교 선교의 문제가 19세기 조선 민족의 존망의 위기에 관련해서만 취급될 수는 없는 신학 자체의 문제를 포함하고 있으나, 민족의 위기가 한국에서의 기독교 선교의 시작과 진전과 관계되어 있고, 따라서 한국교회 역사에 결정적으로 관계되어 있음을 간과할 수 없다. 조선 민족의 존망 위기와 몰락은 일본 제국주의 · 식민주의 침략에 의해서만 일어난 것이 아니다. 일본의 한국 침략은 근대의 구미 자본주의 · 식민주의적 세력과 결탁해서 이루어졌으며, 한국에서의 기독교 선교가 서양의 식민주의와 무관하다고 생각해 온 선교사들, 선교 사가들, 한국 교회사가들의 생각은 잘못이다.

15세기 말엽부터 행해진 아프리카와 남아메리카를 향한 서구의 제국주의 · 식민주의 팽창과 무력에 의한 정복에는 기독교 선교가 수반되었다. 총칼에 의해서 죽임을 당하고 혹은 노예가 된 피정복자들이 십자가의 구원이라는 복음에 의해서 축복받으며 죽어갔고 예속화되었다는 것은 주지된 사실이다. 19세기 아시아에서의 구미의 상거래 협정들이 역시 기독교 선교의 길을 열어주었으며, 군사력에 의해서 상업과 선교의 인물들이나 재산이나 치외법권이 보호되었다. 그와 같이 기독교 선교는 서양의 군사력과 정치적 침략 세력과 결탁해서 전개되었다.[1] 이와 같이 한국으로의 기독교 선교도 서양의 자본주의 시장 개척 혹은 팽창의 길을 따라서 전파되었다. 민경배에 의하면, 19세기 이전의 서구기독교 선교는 제국주의·식민주의의 확장이라는 양상을 가졌으나, 19세기 이후의 선교는 "서구 식민지 이외로의 확장이 특징이었고, 그 동력도 세속권(世俗圈)과의 단절을 전제로 한 경건주의 내지는 부흥 운동이었기 때문에 동기의 불순은 최대한으로 제한되고 문명 확대의 의도도 제거되면서 순수한 복음 전파의 목표만이 추구되었다"고 한다.[2] 여기서 민경배는 순수한 복음, 즉 제국주의·식민주의와 같은 세속권을 초월하는 영적 복음을 전제하고 있으나, 어느 때의 어느 기독교 선교이든 세속권과 무관하다고 가정되어서는 안 되며, 실제로 한국에서의 기독교 선교는 서양 문명과 결부되어 있었다. 19세기의 기독교 선교의 모태인 서양 특히 미국의 기독교 자체가 이미 자본주의·부르주아 문명과 불가분하게 결부되어 있었다. 서양 기독교가 특히 중세기 이래 지배층, 사회·경제적 특권층과 결부되어 이 계층에 봉사하는 이데올로기의 구실을 담당해 왔다는 사실이 현대 혹은 20세기에 이르러서는 여러 측면에서 논란되

---

1 J. Merle Davies ed., *The Economic Basis of the Church* (International Missionary Council Meeting at Tambaram, Madras, Dec. 12th to 29th, 1938, London: Oxford University Press), 190 이하.

2 민경배, 『교회와 민족』(대한기독교출판사), 97. 한국에서 발행된 서적들로부터의 인용문에 들어 있는 한문들은 이 논문에서는 필요하다면 한글로 옮겨쓰기로 한다.

었다. 미국의 신학자 니버(H. Richard Niebuhr)가 교파의 등장 요인을 주로 사회 · 경제적 이해관계와 갈등에서 보는 것도 기독교에 대한 그러한 사실의 승인을 반영하고 있다.[3]

서양 국가 중에서 미국이 최초로 한국과의 통상조약을 성취했다. 홍이섭에 의하면, 선교의 동기야 어떻든 간에 개신교 선교의 길을 "자본주의 세력의 극동 진출이 마련한 것"이라고 한다. 한미수호통상조약에 따라서 "미국인 선교사가 입국할 수 있었던 것이 곧 미국인이 한국에서 개신교 선교에 있어 선구적 주도권을 잡게 된 이유"라는 것이다.[4] 9세기부터 미국의 동양 진출에 있어서 한반도는 극동 지배의 '전략적 요충'[5]으로서의 지정학적 중요성이 이미 주목되었다. 미국의 동양 외교사의 권위자로 알려진 데넷(Tyler Dennett)에 의하면 "미국이 한국을 열어 놓으려는 운동은… 미국이 1898년에 필리핀을 점령하기 전까지는 가장 중요한 정치적 활동이었다."[6] 1882년에 그리피스(William Elliot Griffis)는 『은둔자의 나라, 코리아』라는 저서를 내놓았다.[7] 그 이래로 서양인들, 선교사들 사이에서 한국은 흔히 '은둔자의

---

3 H. Richard Niebuhr, *The Social Sources of Denominationalism* (Living Age Books, 1957), 제4장 "The Churches of the Middle Class," 77-105; Max Weber, *Die Protestantische Ethik*, I (Hamburg: Siebenstern Taschenbuch Verlag). 프로테스탄트 정신 혹은 칼뱅주의와 현대 자본주의 발달의 유대성에 대한 Max Weber의 명제는 많은 논란을 야기시켰으나, 어쨌든 프로테스탄티즘이 영 · 미의 자본주의 발달 및 세계 팽창과 불가분하게 관련되어 왔다는 사실은 부인될 수 없다.

4 홍이섭, "한국현대사와 기독교," 기독교사상 편집부 편, 『한국 역사와 기독교』 (기독교사상 300호 기념논문집, 대한기독교서회, 1983), 13.

5 A. J. Brown, *The Mastery of the Far East*, v; 백낙준, 『한국개신교사』 (연세대학교출판부), 61.

6 Tyler Dennett, *Americans in Eastern Asia*, 450; 백낙준, 같은 책.

7 William Elliot Griffis, *Corea, the Hermit Nation* (New York: C. Scribner's Sons, 1882). T. Stanley Soltau도 '은둔자의 나라'라는 표현을 사용하여 *Korea, The Hermit Nation and It's*

나라'라고 일컬어지게 되었다. 은둔자의 나라라는 규정은 한국의 폐쇄성을 함축하고 있다. 그러나 그것은 서양의 팽창주의로부터의 규정이라는 것을 몇몇 선교사들도 의식했다. 근래의 성결교 선교사 헌트(Everett N. Hunt)에 의하면, 은둔자의 나라라는 이미지는 미국인들이 1880년 이전에는 한국에 대해 거의 아무것도 몰랐다는 사실을 말해준다는 것이다.[8] 헐버트(Homer B. Hulbert)는 1905년 한·일 간의 을사조약을 계기로 해 한국에 대한 외세들의 압력을 인식하게 되면서 한국에 대한 그의 인식이 많이 달라졌다. 그에 의하면 로마가톨릭 선교사들의 입국과 더불어 "외국 종교가 정치적 음모를 위한 가면에 불과하다는 두려움이 퍼지기 이전까지만 해도 한국은 일본이나 중국 이상의 은둔국은 아니었다는 것이 사실"이라고 한다.[9] 은둔국이라는 말은 서양 자본주의 시장개척의 팽창주의를 반영하는 것이다. 미 해군 본부는 한국과 통상조약을 맺으려고 한국과의 최초의 접촉을 시도했다. 그런데 1866년 3월에 미국의 배가 부산에서 파선하게 되었는데, 한국인들은 조난 당한 미국인들을 후대했다고 한다. 그럼에도 불구하고 미국에 보도된 바에 의하면 "주민들은 거대하며, 그들의 힘은 헤라클레스에 비할 만하고, 그들의 사나움은 호랑이보다 좀 못하다고나 할까 하다"라고 했다. 1866년 5월에 또 다른 미국 배가 평양에서 난파했는데, 역시 한국인들은 관대하게 난파자들을 태워주었다고 한다. 그런데 1866년 7월에 한국에 온 제너럴 셔먼(General

---

Response to Christianity (Lodon: World Dominion Press, 1932)라는 책을 내놓았다.

8 Everett N. Hunt, *Protestant Pioneers in Korea*, American Society of Missionary Series, No. 1 (Orbis Books, 1980), 46.

9 Homer B. Hulbert, *The Passing of Korea* (1906), 신복룡 역, 『대한제국의 멸망사』 (평민사), 442.

Sherman)호는 총기, 화약, 금지품 등을 싣고 있었으며, 그러한 것들은 한국인들을 위협하기에 충분했다.[10] 외세에 대한 한국 방어는 깨질 수밖에 없었고, 1882년에 한미수호통상조약이 체결되기에 이르렀다.

그리피스는 그 외세가 무엇을 의미하는지를 의식하고 있으며, 그래서 미국이 한국을 위하여 특별한 책임을 수행해야 한다고 생각했다.

> 우리의 외교가 한국의 문호를 개방하도록 했으며, 한국을 세계시장에로 유인했고, 현재적 차관, 사회·정치적 질병, 무질서를 이끌어들였으니, 우리는 우리 자신들이 신으로부터 받아온 축복으로써 먼저 한국을 치유하고 축복해주어야 한다.[11]

병 주고 약 준다는 격이다. 어찌 미국을 치유하지 못하고 한국을 치유할 수 있다는 말인가. 미국인들이 받은 신적 축복이란 미대륙의 토착 인디언 족속들을 멸족시키면서 빼앗은 풍요한 그 땅과 자원이 아니었던가. 그 축복이란 처음부터 지배자의 그것이다. 그것은 영적인 것이라는 생각 때문에, 즉 세속권의 욕심과는 무관하다는 환상 때문에 기독교 선교는 한국교회로 하여금 서양 기독교의 근본적 문제를 몰인식하는 방향으로 지시하게 되었다. 백낙준은 다음과 같이 말한다.

> 개척정신은, 아메리카 인민으로 하여금 폭넓은 세계 전망과 광범한 선교 사업의 시야를 갖게 하였다. 아메리카 기독교인의 선교 정신은 역시 개척

---

10 Everett N. Hunt, 앞의 책, 59.
11 *The Gospel in All Land* (1888), 370-371; E. N. Hunt, 앞의 책, 91.

정신이다. 도덕적 책임의식에의 한 내적 충격으로 점화되었을 뿐이다. 이 정신은 제일 먼저 아메리카 인디언에 대한 선교사업에서 구현되었다. 18세기 대부흥회 시대에 있어서는 선교 정신이 갱신되어 신개척지 주민들에 대한 전도 사업으로 표출되었다.[12]

좀 더 인용해보자.

미국인의 부력 성장은 선교사업에 경제적 원조를 증진시킬 수 있었으며 미국의 지리적 확대는 그 국경선을 태평양 연안까지 연장하면서 범태평양권 내의 주도적 세력이 되게 하였다. 동시에 증기선과 항해술의 응용은 인방제국(隣邦諸國)과의 긴밀한 접촉을 촉진시켰다. 더욱이 미국인은 자기네 건국사를 통하여 기독교 신사회 건립에 얼마나 건설적인 작용을 하였는가를 경험하였다. 청교도 개척자들의 이상은 기독교공화국 수립에 있었다. 개척자의 정신은 인류동생권(人類同生權)에 대한 도덕적 책임이 의식화되어 그들로 하여금 기독교 선교를 통하여 새로운 기독교적 세계질서 창설사업을 개시하게 하였다.[13]

이 개척자·청교도 정신은 곧 앵글로색슨족의 그것이다. 그것이 미대륙의 인디언을 정복하고 개척한 위대한 정신이었으며, 세계에로의 선교는 그것의 확대라는 사실이 저 인용문에 명시되어 있으나, 백낙준은 그 정신의 팽창주의가 세계에 대한 지배욕과 결부된 사실을 완전히 몰각하고서 '인류동생권에 대한 도덕적 책임'의 정신이라고

---

12 백낙준, 앞의 책, 71.
13 같은 책, 72.

말하고 있다. 그의 말은 기독교 선교, 한국교회 거의 전반에 걸친 추상적 윤리의식을 그대로 나타내고 있으며, 선교사들로부터 물려받은 그러한 기독교 이해는 더 이상 지탱되어서는 안 된다. 기독교 선교에 함축된 복음의 보편성, 참다운 인류동생권을 실현하는 보편성이 서양이나 앵글로색슨족 정신의 확대여서는 안 되며, 이제 새롭게 추구되어야 할 과제이다.

해링턴(F. H. Harrington)에 의한 1884년에서부터 1905년까지의 한·미 관계 연구는 일부 선교사들의 상업 행위, 특히 알렌(H. N. Allen)의 상업 행위를 나타내준다.[14] 우리는 알렌의 행적의 한 사례에서 한·미관계와 결부된 기독교 선교의 문제 상황을 관찰할 수 있다. 그는 1884년 선교의 전초기지를 마련하려고 내한하여 황실의 고문관으로서 일을 시작했고, 미공관의 외교관이 되었다. 그의 업적 중에서 가장 위대한 것은 바로 1895년 평북 운산지역의 금광, 아시아 대륙의 가장 풍부한 광석을 가진 금광의 채굴권을 얻어내 미국에 독점권을 매개했다는 것이다. 해링턴은 그것이 알렌의 "제국주의적 외교에서 얻어진 가장 멋들어진 것 중의 하나였음은 잘 알려져 있는 이야기"라고 말한다.[15] 미국은 1939년에 그 금광권을 일본회사에 800만 달러로 매각했는데, 약 40년 동안 900만 톤 광석의 순이익 1,500만 달러를 획득했다고 한다.[16] 알렌이 선교사 중에서 논란되기는 했으나, 그의 상행위가 그 한 개인의 행위였던 것처럼 여겨져서는 안 된다. 그

---

14 E. H. Harrington, *God, Mammon and the Japanese*, 이광장 역, 『개화기의 한미 관계』 (일조각). 이 책 1장의 주제가 "알렌 박사의 활동 무대"라고 되어 있다.
15 같은 책, 151.
16 같은 책, 142-143, 170-171.

당시의 국제적 상황에서의 기독교 선교는 선교의 동기에서부터 쉽게 상업 행위로 옮겨갈 수 있었다. 그의 상행위는 미국 자본주의 기술 문명의 단적인 예증이었다. 김원모에 의하면 미국이 한국의 금광 개발에 관심을 가지게 된 것은 1876년 즉 일본의 강압에 의한 한국의 개항 이전부터였다. 1866년 제너럴셔먼호 사건 이후 미국은 또 함장 슈펠트(Robert Wilson Schufeldt)에게 1867년 1월에 조선 탐문 항해를 명령했다. 그는 한국이 풍부한 황금 매장량을 가졌다는 정보를 입수했으며, 황금개발에 대한 그의 관심이 조선 개항 계획을 추진시킨 '하나의 동인 작용(動因作用)'을 했다고 한다. 슈펠트 다음에 1880년 코완(Frank Cowan) 박사가 원산에 와서 금광 개발의 전망을 타진했고, 큰 관심을 가지게 되었다.[17] 미국 정부가 한국의 금광 개발에 공식적 관심을 나타낸 것은 1883년 조선 최초의 사절 민영익(閔泳翊) 전권대신 일행이 미국을 방문했을 때였다. 또 금광 개발뿐만 아니라 미 상품시장 진출의 '절호의 기회'[18]가 왔다고 생각하였다. 우리는 제국주의 · 자본주의의 선교사 · 외교관이 타락했다고 그만을 비난해서는 안 된다. 그도 어느 선교사도 미국의 자본주의 팽창 세력의 혜택을 받아서 한국에 왔으며, 따라서 이것을 위하여 행위할 수 있었고, 실제로 그렇게 했다. 그러한 현상은 서양의 자본주의적 팽창 세력에 대하여 어두운 한국의 상황에서도 연유되었다. 그리피스(W. M.Griffis)에 의하면, 미국이 한국의 금광으로부터 수백만 달러어치의 금속을 값싼

---

17 Library of Congress, Microfilms, Roll 28299 (Schufeldt's Letter Book, No.43, Memoranda, U.S.S. Wachusett, Near Mouth of Tai-tong River, Corea, Jan. 25, 1867); Allen, *Korea: Fact and Fancy*, 159; 김원모 편저, 『대한국외교사연표』(단국대학교 출판부, 1984), 28.
18 *New York Herald* (Sept. 19, 1883); 김원모 편저, 같은 책, 29.

노동력에 의해 반출해나가는데도 한국인들은 잠잠했다고 한다.[19] 해링턴에 의하면, 선교사들은 미국 문명을 가르치고 나서 기독교가 바로 서양 문명의 기본이라는 것을 보여주려고 했으며, 그들의 잘사는 생활을 한국인들에게 과시했다고 하니[20] 서양 문명은 이들의 선망의 표적이 아니었겠는가. 선교사들은 여러 가지 상행위를 했고 미수출업자, 예컨대 타운젠드 회사(Townsend Company)에 정보를 제공했다. 그래함 리(Graham Lee)나 모펫(S. A. Moffet)과 같은 선교사들은 압록강 채벌권을 얻어내었다.[21] 아들 모펫(S. H. Moffet)은 선교사들의 상행위를 변호하여 말하기를, 그들은 자신들의 이익을 위해서가 아니라 한국인들에게 현대의 상업 방법을 가르치기 위함이었다고 한다.[22] 이러한 변호는 미국의 기독교와 선교의 문제 상황을 은폐해버릴 뿐이다. 우리는 많은 선교사가 한국을 위하여 헌신적으로 일하였으며, 그러한 상행위는 그들에게 해당되지 않는다고 혹은 그러한 행위는 그들의 업적에 비하면 대수롭지 않은 것이라고, 순수한 복음 선교는 전혀 별개의 행위라고 생각해서는 안 된다. 당시 그리고 오늘의 세계적인 흐름과 문제가 어느 누구에게서 표출되었든 간에 그 시대의 모든 사람, 특히 그 시대의 주역을 담당한 사람들 혹은 나라들에 책임이 있다.

고병익(高柄翊)에 의하면, "19세기 후반의 동아시아에서는 어느 국가의 어떤 사건도 이 두 가지 현상, 즉 서양 세력의 침투와 일본의

---

19 W. M Griffis, *A Modern Pioneer in Korea, The Life Story of Henry G. Appenzeller*, 한국기독교사연구회, 「사료총서」 7집 (1912), 151.

20 Harrington, 앞의 책, 61, 95.

21 같은 책, 114.

22 S. Hugh Moffet, *The Christians of Korea* (New York: Friendship Press, 1962), 123.

급속한 팽창이라는 두 움직임과 관련되지 않은 것이 없게 되었다."23
한국 민족의 존망 위기는 서양 세력과의 협동에 의한 일본에 의해서
결정적으로 초래되었다. 러일전쟁에서의 일본의 승리는 일본의 한국
식민지화의 결정적인 계기였다. 이 승리 자체가 영·미, 특히 미국의
후원으로 얻어진 것이었다. 1900년 당시 부통령이던 루스벨트는 "나
는 일본이 한국을 갖게 되는 것을 보고 싶다"고 하였으며, 대통령이
된 후 그는 "미국은 만주와 한국에 있어서 러시아 세력을 저지하고
있는 일본을 지원하여야 하며 또한 일본에 의한 한국합병을 허용해야
한다"고 했다.24 1902년의 영일동맹은 조선에 대한 일본의 우위권을
승인하였다. 1905년 말의 일본의 강압에 의한 을사조약, 한국 국권과
외교권 박탈은 미·일의 식민주의 밀약에 의해 뒷받침되었다. 1905년
7월 29일 일본의 수상 가쓰라(桂太郎)와 미 대통령의 특사인 육군
장군 태프트 사이의 밀약은 일본의 필리핀군도 불침과 한국에 대한
일본의 종주권에 대한 서약이었다. 이것은 데넷에 의하면, "미국의
외교사상 가장 주목할 만한 이례(異例)의 행정 협정"이었다고 한다.25
미국의 침략성을 모르던 고종은 미 대통령에게 서한을 보내어 을사조
약이 일본의 강압적 처사임을 호소하려 했다. 선교사 헐버트가 그
서한을 전달하려고 했으니, 이는 미국의 정치적 음모를 몰랐다는
것을 말해준다. 미국 정부의 답변은 을사조약이 "한국 정부와 국민에
겐 더할 나위 없이 좋은 것"이라는 일본 측의 성명을 되풀이했다.26

---

23 고병익,『동아시아의 전통과 근대사』(삼지원, 1984), 141.

24 서중석,『미국의 대극동정책』(1973), 36-38.

25 T. Dennett, "President Rosevelt's Secret Pact with Japanese," *The Current History Magazine*
   (Oct, 1924): 15-21 ; 백낙준, 앞의 책, 282, 307.

26 F. A. McKenzie, *Korea's Fight for Freedom*, 이광린 역,『한국의 독립운동』(일조각),

한국이 잔인한 일본의 손아귀에 넘겨지는 것을 목격한 헐버트는 자본주의적 전제를 그대로 반영하고 있다. 아래에 그의 글을 인용해본다.

(세계 어느 곳에도) 미국의 자본을 투자할 수 있는 길이 이보다 더 넓게 트인 곳은 없다. 한국의 황제와 국민은, 미국이란 한국을 옭아맬 정치적인 음모를 갖지 않고 한국을 넘어뜨릴 악의도 없고 순수하게 이기적인 정책도 가지고 있지 않은 강대국이라 생각하고 있다. 그러나 이와 같은 모든 사실에도 불구하고 한국이 1905년 11월 17일의 참변을 당하였을 때 (미국이) 즉각적으로 이에 대한 이견을 제기하지 않고 묵인함으로써 한국을 낭떠러지로 밀어뜨린 제일의 장본인이 되었다. 왜 세계는 러시아가 만주에서 약속을 지키지 않은 사실을 꾸짖고 그를 국제적 악당이라고 비난하면서도 일본이 한국에서 저지른, 러시아보다 열 배나 더한 만행에 대해서는 아무 말도 없이 이를 외면하여 묵인하였던가?[27]

「한국평론」(韓國評論, *Korea Review*)의 편집자, 지성인 헐버트, 대한제국의 멸망을 막아보려고 그래도 노력했던 헐버트도 미국의 자본주의 침략 세력의 정체를 의식하지 못했다는 사실, 한국과 같은 자본주의 시장을 잔인한 일본에 넘겨주는 것을 아쉬워했다는 사실이 저 인용문에 나타나 있다. 바로 이러한 것 때문에 기독교 선교와 서양 자본주의 문명의 유대성의 문제가 선교사들과 한국교회에서는 간과되어 온 것이다.

매켄지(F. A. McKenzie)에 의하면, "대부분의 선교사는 한국인들이

66-67.
27 H. B. Hulbert, 앞의 책, 337 이하.

입고 있는 피해를 보고 분개는 하면서도, 그러한 일은 일시적이어서 곧 없어질 것으로 믿으니, 참아야 한다고 한국인들에게 일렀던 것"이라고 한다. "전쟁 초기에는 일부 친러파를 빼놓고는 외국인 전체가 일본 편이었다"고 한다.[28] 헐버트는 1905년 이전에 「한국평론」의 편집인이었을 때 일본을 지지하는 모든 노력을 했다. 「한국평론」은 일본인들의 행패를 그때그때 최선으로 해명함으로써 한국인들을 안심시키려고 했다.[29] 외국인 방문자들도 일본에 편당(偏黨)했고, 귀국해서는 한국에 대한 욕설을 했다는 것이다.[30] 한국 민족의 위기를 초래하는 데서 그와 같이 기독교 선교와 일본의 침략 세력은 협동했다. 미국 주도의 기독교 선교는 처음부터 일본과 결부될 수밖에 없었다. 한국 선교사들이 소속된 미국 선교단체들 모두가 일본과 관계되어 있었으니 말이다.[31] 서양 근대 문명을 수용한 세력 있는 일본에 서양인들과 선교사들은 편당할 수밖에 없었다. 감리교의 초기 선교사들은 일본 선교사였던 맥클레이(Robert S. Maclay)와의 협의를 통해 내한했으며, 맥클레이는 '한국감리교의 양부(養父)'[32]라고 일컬어졌다. 감리교 선교사들은 일본인들의 소개장을 가지고 내한했고 일본 공사관과 관련된 일본인들과 친근했다.[33] 아펜젤러(H. G. Appenzeller)는 처음부터 일본인들과 친근했고, 그들과 협동했다. 그리피스(W. M.Griffis)는 그러한 관계를 맺은 아펜젤러를 기독교적인 좋은 인품이라고, "그의

28 F. A. McKenzie, 앞의 책, 79.
29 같은 책, 81.
30 같은 책, 같은 곳.
31 같은 책, 220-221.
32 M. E. North, *Report for 1885*, 235; 백낙준, 앞의 책, 83.
33 백낙준, 앞의 책, 169.

폭넓고 점점 커지는 영향력의 비결"이라고, "어떤 사람이든 좋은 사람들의 협동자"가 될 수 있는 사람이었기 때문이라고, "그리스도로 가득 찬 사람이었으며 분파주의자나 편협한 사람이 아니었기 때문"이라고 한다.[34] 그러한 전반적인 문제 상황에도 불구하고 그러한 대세는 운명적인 피치 못할 필연은 아니었다는 사실이 「코리아 데일리 뉴스」(*The Korea Daily News*)[35]의 편집인이었던 영국인 베델(Bethell, 裵說)의 경우에서 간취된다. 베델은 극단적으로 한국을 옹호하다가 일본에 의해 기소되었고, 재판의 결과 3주일 금고형과 6개월 근신이라는 판결을 받았다. 그는 결국 형기를 치르고 얼마 안 되어 사망했다고 한다.[36] 캐나다계 언론인이었던 맥켄지의 말을 더 들어봄이 좋다.

1904년 일본 군인들이 한국에 왔을 때 선교사들은 이들을 환영했다. 그들은 구 정부의 전제와 악폐를 알고 있었으며, 일본인들이 사태를 개선하는 것을 도와주리라고 믿었다. 일본 군인이나 노동자들이 무력한 한국인들을 학대한 것은 상당한 반감을 야기하였다. 그러나 이토 (伊藤) 공작이 통감이 되자, 지배적인 언론은 백성들이 새 지배자에게 복종하고, 현재의 조건을 최대한으로 이용하는 것이 더 좋으리라는 것이었다. 물론 가혹하고 불공정한 일본의 지배는 곧 끝나리라고 기대하고 그렇게 생각했던 것이

---

34 W. M. Griffis, 앞의 책, 207-208.

35 애국계몽운동기(1905~1910)에 국권 회복을 위한 구국 언론 활동을 전개한 「대한매일신보」가 있는데, 이는 양기탁(주필) 등과 E. T. Bethell(사장)이 1904년 창간하였다. 1905년 8월 11일부터 국문판은 국한문 혼용의 「대한매일신보」, 영문판은 *The Korea Daily News*로 간행되었는데 1910년 한일 합방을 강행한 일본은 「황성신문」, 「데국신문」, 「대한민보」 등을 폐간시키고, 「대한매일신보」를 「매일신보」로 개제하여 총독부 기관지로 만들어버리고 말았다.

36 McKenzie, 앞의 책, 82-83.

다.[37]

당시의 한국의 봉건 체제, 정부의 부패와 악폐가 변혁을 필요로
했으나, 그것이 일본에 의해서 수행될 수 있다는 선교사들의 판단은
역시 서양 문명의 지배자 의식을 반영하고 있었다. "가혹하고 불공정
한 일본의 지배는 곧 끝나리라고 기대"했다는 말이 사실이었다면,
그것은 지배자 백인의 의식, 식민지 피억압자의 위치를 간과해버리곤
했던 의식을 말해주는 것이 아닌가. 그와 같이 기독교 선교는 일본의
침략을 평탄하게 함으로써 한국 민족의 몰락을 밑받침한 정신적
요인이었으며, 민족의 위기와 몰락은 기독교 선교에 있어 성공의
좋은 계기가 되었다.

2) 개화사조와 기독교 선교

개화 사상의 맥락은 유교 전통으로부터 출현한 실학파 계통과
이어졌으나 서양 문명의 영향의 요인들을 함축하고 있었다. 그러나
그것은 민족 내부로부터 출현한 것이었으며, 종래의 봉건사회 체제
극복에 필연적으로 요청되는 사조였다. 이것은 원칙적으로 서양의
자본주의 기술 문명의 전제와 일치했으며 또한 기독교 선교의 정신성
에도 적합했다. 이 때문에 선교사들과 선교 역사가들은 물론이고
한국의 기독교 사가들이나 기독교계 사가들은 서양 문명과 기독교
또는 개화사조와 기독교를 구별하지 않고 상호 적합한 것으로 보아

---

37 같은 책, 149.

왔다. 후술하겠지만 이것이 오늘의 민족 분단의 한 중요한 정신적 요인이라는 사실이 주목되어야 한다. 어쨌든 1876년의 개항 이래에 조선조 봉건 체제는 국제정세에 처해 더 이상 지탱될 수도 없었고, 되어서도 안 되는 것이었으며, 개화 사조는 그러한 시대적 요청을 반영하는 것이었다. 개화사조는 독립협회·만민공동회 운동으로 이어졌고, 국권 회복을 위한 애국계몽운동, 기독교계 교육 운동과 민족운동이 모두 개화사조의 맥락을 이루었다.

그런데 종래의 봉건 체제에 대한 개화파의 혁신 운동은 서양 자본주의와 문물의 영향 아래 있었고, 그것을 모델로. 삼지 않을 수 없었는데, 그 문물의 적절한 자주적 수용을 위한 민족적 상황은 일본과 서양 열강의 침투 세력들에 직면해서 마련될 겨를이 주어질 수 없었다고 생각된다. 또한 외세들에 직면해서 민족은 사상적으로 분열될 수밖에 없었다. 자본주의 문물이 바로 서양과 일본이라는 지배자들의 침투 도구였다는 사실을 개화파, 선교사들, 한국 기독교인들은 몰각하였다. 김윤식을 포함한 온건개화파는 "서양의 기술은 필요하므로 받아들이되 사상은 반대한다"는 동도서기론(東道西器論)을 주장했다. 그러나 동도서기론 입장도 서기가 서양과 일본 지배 세력의 도구라는 세계정세를 대체로 파악하지 못했다. 그런데 이들의 주장은 청국인(淸國人)들의 저서에 의해 많은 영향을 받았다는 것이다. 황준헌(黃遵憲)의 『조선책략』(朝鮮策略) 못지않게 정관응(鄭観應)의 『역언』(易言) 상하 2권이 그것인데, 하권 「논전교」(論傳敎)라는 항목에서 기독교에 관해 말하고 있다고 한다. 즉, 서양인들이 중국에 온 이후 통상으로 중국의 이권을 빼앗고 기독교의 전파로 중국인의 실정을 정탐함으로써 소란과 피해가 날로 커지고 있다는 것이다.[38]

이와는 달리 급진개화파는 서양의 부강이 기독교와 깊은 관계가 있다고 믿었기 때문에 선교사들의 활동으로 한국이 서양 문명에 접할 수 있으리라고 믿었다. 위정척사파(衛正斥邪派)는 지배자들의 도구 수용은 곧 한국 민족의 예속을 초래하고 만다는 것을 파악했다. 위정척사파는 종래의 유교 혹은 주자학 전통을 정(正)이라 하고, 서양 문명의 사상 혹은 기독교 정신(西學)을 사(邪)라 하여 배척한다는 뜻이다. 척사파 이항로는 프랑스의 강화도 침공 사건에 즈음하여 '전수론'(戰守論)을 주장했고, "구미 제국이 기독교를 진입시키고, 그것을 실병(實兵)으로써 무력 침략하고, 식민지화하려고 계획하고 있다"고 했다.[39] 그의 이러한 상황 판단은 옳았다. 물론 위정척사파가 기독교의 논실을 이해할 수는 없었으나 기독교를 서양 침략 세력과 동일시할 수밖에 없는 민족적 상황과 세계 상황을 통찰했던 것이다. 개화파와 위정척사파의 대립은 민족 파탄을 재촉했고, 침략 외세들에 직면해 민족 분열은 불가피했다고 생각된다. 외세들을 방어하고, 그것들과 겨루면서 국가의 자주성을 유지하고, 봉건사회 체제를 점차적으로 변혁·추진시켜나갈 만한 국력이 있었더라면, 극단적인 민족분열은 야기되지 않을 수도 있었을 것이다. 위정척사사상은 단순히 유교사상의 전통을 고수한 것이 아니었으니, 이것은 침략 외세들을 방어하려는 정신적 지주였으며, 이러한 의미에서 위정척사란 민족주의적

---

38 이광린, 『한국개화사상연구』 (일조각), 217-219.

39 박종근, "조선근대에 있어서 민족운동의 전개 — 개화·동학·위정척사사상과 운동을 중심으로," 『갑신갑오기의 근대변혁과 민족운동』 (청아출판사, 1983), 302. 여기서 이항노의 원문을 보면, "洋夷之潛入我國 廣傳邪學者 豈有他哉 欲以植其黨與 表裏相應 偵我虛實 率師入寇…"라고 말하고 있다. 「華西集」 辭同義禁疏, 丙寅 10월 3일부; 이광린, 『한국개화사상연구』, 214; 박종근, 같은 책, 302.

성격을 갖는다. 그러나 위정척사사상이 전제로 한 유교 사상의 전통은 봉건사회 체제와 결부되어 있었으며, 따라서 이것의 변혁에 대한 민족의 역사적 요청에 부적합했다. 봉건사회 체제의 극복과 새로운 평등 민족 사회의 실현 과정에서 그 전통은 새롭게 해석될 수 있다고 생각된다. 그런데 위정척사파의 민족의식은 민족의 존망 위기에 직면해서 종래의 전통을 넘어서는 새로운 민족 사회에로의 가능성을 봉쇄당했다. 박종근에 의하면 "척사와 동학은 자본주의의 부정적 측면을 일면적으로 포착하여 비관적으로 인식하고 배격한 것에 비해, 개화는 봉건사회의 부정을 강조한 나머지 반대로 외래 자본주의의 긍정적인 측면을 일면적으로… 낙관적으로 인식하며 그것을 도입하는 데 분주했다"고 한다.[40] 척사파는 자본주의 문물의 유입이 민족의 삶을 붕괴시키리라고 생각했으며, 개화운동은 자본주의 서양의 침략성 문제에 어두웠다. 개화운동은 민족 사회 근대화의 필요성을 절감했으나 서양과 일본의 침략 세력들을 이겨낼 수 없었으며, 위정척사파는 그 세력들을 막아내려고 과거의 사상 전통을 고수하려 했으나 그 전통은 민족의 새로운 미래를 열어주는 동력이 될 수가 없었다. 그와 같은 민족 분열과 파탄은 근대의 문명국들과 직면해서 거의 피치 못할 운명이었던 것 같다.

3) 문화 · 기독교 선교의 사명

기독교 선교의 핵심적 동기는 물론 복음 전파라는 사명감에서 출발했음이 틀림없다. 그러나 위에서 논술한 바와 같이 복음 선교는

---

40 박종근, 같은 책, 310.

서양 문명의 전파라는 동기·활동과 처음부터 불가분하게 관련되어 있었다. 감리교 선교는 문화 활동에 더 역점을 두었다고 말해지지만, 순수한 복음 선교를 강조한 장로교 선교사들도 서양 문화의 전령자들이었다. 장로교 선교 역사 측의 보도에 의하면, 선교사들이 처음에 한국에 왔을 때에 모든 한국인이 백이면 백 다 암흑 속에 살고 있었다고 한다.[41] '암흑'이라는 관찰은 기독교를 모르는 한국 민족에서 온 것이 아니라 문화적 삶의 영역 전반을 판정한 것이었으며, 그 문화적 암흑이란 서양 문화의 시각에 의한 관찰이었다. 이미 언급했듯 그리피스가 말한 '은둔자의 나라'라는 표현도 그러한 문화적 평가를 포함하고 있었다. 1884년에 내한한 장로교인 알렌이 단지 두 주일 후에 선교부 총무 엘린우드(F. F. Ellinwood)에게 보고하기를, 한국인은 "말할 수 없이 게으르고 더럽다"고 했다.[42] 헐버트에 의하면, 대체로 외국인들과 선교사들은 한국을 경멸의 대상으로 생각했다는 것이다.[43] 기독교를 모른다고 한국인들이 멸시받은 것은 아니었음이 분명하다. 그 경멸은 서양 문화의 지배 의식을 반영한다. 우리는 서양인들, 선교사들, 일본인들이 한국을 경멸했다는 것에 분개해서는 안 된다. 문제는 지배자들과 결부된 기독교 선교이다. 장로교의 초기 선교사 언더우드의 말을 들어보자. 한국에서 20년을 지낸 다음 그는 회고하면서 말하기를, "우리의 첫인상은 실로 얼마나 막연했던가… 우리는 야만스러운 사람들을, 외국적인 모든 것에 대해서 또 물론 특히 외국인에 대해서

---

41 Harry A. Rhodes, Archbald Campbell, ed., *History of the Korea Mission: Presbyterian Church in the U.S.A.*, Vol. II (1935-1959), 391-392.

42 *The Gospel in All Lands* (Oct. 1, 1884); E. N. Hunt, 앞의 책, 59.

43 H. B. Hulbert, 앞의 책, 43.

적대하는 사람들을 보리라고 기대했다"고 했다. 이어서 그는 말하기를, "우리가 이제 보는 사람들은 온유하고, 친절하고, 마음씨 좋고, 넓고, 관대한 사람들, 우리가 가는 곳마다 우리를 먼 곳에서 온 귀한 손님들로서 접대하기를 원한 사람들이다."[44] 언더우드는 처음에 국제적 상황의 문제를 고려하지 않았으므로 한국 민족의 문제를 완전히 몰각했으며, 나중의 그의 관찰은 일본 침략의 위협 아래 서양의 편으로 완전히 기울어진 한국인들을 묘사하고 있음에 틀림없다. 물론 그는 한국인들의 일반적 성품을 관찰했으나 역사적 상황이 간과되었다. 헌트의 보고에 의하면, 아펜젤러도 한국인들에 관해서 묘사하기를, 그들은 "교회의 생쥐들처럼 가련하고, 개들처럼 게으르고, 돼지들처럼 더럽고, 늑대처럼 탐욕스럽고, 위선자들처럼 뽐낸다. 그들은 거의 일하지 않고 많이 쉰다"(1884). 더 인용하자면, "그러나 이 모든 나쁜 습관과 경향성에도 불구하고 그들에게는 칭찬할 만한 것이 있다. 그들은 그들이 아직 가지고 있지 않은 어떤 것을 갈구한다. 그들은 그들의 오랜 잠에서 깨어 일어나려고 노력하는 데서 도움이 필요하다고 느끼는 듯이 보인다"(1886).[45] 신개척지 미대륙의 자본주의 사회에서 동분서주하고 달리고 일해야 하는 미국인들이 보자면, 당시의 대다수 사람들의 게으름이 문명의 암흑 때문이라고 생각될 수 있었으리라. 게으름이든 더러움이든 그것은 우리 민족의 수치이다. 그러나 문제는 그것이 서양 문명의 지배 의식과 시각에서의 경멸이었다는 점이 간과되어서는 안 된다. 또 헌트의 말을 들어보자. "아펜젤러는 도덕적으로 희망 없는 한국인들이 오직 그리스도의 보혈에 의한

---

44 E. N. Hunt, 앞의 책, 59. H. Underwood가 1908년에 한 말이다.
45 위와 같음.

영적인 구원을 필요로 한다는 것을 속히 각성하기를 기도했다고
한다."[46] 그리피스에 의하면, 아펜젤러와 다른 선교사들이 "희망 없이
수세기 동안의 수면에 빠져 있는" 비기독교적인 한국을 보고서, 예수
그리스도의 복음에 의해서 탄생될 '새로운 한국'을 생각하게 되었다고
하며, 그러한 선교 초기의 날들은 '장차 올 영광을 꿈꾸던 날들'이었다
고 아펜젤러는 회고했다고 한다.[47] 영적인 복음에 의해서 탄생할
'새로운 한국'의 '장차 올 영광'이라는 것은 바로 서양의 신개척지
미대륙의 표상이었다는 사실이 다음과 같은 그리피스의 말에서 분명
해진다. 즉, 아펜젤러는 기독교 선교의 개척자일 뿐만 아니라 '문명의
한 개척자'였다.

> 도시에서의 문명화된 인류(즉, 선교사들)는 암흑과 같은 영역을 상당히
> 정복했으니, 밝은 날을 연장함이요, 삶의 기쁨을 증대함이요, 도시행정의
> 개발에 의해 군대나 경찰이 할 수 있는 것보다 더, 공중교통질서를 안전하
> 게 함이다.[48]

그러한 서양 문화 선교의 사명과 활동은 아펜젤러에게만 해당되는
것이 아니다. 모든 선교사의 예증을 우리는 그에게서 보고 있을 뿐이
다. 새로운 한국의 영광의 모델은 바로 서양 문명이었다. 그리피스는
선교사들을 포함해서 아펜젤러에 관해 이렇게 총괄적으로 말하고
있다.

---

46 같은 책, 91. 여기에 인용된 아펜젤러의 말.
47 W. M. Griffis, 앞의 책, 166-167. 여기에 인용된 아펜젤러의 말.
48 W. M. Griffis, 같은 책, 232.

그가 참으로 한국인들을 위한 복음 사업에서의 첫 번째 지도자들 가운데 한 사람이었던 만큼, 전선의 선두에서 외국인들의 이익을 위해서 한국에서의 거의 모든 것을 창시한 사람들 가운데 한 사람이었다.[49]

　　"외국인들의 이익을 위해서"라는 말의 내용이 구체적으로 무엇을 의미하는지를 위 인용문의 필자는 전혀 말해 주지 않으나 그는 서양 문화 기독교 선교가 한국 민족의 정신을 마비시키기 시작했다는 사실을 완전히 몰각하고 있다.

　　캐나다계의 선교사요 학자인 대단히 존경받던 게일(James S. Gale)에 의하면, 수많은 한국인이 떼 지어 기독교로 전향하는 것을 보고 선교사들은 이미 한국의 "새 시대가 동트고 있다"고 생각했으며, 기독교가 윤리적 혹은 영적으로 유일한 구원을 암흑 속에 있는 한국인들에게 열어준다고 생각했다는 것이다.[50] 게일은 한국인들이 외적으로는 일본의 지배 아래 있으나 내적으로는 혹은 영적으로는 '자유의 소리'(note of freedom)를 듣는다고 말한다.[51] 그 '자유의 소리'는 복음을 의미함이 분명한데, 그것이 서양의 앵글로색슨족의 소리와 혼동되었다는 사실이 게일의 다음과 같은 말에 함축되어 있다.

　　서양 지식, 즉 서양의 비밀인 서양 종교가 바로 동양이 요구하는 그것이다. 만일 당신들이 "그것을 주지 않으면, 우리에게 화가 있을 것이니" 하는 모

---

49 같은 책, 234.
50 James S. Gale, *Korea in Transition, Young People's Missionary Movement of the U.S. and Canada* (1909), 한국기독교사연구회, 「사료총서」 3집, 228.
51 같은 책, 243.

든 시대의 영원한 음성이 들린다. 우리가 그것을 주어야 하느니, 만일 여러분이 그것을 주지 않으면, 어떤 보다 더 높게 은혜받은 자가 나타나서 그것을 주리라… 콜럼버스에 의한, 아직 점령되지 않은 대륙의 발견도 아시아 대륙의 이 개방된 지역만큼 위대하지는 않았다… 누가 지성과 영혼을 가진 이 지역에서, 새 영국땅(New Englands)과 버지니아땅(Virginias)에 거주할 자(colonists)일 수 있는가? 나의 독자, 당신들이니라. 왜냐하면 당신들은 주어진 짧은 시간에 당신들의 최선의 인상을 세계에 보여주도록 여기에 있기 때문이다. 당신들이 아시아에서 그 일을 하도록 (하나님이) 허락하시기를 빈다. 아시아는 열려 있는 가장 훌륭한 장이요, 한국은 아시아에 대한 관건들 중의 하나이다. 한국은 일본과 중국에 접해 있고, 이 둘에다 통하는 한 가지 언어를 쓰고 읽을 줄 안다.[52]

언어를 가진 한민족은 결코 문화적인 암흑 속에서 동면해 온 민족이 아니었다는 사실을 선교사들이 왜 간과해버렸던가? 그것은 그들이 서양 기독교 문화의 시각에서만 한국을 보았기 때문이 아닌가? 게일은 아시아와 한국에서의 기독교 선교를 청교도 앵글로색슨족의 미대륙 식민지화의 확대로서 공언하고, 선교사들을 격려하고 있었다. 앵글로색슨족의 미대륙 정복을 그는 당연한 기독교의 세계화라고 생각했으며, 그 때문에 미대륙에서의 인디언 족속들의 멸망에 대한 죄악이 완전히 몰각되어버렸다는 사실이다. 아니, 몰각되었다기보다는 역사에 있어서 정복자들은 피정복자들에 대한 죄악을 인정하지 않고, 기독교의 이름으로 이를 정당화시켰다. 서양 문화 기독교 선교의

---

52 같은 책, 245-246.

그러한 지배 의식을 한국 기독교는 지금까지 대체로 깨닫지 못했다. 한국은 서양 문화의 수용을 필요로 했다. 그러나 복음 선교는 그 문화 팽창의 이데올로기로 둔갑해서는 안 되었다. 그러나 서양 기독교가 서양에 의해서 전수되어 왔기 때문에 마치 서양의 소유처럼 되어버렸고, 이러한 문제 상황은 선교사들에 의해서도 대부분의 한국 기독교인들에 의해서도 올바르게 인식되지 못했다.

2. 민족의 위기와 교회 성장

1) 교회 성장의 결정적 계기

한국에서의 기독교 선교의 "위대한"[53] 성공에 대한 보고와 논의가 지금까지 계속되어 왔다. 한국개신교의 성장은 오늘날에도 사람들의 호기심과 논의를 분분하게 한다. 그 성장의 모형을 우리는 1903년부터 1910년, 즉 부흥 운동 시기에서 볼 수 있다. 우리는 교회 성장의 개별적인 요인들을 분석해내는 일에 관심하지 않는다. 우리는 역시 교회 성장의 결정적인 계기를 우선 민족의 몰락에서 보아야 한다.

민경배에 의하면 한국 기독교는 일본에 대한 "저항적 민족 에너지와 결탁하는 양상으로 전개되었다는 특수성"을 가지고 출발했다고 한다. 그래서 그는 1895년, 즉 청일전쟁에서의 일본의 승리와 한국에 대한 그 지배권이 확실해진 해를 한국교회 성장의 중요한 시기라고

---

53 Charles Allen Clark, *The Korean Church and the Nevius Methods*, 한국기독교사연구회, 「사료총서」 4집, 5. 이 저서는 시카고대학에서의 그의 철학 박사 논문이며, 그는 평양장로교신학교에서 목회신학과 종교교육을 교수하였다.

규정한다.[54] 이러한 주장은 쉐어러(Roy E. Shearer)와 일치한다. 그는 "1895년부터 세례교인 수가 폭발적으로 증가했다"고 말한다.[55] 민경배와 쉐어러의 역사적 관찰은 미 선교부 총무였던 장로교인 브라운(A. J. Brown)과 일치한다. 1902년 브라운의 보고에 의하면, 1894년의 청일전쟁이 선교의 성공의 큰 요인이었다고 하며, 그것을 계기로 해서 한국인들은 친절한 선교사들에게로 전향했다는 것이다.[56] 선교사들에게로의 한국인들의 전향은 기독교만이 민족의 살길이라고 여겨졌기 때문이라고 생각된다. 그런데 클라크(Charles Allen Clark)는 선교 성공의 시초를 청일전쟁에다 지나치게 귀속시켜서는 안 된다고 하며, 1876년 개항 이래 1894년 청일전쟁 시기까지의 사이에 일어난 일련의 사건들에서 선교의 성공 요인들을 찾아야 한다고 한다. 왜냐하면 청일전쟁 당시에는 세례교인 수가 236명이었을뿐이고, 그 후 3년 후에도 1천 명 미만이었다고 한다.[57] 그러면서 클라크는 열네 가지의 요인들을 열거한다. 요약해서 몇 가지만 보자면, ① 1876년과 1894년 사이에 일어난 사건들은 일본 세력의 부각을 의미했고, 이 세력은 서양 문명에 힘입었다는 것을 한국인들이 생각하지 않을 수 없었으며, 오직 선교사들이 그들에게 서양과 접촉하는 유일한 길이었다는 것이고, ② 옛 종교에 대한 한국인들의 신앙이 약화되었다는 것이며, ③ 정치적으로 약하고 타(他)의 지도, 즉 중국의 주도권을 수납했던

---

54 민경배, 앞의 책, 17.

55 Roy E. Shearer · 서명원/이승익 역, 『한국교회 성장사』 (기독교서회, 1966), 53-54 ; 민경배, 같은 책.

56 A. J. Brown, *Report of a Visit to Korea* (1902), 12; C. A. Clark, 앞의 책, 230.

57 C. A. Clark, 같은 책, 229-230. Clark가 제시하는 수치와 Shearer의 서술이 서로 다른데, 이 차이점에 대한 검토가 있어야 할 것이다.

한국인들은 선교사의 지도력에 쉽게 응할 수 있었으며 브라운의 말대로 한국인들은 '고분고분'(docile)했고, 중국인들보다 지도하기가 용이했다는 것이고, ④ 한국인들은 빈곤·억압·곤경·세금·정치적 부패로부터의 구원을 갈망했다는 것이며(브라운과 동일한 견해), ⑤ 고종의 호의와 ⑥ 여성의 위치 변화, ⑦ 한국인들의 애국심, ⑧ 새로운 것에 대한 관심, ⑨ 일반 교육 선교, ⑩ 중국어와 한글이라는 가장 중요한 요소, ⑪ 국가적 암흑기 등등이 선교의 성공 요인들로서 열거되어 있다.58

선교의 성공과 한국교회의 특수한 출발점과 그 성격이 청일전쟁 시기(1894~1895)에 기인했다는 주장은 사실상 클라크가 주장하는바 1876년과 1894년 사이의 사건들의 핵심이다. 다만 클라크는 여러 요인을 열거할 뿐인데, 그렇게 함으로써 그는 한국 기독교의 결정적인 민족적 계기를 고려하지 않고 있다는 사실이다. 또 한국 기독교의 발흥 시기를 청일전쟁에서 보는 브라운이나 다른 선교사들의 관점도 한국 기독교의 민족적 요인을 간과하고 서양의 세력과 선교사들의 지도력에 초점을 두었다. 민경배는 민족교회로서의 한국 기독교의 발흥을 1895년으로 보는데, 기독교 선교가 서양 문화 기독교의 시각에서 출발했다는 사실을 고려하지 않는다는 점이 문제다. 백낙준에 의하면 1897년부터 1906년까지를 한국교회 '발흥기'라 한다.59 교회 발흥기를 1894년부터 1895년으로 보든, 1897년부터 1906년으로 보

---

58 같은 책, 228-244. 필자가 제시한 저 순서들은 필자 나름대로 일부 변경하였다. Clark는 물론 Nevius 선교 방법을 선교의 성공의 중심적 주체로서 다루지만, 한국교회 측의 요인들을 폭넓게 고려하려고 했다.

59 백낙준, 앞의 책, 275.

든, 그 발홍이 민족 파탄과 직결되어 있다는 게 사실이다. 그러나 백낙준의 다음과 같은 서술은 그 민족적 계기의 의의를 상실하고 만다. 즉, "국내 정치상 대변화가 있음에도 불구하고 기독교는 아무런 방해를 받지 않고 전국에 퍼져나가고 있었다"는 것이다.[60] 이러한 서술이 암시하는 것은 기독교의 진전은 민족적 파탄과는 별개의 사건인 것처럼 말한다는 점이다. 이것이 우연한 서술의 문제라고 무마되어서는 안 된다. 선교사들은 기독교의 발홍이 민족적 파탄에 관련되었다는 점을 관찰하였지만, 이 파탄의 요인들에 바로 기독교 선교가 개입되어 있었다는 것을 몰각했기 때문에 민족의 파탄은 기독교 발홍에 다만 한 기회를 제공했다고 여겨졌다. 백낙준의 저 서술도 이러한 선교사들의 관점을 그대로 반영한다. 민족의 파탄은 결정적이라고 여겨졌지만, 단지 하나의 계기 혹은 기회였고, 기독교 선교와 한국교회의 발홍이 그것과는 다른 별개의 역사라는 생각은 서양 기독교의 시각을 그대로 반영하고 있다. 이 때문에 한국 기독교는 민족의 문제들로부터 멀어져 왔고, 비역사적 방향을 따라 걸어온 것이다. 민족의 파탄에서 발홍한 기독교는 민족의 문제에 대해서 해답해야 한다. 과거의 민족 문제를 규명함은 바로 오늘의 민족의 문제 상황과 기독교의 올바른 해답을 설정하는 데서 필요하다.

---

60 백낙준, 같은 책.

2) 부흥회와 교회 성장

부흥 운동은 교회 성장의 결정적인 요인 혹은 방법이었다. 한국교회의 발흥이 청일전쟁을 전후로 하는 민족의 파탄에 결부되었듯이 교회 성장의 요인 또한 민족의 몰락과 직결되어 있었다. 부흥 운동은 1903년에 태동하였고, 1905년 원산에서 감리교 선교사들에 의해서 전개되기 시작해서 1907년에 평양에서의 대부흥회가 그 절정을 이루었고, 전국적으로 확산되어 1910년에도 대부흥회가 있었다고 한다. 그래서 부흥 운동 시기는 1903년부터 1907년까지로 말해지기도 하고, 1905년부터 1907년까지로 말하여지기도 하는데, 백낙준은 1907년부터 1910년까지를 대 부흥회들의 전개 시기로 본다.[61] 어쨌든 1905년부터 1910년의 시기는 한국의 국권이 일본에게 박탈당하고, 한국 민족의 몰락을 가져 온 시기였다. 부흥 운동의 '백만 명 신도화' 혹은 '구령'(救靈)이라는 목표는 민족의 몰락과 절망에 대한 한국인들에게 새로운 삶의 미래를 약속하는 소리로 들렸다. 백낙준에 의하면, 1907년부터 1910년까지의 기간은 "한국 기독교의 전통을 세운 여러 중요한 운동"이 일어났으며, 한국인들은 일본 외세에 대한 통분을 품고 기독교를 통한 '신생활'을 갈구했다고 한다.[62] 민경배는 1905년부터 1907년까지의 부흥 운동 기간을 '민족교회 구형 과정(構形過程)'의 중요한 계기였다고 한다.[63] 그는 당시의 「대한매일신보」의 보도를 원용하면서, 민족

---

61 S. H. Moffet, *The Christians of Korea*, 52; Mack B. Stokes,"Methodist Evangelism," *Within the Gate* (Addresses Delivered at the Semi-Centennial of the Methodist Church in Korea, The Korea Methodist News Service, 1934), 107; 백낙준, 앞의 책, 390-391.

62 백낙준, 같은 책, 438-439.

63 민경배, 앞의 책, 31.

교회의 '정착'을 부흥 운동에서 본다.[64] 그러나 그는 부흥 운동이, 특히 선교사들 측에 의해서, 민족의 문제로부터 이탈해 간 과정을 주시하지 않는다. 어쨌든 그는 올바르게 한국교회의 민족사적 요인을 주시한다. 1908년 3월 10일자 「대한매일신보」의 보도를 보자.

동포(同胞)는 거개구주(擧皆救主)를 독신(篤信)ᄒ야 일신(一身)의 일국 (一國)의 죄(罪)를 속(贖)ᄒ고 주은(主恩)을 감복(感服)ᄒ야 능(能)히 구 제창생(救濟蒼生)도 하리니 동포(同胞)를 애(愛)ᄒᄂ 범위(範圍)가 차 (此)에 불외(不外)ᄒ니라.[65]

부흥 집회에서 사람들이 참회하고, 간증하고, 사죄함을 간구하고, 새로운 삶을 절규한 것을 이 보도는 민족의 죄에 대한 속죄와 구원에 합일시켰다. 부흥 집회에서의 참회와 기도와 절규에는 모든 개인적인 죄목들이 민족의 죄와 뒤엉켜서 고백되었을 것이다. 그러나 그렇게 절규했던 구원과 '신생활'의 그 열기에 찬 감동의 방향이 서양에로 이끌렸다는 사실이 필자가 아는 한 거의 모든 선교사와 교회사가의 해석에 있어서 간과되어 있다. 펜테코스트계 선교사 블레어(W. N. Blair)의 말을 들어보자. 블레어는 주로 1907년의 대부흥회를 회상하면서 다음과 같이 말했다.

그때 한 집회가 시작되었는데, 나는 그와 같은 집회를 이전에 본 적이 없었으며, 나는 하나님의 목전에서 그러한 것이 절대적으로 필요하지 않다면

---

64 같은 책, 33.
65 같은 책, 33에 인용됨.

다시는 보기를 원할 수도 없다. 한 인간이 범할 수 있는 모든 죄가 그날 밤에 공중 앞에서 고백되었는데… 죄된 영혼들이 그 심판의 흰 빛 아래 서서 하나님이 그들을 보신 것처럼 자신들을 보았다… 나는 이제 하나님의 영이 죄된 영혼들 위에 내릴 때 죄의 고백이 있다는 것을 알며, 땅 위에 어떤 세력도 그것을 멈추게 할 수는 없다는 것을 안다.[66]

후론하겠지만, 블레어나 그의 말을 인용한 후기의 선교사 모펫도 그러한 죄의 고백과 성령의 역사가 민족의 문제에 어떻게 새롭게 응답했어야 했는가 하는 물음을 간과해버렸다. 게일의 서술을 들어보면 다음과 같다.

백만 명의 구령이라는 소리는 사람들의 실망이 절정에 다다른 이때에 널리 울려 퍼지고 있다. 자기의 잘못으로 파멸과 구령에 빠져 자기방어와 자주 정치의 능력을 상실한 이 나라 사람들은 만국 백성의 능멸을 받는 처지로 전락하고, 국가의 주권을 빼앗겼으며, 재산권은 남의 손에 넘어갔고, 관습적으로 해 오던 사기와 기만의 생활이 끝났다. 오늘날에 와서 모든 것을 약탈당하고 망국민의 판정을 받고 말고 할 나위 없게 된 이 나라는 한 구세주를 찾고 있다. 오늘은 절정의 날이다. 우리는 내일을 기다릴 수 없고 예언할 수도 없다. 오늘이 전도할 그날이요, 이곳이 전도할 그곳이다… 우리 선교사들은 이때가 한국의 중대한 고비라고 확신하고 있다.[67]

게일이 망국의 운명을 전적으로 한국인들의 죄의 결과라고 생각했

---

66 S. H. Moffet, 앞의 책, 53에 인용됨.
67 J. S. Gale, *The Ministry*, Vol. 43, No. 5(May, 1910), 213; 백낙준, 앞의 책, 403의 인용문.

다는 사실은 그가 일본과 서양 외세들을 완전히 몰각했다는 것을
단적으로 말해준다. 바로 이 때문에 그는 기독교 선교가 외세들과
결부되었던 문제 상황을 또한 완전히 몰인식했다. 망국의 민족은
속죄양과 같아서 만국 백성의 죄까지 짊어지고 만국 백성의 능멸을
받고 있었던 게 아니냐. 능멸하는 만국 백성은 다름 아니라 지배자들이
아니었던가. 게일은 그들의 죄악을 망각하고 가련한 한국 민족의
죄를 책하고 있었다. 민족의 멸망은 기독교 선교의 절호의 기회라고
생각되었기 때문에, 바로 그러한 것 때문에 기독교 선교는 민족의
멸망에 대해서 새롭게 답변할 수가 없었다. 민족과 개인들의 죄에
대한 참회와 눈물의 애통은 멸망한 민족을 구원의 빛에서 새롭게
보고 민족의 새로운 미래에 대해서 결단하는 계기가 되었어야 했다.

우리는 부흥 운동에 대한 서양적인 시각의 문제를 감리교의 저딘(J.
L. Gerdine)의 해석에서 결정적으로 관찰할 수 있다. 부흥 집회에
대한 1905년의 그의 글은 다음과 같다.

> 부흥 집회들에 관해서 결코 이전에는 그렇게 많이 말해지고 또 쓰여진 적
> 이 없다. 종교적 또 세속적 인쇄물에 있어서 그것은 공동주제로 되었다.
> 여러 곳에서 부흥 능력이 나타나고 느껴지고 있고, 온 교회는 신적 은총의
> 세계적인 부르심을 예언하는 간절한 대망의 자세로 들어가는 것처럼 보
> 인다.

계속해서 인용해보자.

> 앵글로색슨족 가운데서의 대부흥회는 한 나라에만 국한되지 않았고 그

팽창과 영향에 있어 앵글로색슨인들이 거주하는 곳에는 다 미친다. 미국에서의 1740년의 대각성(Great awakening)과 대영제국에서의 웨슬리 부흥회는 그 동일한 운동의 일부분이다. 1800년과 1858년의 대종교 각성 운동들은 사실 대서양의 양측에 있어서 동시적이었다. 신적인 은혜와 능력의 현재적 현현은, 웨일즈(Wales)에서 시작되어, 영국, 오스트레일리아, 미국의 중심지 등에서 이미 인식되고 있다. 그것은 마치 앵글로색슨족이 공통적인 정신적 중추신경을 소유한 것과 같으며, 이 중추신경계통을 따라서 의식된 천적(天的)인 능력이 그 족속의 온몸으로 관통하는 진동과 반응을 일으키는 것과 같다. 그러므로 우리는 영적인 능력의 물결이 더 널리 퍼지는 파장을 일으키고 과거 어느 부흥 운동들보다 훨씬 더 많은 사람들에게 영향을 끼치리라고 생각하지 않을 수 없다. 이러한 기독교 국가들로부터 십자가의 전령들이, 지난 50년 동안 어떻게 전 세계로 퍼져 들어가서, 모든 민족과 부족들 가운데서 그들의 거주지를 차지했는가를 회상해 볼 때, 우리는 앵글로색슨족을 움직이게 한 부흥 운동이 세계를 움직이게 하리라는 것을 쉽게 알 수 있을 것이다.[68]

---

68 J. L. Gerdine, "National Revivals," *The Korea Methodist*, Vol. I, No. 7 (May 10, 1905): 84-86. Gerdine이 언급한바 앵글로색슨의 부흥 운동들은 다음과 같은 사건들을 말한다. 미국의 부흥 운동은 1734년에 동북부에서 Jonathan Edwards에 의해서 시작되었다. 영국에서 웨슬리와 함께 부흥 전도에 헌신했던 장로교 George Whitefield가 1740년에 미대륙을 처음 방문했고, 그 후 수 차례 방문해서 전했으며, 대각성 운동(Great Awakening)이 영·미에서 확산되었다. Edwards에 관해서 Alexander V. G. Allen, *Jonathan Edwards* (Boston: Houghton Mifflin Co., 1889), xi, 401; 영·미 대각성운동에 관해서 Kenneth Scott Latourette, *Three Centuries of Advance, A History of the Expansion of Christianity*, Vol. 3 (Zondervan Publishing House), 214-215, 216-222.
1800년대에는 웨슬리의 감리교 선교와 사회 복음 운동이 활발하게 전개되었으며, 1801년에서 1858년 사이에 대영제국에서의 경제적 자원이 그러한 운동을 위해서 축적되었고, 기독교 확대 운동이 전개되었다. 그러니까 Gerdine이 언급한 1800년과 1858년의 대종교 각성 운동들은 영국에서의 웨슬리의 부흥 운동을 가리킨다. K. S. Latourette, 같은

계속 저딘의 말을 요약하여 여기에서 더 듣기로 하자. 즉, 우리는 하나님이 국가적 위험의 기회가 있을 때 특수한 임재(臨在)를 보장하신다는 것을 안다. 영국의 경우 프랑스로부터 밀려 들어와 퍼진 배교의 질병에 영국교회가 직면했을 때 웨슬리의 부흥 운동이 일어났다. 유사한 위험이 독립전쟁 종결 시에 미국을 위협했다. 오늘의 세계의 위기, 즉 아시아의 위기에 있어서 하나님 나라를 위한 영적인 운동이 영어를 사용하지 않는 황인종 가운데서 더욱더 필요하지 않는가라고 저딘은 강조한다.[69]

계속해서 그의 말을 들어보자. 한국의 "이 민족적 위기에 있어서, 이러한 동양 선교지(宣敎地)들에서의 하나의 희망은 하나님의 능력과 권위, 즉 백성의 생각을 그에게로 향하게 하고 그들의 마음을 그의 지배에 복종하게 하는 그의 능력과 권위의 한 민족적 현현이다." 이것은 "앵글로색슨족에 대한 영적 축복인 한 강력한 신적 임재"요, "모든 민족에로의 그의 은혜의 역사를 확대하는 데서 지도하도록 준비된, 모든 나라에서의 이 인종의 대표들(즉, 앵글로색슨족의 대표들인 선교사들)의 사명이다."[70]

이제 우리는 이상과 같은 말을 검토할 필요가 없다. 한국에서 일어나고 있었던 부흥 집회들에 대한 논의가 국내외에서 분분했다는 당시의 광경을 우리는 짐작할 수 있다. 그 부흥 운동이 영·미에서 일어났던 앵글로색슨족의 부흥 운동의 연장으로 여겨졌다는 사실은

책, Vol. 4, *The Great Century: Europe and the United States*, 147-150 비교.

69 Gerdine, 같은 책. 여기서의 '배교의 질병'은 프랑스의 합리주의 무신론자들을 가리킨다고 생각된다.

70 같은 책, 86.

무엇을 의미하는가. 앵글로색슨족의 미 대륙으로, 아시아로의 확대를 의미한다. 한국 민족의 멸망에 직결된 한국교회 부흥 운동이 어떻게 앵글로색슨족의 확대, 기독교 선교라는 이름 아래서의 확대를 의미한 다고 해석될 수 있었던가. 기독교가 앵글로색슨족과 동일화되어 있었 다는 사실 때문에, 그러한 잘못된 팽창주의적 해석이 가능했다. 한국 민족의 통곡이 앵글로색슨족의 선교의 계기가 되었다면, 앵글로색슨 족 선교사들은 이 민족이 자유를 되찾는 민족적 사명을 마비시키지 말았어야 했다.

위기에 처하여 하나님의 영의 임재를 우리가 고백할 수 있다 해도 영 국과 미국의 위기들이란 우리의 민족적 위기와 달랐다. 영·미의 상황을 한국 민족의 상황과 함께 생각했다는 것은 후자를 몰인식했음 을 말해준다. 한국인들이 기독교를 선교사들에게서 배워야만 했다고 해도 민족의 멸망에서의 구원을 절규하고 죄를 통화하는 한국인들의 부흥 운동은 앵글로색슨의 주도권에 속하지 않았다. 앵글로색슨족 선교사들이 그 부흥 운동의 주도권이 성령의 역사라는 것을 참으로 승인했었다면, 그 들은 그것을 앵글로색슨족의 주도 아래서 전개된 부흥 운동의 연장으로 생각하지 못했을 것이다. 서양의 세력에 굴복한 한국인들은, 기독교가 서양 나라들의 종교라고 서양과 동일화시키고 서 서양을 흠모했던 것이며, 구원의 모델로 생각했음이 틀림없다. 이 오류가 바로 기독교 선교의 결실이었으며, 그것이 바로 기독교와 서양 문화의 동일화의 결과였다. 그 오류가 바로 민족의 문제로부터 한국 기독교가 이탈해 온 과정의 시초였다.

어쨌든 부흥 운동이 한국교회 성장의 결정적인 계기였으며, 오늘 날까지 세계적인 주목과 호기심을 일으키는 교회 성장의 원형이었다.

모펫에 의하면 1884년부터 1904년까지에는 교인 수가 점차로 늘어나 1905년까지 약 5만 명으로 증가했으며, 1909년까지 약 20만 명으로 증가했으니, 백만 명의 구령(求靈)에는 미달이었다 해도 엄청난 증가였다. 1911년부터. 1919년까지 교인 수가 감소했고, 1920년부터 1924년까지에는 다시 성장의 현상을 보였으며, 1925년부터 1929년까지에는 침체기였고, 1929년부터 1937년까지에는 다소 진전이 있었으며, 1937년부터 1945년까지의 전쟁 시기에는 교인 수의 통계는 불확실하나 침체기였다. 1945년부터 1960년까지에는 교인 수의 증가 현상이 특히 두드러졌고, 1960년 초 당시의 교인 수는 130만 명으로 추산되었다. 인구증가율은 1905년부터 1960년까지 약 250퍼센트였는데, 개신교 신도 수는 약 2,600퍼센트로 증가했으니, 인구증가율의 10배가 되고 있다. 그런데 버스커크(James Dale van Buskirk)에 의하면, 1910년부터 1930년까지 교회는 이미 획득한 교인 수의 약 2배를 상실했다고 한다.[71] 어쨌든 교인 수의 증가는 두드러진 현상이다. 오늘날에는 개신교인 수가 약 700만을 헤아린다고 한다. 1960년에 약 130만이었다. 약 20년 동안에 5배 이상으로 증가했다는 것이다. 물론 그것은 인구증가율과 비교되어야 하겠지만, 어쨌든 놀라운 교회 성장을 말해주며, 이러한 현상은 세계의 호기심과 이목을 끌고 있다.

모펫의 저 증가율 제시를 재분석하자면, 1911년부터 1919년까지의 교인 수 감소 현상은 기독교계의 신민회 민족운동이나 그 외의 민족운동에 대한 일제의 탄압에 기인했을 것이다. 민족 문제에 대한

---

71 S. H. Moffet, 앞의 책, 50-51; James Dale van Buskirk, *Korea: Land of the Down, Missionary, Education Movement of the United States and Canada* (New York, 1931), 172 비교.

선교사들의 선교 정책, 즉 교회와 정치의 분리와 교회의 중립이라는 정책에 대한 한국인들의 실망이 작용했을 것이다. 1920년부터 1924년까지의 성장 현상은 1919년 3.1운동에의 기독교인들의 참여가 그 주된 원인이었을 것이다. 1925년부터 1929년까지의 침체기는 후술하겠지만 사회주의의 영향을 받은 민족 사회 운동에 의한 기독교 비판에 기인하였다. 그래도 버스커크가 말한 것처럼, 1910년부터 1930년까지의 교인 수의 감소는 교회에 한국 민족의식의 비판을 말해준다. 1945년부터 1960년까지의 증가율은 말할 나위 없이 8.15해방이 연합군의 선물이었다는 기독교 측의 생각, 미국 혹은 미군정의 세력, 6.25 경험을 계기로 한, 미국 세력에의 의존을 반영한다. 오늘의 700만이라는 교인 수의 증대는 1945년 이후의 미국의 영향, 민족 분단의 상황, 고도 경제성장 등과 결부되어 있다고 생각된다. 이러한 성장의 씨는 선교 초기에 뿌려졌고, 지금까지 성장해 온 것이다. 아직도 한국교회의 대체적인 의식은 그 성장 모델에 매여 있다. 여의도 부흥 집회들이 바로 그것을 말해준다. 부흥 운동은 한국인 측에서는 민족의 멸망과 구원에의 절규에서 출발했으나 반민족적인 방향으로 전개되어 왔다. 이러한 문제점이 지금까지 모든 선교사와 기독교계 사가에 있어서 완전히 간과되어 왔다.

3. 네비어스 방법

네비어스 방법이라는 것은 중국에서 활동하던 선교사 네비어스(John L. Nevius)가 1890년에 한국 선교사들에 의해서 내한한 사건을 계기로 해서 제창된 선교 방법이다. 옛 선교 방법이 선교국들의 선교자

금으로 피선교지 교회들을 육성한 것이라면, 네비어스의 새 방법은 피선교지 교회들의 경제적 자립, 즉 교회 설립이나 교역자들의 경제적 책임이 피선교지 교회들에 주어지는 방법을 의미한다. 이 새 방법은 자립 전도(self-propagation), 자립 치리(self-government), 자립 경제(self-support)의 세 가지 원리를 내용으로 했는데, 그중에서 자립경제가 그 핵심이 되었다.[72] 버스커크에 의하면 한국교회들은 대체로 3분의 2 정도의 경제자립을 담당했다고 한다.[73] 1945년 해방 이후, 특히 6.25 이후로는 네비어스 방법의 활용이 중단되었고, 그 방법의 의의는 물론 끝났다. 네비어스 방법은 지금까지 한국교회 성장의 중요한 요인 중의 하나로서[74] 해석되어 왔으나 이러한 해석 역시 서양 기독교 선교의 시각에 의한 것이다. 백낙준은 한국에서의 네비어스 방법의 성공이 한국교회 토착화의 '주춧돌'이었다고 이야기한다.[75] 토착화가 네비어스 선교 방법에 의해서 정초(定礎)되었다는 말은 한국 기독교사를 서양의 시각으로부터 서양 기독교의 연장으로 본다는 사실을 단적으로 말해준다. 네비어스 방법을 활용한 성공을 너무 강조한 경향에 대한 비판이 있기는 했다. 경제적 자립 원리는 강조된 데 반하여, 자립 치리는 덜 실천되었다는 것, 치리는 선교사들의 지도권에 더 의존되었다는 것이며, 자립 원리의 강조 때문에 교회의 발전, 지적인 교육과 육성이 너무 낮은 단계에 머물러버렸다는 것이고,

---

72 Charles Allen Clark, The Korean Church and the Nevius Methods, 16-36 ; 백낙준, 앞의 책, 170.

73 J. D. Buskirk, 앞의 책, 168.

74 T. Stanley Soltau, Korea, The Hermit Nation and ifs Response to Christianity, 24-26; C.A. Clark, 앞의 책, 228-229.

75 백낙준, 앞의 책, 170-171.

한국교회는 대체로 그러한 교회의 발전, 지적인 교육과 육성을 위한 자원을 가지지 못했다는 것이다.[76]

　이미 1930년대에 세계기독교선교회 측은 "동양은 아주 오랫동안 서양의 학생 역할을 행하였다"[77]고 언급했으나 그 문제가 선교사들과 한국 기독교에 의해서 철저하게 반성되지 못하였다. 한국교회의 자립 경제가 교회 지탱과 교육 사업에 있어서 힘겨웠음이 틀림없고, 지성이나 문화면에서의 발전이 더 촉진될 수 있었겠으나, 네비어스 방법에 대한 그러한 비판은 역시 보다 더 근본적인 비판점을 간과했다. 즉, 어떻게 그러한 선교 방법의 원리가 기독교 선교의 성공이라든지 교회 성장의 한 요인이었다고 생각될 수 있다는 말인가. 그러한 생각은 민족적 상황과 한국인들의 정열에 대한 인식 부족일 뿐만 아니라 선교사 주도의 의식을 나타낼 뿐이다. 모펫은 네비어스 방법이 교회 성장의 주된 원인이었다고는 생각하지 않으며, 그 주된 원인은 순수 복음 선교와 성경 공부에 대한 강조, 근원적으로는 성령의 역사하심이라고 주장한다. 그러나 그는 주장하기를, 네비어스 방법이 철저하게 실행된 지역 중에서 한국교회가 가장 빠르게 성장했다고 한다.[78] 그러나 그러한 경우는 한국인들의 헌신이 성장의 주된 원인이었다는 사실을 말해준다.

---

76 T. S. Soltau, 앞의 책, 92; S. H. Moffet, 앞의 책, 60, 72 ; 백낙준, 앞의 책, 229. 자립 치리에 관해서 백낙준은 한국교회는 서양 교회의 교도(敎導) 단계를 거치지 않고 자주치리(自主治理)하는 교회가 되었으며, 이리하여 인도와 중국에서 논쟁의 근원이 되고 있는 선교사 지배하의 '종교 제국주의'와 '선교 단체의 세력 퇴화' 문제가 한국에서는 심각하지 않았다고 말한다(앞의 책, 307).

77 J. Merle Davis, *The Economic Basis of the Church*, 89.

78 S. H. Moffet, 앞의 책, 61.

미국의 감리교 목사, 후에 세계기독교학생총연맹(WSCF)의 총무로 활동한 모트(John R. Mott)가 1907년에 극동을 여행한 후 귀국해서 말하기를, "만일 한국에서 같이 일하고 있는 여러 선교부가 응분의 지지를 받고 당장 사업을 확장한다면 한국은 비기독교세계에서 최초로 기독교 국가가 되리라는 확신을 가지게 되었다"고, 이어서 "나는 선교 사업의 투자에 비하여 한국에서와 같이 크고 견실한 성과를 얻은 피선교지를 알지 못한다"고 했다.[79] 모트의 이 말은 앵글로색슨 주도의 서양 문화와 기독교의 동일성을 전제하고 있으며, 한국교회의 부흥 운동과 성장의 현상을 역시 기독교 선교의 업적으로 해석하고 있다. 그뿐만 아니라 교회 성장을 네비어스 자립 원리의 성과인 것처럼 생각했다는 점이 암시되어 있다. 그의 말은 경제적 자립 원리가 적용되었음에도 불구하고 놀랍게 한국교회는 성장하고 있었다는 뜻으로 해석될 수 있으나, 성장 현상의 방향이 전적으로 서양 기독교 문화(Kulturchristentum)를 모델로 삼은 세계 기독교의 실현이라는 이상을 함축하고 있다.[80] 알렌(Rolland Allen)이라는 사람이 네비어스 방법의 자립 경제 원리가 너무 강조된 풍조를 비판하여 말하기를, "돈을 교회 성장의 척도인 양 생각한다"고 이야기한 적이 있다.[81] 어쨌든 네비어스 방법 이 선교의 성장과 교회 성장의 한 요인, 주요 요인이라고 생각되지는 않았다고 해도, 한 요인이었다는 일반적 해석은 잘못된 것이다.

---

79 *The Korea Mission Field*, Vol. 4 (May, 1908), 65; *Annual Report of the Board of Missions M. E. Church South* (1908), 10; 백낙준, 앞의 책, 382.

80 Kar Kuppsch, *Karl Barth* (Rewohlt, 1971), 29-31; 박종화 역, 『칼 바르트』 (신학사상문집 9), 39-43 비교.

81 S. H. Moffet, 앞의 책, 60.

한국 교인들의 경제적 헌신에 대하여 일별해 보자. 1905년 서울지역에 관련된 벙커(D. A. Bunker)의 보고에 의하면, 한국 교인들이 교회를 위하여 희생함에 있어서 어떤 이들은 거의 절대적인 빈곤에 처해 있었으나, 700명의 남녀 청소년들이 교회 주일학교 경제를 지탱했다고 한다.[82] 벙커의 또 다른 보고에 의하면, 서울 남부지역의 주일학교에서 한 번은 500명이 6개월 동안에 1,200원 이상을 모았는데, 그 당시의 일반 노임이 하루 15전을 넘지 못했다는 것이다.[83] 같은 해 무어(J. Z. Moore)의 보고에 의하면, 서부 지역에서의 한국 교인들이 교회 지붕을 올리기 위한 비용을 무어에게 청했다고 한다. 그의 답변은 "주는 것이 받는 것보다 더 복되다"는 것이었으며, 이 말이 자립 경제의 한 텍스트가 되었다고 한다.[84] 한국인들이 그 텍스트에 얼마나 헌신적으로 순응했던가를 우리는 짐작할 수 있다. 우리는 교회 여성들의 헌신을 기억해야 한다. 무스 부인(Mrs. J.R. Moose)의 보고를 들어보자. '황금쥐'(Golden Rat)라고 불린 한 전도 부인(Bible Woman)의 이야기가 있다. 그는 문벌도 있는 가문에서 태어났고, 읽을 줄도 알았다. 15세에 결혼했다가 남편에게 버림받고 교회로 전향하여 거의 5년간 전도 부인의 자격으로 일했는데, 이 기간에 성서공회가 경제적 도움을 제공했다고 하나, 그녀는 자신의 생활비를 벌고도 남았으리라고 추측된다. 그녀는 매일 아침 하루 판매량의 성서와 다른 기독교 문서들과 책들을 허리춤에 동여매고, 게다가 자신의 성서와 찬송가 책을 손에

82 D.A. Bunker, "A Bird's-eye View of Korea Methodism," *The Korea Methodist*, Vol. I, No. 3 (Jan, 10, 1905), 19.

83 D. A. Bunker, 같은 책, Vol. I, No. 4(Feb. 10, 1905), 39

84 J. Z. Moore, "Self-Support and Education on West Circuit," 앞의 책, Vol. I, No. 10 (Aug. 10, 1905), 133.

들고, 집집마다 방문하면서 전도하고, 성서를 읽어주고, 찬송가를 불러주고, 읽기를 가르쳐주기도 하면서 책들을 팔곤 했다는 것이다. 그녀가 보고하던 그해에 그녀는 6,730명의 여인들을 방문했고, 4,491권의 신약성서와 1,500부의 기독교 달력과 문서를 팔았다고 한다.[85] 선교사들은 한국의 엄격한 내외 법을 고려해서 집안에 있는 여성들과 접촉하기 위한 방편으로 부인성경학교 혹은 부인성경반(Women's Bible Class)을 조직하여 이 들 전도 부인들에 의한 가가호호 방문을 가능하게 하였다.[86] 한국교회 여인들의 헌신의 이야기들이 허다하게 묻혀 있고, 사람들의 기억으로부터 사라져버렸음이 아니냐. 한국교회 지도권은 남자들에 의해서 행사되어 왔고, 여자들의 헌신은 교회사에 있어서 은폐된 밑거름이 되었다. 그러나 교회의 경제적 자립에 있어서 남자들이든 여자들이든, 그들의 헌신과 희생이 교회 성장의 밑거름이었음이 틀림없다. 네비어스 방법의 자립 원리가 성공했다는 생각은 잘못이요, 한국교회의 헌신이 바로 그 원리를 성공하게 한 것이다. 라투렛(K. S. Latourette)은 한국교회 성장의 주요 원인을 서양화(Westernaization)의 추세라고 보았다.[87] 이토와 협력한 미국인 교수 래드(G. T. Ladd)가 부흥회를 한국인의 '비정상적 심리적 기질'에 기인하는 것으로 본 것은 그가 지배자의 위치에 서서 한국 민족의 파탄과 절망의 절규를 병적인 현상으로밖에 보지 못하였다는 사실을 말해준다.[88] 이들은 모두 한국에서의 부흥회의 민족사적 출발점을 완전히

---

85 Mrs. J. R. Moose, "A Good Bible Woman," 같은 책, Vol. I, No. 3 (Jan. 10, 1905), 21-22.
86 Anna B. Chaffin, "Union Methodist Woman's Bible Training School," *Fifty Years of Light, Woman's Foreign Missionary Society of the Methodist Episcopal Church* (1938), 17-18.
87 K. S. Latourette, 앞의 책, Vol. 6, *The Great Century: North Africa and Asia*, 425-427.
88 G. T. Ladd, *In Korea with Marquis Ito*, 141; 백낙준, 앞의 책, 390.

간과해버렸다. 그러나 교회 성장의 목표가 민족의 현실적 문제들과 직결되어서 이것들의 극복을 위한 길을 상실하고, 결국 오늘날 교회 비대증 현상으로 나타났으니 교회 성장이라는 모형이 서양 자본주의 경제발전 형태를 닮은 것이다. 만일 교회 성장이라는 현상이 이제라도 민족 문제의 극복에로 지향된다면, 과거의 과오를 속죄할 수 있으리라. 그리고 부흥 운동도 그러한 방향으로 지향된다면, 새로운 민족사적 의의를 가지게 될 것이다.

4. 민족의 위기와 교육 선교

1) 민족운동으로서의 근대 교육

교육 선교는 신학 교육에서든 일반 문화 교육에서든 복음 선교와 마찬가지로 한국 민족의 위기와 직결되어 있었다. 교육 선교는 정신 훈련과 육성의 방법이었으므로 민족정신의 문제에 직결되어 있었다. 근대 교육 사상과 과제는 개화운동, 독립협회, 애국계몽과 국권회복운동에서의 주제였으며, 바로 민족근대화와 항일 민족운동의 일부분으로 여겨진 '신학문' 운동이었다. 그런데 교육 선교는 그러한 근대 교육에 대한 갈망과 요청에 합일하기는 했으나 복음 선교와 마찬가지로 서양 문명의 팽창과 지배를 전제하고 있었으니, 이 때문에 교육 선교는 처음부터 반민족적인 요인을 내포하고 있었다. 1890년대에 이르러 미국은 아시아와 극동 그리고 카리브해까지 그 영향력을 확장하였는데, 선교사들은 미국 자본주의에 결탁된 집단을 형성하려는 필요성에 부응하여 활동하였으며, 선교사들과 훈련받은 엘리트들은 지속적이며 밀접한 관계를 유지하였다. 따라서 미국식 교육에 의한 이 땅에서의 교육은 민족 엘리트로 하여금 미국적 정신에 심취하게 하는, 가장 지속적이며 확고한 수단이 되기에 이르렀다.[89] 교육 선교는 선교 초기부터 오늘에 이르기까지 한국교회 성장의 하나의 중요한 요인이기도 하다. 한국 민족은 봉건 체제 극복과 근대화에 있어서 서양 문명과 과학 기술을 필요로 했고, 교육 선교는 이에 결정적으로 기여했다고 일반적으로 평가되어 왔다. 교육 선교는 특히 여성들에게 엄청난 감격을 선사했다. 바로 그 때문에 교육 선교에 내포된 반민족적 요인이 간과되어 왔다. 요즈음 민족의식의 고취와 함께 탈서양화론이 제기되고 있으나, 우리가 받아 왔고 또 받고 있는 근대 교육의 체계들과 우리가 이미 숱한 대가를 치르고 습득한 지식을 폐기하고 순수한 동양학을 건설할 수는 없다. 문제는 근대 교육의 지식을 도구로 삼아서 우리가 어떻게 정신적으로 또 물질적으로 서양에의 예속을 극복하고 민족의 자유로운 삶을 쟁취하느냐 하는 것이다. 그러한 과제가 본래 근대 교육의 필요성에 대한 민족적 자각이었다.

외세에 도전하여 민족의 독립을 지키기 위한 근대화와 신지식 교육 운동이 민족의 자주적인 힘으로 일어났으며, 이미 1883년에 개항장인 원산에서 민중 혹은 민간지도자, 자본가 등에 의하여 원산학사(元山學舍)라는 근대 학교가 최초로 세워졌다고 한다.[90] 1896년 독립

89 Martin Carnoy, *Education as Cultural Imperialism* (Longman Inc., 1977, 제3판). 김쾌상 역, 『교육과 문화적 식민주의』(한길사, 1980), 314-321. 자본주의적 사회 · 경제 구조의 한 부분으로서의 교육, 특히 식민지화의 측면으로서의 교육 문제를 파헤친 책으로서 우리에게 시사해주는 바가 크다.
90 신용하, 『한국근대사와 사회변동』(문학과지성사, 1980), 42-55; 김호일, "한국근대교육

협회의 기관지인 「독립신문」에는 다음과 같이 교육을 통한 민족 각성이 촉구되었다.

> 조선사람들이 교육이 없어 규칙과 법률을 지킬 줄 모르는 고로 서로 싸우고 시기하며 강자는 약자를 압제하고 힘있는 자는 힘없는 자를 업수이여기나 외국 사람을 만나면 병신들같이 행신(行身)하는 고로 외국인이 조선 사람을 업수이여김이다.[91]

서양에의 예속은 이미 그러한 민족적 취약점과 국제적 상황에서 움트기 시작했으며, 이것이 서양 문명을 모델로 삼은 민족 교육이 처음부터 직면한 문제였다. 그럼에도 불구하고 근대 교육의 필요성은 불가항력적이었다. 같은 해 「독립신문」 논설에 또 다음과 같은 글이 실렸다.

> 작은 일본이 청국을 이겨 승리한 것은 서양 각국이 부강한 이유를 알고 백성교육에 힘썼기 때문에 조선도 지금부터 몇 해 동안 교육에 힘쓰면 불과 몇 년 안에 개화가 되겠고 실업자가 없고 빈곤이 없어지므로 모두 부귀하게 되겠으니 인민교육 하는 것이 나라의 근본… 부국강병하게 됨은 한마디로 교육하는 것….[92]

저 논설은 한국 민족의 근대 교육이 침략 세력들에 직면해서

의 성립," 한국정신문화연구원, 『한국사학』 2 (1980), 55.
91 「독립신문」 1896년 4월 23 일자 논설; 김호일, 같은 책, 63.
92 같은 신문, 1896년 4월 30일자 논설; 김호일, 같은 책, 64.

일본처럼 나라를 부강하게 만들지 못하는 상황을 아직 파악하지 못하고 있다. 그러나 근대 교육의 필요성은 바로 일본의 제국주의·식민주의적 세력에 직면해서 절박했다. 역시 같은 해 「독립신문」의 다른 논설에 의하면 남녀평등의 교육도 민족의식과 직결되어 각성되었으니 "계집아이도 조선 국민이요, 조선인의 자식이거늘 오라비는 정부 학교에서 공부하고 계집아이는 가정에 가두어놓고 다만 사나이에게 종노릇 하는 직무를 가르쳐 왔으니, 우리는 계집아이를 위해 분하게 여기노라"고 했다.[93] 서재필(徐載弼)은 1897년 12월 31일 정동교회 청년회가 주최한, "남녀를 같은 학문으로써 교육하여 동등권을 주는 것이 가하다"는 제목의 토론 석상에서 이렇게 말했다.

> … 어찌 홀로 사나이만 학문을 배우며, 권으로 말할지라도 남녀가 다 같은 인품이라, 어찌 사나이만 권을 가지고 여편네는 사람의 권을 가지지 못하리요… 대개 여편네의 직무는 세상에 나서 사나이를 가르치라는 것이라. 여편네가 학문이 잇거드면… 남편의 교사요, 고문관이라.[94]

이와 같이 당시 민족의 자주적인 권리와 남녀평등권이 결부되어 생각되었다.

1898년 독립협회 해산 후, 또 1905년 을사조약 이후 애국계몽운동 역시 교육을 구국하는 길이라고 생각했다. 1907년 대한협회가 조직되면서 여러 가지 학회들이 등장했는데, 기호흥학회(畿湖興學會), 호남학회(湖南學會), 교남교육회(嶠南敎育會), 서우학회(西友學會), 한북흥학

---

93 같은 신문, 1896년 5월 12일자 논설; 김호일, 같은 책, 65.
94 이만렬, 『한국기독교와 역사의식』 (지식산업사, 1981), 39에 인용됨.

회(漢北興學會)―후에 서우학회와 한북흥학회는 서북학회(西北學會)로 통합―, 관동학회(關東學會) 등이 교육구국운동을 펼쳤다. 1908년에 등장한 40여 개 사회단체들이 역시 교육구국운동을 역설했다. 1909년 전국 국공립학교 총수가 5,727교였고, 사립학교들은 인가받지 않은 700교와 민족자본에 의해 설립된 인가된 사립학교 1,402교 등 3천여 교에 달했다는 것이다. 1906년부터 1908년에 여러 학회에 의해 또 개인들에 의해 사립학교들이 세워졌다. 안창호(安昌浩)가 평양에 세운 대성학교(大成學校)와 이승훈(李昇薰)이 평북 정주에 세운 오산학교(五山學校) 등은 특히 민족 교육과 훈련, 구국운동과 산업개발을 강조했다고 한다.[95]

2) 교육의 문제

이와 같이 근대 교육이 민족운동의 일부분으로 전개됨에 있어서 기독교의 교육 선교가 활력소가 되었음은 틀림없으나 교육 선교의 의도와 방향은 구국운동이 아니었다. 또 이미 언급했듯이 그리피스는 아펜젤러와 그 밖의 개척선교사들을 한국에서의 서양 문명 교육의 개척자들이라고 한다. 그리피스에 의하면 아펜젤러는 한국의 "절규하는 요구를 충족시키고 한국의 정신 · 사회 · 정치적인 병폐를 치유하는 데 봉사하기 위하여" 교육의 허다한 과제들을 개척했고 실천해나갔다는 것이다.[96] 1886년 아펜젤러가 설립한 배재학당은 한국 최초의 근대 학교라고 일반적으로 인식되어 있다. 그러나 이미 앞에서도

---

95 김호일, 앞의 책, 70-76; 손인수, 『한국여성교육사』(연세대학교 출판부, 1971), 31-32.
96 W. M. Griffis, 앞의 책, 204.

보았듯이 한국의 뜻있는 지도자, 상인, 민중에 의한 원산학사가 한국 최초의 근대학교로서 기록되어야 한다. 어쨌든 기독교 선교와 한국교회가 생각해 온 개척적인 교육 선도는 한국의 민족 교육과는 처음부터 다른 방향을 취할 수밖에 없었다. 민족의 위기에 처해서 전개된 저 민족 교육에 있어서 서양 근대 문명의 교육은 민족의 자주적 삶을 위한 도구였으나, 교육 선교는 민족적 위기의 시기를 틈타 서양 문명의 지배 세력을 확장했으며, 일본 통치와 결부되어서 오히려 민족 위기의 한 요인이 되었다. 서양 문명의 위력 때문에 한국 기독교는 그러한 문제를 간과해 왔다.

아펜젤러는 배재학당의 건축을 위해서 일본인 건축설계사 요시자와를 채용했으며, 봉헌식 축사에서 그는 그것이 미합중국의 한국에 대한 선물이라고 말하였다. 그 봉헌식과 아펜젤러의 축사에 대한 찬사로서 그리피스는 이렇게 말했다.

> 그렇다! 아시아에 있어서 아메리카의 표지는 유럽의 표지 ― 정복, 침략, 경제적 착취의 표지가 아니다. 그것은 대학, 시료원, 병원, 학교와 교회, 교사, 영예로운 상인(오식된 말 생략), 선교사의 표지이다. 아메리카인들은 정복되어 종속자로 만들어져서는 안 되는 아시아인이, 치유되고 가르침을 받고 도움을 받아야 하고 인간으로 취급되어야 하는 아시아인이 존재한다는 것을 언제나 믿어 왔다.[97]

1895년 9월 9일 정동교회의 모퉁잇돌이 놓였을 때, 근처 미공관의

---

97 같은 책, 209.

외교관이었던 알렌이 말하기를, "외국인 구역에 커다란 보람이요 향상이다"라고 하면서 아펜젤러의 업적을 높게 평가했다.[98] 어떻게 정동교회가 외국인 구역의 향상으로 생각될 수 있었던가. 아메리카가 유럽인들 특히 앵글로색슨족의 정복에 의해서 성립되었으니, 아메리카인이 바로 정복자였다. 복음 선교나 문화 교육 선교는 영적인 것이라 해서 당시의 한국에 대한 침략 세력들과는 다르다는 사고방식이 바로 오늘날까지 기독교 선교와 그 세력들과의 유대성의 문제를 몰인식하게 해 온 것이다. 그러한 사고방식이 선교사들을 순수한 시혜자(施惠者)들로 착각하게 한 것이다. 배재학당을 비롯한 많은 학교, 시료원, 병원, 대학, 교사 등 그 자체들을 개별적으로 보면 선교사들의 사업은 한국 사회에 대한 순수한 시혜처럼 보인다. 바로 그 때문에 그러한 사업의 세계적 문제 상황이 인식되지 못했으며, 시혜라는 생각이 바로 우월과 지배 의식을 반영한다.

을사조약의 부당함을 미 대통령에게 호소하는 고종의 서한을 전달하려 했던 헐버트 역시 기독교 선교의 근본 문제를 통찰하지 못하고 있었다. 그는 1904년에 한국 민족을 위한 교육의 필요성을 이렇게 말했다.

한국에 필요한 것은 교육이다. 따라서 교육을 발전시키기 위한 조치가 취해지기 전에는 한국의 진정한 자주독립을 바란다는 것은 소용이 없는 일이다. 이제 우리는 개화된 한국인의 대다수가 일본 및 일본의 영향이 이 나라의 교육과 계몽에 도움이 된다는 사실을 알고 있으며 또한 강국이 아

---

98 같은 책, 212.

닌 어떠한 나라의 지배적인 영향을 받는다는 것이 어떤 의미에선 분명히 굴욕적이지만, 그러나 러시아의 영향을 받느니 차라리 일본의 영향을 받아들이는 편이 훨씬 덜 굴욕적인 것이 된다는 것을 알고 있는 것으로 믿는다.[99]

한국의 자주독립을 위해서 근대 교육이 필요하다는 말은 일본의 지배를 받아들임이 좋다는 말과 모순된다. 한국에 대한 일본의 지배와 근대화가 필요하다는 선교사들의 거의 전반적인 생각이 바로 서양 근대 문명의 지배 세력에 입각한 것이었다. 일본의 잔학성을 목격하게 된 헐버트는 한국의 자주독립을 역설했으나 아직도 일본의 잔학성과 결탁한 미국의 문제를 인식하지는 못했다. 그는 교육에 의해서만 일본의 경멸을 말살할 수 있으니, 교육을 위한 미국의 독지가는 없느냐고 호소하기도 했다.[100] 그러한 호소에도 불구하고 역시 교육 선교의 문제점, 즉 처음부터 한국 민족의 자주독립에 위배되는 전제와 세계적 상황을 파악하지는 못했다.

근대 교육에 대한 한국 기독교인들의 열망은 대단했으며, 역시 구국운동으로서의 일반 교육 운동과 동일한 문제의식에서 발휘되었으나, 교육 선교의 의도는 그 열망과 모순되는 서양 문명의 지배 세력에 입각해 있었다. 그러한 모순이 대체로 한국 기독교인들에 의해서 통찰되지 못했다는 사실이 바로 근대 교육 도입의 문제점이다. 어쨌든 근대 교육에 대한 한국 기독교인들의 열망과 헌신에 관해서 1905년에 보도된 평양에서의 에프워드청년회(Epworth League)의 이

---

99 Korea Review, 1904년 2월호; F. A. McKenzie, 앞의 책, 80.
100 H. B. Hulbert, 앞의 책, 444.

야기 한 토막을 들어보자. 그 청년회 회원들은 밤마다 일본어와 영어를 교사도 교과서도 없이 공부하여 학업이 상당히 진전되었다고 한다. 일본의 위협 아래서 배우느냐 죽느냐 하는 문제의식을 가지고 그들은 그렇게 배우기를 열망했었을 것이다. 그러한 정경을 목격한 감리교 선교사 베커(Arthur Becker)가 사람들에게 "왜 일본어를 공부하느냐"고 물었더니 그들의 대답은 "일본말을 해야 일본인들로부터 인정을 받게 된다"는 것이었다. 이 기록은 부정확하고 피상적인 것이 틀림없다. 일본에 대응하기 위해서 그 청년들이 일본말을 공부하고 있었다는 점을 베커는 간과해버렸다는 사실이 1905년 을사조약을 계기로 한 에프워드청년회 단체들의 민족운동에서 밝혀진다. 어쨌든 베커의 기록은 계속된다. 그 청년들은 15세가 좀 넘은 소년들이었으며, 그중 여섯 명은 시골에서 하루 일을 하고, 십 리 길을 걸어 평양시에 와서 다른 열한 명과 함께 밤 11시까지 공부하고, 시내에서 잠을 자고, 새벽에 일터로 돌아가 일하고, 이렇게 매일 공부했다는 것이다. 그중 네 명은 한때 병사들이었으며, 네 명 중 한 청년은 관리였는데, 매일 군사훈련을 시키고 있었다고 한다. 그 청년들은 드디어 학교 창설을 계획하고 교사들을 어디서 구할 것인지 또 봉급을 어떻게 담당할 것인지를 논의했고, 네 명이 가난하지만 학교 설립 기금으로 10원씩을 따로 부담하게 되었는데, 회의 종결 전에 600원을 한 사람 교사를 위한 봉급으로 결정했다. 이러한 운동이 진남포 등 다른 지역들에서도 논의되어 900원의 모금이 서약되었다고 한다.[101] 청년들의 그러한 교육 운동은 네비어스의 선교 방법인 경제적 자립 원리의 관철에

---

101 Arthur Becker, "A Desire for Education," *The Korea Methodist*, Vol. I, No. 9 (July 10, 1905): 125-126.

관련된 상황, 그들의 희생적인 힘겨운 상황을 말해준다.

서울의 상동교회를 근거지로 한 전덕기(全德基) 목사, 정순만(鄭淳萬), 이준 들에 의한 교육 운동이 바로 민족운동이었으니 청년교육과 훈련을 위해서 1904년에 창설된 청년학원, 1907년에 시작된 주시경(周時經)의 조선어강습원 등이 바로 민족운동이었으며, 상동교회 내의 조선어강습원은 한글 운동의 본거지가 되었다고 한다.[102] 근대 교육이 그와 같이 한국 기독교 초기에 민족운동의 중요한 부분이었으나 그러한 민족사적인 출발점이 교육 선교의 지도 방향에 의해서 점차로 약화되었고, 망각되어 왔다.

교육 선교의 자유가 1909년 일본 통감부에 의해서 정식으로 허락되었으며, 그것은 교육 선교의 일본통치와의 협력과 지도 방향을 결정적으로 말해준다. 아펜젤러에 의하면, 1909년의 가장 의미 있었던 일은 미국 총영사가 장로교의 게일에게 통보한 일이었다고 하는데, 그것은 바로 일본 통감부의 교육지침이 선교학교에서의 교육의 자유를 인가한다는 것이었다. 감리교의 존즈(G. H. Jones)는 말하기를, 그것은 이토가 한국에서의 선교에 대한 신뢰를 보여 준 많은 사례 중 한 가지였다고 한다.[103] 선교에 대한 이토의 신뢰라는 것은 선교의 친일 노선을, 교육 선교의 반민족적 전제와 세계 상황을 단적으로 말해준다. 일제는 1910년 8월부터 한국 민족을 완전히 무력화, 식민화하기 위해 일체의 언론·출판 활동을 금지하고 모든 사회단체를 해산시켰다. 이제 이 땅의 교육은 완벽한 식민지 교육 일변도로 기울어졌으며,

---

102 전택부, 『토박인 신앙산맥』 2 (대한기독교서회, 1982), 134-163.
103 H. G. Appenzeller, "Fifty Years of Education Work," *Within the Gate*, 감리교 50주년기념 강연집 (1934), 98.

1911년 8월 23일 조선교육령의 공포를 통해 일본 제국주의자들은 일어의 보급과 직업 기술로 교육의 정도를 한정하여 한민족을 생계에 몰두케 함으로써 제국 신민화를 목표로 하였으며, 민족의식의 말살을 획책하기에 이르렀다. 교육 선교의 근대 교육과 민족운동으로서의 근대 교육 운동이 내용적으로 합치했기 때문에 한국 기독교는 그 양자의 모순을 지금까지도 대체로 인식하지 못하고 있다. 이제 한국에서 교육 이념은 다시 민족의 자유와 삶을 위한 도구로 전환되어야 할 것이다.

근대 교육과 교육 선교가 가부장적 봉건 체제로부터의 여성해방의 결정적인 계기가 되었다는 사실 때문에 그 반민족적 상황이 기독교계 여성들과 여성 교육자들에게 있어서도 완전히 간과되어 왔다. 처음에 근대 교육 운동은 민족운동의 일부로 여성 교육의 필요성을 강조했으며, 여성들의 교육 운동도 봉건 체제로부터의 해방과 동시에 민족운동으로서 출발했다. 봉건 체제로부터의 한국 여성의 해방에 있어서 여선교사들의 공로는 실로 대단했으며, 특히 1920년대 이래의 기독교계 여성들의 급속한 사회 진출과 교육 문화 활동은 실로 놀라운 역사적인 현상이었다.[104] 그러나 대체로 1920년대 이래 여성들의 교육 문화 활동은 기독교계 남성들의 그것과 마찬가지로 이전처럼 구국의 방편으로서의 근대 교육이라는 의의를 상실하기 시작했으며 근대 교육과 교육 선교는 부르주아 지식층을 형성하는 방편으로 점차 변했다. 교육 선교는 애초부터 민족운동으로서의 교육을 의도하지 않았다. 이화학당과 감리교 협성(協成)여자신학교의 설립자였던

---

104 장량단, 『한국감리교여성사, 1885~1945』 (성광문화사, 1979); 박완, 『여성운동, 청년운동』 한국기독교백년 10 (성서교재간행사, 1982).

스크랜튼 부인(Mrs. M. F. Scranton)은 철저한 동양적 교육을 시킨다고 하여 옷, 예절, 남녀관계 등에 있어서 동양적 풍속을 강조했다. 외출을 엄격하게 규제했다고 하며, 캠벨 부인(Mrs. J. S. Cambell)은 더 엄격했다는 것이다.[105] 그러나 동양적 옷과 예절, 남녀유별 관계와 외출입의 엄격성 등은 봉건적 유풍을 반영하는 것이지 교육의 민족사적 의의로 간주될 수 없다. 봉건 체제로부터의 여성해방으로서의 근대 교육과 교육 선교의 방향은 침략 세력들로부터의 민족해방과 결부되지 않았다. 그 때문에 근대 교육과 교육 선교에 의한 여성해방은 점차로 서양화의 방향을 지향하게 되었고, 민족의 자유와 삶을 위한 민족사적 출발점을 상실해 왔다. 이제 교육과 여성해방의 방향이 민족의 자유와 삶의 장(場)에로 전향되어야 할 것이다.

5. 항일 민족운동과 기독교

1) 선교와 정치적 중립

기독교 선교는 서양 세력과 불가분했음에도 불구하고 한국에 대한 일본의 침략에 대해서는 정치 불간섭의 노선 혹은 중립 정책을 처음부터 원칙적으로 삼았다. 선교의 정치적 중립 노선이 1897년 이래 미국에 의해서 요청되었으며, 1912년 신민회와 관련된 105인 사건을 계기로 해서 선교부의 공식 정책으로 천명되었다.[106] 1901년 장로교 공의회는

---

105 장병욱, 같은 책, 314-315.
106 S. H. Moffet, 『아세아와 선교』 (장로회학대학 선교문제 연구, 1976), 367; A. J. Brown, *The Korean Conspiracy Case* (Northfield, Mass., 1912), 3.

정치 불간섭 정책을 공언하였다. 같은 해 브라운이 미국 선교부에
보고한 바에 의하면 다음과 같다.

> 현지 선교사들은 선교부와 같은 보조를 취하여 합법적으로 성립된 관권
> 을 존중하고 그들이 하는 일을 필요 없이 방해하지 않도록 각별 주의할 것
> 이며 또한 그 나라의 모든 법령을 준수하며 자기들이 일하고 있는 나라의
> 정부에 대항하면서 기독교를 전하는 것보다 그리스도의 제자로서 다소간
> 불의가 있더라도 참고 견뎌야 된다.107

장로교 선교부의 정책은 한국에서의 일본 침략 세력을 합법화시켰
고, 한국교회를 지도하였다. 순수하게 영적인 복음은 정치를 초월한다
는 복음 이해가 저 보고에 함축되어 있다. 그러나 그 순수 복음 선교라
는 것이 이미 세계의 지배 세력과 결부되어서 이것들의 길을 평탄하게
해주는 정치성을 전제하고 또 내포하고 있었으므로 순수 복음 선교란
없다. 모펫은 "처음부터 평범하고 소박한 복음의 진리"를 전했다고
한다.108 모펫은 선교와 정치와의 완전 분리를 주장했으며,109 평범하
고 소박하며 순수한 복음 선교가 가능하다고 믿었으나 그것은 기독교
선교의 현실적 상황에 대한 착각이었다. 어쨌든 저 선교의 정치 중립
정책은 그러한 영적인 순수 복음 선교라는 도피처를 전제하고 있었다.
평양에 있었던 블레어(W. N. Blair)의 태도 표명을 보자.

---

107 A. J. Brown, *Report of Visitation of the Korea Mission* (1901), 6; 백낙준, 앞의 책, 365-366.
108 R. E. Speer, *Missionary Principle and Practice* (New York: Fleming H. Revell, 1902),
   66; 민경배, 앞의 책, 989 ; 김양선, "한국선교의 회고와 전망," 대한기독교서회, 『한국교회
   와 선교』(기독교사상강좌 제3권, 1963), 113에 인용된 S. A. Moffet의 설교문.
109 "Samuel A. Moffet 박사의 선교일지," 장로교신학대학, 「교회와 신학」 VII (1975), 89-90.

우리(선교사)는 한국교회가 일본인을 미워하는 생각을 회개할 뿐만 아니라, 하나님을 거역하는 모든 죄에 대하여 똑똑한 깨달음을 가져야 될 줄 안다. 우리는 국가 사정에 상심한 사람들이 마음을 돌이켜서 주님과의 개인적 관계에 성의를 두어야 한다고 느낀다.[110]

블레어의 개인주의적 죄 개념은 완전히 침략 세력의 집단적 세계적 죄악을 간과해버렸으니, 그의 기독교 선교의 전제가 이미 그 세력과 결부되어 있었음을 증명해준다. 의병운동이 다시 일어나고 있던 1907년에 보도된 한 장로교 선교사의 고백은 저 선교의 정치적 중립의 정체를 드러낸다.

구체적 원조를 주지 못하는 나는 교인들의 중대 사건에 무관심하고 또 나의 사랑은 공허한 것으로 한국인에게 해석되어, 결국 많은 사람이 교회에서 떠나가고, 이따금 다른 기관에 가입하기도 한다.[111]

1906년의 북감리교의 경우도 많은 사람들이 선교사들에게 실망하고 교회로부터 떠났다고 한다. 1906년 혹은 1907년이면 부흥 운동이 한참 전개되던 시기였다. 부흥 운동은 선교사들 측에서 보면 정치적 난관으로부터의 좋은 도피처가 되었음이 틀림없다. 감리교 선교의 친일 노선은 장로교보다 더 적극적이었다. 을사조약에 대한 항거운동을 전개하고 있던 정동교회의 에프워드청년단체가 일본·한국 감리교 감독 해리스(M. C. Harris)에 의해서 1906년 6월 13일에 강제 해산되

---

110 W. N. Blair, *The Korea Pentecost* (Edinburgh: The Banner of Truth Trust, 1977), 42.
111 *N. p. Report for 1907*, 254; 백낙준, 앞의 책, 366.

었다. 그는 다음과 같이 해체 이유를 말한다.

> 그 해체의 이유는 이 단체가 여러 곳에서 교회의 목적을 왜곡하고 정치적
> 목적으로 이용하였기 때문이다. … 동회(同會)는 교회의 통제권을 시인하
> 지 않을 뿐만 아니라, 그 단체에 준회원으로 입회하여 그 단체를 세상 목적
> 으로 이용하고 있는 외세분자들의 지배 밑으로 빠져들어가 있다.[112]

그러나 관서 지방에서의 에프워드 청년들의 항거운동은 계속되었
다고 한다. 3.1운동에 이어서 1927년 6월 그 청년단체는 향상대(向上
隊), 분투대(奮鬪隊), 맹성대(猛省隊), 용진대(勇進隊), 협동대(協同隊)
등을 조직했고 항일운동 세력을 형성했다고 한다.[113]

북장로교의 태도는 감리교의 친일 선교사들에 대하여 좀 더 비판적
이었으나 역시 동일한 노선에 입각해 있었다. 1908년 2월 4일자의
쿤스(Wade Koons)의 서한에는 다음과 같은 내용이 쓰여 있다.

> 정치문제에 관하여 우리는 옳다고 믿는 대로 행하고 있다. 우리의 성책은
> 감리교 선교부의 정책과는 다르다. 적어도 래드(George T. Ladd) 교수와
> 접촉하고 있는 사람들과 같지 않다는 것을 공언한다. 우리는 일본인들에
> 게 반대도 아니하였다. 그리고 일인 순사반장으로부터 이토 히로부미에
> 이르기까지 상하 모든 일본인 관리들은 이런 어려운 시기에 처하여 우리
> 를 자기네의 좋은 친구로 믿는다고 재삼 강조하였다. 어제 미국 총영사는
> 내게 말하기를, 자기는 우리가 지혜롭게 또 신중하게 행동하였다고 느낀

---

112 M. E. North, *Report for 1906*, 322; 백낙준, 같은 책, 368.
113 박완, 앞의 책, 13.

다고 하였다. 우리는 한인들에게 일인에게 복종하는 것이 의무라고 밝히고 또한 이렇게 하기를 '달가운 마음'으로 할 것과 독립을 위한 일을 하지 말라고 타일렀다. 그리고 우리는 저 일인들의 한인 상대의 개혁을 결코 부당하게 여기거나 방해하지 아니하였다. 나는 여러 시간을 허비하면서 일본인의 통치가 유익하리라는 사실을 교회 제직들과 학교 교사들에게 설명하였다. 그리고 나는 이러한 태도를 기피해 온 선교사는 한 사람도 없다고 생각한다.[114]

클라크도 1908년 2월 15일자 편지에서 말하기를, 재한 선교사들은 처음부터 선교부의 공정한 중립 정책을 준수했다고, 교회는 영적인 조직체이기 때문에 정치문제에 찬성도 반대도 해서는 안 된다고 생각한다고, 교인들로 하여금 의병운동에 말려들지 않도록 지켜주었다고 했다.[115] 모펫에 의하면 1907년에 재기했던 의병운동이 교회의 협조를 요청했을 때 선교사들 측의 답변은 "애국하는 항거와 혁명적 폭동을 구별해야 한다고, 선교는 후자의 노선, 즉 의병운동에 협조할 수 없다고 했으며, 교회의 관여를 방지했고 가담한 교인들을 징계까지 했다고 한다.[116] 그러한 정치 불간섭은 침략적 국제정치 세력을 종교적으로 인준해준 것이요, 중립 정책은 친일 노선, 즉 반한국 민족의 노선이었다. 한국교회의 민족사적 계기는 그와 같이 반민족적 방향에로 이끌렸다. 순수한 복음은 이른바 서양 기독교 문화를 초월하듯이,

---

114 *Korean Information Papers* (New York: Foreign Mission Board, Presbyterian Church); 백낙준, 앞의 책, 436. George T. Ladd는 통감 이토(伊藤)에 의하여 한국에 초빙된 예일대학 교수였으며, 이토를 적극 지지한 사람이었다.

115 *Korean Information Papers*; 백낙준, 같은 책, 436-437.

116 마삼락 · S. H. Moffet, 『아세아와 선교』 (장로회신학대학 선교문제 연구원, 1976), 50.

물론 한국 민족을 초월한다는 뜻이다. 그러나 이 순수성은 개인과 동시에 모든 민족으로 하여금 세계의 죄악을 꿰뚫어 보게 하는 의로운 하나님의 영의 눈이다. 복음의 순수성은 세계의 불의한 세력들로부터의 자유이며, 동시에 그것들을 극복하고 넘어설 수 있는 능력이다. 세계의 지배 세력들과의 유대성 때문에 기독교 선교는 피억압 민족의 문제를 외면했을 뿐만 아니라 억압자를 후원했던 것이다. 의로운 하나님의 영이 세계의 죄악으로부터 우리를 자유롭게 한다. 기독교 선교가 세계 지배 세력들의 불의로부터 자유로웠더라면, 서양 기독교 자체의 문제성을 알았더라면 적어도 그러한 정치 중립주의를 복음의 이름 아래 정당화하지는 않았을 것이요, 한국교회 역사를 오도하지도 않았을 것이다.

2) 3.1운동과 기독교

선교 정책이 한국교회로 하여금 민족의 현장으로부터 멀어지게 하였음에도 불구하고 또 일제의 철저한 탄압 정책에도 불구하고 한국 기독교인들의 민족의식은 존속되어 왔다. 그것이 3.1운동에서 전형적으로 확증되었다. 3.1운동의 민족주의와 민족운동이 세계사적으로 보아 19세기 서양의 자유주의·자본주의적 민족주의와 유사한 방향을 지향한 것 같기도 하고 또 이러한 방향에서 해석되어 왔고, 매년 기념되어 왔다. 그러나 3.1운동이 피식민지의 민족주의에 입각해 있었다는 사실은 서양의 자유주의적 식민주의와는 다르게 해석되어야 한다. 본래 19세기 서양의 부르주아·자유주의적 민족주의는 유럽의 제국주의의 해체과정에서 또 해체와 더불어 등장한 각 나라들의 형성 이념이었으며 또 자본주의·식민주의적 팽창 세력의 이데올로 기였으니, 바로 약소 민족의 억압 세력이었다. 3.1운동이 미 대통령 윌슨의 이른바 민족자결주의를 그 수단으로, 즉 세계에 호소하려 는 수단으로 채택하였다고 해도 서양의 민족주의와는 다른 전제, 즉 피억압 민족이라는 전제 아래 윌슨이나 서양의 민족주의 노선과 방향으로 해석되어서는 안 된다. 신용하에 의하면, 3.1운동의 33인 은 윌슨의 민족자결주의의 한계를 알고 있었다고 한다. 즉, 그의 민족자결주의는 제1차 세계대전의 패전국 식민지들에만 적용되었고, 한국에는 적용하지 않았다. 왜냐하면 일본이 승전국 편에 있었기 때문에 승전국의 식민지인 한국에는 적용되지 않는 원칙이기 때문이 다.[117] 사실 1919년 파리평화회의는 미·영·일·불·가 등 5개국이 주축이 되었으며, 민족자결주의란 허구에 지나지 않는바 패전국 독일 의 해외 식민지 몰수 처리가 그 핵심이었다. 따라서 그것은 승전국들의 식민주의·제국주의를 강화시키는 것이었다. 대한민국 임시정부의 대표 김규식 등이 한국의 독립을 호소하려 했으나 윌슨의 면담 거부로 실패하였고, 그 후에도 미·영에 대한 청원 운동에만 관심했던 한국의 민족주의자들은 미국에서의 서재필 등을 중심으로 청원 운동을 계속 했다. 그러나 이 베르사유체제는 식민지 민족의 해방을 거부했으며, 사회주의 소련과 패전국 독일에 대항하는 세계 체제였고, 게다가 일본은 국제연맹의 상임이사국의 일원으로서 세계 5대국의 하나였 다.[118] 3.1운동의 비폭력 노선이 상당히 비판되어 왔으나 신용하에 의하면 그 비폭력 노선은 일제의 가혹한 무단통치와 한국민의 완전무

---

117 신용하, 『3.1독립운동의 사회사』(현암사, 1984), 7-33.
118 강동진, 『일본근대사』(한길사, 1985), 280-281.

장 해제라는 상황에서 불가피했으며 또 국제적으로 일본이 승전국에 가담해 있었기 때문에 한국의 민족운동은 비폭력 방법 외에는 선택의 여지를 갖지 못했다는 것이다. 3.1운동의 지도자 중 손병희나 이승훈 등은 무력적 투쟁을 전개할 지도 능력과 경력도 가지고 있었으며, 한국의 민족운동은 무장투쟁 방법과 비폭력투쟁 방법 모두를 적절히 사용해 왔다고 한다.[119] 사실 기독교 인사들은 비폭력 방법을 원칙으로 내세웠다. 이러한 평화적 노선이란 폭력은 죄라는 기독교 선교의 영향력을 내포하고 있었음이 틀림없다. 폭력은 사실 지배 세력들의 수단이었으며, 한국 민족에게는 해당되지 않았음에도 불구하고 선교사들은 민족운동을 그와 같이 정신적으로 무력하게 만들었던 것이다.

그래도 기독교인들의 3.1운동 참여도에서 밝혀졌듯이 그것은 놀랍게 선교 정책과 달랐다. 33인 중 16명이 기독교인들이었으며, 이열에 의하면 3.1운동을 계기로 해서 일어난 민중봉기에 있어 천도교보다 기독교의 동원력이 더 컸다는 것이다. 초기에 체포된 자 1만 9천여 명 중 기독교인이 3,373명으로 약 17퍼센트였다고 하며, 참여 횟수 1,200여 회 중 주동 세력이 뚜렷한 340회를 보면 기독교인이 78개 지역에서, 천도교가 66개 지역에서 주도했고, 양자 공동으로 42개 지역에서 주도했다고 한다. 당시에 기독교인이 전체 인구의 1.3퍼센트로 추산되었는데, 기독교인이 전체 3.1운동 참여자들의 20퍼센트 이상이었고, 주동 세력의 25 내지 38퍼센트, 초기에 체포된 자의 17퍼센트, 투옥된 자의 21퍼센트가 기독교인이었다고 한다.[120]

한국 여성들의 3.1운동 참여가 주목되어야 한다. 후론하겠지만

---

119 신용하, 앞의 책, 33-49.
120 이만열, 앞의 책, 322-326.

오랜 남성 지배 봉건 체제에서의 억압의 굴레에 갇혀 있던 여성들이 이제 자신들의 해방뿐만 아니라 민족의 해방에 관여했다는 사실이 역시 새로운 방향에서 해석되어야 한다. 장병욱에 의하면, 서울에서 수천 명, 전국적으로 만여 명의 여학생들이 3.1운동에 가담했고, 체포되어 기소된 자들이 587명이었고, 유죄판결을 받은 자들이 129명이었는데, 이들은 거의 기독교 여성들이었다고 한다. 이화학당의 28명이 검거되어 유관순을 비롯해서 5명이 유죄판결을 받았다. 배화, 호수돈, 숭의여학교 등의 여학생들이 참여했고, 여성 민족운동가들이 속출하였다.[121]

3.1운동이 전 민족의 거족적 운동으로서 세계사, 특히 피억압 민족에게 끼친 영향은 실로 대단한 것이었다. 이러한 전 민족의 3.1운동에 있어서 지식인들과 농민층이 큰 역할을 하였음은 물론이다. 그러나 이름 없는 천대받던 하층민들, 즉 기생, 보부상, 백정들의 참여는 실로 놀라운 사건이다. 그들의 은폐된 역사가 가능한 한 발굴되어야 할 것이며, 새롭게 해석되어야 할 것이다.[122]

3.1운동의 민족운동으로서의 한계는 서양의 근대 문명과 기독교의 영향 때문에 피억압 민족의 해방이라는 출발점과 과제에도 불구하고 서양 억압 세력의 영향권으로 들어가 버릴 가능성을 내포하고 있었으니, 특히 기독교계 민족운동이 그러했다. 그러한 현상은 식민지 치하에서 고등교육을 받은 피식민지인들의 다수가 유럽인들, 미국인들을 선망하고 자기 민족을 방치하는 길을 택하였다는 사실에서 잘 나타나고 있다. 이러한 사태로는 친서양적 민족 노선과 사회주의운동의

121 장병욱, 앞의 책, 321-340.
122 이이화, "기생, 보부상, 백정들이 앞장선 만세," 「월간 조선」 1985년 3월호, 186-197.

분열에 봉착할 수밖에 없었다. 친서양적인 민족의식이란 처음부터 자가당착적이었으며, 이것이 1938년 친일 조선기독교연합회의 명분론에서 보다 분명하게 드러났다. 사실 한국 기독교의 반민족적인 방향은 기독교 선교에 의해 교화되어 왔다.

1919년 3월 22일과 24일 서울에서 열린 선교사들과 일본 관헌들의 두 번에 걸친 회의에서 독립운동 진압을 위한 선교사들의 협조가 요청되었다. 일본인 법무 대신이 10인의 선교사들에게 이렇게 말했다.

> 당신들은 큰 영향력을 가지고 있다. 만일 당신들이 당신들의 노력을 이 사람들을 진정시키는 일에 기울인다면, 당신들은 많은 봉사를 하는 게 될 것이며, 이렇게 한다면 당신들은 인류와 평화를 위해 많은 공헌을 하는 것이 될 것이다.[123]

선교사들은 정치적 중립을 지켰다고 하는데, 숭실학교 교장이었던 모펫(S. A. Moffet), 연희전문학교 교장 에비슨(O. R. Avison), 일본과 한국의 감리교 감독 웰치(Herbert Welch), 평양 주재 노블(W. A. Noble) 등의 태도 표명은 다음과 같다. 모펫은 정의를 주장하며 다음과 같이 말했다.

> 일본인이 한국에 가져온 물질적인 진전이 있었지만 한국인들의 마음을 끄는 것은 정의요, 정의가 물질적인 그 어느 것보다도 훨씬 더 크게

---

[123] Report of First Session of Unofficial Conference (March 22nd, 1919), Second Session (March 24, 1919)의 비공개 문서로부터 마삼락 · S.H. Moffet, 앞의 책, 63-64에 인용됨(존칭어 생략함).

한국인에게 호소력을 가지고 있습니다. 나는 그들이 인간으로 취급받기를 원하고 그들에게 인격과 가치가 육적인 만족보다 훨씬 더 절실하다는 것을 발견했습니다.[124]

한국인을 대변한 모펫의 정의관은 일본에 의한 물질적 착취를 몰각한 추상적인 편견이었을 뿐만 아니라, 일본의 통치를 좀 완화함이 좋다는 충고에 지나지 않았으니, 결국은 정치 중립이 아니라 일본통치를 전제하고 있었다. 에비슨은 다음과 말이 말했다.

자유를 생각할 수 없는 인간은 있을 수가 없습니다. ① 국민정신을 소중히 여길 권리(가 있습니다)… ② 자유로운 인간은 자기 나라 말을 사용할 권리를 가집니다. ③ 언론의 자유… ④ 출판의 자유… ⑤ 집회의 권리와 토의할 수가 있는 권리에 대한 자유(가 있습니다)… ⑥ 모든 자유인은 정부에 참여하는 일에 스스로 협조하는 것입니다. 인간에게 그가 통치를 받을 법률에 관해 말할 수 있는 권리가 없을 때 자유가 없는 것입니다. (에비슨이 세키야라는 일본인의 칼 찬 모양보다 그의 집에서의 칼 차지 않은 모양이 좋다고 말하니, 세키야는 자신도 칼 차기를 좋아하지 않는다고 했다. 에비슨이 말하기를) 그렇다면 나는 일본이 동맹국들과 함께 인간의 자유를 위한 바로 그 목적에 설 수 있다고 믿습니다.[125]

에비슨이 말한 자유는 동맹국들, 즉 영·미·일 측에서의 자유를 전제하고 있었으니, 기본 자유를 박탈당한 한국 민족의 절규를 듣지

---

124 마삼락 · S. H. Moffet, 같은 책, 6.
125 같은 책, 65.

못했다는 것이 너무도 확실하다. 감리교의 감독 웰치, 일본의 훈장까지 받았고, 1924년 귀국 시 기자회견에서 "조선인은 일본 지배 아래 있는 것이 행복하다"[126]고 언명한 그는 이렇게 말했다.

> 선교사들이 왜 이 운동에 개입할 수 없느냐는 질문에 대답해볼까요. 거기에는 세 가지 이유가 있습니다. ① 선교사들에 의한 간섭은 효과가 없습니다. 대부분의 시위자는 불신자이고 우리의 영향권 밖에 있는 사람들입니다… ② (생략) ③ 어떤 선교사라도 정치적인 문제에 간섭하는 것은 부적당한 일입니다(중략하고 다른 감독의 말을 인용하면서 웰치는 계속해 말하기를) 한국 사람들과 일본 사람들, 양편에 다 친구가 되어 온 모든 선교사들은 지극한 관심을 가지고 있지만, 우리는 방관자의 입장을 취할 수밖에 없습니다. 이 운동은… 기독교 운동도 아닙니다. 그 대부분의 지도자와 대다수 사람들은 기독교인이 아니라는 사실을 분명히 알아야 할 것입니다….[127]

모펫과 에비슨은 정의와 자유라는 공허한 말들로써 한국 민족의 문제를 몰각했고, 현저하게 친일적인 선교사로 알려졌던 웰치는 선교사들의 난처한 원칙적 입장, 즉 방관자적 입장을 잘 표명하기는 했다. 사실 그들의 중립은 방관이 아니라 일본을 후원하는 것이었으며, 물론 모펫과 에비슨의 말들도 원칙적으로 이와 동일했다. 민족운동에 가담한 한국인들의 대다수가 기독교인들이 아니었다는 웰치의 말은 회피였다. 기독교인들은 한국 민족과는 다른 사람들이라는 웰치의

---

126 이만열, 앞의 책, 333-334.
127 마삼락 · S. H. Moffet, 앞의 책, 65-66.

생각이 바로 반민족적 생각임을 단적으로 말해준다. 감리교의 노블은 일본 총독부의 권력자들과의 협력을 적극적으로 주장했고, 한국인들에게 다른 희망이 없다는 것을 또 권력자들에게 복종할 수 있는 권세를 가르쳤다고 한다.[128] 감리교의 스미드(Frank Heron Smith)를 비롯한 몇몇 감리교 선교사들은 일본이 '박애적' 식민주의를 행한다고 하는 일본 변호론자들이었으며, 스미드는 1922년에 한국인 '불평분자들'에 의한 반정부 운동을 비판하는 글을 발표했고, 일본 정치 아래 있는 한국 상황을 극찬했다고 한다.[129]

모펫에 의하면, 1919년 3월 이후 어떤 선교사들은 "일본의 잔인무도한 만행에 대하여 중립이 있을 수 없다"고 서양에 알렸고, 언더우드나 성공회 베크(S. A. Beck) 등은 제암리(提岩里)교회 사건을 미국에 보고했다고 한다.[130] 그러나 선교의 중립 정책이 변경된 것은 아니었으며 또 이 정책이 바로 민족 수난의 한 요인이었다는 사실은 반성되지 못하였을 것이다.

1919년 3월 31일 경기도 화성군 향남면 제암리 감리교회의 청년들이 만세운동을 벌이다가 일본군에 의해서 15명이 사살된 일이 있었다. 4월 15일 일본군이 교회로 주민들을 유인하여 회집시켜 놓고 불 질러 말살시켰고, 동리에 방화했으며, 이웃 고을에서 천도교인 6명을 나무에 묶고 불 질러 죽였다. 매켄지에 의하면, 제암리 만행사건

---

128 같은 책, 66-67.

129 같은 책, 67-68; F. H. Smith, "The Japanese Work in Korea," *The Christian Movement in Japan, Korea and Formosa* (Japan, 1922), 36-365.

130 1919년 6월 Federal Council of Churches of Christ의 공식 문서인 "Report of the Situation of Korea"; 마삼락·S. H. Moffet, 앞의 책, 55. 이들은 1917년 7월 7일자 미국 의사록 Congregational Record에 실려 있음.

이 해외에 퍼지자 한국 밖에 있는 일본인들은 변호할 구실을 만들어 냈다고 한다. "이러한 구실 중 가장 터무니없는 것은 조선군 사령관 우쓰노미야(宇都宮太郎)가 예하의 장병들에게 발했다는 일련의 훈시였다. 미국 내의 친일 인사들이 일본의 학대가 터무니없는 비난이라는 증거로 그 훈시의 사본을 자기 친구들에게 비공식적으로 회람시키고 있었다. 그 내용을 발췌한 것을 감리교 웰치 감독이 「크리스천 애드버케트」(Christian Advocate)지에 게재하였다고 한다. 발췌된 조작 훈시의 몇 구절을 보면 다음과 같다.

> 오류를 범하고 있는 조선인들에게 동정을 베풀것. 그들은 비록 죄를 범하고 있으나, 애무선도(愛撫善導)를 필요로 하는 불행한 동포로 취급할 것, 무기의 사용은 그것이 절대적으로 필요한 최후의 순간까지 삼갈 것··· 만부득이 하여 사용하더라도 그 사용을 최소한으로 제한할 것···.131

이 조작에 대하여 매켄지는 한국인들, 더욱이 여자와 아이들의 맨주먹에 대한 일본의 만행에다 저 "메스꺼운 위선까지 첨가하다니" 하고 개탄했다.132 저 조작은 위조였다고 해도 미국 내 친일파와 친일 선교사들은 바로 웰치의 지배 의식의 정체를 단적으로 증명해준다. 선교 정책의 중립이란 그러한 친일 노선과 원칙적으로 동일한 것이었다.

---

131 F. A. McKenzie, 앞의 책, 195.
132 같은 책, 196.

3) 한국 기독교 민족운동의 한계

3.1운동 이후 민족운동의 비폭력 합법 노선, 즉 합법적인 식민지 정치 체제 안에서의 민족운동 노선이 강화되었으니, 안창호계의 점진적 민족 개량 운동, 교육진흥과 같은 문치(文治), 산업 발달과 같은 사회활동을 통한 개량 운동이나 자치론 등이 그 주요한 노선이었다. 이 민족운동은 개화파를 이어받으며 1896년부터 1898년까지 전개된 독립협회·만민공동회, 1905년부터 1910년의 애국계몽 혹은 국권회복운동, 1906년부터 1907년의 대한자강회, 1907년부터 1911년의 신민회 계통의 운동 등의 맥락을 원칙적으로 가지고 있었다. 기독교계 민족의식이나 운동은 대체로 그리고 원칙적으로 이 맥락에 입각해 있었다. 한편 그러한 민족운동의 맥락과는 다른 사회주의운동이 1920년대 초부터 민족운동에 개입하면서, 그 부분은 후술하겠지만, 민족운동의 양상은 달라졌다. 문제는 전자의 노선이 1930년 말기부터 1940년대에 이르러 친일 노선으로 둔갑해버리는 상황이다. 1920년 초기부터 제창된 자치론의 합법적 민족자치 운동은 친일 노선으로 쉽게 전향할 수 있었다. 박현채에 의하면, 그러한 자치주의 혹은 개량적 민족주의는 국내 경제 기반 위에 자리 잡고 있던 계층에 의해 주도되었으며, 근대적 산업자본의 생성이 식민지화를 통해 형성되었으므로 일제와 타협할 수밖에 없는 상황에 처해 있었다고 한다.[133] 이 계통의 민족운동은 서양의 시민운동으로서의 자본주의와 기독교의 영향을 배경으로 전제하고 있었으며, 기독교 선교가 친일 노선을 전제하고 있었듯이

---

133 박현채, 『한국자본주의와 민족운동』(한길사, 1984), 52-62.

일본의 영향을 받을 수밖에 없었다. 서양의 시민자본주의 문명과 일본의 식민주의가 결탁되어 있었기 때문에 이 세계적 상황에서 전개된 한국의 민족운동과 민족의식은 처음부터 친일 노선에로 전향할 가능성을 내포하고 있었으며, 이것이 3.1운동의 한계였다. 그러나 이미 언급했듯이 본래 한국의 민족운동이 피억압 민족운동으로서 출발했으므로 친일 노선으로 귀착해버릴 수 없었다는 사실 때문에 자가당착적인 요인을 처음부터 지니고 있었다. 한국의 근대적 민족운동의 그러한 자가당착적인 상황이 1930년대 말부터 1945년에 일어난 반민족적 친일기독교의 현상에서 잘 간취된다. 한국 기독교에서 민족의식의 그러한 자가당착적 왜곡은 서양 식민주의 세력에 대항하여 일어난 대동아권(大東亞圈)에 대한 일본의 식민주의적 지배욕과 이른바 대동아전쟁을 계기로 해서 구체화되었다.

일본의 대동아전쟁과 황민화 운동에 호응하여 감리교 지도자들은 일본적 기독교론 혹은 동양 기독교론을 구상하기에 이르렀다. 황국신민의 표지로서 신사참배가 강요되자 1938년 9월에 장로교총회는 신사참배를 가결할 수밖에 없었다. 같은 해에 감리교 지도자들의 주도에 의하여 조선기독교연합회가 출현해 한국교회는 일본 기독교의 일부로 둔갑했다. 한국기독교청년회(YMCA)와 기독교여자청년회(YWCA)가 역시 일본에 합류해버렸다. 1940년에는 감리교, 장로교, 구세군, 성결교 등이 연합해서 일본적 기독교 건설을 결성했다. 1940년 1월부터 국민정신총동원조선연맹의 강연회와 좌담회 등이 전개되었다.[134]

---

134 민경배, 앞의 책, 407; 임종국, 『일제침략과 친일파』 (청사), 93-95, 101-102.

우리가 여기서 1930년대 말부터 1945년 사이의 교회와 교육계 또 사회 지도급 인사들의 기막힌 친일 행각을 일일이 열거할 필요는 없다. 또 우리는 그들만을 비판할 수가 없다. 신사참배를 거부하여 투옥되고 옥사하기도 한 보수적 기독교인들과 일제에 타협하지 않은 여성들이 있었다는 사실을 기억한다면, 저 친일 행각을 불가피한 운명이었다고는 말할 수 없으나, 어쨌든 그 행각은 기독교 선교에 의해서 처음부터 예비된 가능성, 한국교회의 방향에 내포된 가능성의 표출이기도 했다. 특히 감리교 인사들이 일본적 기독교 구성에 있어서 주도적 역할을 했다는 것은 감리교 선교의 두드러진 친일 노선을 반영하는 것 같다. 그러나 선교의 정치 중립이라는 노선은 감리교이든 장로교이든 저 친일 행각의 공통된 기반이었다. 한국교회의 민족사적 출발점은 그러한 기독교 선교와 서양 문명의 전제 때문에 그러한 자가당착적 요인을 처음부터 내포하고 있었다. 장로교이든 감리교이든 보수주의 측이든 그 자체 내에 포함된 그러한 요인을 부인해서는 안 된다.

그런데 그 자가당착에 있어서 바로 한국 기독교 인사들의 민족의식이 변형되어서 나타나 있었다. 우선 개화기 이래의 탁월한 지도자 윤치호의 사상의 일면을 보자. 1902년 5월에 그는 일기에서 이렇게 자기의 생각을 기록했다.

일본과 조선 사이에는 인종, 종교, 문자의 동일성에 대한 관심과 감정의 공동체가 있다. 일본과 청(淸) 및 조선은 한 목표, 한 정책, 한 이상을 추구하여 황색인종의 영원한 향토인 극동을 지키고, 이 고장을 자연이 섭리해 준 대로 아름답고 행복하게 꾸며야 한다.[135]

미국에서의 5년간의 생활에서(1888~1893) 그는 미국의 오만, 편견, 특히 인종주의적 차별을 경험했고, 미국의 평등주의란 오직 백인들에게만 해당되는 피상적인 평등임을 정확히 인식하였다.[136] 이러한 백인종에 대한 윤치호의 비판적 능력은 세계 도처에서 자행되는 백인들의 침략적 제국주의, 그들의 우월감의 실체를 꿰뚫어 보게 하는 능력이었다. 그는 백인 국가들을 지구상의 약탈자(the earth grabber)라고 규탄하였으며,[137] 다음과 같은 그의 고백에서 그는 그가 받았던 미국인들의 후원에도 불구하고 그들의 인종적 편견이 얼마나 뿌리 깊은가를 알게 된다.

어떤 한국인도 나보다 더 미국인에게 감사하지 못할 것이다. 어떤 한국인도 우리의 국민성과 미국인의 국민성 간의 차이를 나보다 더 충분히 이해하지 못한다. 그러므로 어떤 한국인도 미국인의 거만한 태도를 나보다 더 변명하고 용서할 준비가 되어 있지 않다. 그러나 그러한 나에게도 미국적 오만의 알약을 삼키기가 어렵고 그것을 소화기는 더욱 어렵다.[138]

1911년의 105인 사건에 연루되어 옥고를 치르고 1913년에 특사로 출감한 윤치호는 「매일신보」 기자와의 회견에서 "조선 민족으로서는 어디까지나 일본을 믿고 피아의 구별이 없어질 때까지 힘쓸 필요가 있는 줄로 생각하고… 양 민족의 동화에 대한 계획에는 어디까지나

135 『윤치호일기』 I (국사편찬위원회, 1973), 327. 이하 『일기』로 함.
136 『일기』, 1890년 2월 14일, 류영렬, 『개화기의 윤치호 연구』 (한길사, 1985), 80에서 재인용.
137 『일기』, 1902년 5월 7일, 1903년 1월 13일; 유영렬, 같은 책, 153.
138 『일기』, 1903년 1월 15일; 유영렬, 같은 책, 266.

참여"할 생각이라고 말했다.[139] 이러한 윤치호의 발언은 총독부의
각본에 의한 것이었다 할지라도 훨씬 이전부터 그의 사고에 배태되어
있었다고 본다. 1885년에서 1888년까지의 약 3년 반 동안 상해 중서서
원(中西書院, Anglo-Chinese College)에서 공부할 때 이미 그의 청국에
대한 극심한 혐오감과 일본에 대한 선호는 "만일 내가 살 곳을 마음대
로 선택할 수 있다면 일본이 바로 그 나라일 것"[140]이라고 할 만큼
그의 마음에 자리 잡고 있었다. 그에게는 조선의 개화·문명의 길은
외세지배를 받는 한이 있더라도 감행되어야만 하는 것으로 여겨졌기
때문에 이미 1894년 11월 27일 일기에서 "기독교화 다음엔 일본화가
조선에 가장 큰 축복일 것이다"라고 말할 수 있었다.[141] 1881년 17세
때 신사유람단(神士遊覽團) 수행원으로 일본에 가서 일본의 개화에
감탄을 금할 수 없었던 그였으나, 1895년 을미사변, 특히 민비시해사
건을 겪은 후 외세에 의한 조선의 개혁이 불가피하다면 일본인보다는
유럽인이 낫겠다고 피력하기도 하였다.[142] 그러나 그의 백인종에
대한 반감은 황인종 일본에 대한 선택을 명백하게 하였다. 러일전쟁에
서의 일본의 승리를 보고 "나는 일본이 러시아를 패배시킨 것이 기쁘
다. 그 도국인(島國人)들이 황인종의 명예를 영광스럽게 옹호했다.

---

139 임종국, 앞의 책, 139-140. 일본총독부가 윤치호로 하여금 '독립불능론'을 발표하도록
 했다는 것이다. 동아일보사, 「신동아」 1970년 1월호 부록, "한국근대인물 100인선," 131.
 유영렬에 의하면, 적어도 만주사변(1931)까지의 윤치호의 친일 협력적 태도와 행동은
 어느 정도 타의에 의한 수동적인 것이나 중일전쟁(1937)을 전후해서 일제의 전시 체제의
 강화, 조선인에 대한 친일 협력의 강요에 의해 윤치호의 친일 협력의 강도도 높아져 갔다
 고 한다(유영렬, 같은 책, 248).
140 『일기』, 1893년 11월 1일; 유영렬, 같은 책, 65-69.
141 유영렬, 같은 책, 85.
142 『일기』, 1895년 12월 26일; 유영렬, 같은 책, 227.

… 나는 황인종의 일원으로서 일본을 사랑하고 존경한다. 그러나 한국인으로서는 한국의 모든 것, 독립까지도 앗아가고 있는 일본을 증오한다"[143]고 하며 일본에 대한 애증의 갈등을 토로하기도 하였다. 조선의 독립 불능을 확신한 또 백인종의 약탈적 지배 의식을 파악한 약소 민족의 지식인이었던 그가 선택한 길은 일본과의 동화(同化)였다. "일본을 믿고 피아의 구별이 없어질 때까지"라는 것이 바로 일선동화(日鮮同化)의 논리였다. 그러나 그것은 "일본과 조선을 위하여… 조선을 결코 일본의 아일랜드가 아닌 일본의 스코틀랜드로 만들기를 희망하고 기원한다"[144]는 그의 바람에서 보이듯이 지배와 피지배의 관계(일본의 아일랜드)가 아닌 대등한 동화(일본의 스코틀랜드)를 통한 동양의 평화를 염원했다. 그러나 지배자들의 속성이 그러하듯이 윤치호의 바람은 결코 현실화될 수 없었다. 1938년 6월에 기독교의 일본화를 위해서 조선기독교청년연맹 위원회가 개최되었을 때, "이제야 대임(大任)을 마쳤다"고, "우리 기독 청년도 이제 완전히 내선일체가 되었다"고 말했다.[145] 우리는 여기서 그의 민족의식의 완전한 친일적 변절을 볼 수밖에 없음에도 불구하고 그의 확신에 찬 발언을 단순히 친일적 변절로서만 처리해버릴 수가 없다. 그의 반(反)서양 의식은 그의 민족의식을 반영하고 있었으며, 이것이 일본 지배력의 대세에 대한 굴복에서 자가당착적으로 변질되어 표출되었다고 보아야 한다. 태평양전쟁 발발 소식을 듣고 윤치호는 그 전쟁을 백인종에 대한 황인종의 진정한 인종 전쟁으로서 규정했으며,[146] 다음과 같이 말하고

---

143 『일기』, 1905년 9월 7일; 유영렬, 같은 책, 156.
144 『일기』, 1943년 2월 27일; 유영렬, 같은 책, 256.
145 임종국, 앞의 책, 95.

있다.

> 아 나는, 일본이 앵글로색슨의 인종적 편견과 불공평과 오만의 풍선에 구
> 멍을 뚫을 뿐만 아니라 그 풍선을 갈가리 찢는 데 성공하여, 그들에게 "수
> 세기 동안 유색인종에게 복속과 치욕을 준, 너희들의 그 뽐내던 과학과 발
> 견과 발명을 가지고 지옥으로 가라"고 말하게 되기를 기원한다.[147]

신흥우의 말을 들어보면 우리는 윤치호의 변질된 민족의식과 동일
한 것을 간취할 수 있다.

> 기독교가 지금까지는 박래품에 지나지 않았으나 이제는 동양화(化)한 기
> 독교의 실현을 보게 되었으니… 우리의 바라는 것은 이 동양의 기독교가
> 멀지 않은 앞날에 서양에까지 뻗치어 세계 기독교를 지배할 날이다.[148]

신흥우는 전형적으로 서양 문화 · 기독교의 영향을 반영하는 지식
인이요 문화인이었다. 그러나 그는 서양의 지배에 대한 비판의식과
민족의식을 보유하고 있었다. 1934년 감리교 50주년 강연집에 실린
"평신도와 교회"라는 그의 강연에서도 그는 오늘날 인종 문제가 인류
를 괴롭힌다고 말하면서 인류를 위해서 '새로운 문화' 건설을 위한
방법들이 강구되어야 한다고 했다.[149] 서양의 지배 세력은 인종차별

---

146 『일기』, 1941년 12월 8일; 유영렬, 앞의 책, 271.
147 『일기』, 1941년 12월 11일; 유영렬, 같은 책, 271.
148 "동양화(東洋化) 완성," 「매일신보」 1940년 10월 3일자; 민경배, 앞의 책, 408.
149 신흥우, "Laymen and the Church," *Within the Gate* (Addresses Delivered at the
　　 Semi-Centennial of the Methodist Church in Korea, The Korea Methodist News Service,

문제를 내포하고 있었고, 오늘도 그렇다. 재미 이승만의 민족운동과 관련해서 1922년 신흥우에 의해 창설된 흥업구락부(興業俱樂部)는 비밀결사단의 성격을 가졌고, 독립자금 조달을 계획했다. 신흥우의 주요 관심사였던 농촌진흥운동도 새로운 민족 문화를 위한 민족의식을 내포하고 있었다.[150]

흥업구락부도 일본으로 전향되었고, 이제 그의 민족의식과 새 문화에 대한 희구는 일본 지배 세력에의 굴복을 통해서 재표현되었다. 3.1운동의 지도자 중의 한 사람이었던 박희도(朴熙道)는 1939년 1월 친일 월간지 「동양지광」(東洋之光)을 창간했고, "신동아의 건설과 아등(我等)의 사명"(1939, 4호)을 발표했다. 1942년 징병제 실시에 대하여 박희도는 "동방을 복배(伏拜)하고 감루(減淚)하여 흐느껴 운다"(1942, 6호)고 했다. 신흥우는 「동양지광」 1939년 2호에서 다음과 같이 말하기까지 했다.

> 우리의 위대한 구주(救主) 예수는 먼저 그 나라를 사랑하라고 가르치셨다. … 우리의 나라는 대일본제국이다. 우리는 종교인이기 전에, 조선인이기 전에 제일로 먼저 일본인이란 것을 잊어서는 안 된다. 천황폐하의 충성한 적자(赤子)로서 다만 일본을 사랑하라. 이것이 우리 조선기독교도에 주어진 하나님의 명령이다. 나는 감히 이렇게 확신한다.[151]

1942년에 '미 · 영 타도 좌담회'가 저명한 교계 인사들에 의해

1934), 122-123.

150 전택부, 『인간 신흥우』 (기독교서회, 1971), 190-196.

151 "조선기독교도의 국가적 사명," 「동양지광」 1939년 2호; 민경배, 앞의 책, 409.

열렸는데, 거기서 그들은 '미·영인의 종교'를 배격한다고 역설했다.[152] 홍병선은 전시하에서의 국민정신 총동원을 위해 1938년 다음과 같이 말했다.

> 서양 문명이 동점하야 동양 전반의 제민족은 모도 서양 문명 다시 말하면 백인의 정복하에 신음하고 착취를 당하얏다. 그래서 동양 제민족은 백인의 독아(毒牙)를 면치 못할 뿐 아니라, 더욱더욱 기교묘(其巧妙)한 수단에 취(醉)하야 자멸을 부지(不知)하는 상태이었다. 동천(東天)의 서광과 같이 독(獨)히 뛰어난 신흥제국의 발발한 운동은 대일본제국이엿었다.[153]

이상에서 우리는 일본제국의 강압에 의한 한국 기독교의 일본화 혹은 동양화의 명분에 대한 지도적 인사들의 생각을 예증적으로 읽었다. 그들은 분명히 일본의 강압에 굴복했으나 그러한 상황에서 그들의 민족의식, 황인종이라는 인종 의식과 결부된 민족의식이 터져 나왔다는 사실은 무엇을 의미하는가? 우리는 1938년부터 1945년 사이의 저명한 친일 기독교 인사들, 한국교회와 교육계의 주도적 남성·여성 지도자들의 친일 행각을 비판하고 개탄하지만, 그들 개인에 대한 비판에 머물러서는 안 된다. 그 당시에 온갖 중책을 맡았던 윤치호는 1945년 일본의 패전과 한국의 해방에 직면해서 더 이상 생명을 부지할 수가 없었으니, 그는 위대한 기독교 선교와 일본 제국주의에 의해 희생된, 한국 근대사의 비극적 인물이 아니었던가. 그는 조선의 개화

---

152 그 인물들에 대해서는 민경배, 같은 책; 임종국, 앞의 책, 101.

153 홍병선, "국민정신총동원과 총후(銃後) 후원," 「청년」 제6집(대한YMCA연맹, 1938), 7; 「청년」 제1집 1-28호(1938) 전체는 '황국신민'의 선서 아래서 쓰였다.

문명을 열망했으나 그것이 바로 서양 제국주의의 침략 도구였다는 사실을 알았을 때 이 세력에 대항할 일본을 생각하게 되었다. 그러나 이 양자는 다 침략 세력들이었으며, 그의 생각은 존립할 수 없었고, 그는 민족의 희생제물이 되었다. 그러나 1938년 이래 다른 인사들의 친일 행각이 윤치호, 신흥우, 박희도, 홍병선 등의 동양 의식과 동일한 선상에서 행해졌다고 일률적으로 평가될 수는 없다. 한국 기독교인들이 서양 지배 세력의 문명과 결부된 반민족적 기독교 선교의 영향 아래 귀속해버린 듯했으나 그들의 민족의식이 잔존해 왔으며, 이제 일본 제국주의 세력 아래서 새로운 형태로, 왜곡된 형태로 다시 터져 나왔다. 그렇지 않고서야 어떻게 일본 제국주의 세력에 대하여 그렇게 충성과 감격이 바쳐질 수 있었던가. 우리는 그러한 현상을 단순히 강압에 대한 굴복·아부라고, 민족 반역이라고만 해석해버릴 수 없다. 기독교 선교가 서양의 지배 세력과 결탁했던 사실이나 이제 동양의 제국주의 세력과 한국 기독교가 결탁했던 사실은 동일한 원칙에 입각해 있었으며, 후자에의 한국 기독교의 굴복에서 한국의 민족의식이 되살아나왔다. 물론 그 굴복은 한국 민족의식과 민족운동의 종말이었다. 그러한 자가당착은 한국 기독교 초기부터, 부흥 운동과 성장의 시기부터 예비되었고 또 1945년 해방과 더불어 또 한 번 친미의 방향으로 선회한 한국 기독교의 반민족적 요인이었다. 신사참배의 강압을 이겨내고 투옥된 기독교인들이 5천 명이나 있었고, 50명이 옥사했다는 것은 잔존한 민족의식의 표징이었다. 그러나 그 표징이 한국 기독교의 반민족적 요인을 극복한 것은 아니다. 1945년 직후부터 등장한 교회 분열, 친일 기독교의 저 지도자들과 이 고난받은 민족주의자들과의 분열은 불행한 사건이다. 어느 편이든 그들은 여전히 기독교의 반민족적 요인을 그대로 인수해 받아 지니고 있었다.

서양 근대 자본주의 문명과 기독교 선교의 영향 아래 전개된 계몽운동, 민족운동, 3.1운동, 그 직후부터의 자치론 및 민족운동은 모두 다 민족적 자가당착과 한계를 내포하고 있었다. 그것은 한국의 민족운동이 근대의 자본주의적 수단에 의한 식민주의에 대항하는 항거운동으로 출발했으나 이 식민주의적 수단을 수용해야만 했고, 따라서 서양과 일본의 영향 아래 전개될 수밖에 없었다는 상황에서 야기된 자가당착이요 한계이다. 그러한 상황에서 또 서양에 대한 일본의 득세와 강압 아래서 민족운동은 쉽게 친일 방향으로 전향할 수가 있었다. 한국의 근대적 민족주의와 민족운동의 한계는 민족 사회의 근대화에 있어서 서양의 자본주의 시민 문명을 모델로 삼을 수밖에 없었다는 역사적 상황에 결부되어 있었다. 따라서 한국 민족운동의 한계는 서양 문명 혹은 서기(西器)의 자주적 수용에 성공한 일본의 침략 세력에 저항하면서도, 이 세력의 영향권으로 합류되어버릴 위험을 처음부터 내포하고 있었다는 점이다. 이 때문에 민족 내부에서의 분열, 보수적 위정척사파와 개화파, 저항 세력으로서의 농민 민중의 척왜양 노선과 서양적 근대화 운동 사이에 분열이 초래되었고, 민족의 자주적 근대화가 그러한 분열에 처함과 동시에 외세들에 직면해서 좌절할 수밖에 없었으며, 민족 사회의 근대화를 향한 갈망은 일본의 그 우세한 세력권으로 완전히 예속되면서도 여전했다. 그것은 1945년 직후부터 다시 미국의 영향권과 결탁하여 연장되었다. 그러한 근대적 추세의 대변자들이 일제와의 타협에서 존속할 수 있었던 지주층과 자본가와 부르주아 지식층으로 점차 구성되면서 자유와 근대화를 위한 피억압 민족 본래의 민족의식과 운동은 변질되었으며,

결국에는 1940년을 전후해서부터 오늘에 이르기까지 반민족적 상황을 초래하게 된 것이다.

기독교는 그러한 근대화에 대한 갈망과 추세의 정신적 부가물과 같은 이데올로기로서, 그 추세의 반민족적 요인을 대체로 몰각하게 했다. 그래도 1938년 한국 기독교의 일본화의 의미를 대변한 저 인사들을 통해 기독교적 의식을 관찰하자면, 그들이 기독교의 의의를 서양의 이데올로기로 생각하지 않았다는 사실이 주목되어야 한다. 따라서 그러한 것에는 기독교는 근대화의 정신적 도구로 생각되지도 않았다는 사실이 암시되어 있었다. 물론 한국 기독교의 일본화의 주역들이 일본이란 세력을 선택했던 것은 잘못된 것이었다. 일본의 일시적 득세를 그들은 하나님 나라와 미래 동양의 건설을 위한 계기로 착각했던 것이다. 그러한 착각은 바로 서양 기독교 선교에 의해서 예비되어 온 것이었다. 일본의 제국주의·식민주의 지배가 결코 동양의 미래가 아니었으며, 하나님 나라 건설의 도구가 될 수 없었다.

6. 민족 사회 운동과 기독교

1) 민족운동의 분열

3.1운동 이후 민족운동은 분열되기 시작했다. 일제의 탄압 아래서 민족 개량주의 노선이 추진되면서 민족주의 진영은 이 타협적인 노선과 비타협적인 노선으로 분리되기 시작했다. 그러나 이 양자는 서로 합류할 수 있는 가변성을 가지고 있었다. 민족운동의 분열은 이 양자의 분리보다는 사회주의 사상과 운동의 개입과 더불어 시작되

었다. 비타협적인 민족 진영은 사회주의운동과 결부될 수 있었으며, 국내외에서의 연합 전선의 시도들이 바로 그것을 말해준다. 민족 개량주의는 교육, 산업 등의 진흥에 의해서 민족의 실력을 양성하는 문화 운동과 계몽운동의 성격을 가졌으며, 민족해방전선의 약화를 초래할 수밖에 없었다. 개화 사조에 뒤이은 민족운동은 그러한 가능성과 한계를 처음부터 내포하고 있었으나, 일제의 탄압과 국제적 상황에서 일제와의 타협적인 방향으로 전개되기 시작했다. 기독교계 민족운동이 이 노선에 적합했다.

1920년부터 상해 이동휘(李東輝)계와 노령(露領) 이르쿠츠크(Irkutsk)계 및 일본 유학생들에 의해서 사회주의 사상이 국내에 퍼지며 그 운동이 전개되기 시작하면서 민족운동은 새로운 시각과 활력을 획득했으니 서양 자본주의 근대 문명과 기술에 의거한 민족운동의 한계가 각성되기에 이르렀다.[154] 상해임시정부에서도 안창호계 온건파 노선과 이동휘계 좌경 강경투쟁파 노선의 대립 분열이 나타나게 되었고, 임정(臨政)은 결국 좌경강경파를 상실하면서 약화되었다. 민족적 상황에서 보자면 점진적 개량주의도 불가피했고 또 민족운동의 철저화가 요청되었으니, 그것은 일제하에서 과중한 과제였고, 지금도 그렇다.

일본당국은 저 개량주의적 민족 진영을 쉽게 포섭함으로써 후자를 견제하고 민족 분열을 획책했다. 일본당국은 1923년부터 1924년 사이에 자치론 즉 일본통치 아래서 합법적 문화 운동으로서의 민족 자치운동을 구상하여 사회주의계와 비타협적 민족 진영을 막아내려고 했다. 동아일보계가 자치 운동을 추진시켰으며, 이광수(李光洙)가 문

---

154 Dae-sook Suh, *The Korean Nationalist Movement 1918~1948* (Princeton University Press, 1967), 55-84.

화 운동의 일환으로서 1924년 "민족적 경론(經論)"을 「동아일보」 사설에 5회 연재했는데, 거기에서 그는 「동아일보」의 전반적 의사를 대변했다. 김성수, 송진우, 최인, 최남선, 장덕수 등이 자치 운동의 주도자들이었으며, 해외의 안창호, 이승만 등과의 연결에 의해서 민족 개량주의적 노선이 확대되었다. 민족주의 온건파와 대체로 기독교계는 그러한 개량주의적인 노선에 가담할 수가 있었다. 바로 이 노선이 1925년에 조선사정연구회(朝鮮事情研究會)라는 것을 만들어서 반좌(反左) 성명을 발표했으며, 반공 민족주의의 주류를 형성하려고 했다.[155] 김준엽·김창순에 의하면 윤치호 이상재, 조병옥 등 비타협적 기독교계 인사들이 1925년 태평양문제연구회(太平洋問題研究會)를 조직했다고 한다.[156] 일제와의 타협적 노선이나 비타협적 노선이나 사실은 동일한 전제, 즉 서양 근대 문명의 영향과 세력이라는 전제를 가졌다는 점에서 양자의 대립은 유동적이었으며, 합류할 수 있었다. 비타협적 민족 진영은 좌파에 접근할 수 있었고 또 좌파의 영향을 받을 수도 있었다는 점에서 주목되어야 한다. 민족운동은 제국주의적 자본주의적 침략 세력들로부터의 해방을 위해 그 세력들에 대한 철저한 비판 세력으로서의 사회주의 진영과의 연합 전선을 필요로 했다.

비타협적 민족 진영과 좌파의 연합 전선으로서 1927년 2월 15일 신간회(新幹會)가 창출되었다. 그 발기에 기독교계 이갑성, 이승훈, 조만식 등이 참여했다.[157] 또 그 연합 전선의 추진과 더불어 좌파·우

---

155 강동진, 앞의 책, 414-429; 김준엽·김창순, 『한국공산주의운동사』 3권 (고려대학교 아세아문제연구소), 38, 40.

156 김준엽·김창순, 같은 책, 43.

157 '신간회'에 관해서는 스칼라피노·이정식 외 6인, 『신간회연구』 (도서출판 동녘, 1983).

파 여성단체들도 연합해서 1927년 4월 27일에 근우회(槿友會)를 발족
시켰다. 기독교계 여성단체들은 대체로 계몽, 교육 등의 문화 운동이나
사회 개량 운동에 관심했고, 사회 진출과 지위 향상을 추구했다.
이에 반하여 좌경 여성운동은 여성해방, 사회혁명, 세계 혁명에 관심했
다. 1928년 5월 근우회 전국대회 토의안에는 반전 결의안, 민족운동의
통일전선 결의안이 포함되어 있었다.[158] 신간회는 1931년 5월 대회에
서 결국 해체되었고, 근우회도 7월 4일에 해체되고 말았다. 그 해체의
직접적 계기는 1928년 11월 제6회 코민테른대회와 1930년 9월 프로핀
테른(profintern), 적색(赤色)조합인터내셔널(즉, 코민테른의 외곽 조직의
하나)과 결부되었다고 한다. 11월 테제는 한국에서의 민족혁명단체의
통일에 있어서 부르주아 민족 개량주의의 불철저성을 경고하고, 공산
주의 지도하에서의 혁명 과업을 관철할 것을 논했다. 이에 따라 신간회
에 대한 좌파의 비판이 일어났다. 한국의 혁명적 노동운동에 대한
프로핀테른 9월 결의도 신간회의 민족 개량주의적 불철저성과 일제와
의 타협성을 비판했다. 그러한 사회주의 국제 노선의 문제 제기와
신간회 내부의 분열과 일제의 탄압 아래서 결국 신간회도 지탱해
나갈 수가 없었다.[159]

서양 근대의 부르주아 문명을 배경으로 한 민족주의 운동과 그것에
대한 철저한 반립으로 등장한 사회주의 운동이 연합된다는 것은
당시의 세계 상황에 있어서 사실상 불가능했다. 그럼에도 불구하고
연합 전선이 시도되었다는 사실은 김준엽·김창순이 말했듯이 '동상

---

158 김준엽·김창순, 앞의 책, 78.
159 김준엽·김창순, 같은 책, 33-99; 김명구, "코민테른의 대한정책과 신간회, 1927~1931,"
    스칼라피노·이정식 외, 앞의 책, 242-286.

이몽'(同床異夢) 격이었다 해도, 그 착잡한 동기들을 불문하고 민족해방이 의도되었다는 것을 의미한다. 서양 근대 문명에 의거하지 않고는 민족운동이 지탱될 수도, 성취될 수도 없었으며, 그 때문에 민족운동은 결국 부르주아 개량주의적 노선을 취하지 않을 수 없는 세계 상황에 놓여 있었다. 그럼에도 불구하고 민족해방전선의 과제에 있어서 일부 민족 진영은 좌파와의 연합 전선의 가능성을 배제할 수가 없었다. 국내에서의 연합 전선이 와해되었다 해도 이 시도들은 상해에서의 연합 전선 운동에 영향을 행사했으며 또 양 파의 이해관계와 주장이 갈등과 결렬을 계속했다 해도 민족해방이라는 공동 과제를 가졌으며 또 민족운동의 새로운 시야가, 즉 부르주아 개량주의의 한계를 넘어서는 시야가 민족운동에 영향을 끼쳤다는 것이다. 그와 같이 민족운동은 좌우익을 막론하고 "1930년대 후반기 이후로 모든 민족연합 전선을 지향하였고, 광복 후의 민족국가 건설 방안에서 특히 그 경제·사회정책이 같은 방향으로 나아가고 있었다."[160] 강만길에 의하면, 전체 독립운동 과정을 통하여 그 민족국가 건설론이 3.1운동을 계기로 한 공화주의 국가 건설론에서 처음으로 일치를 본 이후 좌우익 대립에서 차이점을 드러내긴 했지만, 1930년대 후반기 이후 광복의 때가 다가옴에 따라 합일점을 찾으려는 노력이 독립운동 전선에 확대되어 간 것으로 보인다는 것이다. 우익계 전선 연합의 계기가 된 민족혁명당이 '민주공화국'의 건설을 지향하면서 토지와 주요 산업기관의 국유화, 국가에 의한 경제활동의 계획통제 등 사회주의적 경제 체제를 도입하려 했으며, 임시정부 고수파 중심의 한국국민당 역시 토지와 중요

160 강만길, "독립운동과정의 민족국가건설론," 『한국민족주의론』 (창작과비평사, 1982, 130.

산업기관의 국유화를 정강으로 채택하였다고 한다. 우익 독립운동 전선의 완전 연합을 이룬 1939년의 '전국연합진선협회'의 정강 역시 정체는 '민주공화국제', 경제정책은 사회주의적 정책을 채택하였다고 한다. 그러나 민족주의적 합일에의 접근이 미처 이루어지기도 전에 닥쳐온 일본의 패망과 연합국의 분할 점령과 동서 냉전의 심화에 따라 민족 분단은 고정화되기에 이르렀다고 한다.[161] 그러한 자주적 민족 연합체가 1945년 직후에 민족 분단의 상황에서 더 이상 추진되지 못하고 좌절되고 말았음에도 불구하고 우리는 분단을 넘어서기 위하여 그러한 민족운동의 의의를 재포착해야 한다. 기독교계의 민족의식도 1920년대 초부터 종래의 기독교 선교의 한계와 문제를 의식하기 시작했고, 한국 기독교의 새로운 방향을 모색했으나, 이 역사적 단편이 한국 기독교와 기독교계 사가들에 의해서 완전히 도외시되어 왔다.

2) 사회운동과 기독교

1920년대의 선교사들은 민족의 새로운 시각을 봉쇄했고, 기독교 변호에 급급했다. 그 시기의 선교사들의 보고와 교육 선교의 보고는 모두 그 상황의 문제와 관련되어 있었다. 선교사들이 먼저 사회주의 사상의 동태에 주목하기 시작하였다.[162] 그 시기 선교사들의 보고에 의하면, 당시 한국 청년들이 읽는 잡지들은 '진보된' 이념들 혹은 공산주의 이론들로 가득 차 있었으며, 기독교 교리들이 문제화되고 있으므로 한국 교회가 필요로 하는 것은 '변호론'(apologetics)이라고

---

161 같은 책, 137-139.
162 Dae-sook Suh, 앞의 책, 66-67.

했다.[163] 1926년 감리교 선교의 보고에 의하면, 기독교에 대한 비판의 대부분은 공산주의 정신의 영향에서 제기되었다고 한다.[164] 선교 보고에 의하면, 기독교의 변호론적 필요성이 오래전부터 조선교회에서 대두되고 있었으며, 1920년대에 이르러서 다시 더 요구된다고 했다. 또한 공산주의가 널리 퍼져 있으며, 젊은이들의 사회주의적 무신론적 단체들이 있는데, 이 단체들은 때때로 교회를 떠난 크리스천들에 의해서 지도되기도 하는 한편, 민족주의 의식이 좋은 또는 악한 형태로 등장하고 있다는 것이었다. 이제 한국교회는 마음을 개방해서 참과 거짓을 구별해야 한다는 것이다.[165] 1927년 클라크는 이렇게 보고했다. 오늘날 우리는 러시아로부터 유래된 사상들에 의해서 영향을 받는 많은 문제를 가지는 한국을 대면하고 있다. 우리는 그 사상들의 대부분이 오류라고 믿는다. 그러나 그것들은 경제적 압박을 의식하는 많은 사람이 받아들이고 있다. 우리는 기독교인들로서 그 상황의 정치적 측면들에 관계하지는 않으나 종교의 존재를 위협하는 모든 문제에 대하여 우려한다. 만일 그러한 사회주의 사상이 실현된다면 소수를 위하여 수많은 사람이 겪을 불의와 억압을 초래할 것이기 때문이다.[166] 여기서 '많은 사람'이란 클라크에 의하면 바로 경제적

---

163 James Earnest Fisher, *Democracy and Mission Education in Korea* (Teachers' College, Colombia University, 1928), 162. 이 책은 그의 철학 박사 학위 논문이었으며, 연세대 출판부가 재인쇄한 것이다. 저자는 1919년에 내한해서 1935년에 떠난 감리교 교육 선교사였다.

164 "Report on the Korea Conference," *Annual Report of the Board of Foreign Mission of the Methodist Episcopal Church* (1926), 115; J. E. Fisher, 같은 책.

165 "Report on Chosen Mission," *Annual Report of the Board of Foreign Missions of the Presbyterian Church in the U.S.A.* (1927), 95-96; J. E. Fisher, 같은 책.

166 W. M. Clark, "Christian Sociology in the Light of Conditions in Korea," *The Korea Mission Field* (July, 1927); J. E. Fisher, 같은 책, 163.

상위층이라고 한다. 이것이 바로 식민주의 지배자 측과 결부된 기독교 선교의 문제를 전제하고 있는 관점이었다. 버스커크에 의하면 일간지들이 연속적으로 유물론 철학을 소개하고 기독교를 비판했다고 한다.[167] 1927년 양주삼은 경종을 울렸으니, 교회는 위급한 시기에 직면하고 있으며, 기독교에 대한 사람들의 일반적 태도는 이전과는 다르며 찬양하기보다는 비판적이라고 했다.[168] 선교사들 측의 보고와 경종은 오늘날까지의 서양 혹은 세계 기독교의 기본입장을 반영하고 있었다. 그러한 입장이 바로 한국 기독교로 하여금 민족 분단의 상황에서 정신적인 주요 요인이 되게끔 했다. 한국 기독교는 역사적으로 서양 기독교의 그런 문제를 이해할 수 없었다. 그럼에도 불구하고 1920년대의 한국 기독교는 그러한 문제를 넘어설 수 있는 잠재력을 가지고 있었다. 이 잠재력의 민족사적 의의, 선교사들과 한국교회에 의해서 거의 상실된 그 의의는 이제 재포착되어야 한다.

「기독신보」(基督申報)에 1924년 1월 2일부터 13일까지 7회에 걸쳐서 이대위(李大偉)의 "기독교가 현대 자본 제도에 대하여 맛당히 취흘 태도"라는 글이 실렸다. 이대위의 지론에 대해서는 더 체계적으로 후술하기로 한다. 「기독신보」 1924년 2월 6일자 사설의 "사회에 대흔 그리스도교의 본질"이라는 글에서는 예수가 현대에 계신다면 "막쓰 이상으로 자본주의의 해악을 책하셨으리라"고 했다.[169] 「기독신보」

167 J. D. Buskirk, 앞의 책, 147-148.
168 *The Korea Mission Field* (July, 1927), 152. J. E. Fisher는 그러한 시기에 한국에 있었고, 그 모든 상황을 목격했으나 그의 응답도 역시 기독교와 기독교 선교사들의 부정적 원칙을 전제하고 있었다. 다만 그는 기독교의 교육 선교와 교육체계를 한국인들의 보다 활발한 민주적 참여에 의해서 수정해나가야 한다는 것을 표명했을 뿐이다.
169 민경배, 앞의 책, 262.

같은 해 2월 13일자의 동일한 주제에 대한 사설은 다음과 같은 내용을 담고 있었다.

> 우리의 영적주의(靈的主義)의 종교를 반대ᄒᄂᆫ 현재사회조직을 ᄀ장 선미(善美)ᄒ게 생각ᄒ고 종교와 경제행위와를 분리하야서 개조를 기획ᄒ지 아니ᄒᄂᆫ 현실주의의 교회신자… 이러한 교회에서ᄂᆫ 경건을 구실삼아 엄숙한 사회적 죄의 지적을 게을리 하야ᄎ 개조의 정신을 발휘하지 못ᄒ고… 착취는 그럿케 악한 것이 아니오 자본주의의 당연히 취득ᄒᆯ 것으로 생각ᄒᆷ으로 죄악이 되지 아니ᄒᆫ다 ᄒ야 회개ᄒ기를 ᄇ라지도 아니ᄒᄂᆫ도다.[170]

기존 체제를 옹호하는 기독교와 그 죄의식의 문제점, 즉 사회적 죄를 간과한 문제점이 지적되어 있다. 「기독신보」 같은 해 10월 15일자의 '기독교와 사회'에 대한 사설에서는 참 기독교와 참 사회주의의 합일성이 주장되어 있다.

> 진정ᄒᆫ 사회주의ᄂᆫ 참말 교회로 더불어 서로 배치되ᄂᆫ 것이 적고 교회를 위ᄒ야 준비ᄒᄂᆫ 것이라… 만일 진정ᄒᆫ 사회주의자가 잇스면 비록 기독인이 아니라도 나ᄂᆫ 그를 기독인과 동일히 간주ᄒ겟다.[171]

1926년에는 미 선교사들의 비행이 폭로되었고, 반(反)선교사 운동이 표면화되었다.[172] 민경배에 의하면 1925년 10월 21일부터 28일에

---

170 위와 같음.
171 같은 책, 263.

걸친 서울에서의 조선주일학교 제2회 대회의 태도는 공산주의 단체인 한양청년동맹의 반(反)기독교 운동에 직면해 충격을 받고 "본래적인 기독교회로 급진전"했다고 한다. 교회는 우선 '동포 사랑'을 해야 한다고 했으며, 금주 운동, 공창 폐지 운동 등을 강조했다.[173] 그 '동포 사랑'이라는 의식은 동포가 세계의 식민주의 세력 아래서 어떻게 억압되고 있었는가 하는 상황을 도외시한 것이었다. 금주운동 이나 공창 폐지와 같은 사회운동은 이 문제가 자본주의적 경제 구조와 식민주의적 착취 구조의 일부분이었다는 것을 간과한 것이었다. 또 1920년대 기독교 사회의식의 변화는 저 1925년의 조선주일학교의 태도에서 멈추지 않았다. 기독교청년회계의 「청년」지를 중심으로 해서 기독교에 대한 민족 사회 운동의 영향을 더 살펴보기로 하자.

1921년에 안국선(安國善)이 이미 레닌주의에 대한 관심을 나타냈으며,[174] 윤근(尹槿)은 사회주의와 노동문제에 대한 이해를 촉구했다.[175] 이대위는 「청년」지를 통하여 1920년대에 가장 일관되게 기독교와 사회주의의 상호 보충성을 논한 사람이었다. 1923년 그는 사회주의와 기독교 사상은 "상동하다"고 하면서 민족교회론을 제창했다. 한반도의 교회는 일종의 '부용(附庸)의 교회', 즉 외국 각색종파(各色宗派)의 전교(傳敎)에 의해서 세워진 외래 종교라고, 신앙과 신학이 또한 그러하니 민족의 "기미(氣味)와 색채(色彩)는 알지도 못하게 멸절(滅絶)이

---

172 「조선일보」, 1926년 1월 4일, 3월 5일, 3월 16일, 6월 28일, 7월 4일, 7월 8일자 등; 민경배, 앞의 책, 335. 그런데 「조선일보」, 특히 「동아일보」의 노선은 이미 민족 개량주의 노선에로 기울어 있었다.

173 민경배, 같은 책, 263-264.

174 안국선, "레닌주의는 합리한가," 「청년」 제1권, 제5호 (대한YMCA연맹, 1921): 4-6.

175 윤근, "공산주의의 사조사," 「청년」 제2권, 제9호 (1922): 20-25.

라"는 지경에 이를 것이라고, 그러한 기독교는 한반도의 신문화 운동에 적합하지 아니하고 사회의 타격을 받지 않을 수 없다고 했다. 기독교의 근본 문제는 첫째로 민족 자각의 결여라면서 "조선 민족을 본위로 삼아 자각적 사업"을 하여야겠다고 했다. 둘째로 기독교의 문제는 "문화 부흥에 도외시함"이라고 말했는데, 이것은 동서 문화의 좋은 점을 선용하여 민족을 본위로 하는 신문화 창조를 의미한다. 셋째로 기독교는 "윤리 변화에 민첩하지 못함"이라 하였는데, 즉 교회가 여자를 구속하고 봉건 구습에서 벗어나지 못한다는 것이다. 넷째로 기독교는 사회개혁을 시도하지 아니하고 "다만 개인의 평안을 구하는 것뿐"이며, 자선사업도 개인주의적 영혼 구원을 위한 수단으로 행해진다는 것이다.[176] 같은 해에 그는 '기독교의 이상'과 '사회주의의 실행'을 종합해야 한다고 하면서 양자는 평민운동을 지향하는데, 전자는 "개인개조로붓터 사회개조에 급(及)하는 것"이요, 후자는 "사회개조로붓터 개인개조에 급하는 것"이며, 전자는 "정신으로부터 물질에 급하는 것"이요 후자는 "물질을 주(主)하는 것"이나 역시 "심리 혁신에 급하는 것", 즉 정신 혁신에 이르는 것이라고 한다.[177] 이대위는 개인과 영의 구원을 위주하는 기독교와 사회의 물질 구조의 혁신을 위주로 하는 민족 사회 운동, 즉 영과 물질의 조화를 주장했다.[178] 계속해서 그는 사회주의적 과학적 사회 개조 운동은 조선 민족을 위한 기독교에 의해서 받아들여져야 한다고 주장했다. [179] 1924년에

---

176 이대위, "사회주의와 기독교사상," 「청년」 제3권, 제5호 (1923): 9-16.

177 이대위, "사회주의와 기독교의 귀착점이 엇더한가," 「청년」 제3권 제8호: 8-11.

178 이와 같은 관점에서 Karl Marx와 Pierre Teilhard de Chardin을 연구한 Richard Lischer의 *Marx and Teilhard: Two Ways to the New Humanity* (New York: Maryknoll, Orbis Books, 1979) 참조.

그는 말하기를 종교의 개혁, 즉 인간 개조 없이 사회 개조를 시도함은 "폐병을 다사리는 박사가 외과에만 주의하고 내과에 경시함보다 오히려 어리석음이니"라고 하면서 역시 인간개조와 사회 개조를 종합하지 않으면 안 된다고 역설했다.[180] 그러한 이대위의 주장은 탁월했으며, 전수된 기독교를 넘어서는 의식과 잠재력을 보여준다. 계속해서 그는 경제적 문제가 '생산의 불평등', '소비의 불평등', '분배의 불균(不均)'이라고 말하면서 마태복음 19장 23절부터 24절, 즉 "부자가 하늘나라에 들어가기란 낙타가 바늘구멍에 들어가려 함보다 더 어렵다"는 구절을 들어 "부패하여가는 사유재산을 반대한 것이 명연(明然)하다"고, 민중을 위한 경제를 역설했다.[181] 이어서 그는 농촌경제의 문제와 농촌개량의 필요성을 논했다. 농촌은 자본가들의 상품생산에 예속되어버리고, 그들의 상품생산을 위한 식료품 공급이라는 착취의 대상이 되어버리며, 그들의 투기 대상으로 농산물 가격폭락을 초래하여 큰 타격을 받고 있다는 것이다. 따라서 '민중사회의 농촌'을 위한 민중경제가 요청된다는 것이다.[182] 이러한 그의 주장은 오늘의 농촌문제·농업경제를 말하는 사람들의 분석과도 일치하는 것이다. 1924년 이대위는 인종차별주의를 비판하면서 아주 재미있는 말을 했다. 소위 문명국인이라고 하는 서양인들이 타 종족을 야만인이라고 하는데, 그들의 문명의 기준이 무엇이냐는 것이다. 영국 학자 제롬 씨가 유년 시절에 하루는 스코틀랜드인들이 인육(人肉)을 먹는 것을 보았다고

---

179 이대위, 앞의 글(二), 앞의 책, 제3권, 제9호 (1923): 8-12.
180 이대위, "인류사회를 개조하는 근본적 방침," 같은 책, 제4권, 제1호(1924): 20-25.
181 이대위, "민중화할 금일과 이상적 생활의 실현," 같은 책, 제4권, 제3호 (1924): 12-16.
182 이대위, "민중화할 금일과 농촌개량 문제," 같은 책, 제4권, 제5호 (1924): 4-9.

한다. 그 당시 그들에게 먹을 것이 없어서가 아니었으니 그들에게는 "우양(牛羊)과 마타(馬駝)가 만이 잇스되 피등(彼等)은 목양자(牧羊者)의 퇴(腿)와 여자의 흉부의 육편(肉片)을 식(食)하지 안코는 하등(何等)의 취미(極味)가 업는 줄 알기 때문이다. … 그러나 금일에 피등이 아프리카와 인도 등지의 공인(工人)들이 미신(迷信)에 함입하야 목석(木石)에 복배(伏拜)하는 것을 보고… 야만이니 금수니 하는 것이니" 탄식하지 아니할 수 없다는 것이다.[183] 이대위는 계속 그의 지론을 「청년」지에 발표했는데, 1928년에는 "사회혁명의 예수"(제8권, 5호)라는 글에서 계급주의 타파와 사회 평등을 주장했다.[184] 조병옥은 1927년에 "종교가도 혁명가가 될 수 있는가?"라는 글에서 기독교는 평화주의를 신봉하니 "혁명의 방식보다 개조 방식", 즉 개량적으로 사회에 진보를 가져오는 방식을 취해야 한다고 했다.[185] 민족과 세계의 평화가 국제적 죄악에 의해서 파탄에 떨어져 있었는데도 그는 사회진보와 평화를 구축할 수 있다고 착각했다. 1926년 김욱제(金起濟)는 현재 정치, 교육, 예술 등이 민중의 시대에 처해서 민중화(民衆化)를 절규하

---

183 이대위, "금일 조선인의 呼聲," 같은 책, 제4권, 제6호 (1924), 3.

184 1932년까지 이대위는 글을 계속 발표했으나 그 이후에는 「청년」지에 그의 글이 없다. 그는 기독교청년회계의 청년 운동에 있어서 신흥우와 협동했으며, 민경배에 의하면 1933년 면려청년회의 총무가 되었고, 1937년 수양동우회와 함께 면려청년회가 일제에 의해서 탄압되었을 때 검거된 인사 중의 한 사람이었다. 1940년 실형 선고를 받은 42명 중에 이대위도 포함되었다(민경배, 앞의 책, 368, 376). 그는 몇 년 전에 별세했다고 하는데, 결국 그의 의도와 지론은 1945년을 경과하면서 기독교의 반공 노선에 있어서 무실하고 공허한 소리로 세상으로부터 망각되어 왔으며, 그 자신도 자신의 사상에 대한 신념을 어느 정도 지탱했는지 불확실하다. 또 마음에 간직하고 있었다 해도 그는 그의 1920년대의 입지를, 특히 1945년부터의 미국의 세력과 분단 상황에서 재론할 수 없었으리라고 추측된다.

185 「청년」, 제7권, 제2호 (1927): 115-117.

는데, "하고(何故)로 종교만은 민중 종교를 제창치 아니하는가"라고 하며, 그리스도는 "민중해방운동의 수창자(首唱者)가 되었다"고 말했다. 이러한 그의 주장은 역시 사회주의 사상의 영향을 대변한 것이었다. 그런데 1935년의 글에서는 "유심주의(唯心主義), 인도주의적 기독교"를 제창하면서 세속적인 좌경사상과 영합해서는 안 된다고 역설했으니, 그는 자가당착에 떨어져 버린 것이다.[186] 최태용(崔泰瑢)은 1925년 기독교청년회에서 행한 한 강연에서 선교사들을 '자본주의자, 달러상(商)'이라고 공격했다.

> 선교사 제군이여, 군등(君等)은 지금 조선인에게 복음을 주고 잇ᄂᆞ뇨돈을 주고 잇ᄂᆞ뇨. 복음의 선교사냐 달러의 선교사냐. 아ー이 본말(本末)이 전도(顚倒)된 세상을 엇지 할고.[187]

최태용은 1929년 1월 13일에 "다시 우리는 프로테스탄트 한다"라는 강연에서 반(反)선교사론을 역설했다고 한다.[188]

1920년대의 기독교계 여성들은 본격적으로 여성해방을 제창하고, 교육·사회·문화·계몽운동을 활발하게 전개했는데, 오랜 봉건 가부장 제도에 묶여 있던 여성들이 단기간에 성취한 교육과 사회에로의 진출은 한국 여성들의 자질을 짐작하게 한다. 그러나 그들은 자신들이 서양 문화와 기독교 선교의 혜택에 힘입어 해방되었다고 생각했으므로 그들의 민족해방전선과 민족 사회 혁신 운동에 있어서의 활동은

---

186 김욱제, "민중의 종교," 「청년」 제6권, 제2호 (1926).
187 「天來之聲」 제8권, 제1호 (1935): 21-22 ; 민경배, 앞의 책, 316.
188 민경배, 같은 책, 330, 주16.

미약했으며, 대체로 저 민족 개량주의 문화 운동의 테두리 안에 머물러 있었다. 그래도 1920년대의 몇몇 여성들의 글들은 민족 사회의 문제 제기를 함축하고 있다. 1926년 임진실(林眞實)은 여성운동을 두 가지, 즉 유산계급 여성의 해방과 무산계급 여성의 해방으로 분류했다.[189] 그는 여성해방운동의 방향을 주장하지는 않았으나 어쨌든 당시의 상황을 관찰하고 있다. 최직순(崔直順)은 평화를 주창하면서 군비를 확장하는 세계의 현실과 약자를 착취하는 강자의 세력을 공격하고, 짓밟히는 정의의 승리를 외치며, 조선 문화의 독특성을 영원으로 지속시킬 것을 역설했다. 논리가 막연하긴 하지만, 그러한 주장은 민족해방전선을 가리킨 것이다. 그는 평화와 정의를 파괴하는 세계의 지배 세력들을 규탄하면서 동시에 "남자독재의 사회는 일익(一翼) 없는 조(鳥)이며 일륜(一輪) 없는 차(車)이라"고 말했다.[190] 최직순은 세계의 지배 세력들과 군비확장의 상황을 분명히 '남자 독재'의 상황과 같은 것으로 보았음이 틀림없으며, 이 여성의 시각은 더 확실하게 전개되어야 할 것이다.

일반적으로 한국 여성의 해방과 해방운동은 개화기의 근대화 운동 에서 시작되었다고, 기독교 선교의 획기적인 영향에 힘입어서 전개되 었다고 여겨져 왔다. 1919년 이후 여성단체들이 속출했고, 여성의 교육·문화 활동이 혁혁하게 펼쳐지기 시작했다. 주목해야 할 것은 그러한 여성운동이 일본의 침략 세력에 대항하는 민족의식·운동과 결부되어 있었고, 특히 3.1운동 당시에 그러했다. 그러한 여성운동은 저 부르주아 민족 개량주의와 동일한 문제와 한계를 지니고 있었고,

---

189 임진실, "여자의 지위에 대한 일고찰," 「청년」 제6권, 제3호 (1926): 46-48.
190 최직순, "조선여자의 이상과 포부," 같은 책, 제8권, 제1호 (1928): 7-10.

따라서 부르주아 여성층 형성의 동력이었으며, 인간 평등·사회 평등·민족 평등을 위한 철저한 해방전선의 시각이 결여되어 있었다. 적극적으로 여성단체들의 연합 운동과 근우회에 관여했던 황신덕(黃信德)이 그러한 여성운동의 한계를 지적했다. 재일교포 송연옥(宋連玉)에 의하면 황신덕은 기독청년회·부인회 등의 여성해방론을 비판했다. 즉, "특수한 환경에 처한 여성들이 조선 부인으로서의 특수한 사명을 잊었다고는 할 수 없다. … 그러나 기독교의 봉건적 부인관에 사상의 기초를 둔 그들 여성은 자선사업 이상의 대담한 일을 할 수 없었다"는 것이니, 여성해방과 사회혁신을 결부시키지 못했다는 것이다. 그러한 여성운동에서는 "부인 해방이라든가 남녀평등은… 부르주아적 자유평등 사상에 기초를 둔 여권론이다"라고 했다. 따라서 그러한 여성운동, 평등 사상은 여전히 철저하지 못했다는 뜻이다.[191] 이미 언급한 바와 같이 근우회의 동향에 있어서는 여성해방이 사회 변혁·민족해방과 결부되어 있었고, 여성해방은 사회 변혁과 민족해방의 일환으로 생각되었으나, 동시에 민족 사회와 세계의 문제를 여성해방의 시각에서 보았다는 사실이 주목되어야 한다.

1920년대에 국내에서 또 1930년대부터 1940년대까지, 즉 태평양전쟁 종결 이전까지 국외에서의 연합 전선 운동은 실패를 거듭했으나 연합을 향한 열망은 결코 사라지지 않았으며, 1945년의 민족통일 시도에서 또 1970년대 이래 줄곧 되살아나왔다. 기독교계 개인들은 그러한 연합 전선과 민족통일 시도에 있어 열려 있었고 또 참여했으나

---

191 송연옥, "1920년 조선여성운동과 그 사상 — 근우회를 중심으로," 『1930년대 민족해방운동』(도서출판 거름, 1984), 347; 황신덕, "朝鮮婦人의 過去, 現在及將來," 「조선급조선민족」, 제1집 (조선사상통신사, 1927); 박순경, "한국민족과 여성신학의 과제."

기독교 자체와 그 공식 태도는 원칙적으로 연합 전선을 향한 민족적 잠재력을 막아버렸고 민족 분단의 정신적 지주가 되어 왔던 것이다.

　1920년대의 민족 사회 사상과 동태에 대하여 1929년에 이미 기독교의 공식적 반립이 촉구되었다. 1930년 9월 12일에 개최될 제19회 장로교총회를 바라보면서 김인서(金麟瑞)는 '유물사관의 해악'에 대하여 대처할 것을 촉구했다. 교회는 "비복음적(非福音的) 이설(異說)의 횡행(橫行)"함을 방임하지 말고, "교권 내의 모든 사회사업을 통제하야 복음구국(福音救國)의 정확한 이론"을 수립해야 한다는 것이었다.[192] 김인서의 이러한 주장은 교회의 입장을 대변했을 뿐이다. 1933년 송창근은 말하기를, "교회는 결코 사회문제·노동문제·평화문제·국제문제를 논하는 곳이 아니외다. 복음, 즉 예수 그리스도의 복음, 중생(重生)의 복음이 우리 교회의 중심이외다"라고 했다.[193] 민족 사회 운동의 전면적인 부정을 단적으로 말해주는 것이다. 1932년 9월 17일 장·감(長監)연합공의회의 사회신조에 의하면, 기독교인은 "일체의 유물교육, 유물사상, 계급적 투쟁, 혁명 수단에 의한 사회 개조와 반동적 탄압에 반대하고 진(進)하야 기독교 전도와 교육 그리고 사회사업을 확장하여 기독 속죄의 은사(恩赦)를 받고 갱생된 인격자로 사회의 중견이 되어, ㉠ 사회 조직체 중에 기독 정신이 활약케 하고, ㉡ 모든 재산은 신께로 받은 수탁물(受打物)로 알아 신과 인을 위하여 공헌할 것으로 신(信)하는 자이다." 기독교 사회사업으로서 기존 식민

---

192 김인서, "第十九會 總會에 際하여 — 組織期의 危權—非福音的 新傾向及 維物史觀의 害惡을 보고," 「신학지남」 제12권, 제5호 (1929) 사설.

193 송창근, "오늘 조선교회의 사명," 「신학지남」 제15권, 제6호 (1933년 11월호): 21-22; 민경배, 앞의 책, 267.

지 체제 내에서의 이런저런 개량 항목들이 제시되었는데, 그 1항이 "인류의 권리와 기회균등"을 말한다.[194] 인류의 권리와 기회균등이 근본적으로 파괴된 세계와 민족 상황이 몰각되어 있었던 것이다. 신으로부터 받은 모든 재산이라는 말은 일제의 경제적 착취를 그대로 인정한다는 말이었던가. 사람을 위하여 쓰일 그 수탁물이라는 것이 이미 세계와 민족 사회에 있어서 성립될 수 없게 되어 있는 상황이 완전히 간과되어 있다. 1920년의 장·감연합협의회의 사회사업 목록들은 정신병자 보호, 고아 양육, 걸아의 실업학교, 양로원, 여자구호원, 나병·폐병 등의 병원설립, 공장노동자들을 위한 간호원 확보, 노동자 복지를 위한 설비개선 등의 자선사업에 관한 것들이었다. 1924년에 연합공의회(前 연합협의회)는 사회부를 설치했고, 1930년에 농촌부를 설치했다고 한다. 1930년 연합공의회 사업부의 사업 중에 공창 폐지와 금주 운동 촉진 등이 포함되어 있었다.[195] 그렇다. 선교 초기부터 기독교의 자선사업은 엄청나게 필요했으며, 선교사들의 헌신과 공헌도 망각되어서는 안 된다. 복지사업, 농촌 봉사와 계몽운동, 일제하에서의 공창제 폐지 운동, 윤리적 정신 고취를 위한 금주 운동 등은 모두 필요한 것이었다. 그러나 그러한 자선사업과 사회사업이 필요에 따라 개별적으로 전개되면서도, 적어도 1920년대에는 세계와 민족 사회의 근본적 문제의 소재지가 무엇이냐 하는 물음이 제기되었어야 했다. 그러한 자선사업과 사회사업이 오늘날까지 기독교의 전통이 되어 왔으며, 불의한 세계와 민족 사회구조 안에서 그 원인이 간과된 채 불우한 사람들에 대한 응급 치료를 실시해 왔다. 이러한 사업은

194 민경배, 같은 책, 254.
195 민경배, 같은 책, 253-254.

필요하다. 우리는 기독교의 희생적인 봉사자들에 대한 존경과 죄책감을 금할 길 없다. 자선사업이나 사회사업이 개별적으로 추진되면서도 교회가 민족 사회의 근본 문제를 인식하지 못할 때는 하나님의 의와 세계의 불의를 증언할 수가 없고, 교회 자체의 업적이나 자랑하게 되는 위선에 떨어지게 되며, 개별적인 사회문제들의 근본적 전체적 원인을 모르게 되며, 역사의 미래의 방향을 상실하게 된다.

3) 민족 분단과 기독교

1945년 직후부터의 민족 분단의 상황은 별안간 전개된 것이 아니었다. 민족운동사 내부에 있어서는 1920년대 초부터의 민족운동 분열이 분단의 시초였다. 그러나 그 민족운동사 내부의 분열은 외세의 침략을 계기로 해서 발단·심화·지속되었다. 민족 분단이 민족운동사 내부에서 발단했다 해도 거의 침략 외세들에 의한 운명이었다고 생각된다. 19세기 말부터 한반도에 대한 일본 지배가 확실해진 20세기 초까지 한반도의 분할론이 침략 외세들 사이에서 계속 제기되었다. 한반도 분할론은 침략 외세들의 세력 균형을 위해서 한반도의 지정학적 위치를 이용하려는 것이었다. 1894년 청일전쟁 직전에 영국이 청·일에 의한 한반도 공동지배를 위해서 38도선 분할안을 내놓았고, 1894년에 청·일 사이에서 한반도 중립화론이 나왔으며, 1896년에 러시아와 일본 사이에서 한반도 분할론이 대두했다. 1902년에 영일동맹이 체결되자 러시아는 러시아·미국·일본의 보장 아래서의 한반도 중립화안을 내놓았으나 러일전쟁에서 일본의 승리로 이 중립화안은 실패했다.[196] 선교사들의 한국 민족 자치 불능론 혹은 독립 불능론은 바로 그러한 침략 세력들을 대변한 것이었다. 1945년 태평양전쟁 종결 전에 미국이 설정한 38도선은 역시 한반도의 지정학적 위치와 소련을 의식한 미국의 지배 의식과 저 열강들의 분할론 제안들의 배경을 반영하며, 이제 소련과 대결하고 있는 미국의 지배 세력 아래서 민족 분단이 구체화되었다.[197] 1945년의 민족해방은 사실상 해방이라기보다는 일본의 식민세력이 다른 형태로 바뀌었을 뿐이다. 민족 분단은 외세들에 관련된 미국의 주도 아래서 발단되었으며, 이 지배 세력과 국내의 친일 세력 그리고 기독교계의 반공 노선의 결탁에 의해 고정화되었다. 1945년 미군정이 주로 친일 최고위 간부급의 한국인 관료들, 영·미에서 교육받은 부유층 즉 지주와 기업가층, 미션학교에서 교육받은 기독교 인사들을 등용하였으며, 이 층들이 바로 주요 반공 세력을 형성했다.[198] 그러한 반공 세력은 특히 1930년대의 일본통치와 결부되어 있었다. 커밍스에 의하면, "일제는 1930년대의 수많은 소작쟁의나 노동쟁의를 모두 공산주의자들의 책임으로 돌렸다"는 것이다. "따라서 반공은 일제의 주된 선전자료였으며 많은 친일 단체들이 반공을 표방하며 새로이 조직되기도 했다. 이러한 단체 중에서 가장 큰 것은 1938년에 설립된 조선반공협회였다. 반공적 성향의 단체들이 각 촌락·공장·기업 단위에까지 조직되는 한편, 문화단체나 종교단체들도

196 『일본외교문서』, 제27권, 제1책, 문서번호 438호, 646-649; 이현종, 『한말에 있어서의 중립화론』; 국토통일원, 제29권, 475호 문서, 5월 16일자, "山縣大使 朝鮮國에 관한 提議의 件"; 진단학회, 『한국사 현대편』 (을유문화사, 1963), 764.

197 김학준, "분단사의 재조명," 『분단과 통일 그리고 민족주의』 (박영사, 1984), 27-62.

198 김정원, "해방 이후 한국의 정치과정, 1945~1948," 『한국현대사의 재조명』 (돌베개, 1982), 153; R. A. 스칼라피노·이정식, Communism in Korea (University of California Press, 1972) 중에서 제1부, 제4장, "Korean Communism under American Occupation"의 번역, "美軍政期의 한국공산주의," 215.

반공적 세포를 만들라는 지시를 받았다. 특히 기독교단체들은 공산주의를 비난하게끔 강요되었다. '좌익'이라는 말은 점차 '항일'이라는 말과 동의어로 쓰였다.[199] 결국 서양 근대 문명과 기독교의 영향권에 예속된 민족 개량주의와 기독교의 반공은 친일과 동의어로 되었다는 것이다. 그리고 민족 내에서의 이 세력이 바로 1945년 직후부터 민족 분단의 주역을 수행하게 되었던 것이다.

기독교의 그러한 방향은 처음부터 기독교에 의해서 예비되어 왔던 것이다. 보수주의적 순수 복음 선교와 이해도, 문화사업에 역점을 둔 자유주의적 기독교 선교도 다 반공에 있어서 동일할 수밖에 없었다. 결국 본래의 한국 기독교의 발흥과 부흥의 요인이었던 민족의식, 민족 구원, 민족운동은 자가당착적으로 반민족적 방향에로 귀착하고 만 것이다.

III. 한국 민족과 기독교 선교의 미래

우리는 선교와 민족, 선교와 여성에 관해서 고찰할 시간을 충분히 갖기 어려우므로 다만 결론적 총괄적으로 기독교 선교와 한국교회의 문제들을 재확인하면서 선교의 미래적 과제를 민족과 여성의 전망으로부터 설정하고자 한다.

---

199 Bruce Cumings, "American Policy and Korean Liberation," Frank Bal win ed., *Without Parallel: The American Korean Relationship Since 1945* (New York: Pantheon Books, 1974); Bruce Cumings, "한국의 해방과 미국정책," 일월서각 편집부 편, 『분단전후의 현대사』 (일월서각, 1983), 139.

1. 선교 신학의 과제

1) 기독교 선교의 신학적 문제

기독교가 한국에 전래되기 이전부터 기독교의 역사 자체에 이미 문제가 내포되어 있었으며, 문제를 내포한 채 그대로 이방 약소 민족에로 전파되었다. 문제의 핵심은 기독교가 서양 지배자 나라들의 종교가 되어버렸다는 점이다. 본래의 성서적 의미에서의 복음은 서양의 종교가 될 수 없다. 고대의 기독교가 로마제국에 거주할 장과 지위를 확보하게 되면서 이미 세계의 정치권력 · 경제 구조와의 유대가 전개되기 시작했으며, 기독교의 복음은 세계를 초월한다고 생각되면서도 세계와 결탁하게 될 수밖에 없었다. 그래서 기독교는 한편으로는 대중이나 가난한 층의 종교 역할을 담당하면서도, 특히 중세기에 그 주도 세력은 권력층과 겨루기도 했고, 최고의 신적 권위를 대변한다고 해서 세속권 위에 위치하는 것처럼 보이기도 했고, 따라서 지배자의 종교처럼 되어버렸다. 서양 제국주의와 유사하게 된 기독교는 아프리카나 남아메리카 족속들에 대한 제국주의적 정복자의 종교로서 그 정복에 수반하여 전파되었고, 제국주의적 정복의 정신적 완성을 거두었다. 이미 고찰했듯이 근대의 개신교 선교는 서양의 자본주의적 세계시장 개척과 팽창에 수반하여 전개되었다. 이 추세의 문화사상 형태가 바로 앵글로색슨족에 의해서 대표된 시민자유주의 혹은 개인주의적 민주주의였으며, 이는 개신교 선교의 정신이었다. 앵글로색슨족의 미 대륙 정복과 신천지 건설은 자본주의 시민문화와 세계 선교의 본거지가 되었다. 동아시아에로의 서양 특히 영 · 미의 자본주의 확장이라는 세계 상황이 개신교 선교의 길을 열어주었고, 평탄하게 했으며, 선교 정신의 배경이 되었다.

기독교가 근 2천 년 동안이나 서양에 의해서 전수되고 대변되어 왔으므로 기독교 선교는 서양의 제국주의·자본주의적 침략성의 불의를 인식하지 못했을 뿐만 아니라, 세계가 기독교를 받들어주는 서양 문화권에로 흡수되고 예속되는 것을 당연하게 여겼다. 이 때문에 기독교 선교는 서양 지배자의 정신을 대변하고도 성령의 역사하심과 선교의 성공이라는 개가를 올렸다. 세계의 침략 세력들 앞에서 풍전등 화와 같은 한말의 위기와 멸망이 바로 선교의 성공의 결정적인 계기였 는데, 그것을 선교가 지배자 측에 입각해서 선교의 계기로 삼았다고 생각했다는 사실이 바로 선교 신학의 결정적인 과오였다. 한국 기독교 는 그러한 과오를 인식할 길을 가지지 못했으며, 민족의 구원이라는 출발점과 서양 문명과 기독교에의 흠모의 자가당착 속에서 부흥하고 성장했다. 선교에 있어서 기독교와 서양 세력과의 동일화라는 전제가 바로 한국 기독교 역사에서 성장해 온 반민족적 요인이다. 그럼에도 불구하고 서양 기독교에의 저항 의식은 한국 기독교인들의 민족의식 속에 잠재해 있었으며, 그것이 1930년 후반기부터 대동아전쟁이다, 태평양전쟁이다 하며 전쟁의 승리자로 부상한 일본의 세력과 탄압에 굴복한 기독교계와 문화계 주도자들의 친일 행각을 정당화한 이론, 즉 동양기독교와 동양의 신문화 건설의 이상으로 둔갑했다. 그것은 바로 서양 기독교의 지배자 논리의 적수요 선교의 결실이었다.

서양의 지배 세력과 결부된 기독교 선교의 근본 문제에 대한 비판 세력으로서, 1920년대 이래 민족해방전선에 개입한 새로운 계기 가 바로 사회주의 사상과 운동이었다. 민족해방운동은 이제 반일본제국주의 · 반서양 지배 세력의 노선을 취할 수밖에 없었다. 선교사들이 이에 경종을 울렸다는 사실은 그들이 지배자 측과 연결되어 있었다는 사실을 명증하고 있다. 1920년대 이래 좌우 연합 전선의 시도들은 민족해방이란 과제의 철저화를 위한 민족적 잠재력을 행사했으나 서양과 일본의 지배 세력들 앞에서 실패할 수밖에 없었다. 민족운동 내부에서의 결렬과 갈등은 세계의 결렬과 갈등을 반영하는 것이었으며, 한국 민족운동은 그러한 세계 상황에서 벗어날 수가 없었다. 1920년대에 소수 기독교인들이 기독교와 사회주의의 통합 가능성을 생각했다는 사실도 미약하기는 했지만, 역시 민족해방의 과제에 대한 의식을 전제하고 있었고, 민족을 위한 기독교의 잠재력을 말해준다. 그러한 시도는 거의 서양 기독교 전반에 대한 비판을 의미했으며, 한국 기독교에 영향력조차 행사할 수 없었던 물거품과 같은 시도였다. 그럼에도 불구하고 그 시도는 민족과 세계의 분단 상황을 넘어서는 잠재력으로서 재포착되어야 할 것이다.

서양의 기독교와 신학 전통은 복음과 신앙이 세계의 정치권력 · 경제 구조라든지 이것을 옹호하는 관념이나 이데올로기가 아니라는 것을 의식했고 주장했다. 특히 보수주의 계통이 복음과 신앙의 초월성과 순수성을 대변했다. 그런데 그 초월성과 순수성이 추상적으로, 즉 세계의 불의한 상황에 대한 책임을 지지 않는 도피적 영성 혹은 영적 구원으로 생각되었고, 세계의 불의를 방관 묵인하거나 적극적으로는 서양 지배 세력들을 기독교적이라고 해 그것들과 협조하게 되었으니, 복음과 신앙의 초월성을 상실하게 된 것이다. 한국에서의 선교사들이 대체로 그러한 보수주의 · 경건주의적 문제점을 그대로 가지고 있었고, 서양의 지배 세력들을 업고 있었으며, 일본 침략 세력에 대해서는 정치 중립이라는 구실을 복음과 신앙의 초월성과 혼동했다. 보수주의에 대립한 자유주의는 한국 선교사들에 있어서는 대변되지 않았고, 극단의 보수주의자들에 의해 배척받았다. 감리교의 선교는 문화·교육 선교에 더욱더 역점을 두었고, 일본의 정치세력과 더 결부되어 있었으나 역시 보수주의적 문제를 그대로 가지고 있었다. 19세기 유럽에서 전개된 자유주의신학은 보수주의에 대립해 복음과 구원을 역사와 사회, 인간성과 세계의 이상과 거의 합류시켰으며, 그래서 기독교는 결국 서양 기독교 인간의 이념이나 종교처럼 되어버렸다. 이러한 의미에서는 보수주의와 자유주의가 다 같이 서양의 종교를 대변했으며, 동일한 전제에 입각해 있었다. 자유주의는 근대의 시민·부르주아 문화를 보다 더 반영했을 뿐이다. 한국 보수주의는 대체로 보수주의적 신앙을 역설하면서도 19세기의 자유주의 기독교를 그대로 반영해 왔다. 바로 이것이 반공 세력을 형성한 것이다. 복음과 신앙의 참된 초월성과 순수성은 전통적으로 기독교와 결부되어온 서양 문명과 서양 세력에 결탁하는 이데올로기로 전락할 수 없다.

2) 복음과 선교

복음의 초월성과 순수성은 그것이 세계 지배자의 이데올로기나 종교적 관념이 아니라 하나님의 의(義)의 초월성을 의미한다.[200] 그

---

200 우리는 여기서 초월적 하나님의 존재를 논하지 않고, 다만 세계와의 관계에 있어서의 복음의 초월성의 의미를 고찰할 뿐이다. 이것도 물론 하나님의 존재의 초월성에 기초한 것이다. 박순경, "칼 바르트의 하나님론 연구," 대한기독교출판사, 『하나님 나라와 민족의

초월성은 신앙과 선교의 자유를 가능하게 하는 근거이다. 하나님의 초월적인 의는 불의한 세계에 대한 심판을 의미하며, 세계로 하여금 그의 의와 그의 나라의 실현으로 이끄는 구원의 능력을 의미한다. 그의 나라의 초월성은 세계로부터 영적인 차원으로, 저세상에로의 도피가 아니라 세계의 불의를 불의로 통찰하게 하고, 이것을 극복하고 넘어가게 하는 신앙의 결단에서 고백되는 것이다. 그러므로 하나님 나라와 신앙은 인간과 역사를 구원의 미래로 행진하게 하는 동력이지, 세계의 지배 세력이나 특권과 결탁하고 거기에 안주하라는, 그래서 추상적인 영성을 말하는 초월성이 아니다.

선교는 그 원형과 근거를 예수의 하나님 나라의 선포와 증언, 그의 행위, 죽음의 사건에서 찾아야 한다. 그는 하나님의 보내심(Missio Dei)에 대한 절대적인 신앙과 결단에서 임박해오는 하나님 나라, 의의 나라를 선포하면서 세계의 회개를 촉구한 하나님의 전령자였다. 임박해오는 그의 나라는 세계에 대한 심판을 함축하고 있고, 따라서 불가분하게 회개하라는 요청과 함께 선포된다(마가복음 1:15, 마태복음 3:2, 4:17, 누가복음 10:9, 11 참조).[201] 회개하라는 촉구는 임박해오는 하나님 나라에 상응하는 결단과 복종을 의미한다. 그러나 세계는 그 나라를 거부했고, 그 선포자를 처형해버렸다. 이 세계의 죽음의 세력과는 전혀 다른 결단을 예수는 수행했으니, 그의 십자가의 고난을 하나님의 뜻으로 받아들였다. 그의 십자가에서 세계의 죄악은 죄악으로 판정되었다. 이 죽음의 세력으로부터의 예수의 부활을 체험한 초대교회는 이제 그의 십자가의 죽음을 구원에 이르는 길로서 선포하게 되었다.

미래』(1984).
201 박순경, "선교의 신학," 같은 책, 267-276.

그래서 초대교회의 사도들은 부활한 예수 그리스도의 증언자들로서의 선교의 위탁을 받았다고 고백한다(마태복음 28:16-20, 마가복음 16:14-18, 누가복음 24:36-49, 요한복음 20:19-23, 사도행전 1:8 참조). 즉, 사도들은 예수 그리스도에 대한 전령자로서 곧 하나님의 보내심을 받았다고 고백한다. 하나님 나라와 구원은 이제 예수 그리스도의 십자가와 부활, 그의 구원의 복음으로 집중되어 선포된다.

사도행전에 의하면 초대교회의 선교는 성령의 역사하심에서부터 출발한다고 한다. 성령은 예수 그리스도를 증언하게 하는 진리의 영, 구원의 영, 교회와 선교의 근거이다. 그 영은 세계의 죽음의 세력으로부터 사도들을 자유롭게 하는 영이요, 동시에 세기에 구원의 복음을 선포하게 하는 혀의 능력, 새로운 말의 능력이다(사도행전 2장의 오순절 기사 참조). 하나님 나라, 예수 그리스도의 사건, 성령의 역사하심 — 이러한 복음은 세계에 대하여 종말적 구원으로서 선포된다. 종말적이라는 것은 그 복음이 세계의 이념이나 이데올로기가 아니라는 뜻이다. 그 복음의 선포는 하나님의 나라와 부활이 우리의 궁극적인 미래의 구원이라는 것이다. 그 복음은 세계의 죄악과 죽음의 세력들의 정체를 투시하고 증언하며 하나님의 심판대에 세움으로써 그 소리를 듣는 자들로 하여금 그의 의의 나라와 생명에 대한 증인이 되게 한다. 초대교회의 사도들은 목회자의 원형이다. 사도들의 증언을 설교단에서 증언하는 설교자는 사도 직분에 참여하며 계승한다.

한국에서의 개척 선교사들은 자신들이 사도들의 직분을 수행한다고 생각했고, 따라서 서양 기독교와 선교의 근본적 문제, 즉 서양 지배자 세력의 정신적 지주가 되었던 문제 상황을 몰인식했다. 초기에 만주에서 선교하던 로스(John Ross)의 주장에 의하면, 선교사는 곧 사도 직분을 계승한 직계자라는 것이다.

> 선교사는 목회자가 아니거니와 또한 일개 목회자로 전락해도 안 된다. 선교사는 초대교회 사도들의 계승자들이요 또한 현대에 살고 있는 그들의 유일한 대표자들이다. '사도'들은 초대교회의 '파송(派送)을 받은' 이들로서 그리스도를 모르는 지역에 가서 그의 도(道)를 전파하였던 것과 같이, 선교사는 현대 교회의 '파송을 받은' 이들로서 사도가 하던 일과 똑같은 일을 하는 이들이다. 선교사는 한 명의 목회자가 아니라 교회의 설립자요, 목회자들을 양성하여 교회를 담임할 목사로 안수(按手) 장립(將立)하는 이들이다.[202]

첫째로 로스는 사도적 시기의 선교와 19세기 서양 기독교 선교의 상황을 혼동했다. 초대교회의 사도들은 세계 권력 구조의 보호를 받지 않은 소수의 무력한 사람들이었고, 그들의 복음 증언은 세계의 권력·경제 구조와의 유대에서 출발하지 않았으며, 그 종말적 구원의 복음은 서양 족속들의 팽창 정신과 타협할 수 없었다. 둘째로 선교사는 기독교를 터득한 복음의 전령자로서 피선교지 목회자들의 믿음의 조상과 같은 권위를 가진다고 생각되었으므로 선교사를 파송한 서양 기독교는 원시 초대교회와 동등하다고 생각되었다. 사도 직분이 목회자 직분의 원형이긴 하지만, 이 관계는 서양 기독교와 피선교지 기독교의 관계가 될 수 없다. 또 목회자는 사도적 증언을 반복하면서 자신이 새롭게 하나님으로부터 듣고, 세계에 증언해야 하며, 따라서 사도

---

202 A. J. Brown의 인용, *Report of Visitation of the Korea Mission*, 18-19; 백낙준, 앞의 책, 312에 재인용됨.

직분에 참여하게 된다. 서양 기독교가 피선교지 목회자의 원형이 아니다.

선교사들의 적극적인 의의와 공헌은 무엇인가. 한국교회는 그들을 매개로 해서 기독교에 접할 수 있었고, 이제 기독교의 문제를 알게 되었다. 그들의 의도는 사도 직분을 계승한다는 것이었으나 그들은 서양 기독교의 확대를 위한 역군들이었다. 바로 그들의 과오가 한국교회로 하여금 복음을 새롭게 선포하는 계기가 된다면, 한국교회에의 공헌이 될 것이다. 한국교회는 새롭게 복음을 선포함으로써 한국과 서양에 공헌하게 될 것이다. 서양 기독교 선교는 아직도 옛 선교의 모형을 지속시키고 있는데, 한국교회가 거기에 가담하기를 중단하고, 서양 기독교 선교로 하여금 사도적 복음을 다시 듣게 하고, 세계 기독교의 문제를 극복하게 하는 계기를 제공한다면, 이제 한국교회와 세계 기독교는 선교의 공동 과제에 집중하게 될 것이다. 전 기독교는 오늘의 세계 권력 구조를 하나님의 심판대에 세우고 세계인들로 하여금 그 세력들을 극복하게 하는 정신적 계기가 되어야 할 것이다.

선교의 신학은 그러한 세계의 문제에로 모든 신학 전통의 언어를 집중시킬 수 있고, 따라서 모든 신학이 부정적으로 혹은 적극적으로 문제극복의 도구로서 동원될 수 있다. 세계 기독교의 과오와 실패는 이제 새로운 선교를 위한 도구와 소재가 될 수 있다. 옛 선교의 모형이 끝장났다는 오늘의 세계의 외침을 하나님의 음성으로 듣고 이제 선교는 새롭게 시작되어야 한다. 선교 시대가 끝났다는 포퍼(P. Poffer)의 경종에 대해 모펫은 기독교 선교의 필요성을 변호하고 있으며,[203]

---

203 마삼락 · S. H. Moffet, 앞의 책, 241-247; H. A. Rhodes & A. Compbell, 앞의 책, 389-392 비교.

기독교 선교는 아직도 대체로 옛 선교의 모형을 변호한다. 한국교회 선교 활동은 아직도 그 모형을 계속 재현하고 있다. 대부흥 집회다, 민족 복음화다, 성령 폭발이다 하는 선교 운동이 바로 그 옛 선교 모형의 재현이다. 부흥 집회니, 교회 성장이니 하는 것이 민족과 세계의 문제 극복과 동시에 기독교의 문제 극복으로 전향한다면, 한국교회는 어쩌면 새로운 선교의 의의를 갖게 될 것이다. 한국 기독교는 민족의 멸망과 구원이라는 본래의 출발점을 재포착해 새로운 선교의 과제를 전개해나가야 할 것이다.

2. 선교와 민족

1) 선교와 민족의 고난의 의의

민족의 고난과 항일 민족운동의 의의가 단순히 민족사적으로 혹은 민족 생존을 위한 민족주의 이데올로기로만 생각되어서는 안 된다. 그것은 하나님의 의와 구원의 빛에서 볼 때 구원사적 의의를 가진다. 민족의 구원은 한국 기독교의 출발점과 부흥 운동과 성장에 함축되어 있었고, 점차로 구체성을 상실해 오면서도 여전히 막연하게 또 추상적으로 한국교회에서 말해지고 있다. 민족의 위기와 멸망이 기독교 수용에 있어서 결정적인 요인이었고 또 민족의 구원에 대한 갈망이 한국 기독교 역사에 함축되어 왔다. 피억압 약소 민족의 존속이라는 의미는 무엇인가? 하나님의 의와 구원에 대한 증언·선포·선교의 사명이 맡겨져 있지 않은가? 그의 의와 구원은 항일 민족운동이나 민족주의 이상이고, 그것을 능가하는 종말론적 주제이며, 따라서 전 세계 족속들에게 해당되는 보편적 주제이다. 복음이 이른바 서양 기독교 국가들과 동일화될 수 없듯이 어느 피억압 민족과도 동일화될 수 없는 보편적이고 종말적인 것이다. 복음과 구원의 보편성은 구체적인 역사적 상황에서 선교되어야 한다. 그렇지 아니하면 그 보편성은 공허하고, 그 영성은 추상적이고, 그 구원은 비역사적인 것으로 되어버린다. 보편적으로 모든 인류에게 타당한 종말적 복음과 구원은 민족주의나 어떤 민족의 이데올로기가 아니다. 그럼에도 불구하고 한 민족이 혹은 민족들이 복음과 구원의 주제에 포함될 수 있고 또 될 수밖에 없다.

민족과 신앙, 민족과 선교 관계의 모형을 우리는 옛 이스라엘 백성의 구원사적인 역사 신앙에서 발견한다. 이스라엘 민족의 출애굽 사건, 즉 애굽왕국 노예의 집으로부터의 이스라엘의 해방이 바로 그 구원사적 신앙의 결정적 계기였다. 세계와 역사를 주재하고, 심판하고, 구원하는 의로운 하나님에 대한 신앙의 핵심적 계기가 바로 출애굽 사건이다. 이스라엘 백성이 기원전 6세기 후반기에 바빌론 포로 생활로부터 해방되는 출바빌론 사건에서 이스라엘은 세계 열국에게 하나님의 보편적 의와 구원을 선포하는 계기를 발견한다. 피억압 이스라엘 백성의 고난의 의의는 바로 하나님의 의와 구원을 세계 열국에 선포하는 사명에 있다. 바로 그 사명을 짊어진 자가 고난의 종, 야웨 하나님의 종이다(이사야 42:1-4, 49:1-6, 50:4-9, 52:13, 53:12). 그와 같이 이스라엘 민족은 민족 이상의 구원사적 의의가 있다.[204]

항일 민족운동이 한갓 민족주의적 의의에 한정되어서 해석된다면,

---

204 H. H. Rowley, *The Servant of the Lord and Other Essays on the Old Testament* (London: Lutterworth, 1954, 2nd ed); Karl Barth, *Kirchliche Dogmatik*, III/4, 349-352 비교.

사실은 실패로 끝났다. 우리의 선열 민족운동가들에게 힘입어 우리가 한민족으로서 존속하는 것으로 믿어진다. 그럼에도 불구하고 항일 민족운동은 실패했으니, 그것은 자체 내에서 결렬되었고, 투쟁했고, 민족해방 연합 전선을 구축하지 못했고, 8.15해방을 자주적으로 성취하지 못했고, 민족 분단을 극복하지 못했다. 그 실패의 요인들이 세계적 상황과 지배 세력들에 의해서 초래되었다 해도, 또 연합 전선의 시도와 8.15 직후의 민족통일운동이 외세에 결부되어서 실패했다 해도 어쨌든 항일 민족운동은 민족사와 세계사적 차원에서 보자면 실패했다. 그럼에도 불구하고 항일 민족운동은 구원사적 의미가 있다. 그러한 의미에서 한국 민족의 고난은 세계사에 대하여 복음과 구원을 증언하고 선포한 것으로 해석되어야 한다. 복음과 구원은 지배자 서양의 기독교 선교에 의해 선포된 것이 아니다. 항일 민족운동이 기독교인들에 의해 전개되었든 비기독교·반기독교인들에 의해 지탱되었든, 그것이 민족운동의 구원사적 의의를 삭감하지 않는다. 민족의 숱한 고난과 항일운동은 비록 그 운동이 자가당착적이었고, 한계성을 내포하고 있었다고 해도 세계의 제국주의, 식민주의 지배 세력들의 죄악을 반증했고, 그 죄악에 저항했다. 그럼으로써 의식적이든 무의식적이든 이 민족은 하나님의 의를 증언했다. 피억압 민족의 고난이 있고, 종족이 있고, 가난한 자와 눌린 자가 있고, 민중이 있고, 눌리고 착취당하는 여성이 있다는 것 자체가 세계와 사회의 불의를 드러낸다. 이들의 존재는 모두 세계와 사회의 권력·경제·구조의 모순을 드러낸다. 그럼으로써 그들의 존재는 하나님의 의와 구원의 선포 계기가 된다. 그들이 구원의 일차적 대상이다. 그들의 편에 서서 하나님의 심판이 억압자들에게 선포되어야 한다. 이스라엘 백성에게 하나님의 자비와 구원이 바로에게 하나님의 분노와 심판이 선포됨으로써 하나님의 구원과 의가 양편에 선포된다. 기독교 선교가 그렇게 선포하지 못했고 또한 한국교회가 점차로 실패했다고 해도 우리는 이제 기독교의 실패를 반성함으로써 민족의 고난의 역사적 의를 되살려내야 한다.

민족의 고난과 투쟁의 역사는 세계사적인 지배 구조나 업적, 위대함에 비하면 아무것도 아니다. 역사를 이러한 눈으로 볼 때 바로 유럽 족속들과 미국인들이 약소 민족의 고난과 멸망, 예속과 투쟁의 의의를 망각하고, 그들의 지배 구조나 위대한 업적이 하나님의 특별한 은총이라고 약소 민족에게 선교하면서 약소 민족의 자주적인 정신을 마비시켜온 것이다. 민족의 고난과 투쟁은 하나님의 의와 구원에 비추어볼 때 불의한 세계사에 대한 심판이요, 미래 구원의 표징이며, 이러한 구원사적 의미에서 보편적 세계사적 의의가 있다.

민족의 구원사적 조명과 의의는 일본의 지배 아래 있었던 시기의 민족사에 국한되지 않는다. 그 시기의 민족은 이전의 모든 과거 역사와 유산 및 땅과 더불어 삶의 자유를 박탈당한 것이므로 그 시기의 민족사는 한 단편이 아니라 전역사를 내포하는 것이었다. 그러므로 그 시기의 민족사의 구원사적 조명과 의의는 전역사를 조명하는 기점이 된다. 다시 말하자면 하나님의 의와 구원에 비추어 민족의 전 역사 내적 불의가 그의 심판대에 세워지고, 자비와 구원이 선포된다. 이렇게 구원사적 민족사 해석이 지속되는 과정에서 민족사 내에서의 죄악과 대외적인 관계에서 행해진 죄악이 밝혀지고, 동시에 구원의 표징의 의의가 밝혀질 것이다. 과거 민족사 내에서의 모든 죄악과 우매함과 고난이 민족에 대한 선교의 소재이다. 그런데 민족사 내의 문제가 19세기 후반부터는 세계사적 장으로 집중되어서 세계의 지배 구조가 민족 내에서 반복된다. 그러면서도 민족의 피억압적 상황은 존속되고 있다. 민족 분단은 역시 세계에서의 피억압 상황의 중심 문제이다. 하나님의 의와 심판, 고난과 구원의 선포 혹은 선교는 이 상황으로 집중될 수밖에 없다.

2) 선교와 민족 분단을 넘어서는 길

기독교와 선교는 거의 전반적으로 세계 분단의, 한국 기독교는 민족 분단의 요인이 되어 왔다. 새로운 선교는 분단을 넘어서는 방향, 역사의 미래로, 궁극적으로는 하나님 나라의 도래와 구원으로 민족과 세계를 지향시키는 계기가 되어야 한다. 서양, 남미, 아시아, 아프리카 등 세계 도처에서 적지 않은 교계 지도자, 신학자, 사상가, 사회 역군들이 기독교의 그러한 분단 세력을 극복하려고 시도했고 또 하고 있으니 이미 선교의 새로운 작업은 모색되고 있는 것이다. 그런데 기독교 선교는 종전의 전제, 즉 서양 족속들의 팽창이라는 전제와 이편에 결탁한 이데올로기로서의 전제를 폐기해야만 복음과 구원을 올바르게 선포할 수 있을 것이다. 미국 주도의 북한 선교 모색은 미국 주도를 지양하고 한국 민족의 분단 극복의 방향에 협력하는 방법을 강구해야 할 것이다. 협력하는 방법은 우선 미국 기독교 자체의 분단 이데올로기를 극복하는 작업에 집중해야 할 것이다. 민족 분단의 대내외적 요인들, 분단 극복을 위한 정치·경제적 타개책에 관해서는 우리는 세계와 한국의 전문가들의 연구와 분석을 참작해야 한다. 여기서 우리는 다만 분단 세력을 형성해 온 기독교의 문제에 집중하고자 한다.

1945년 직후부터의 민족 분단 상황의 요인들은 복잡하다. 그 직접적인 요인들에 관한 김학준과 그 밖의 문서들의 연구 보고를 보자면, 분단의 시초는 미국에 의해 결정되었으며, 이것을 시발점으로 해서 친일파를 포함한 이승만과 한민당계 주도의 극우파와 이에 대립해서 전개된 좌파와 북한의 정치적 전개, 김구계의 반탁 운동과 통일 노선 종합 시도의 실패, 1947년부터의 미·소 냉전체제 진전, 남한 단정 추진과 수립 및 북한 단독 정부 추진 수립 등으로 인한 일련의 복잡한 혼란과 사태 진전이 민족 분단을 굳혀버리고 말았다.[205] 기독교계 인사들은 이승만계 우파, 김구와 한독당계에 분포되어 있었다. 또 여운형계 통일 노선을 지지하는 기독교인들도 상당히 있었다고 추측된다. 그러나 기독교 지도자들과 공적 노선은 단연 이승만계 우파와 결부되어 있었으며, 분단 세력의 정치적 주류를 형성하는 과정에 크게 이바지했다. 1945년 직후부터 다시 내한한 선교사들은 물론 한국 기독교의 분단 노선의 큰 배경이 되었다. 세계 분단의 주역들은 오늘에 이르러 그들의 전 세계와 인류의 삶 자체를 파괴할 수 있는 핵무기 체제라는 괴물을 창출하기 위해서 숱한 사람들의 삶을 희생시켜 왔다. 이제는 어느 편이 이러한 과정에 있어서 주도권을 행사했느냐 하는 것이 문제가 아니다.

세계 분단은 사실상 서양 문명의 발달과 지배력, 이들의 조성에 수반한 기독교 정신에 의해서 오랫동안 예비되었고, 이 역사적 과정을 변혁하려던 사회주의·공산주의 사상과 혁명 운동의 등장을 계기로 해서 전개된 러시아혁명과 그 주도 세력에 의하여 세계 분단으로

---

205 김학준, "역사는 흐른다," (한민족의 동질성회복캠페인), 「조선일보」 1985년 1월 1일부터 매주 토요일 연재.

구현되었다. 한국 민족의 근대화 과제는 국제 세력들에 직면해서 불가피했고 또 필요했으며, 자주적 근대화 작업이 그 근대 문명의 침략 세력들에 의해서 좌절되었어도 여전히 항일·친일·민족운동에 있어서 계속될 수밖에 없었다. 이 추세는 민족해방전선의 방법으로서는 한계점을 내포하고 있었으므로 서양 근대 자본주의 문명의 지배 세력을 막아내면서 이것을 해방전선의 도구로 사용할 수가 없었다. 1920년대의 사회주의운동은 민족주의의 한계점에 대한 보충 세력으로서, 즉 민족해방과 자유 쟁취의 세력으로서 항일민족주의와의 연합이 성취되었어야 했고, 이 연합 민족 진영이 1945년의 민족 분단을 넘어서는 주축이 되었어야 했다. 그런데 그 연합 민족 진영의 형성은 사실상 현실적으로 국제적 상황에서 보든지 민족 사적 단계로 보든지, 성숙하게 자주적으로 실현되기란 거의 불가능했다. 또 민족운동 진영과 사회주의 민족운동이 국내에서 거의 전개되기 어려웠고, 국외의 폭넓은 지역에서 산재하여 전개되었으므로 연합 전선을 전개하기 어려웠다. 1945년 직후부터 시도된 민족통일 작업 역시 미·소 양군의 개입과 좌우 대립 속에서는 실패할 수밖에 없었다. 민족통일은 민족사적으로나 세계사적으로나 역사의 새로운 기원을 창출하는 과업일 것인데, 세계의 문제 상황들을 미처 파악하지 못한 채, 그 지배 세력들 아래 놓인 피억압 한국 민족이 그 과업을 성취할 만한 단계에 이르지 못했다고 생각된다. 어쨌든 민족통일에의 열망은 오늘 날 되살아났다. 과거의 저 연합 전선과 통일 노선의 민족정신이 오늘에 있어서 재포착되어야 한다. 친미다, 친소다 하는 세력과 그 주역들의 음모와 유혈, 민족 상쟁, 대다수의 국민들에 대한 기만, 기독교의 우매한 반공과 희생, 민족사의 그 모든 과오와 희생이 이제 정직하게 반성된다면, 민족통일을 위한 역사적 교훈이 될 수 있다.

교회의 선교, 복음과 구원의 선교는 교회의 삶의 장인 민족, 그리고 민족의 문제와 무관하게 수행될 수 없다. 복음과 구원의 초월성은 주어진 민족과 세계의 죄악으로부터의 초월이며, 바로 이 자유의 각성과 동시에 민족의 삶의 장으로 보내져 하나님의 의와 구원을 선포해야 한다. 그의 의와 구원은 이른바 자유 진영의 국가 내에서도 사회주의국가 내에서도 선포되어야 한다. 그러나 세계 기독교계의 소수의 지도자와 신학자, 여성과 사회운동가, 기독교 단체의 중간 노선을 제외하고는 대체로 세계 기독교가 자유 진영에 편당해 있으므로 기독교는 분단을 넘어서는 새로운 미래와 구원의 파수꾼이라는 예언자적 직분을 상실하고 있다. 한국교회의 선교는 우선 자체의 과오를 반성하면서 민족 앞에 사죄하고, 복음과 구원을 새롭게 이해하며, 교회의 사명을 새롭게 설정하고, 이를 위해 세계와 민족 상황들에 관한 각계 전문가의 연구 보고를 참작하고, 남북한의 정치 권력자들로 하여금 권력을 위주하지 않게 하여 민족통일을 수행하도록 하는 선교를 수행해야 할 것이다. 복음과 구원의 선포가 구체적인 역사·사회 상황의 문제와 무관하게 수행된다면, 그것은 역사 창출의 계기가 못 된다. 민족통일은 민족 사회 내의 모순, 세계의 지배 세력에 예속된 경제적 모순과 불평등한 경제 구조를 변화시켜나가지 않으면 성취될 수가 없다. 하나님의 의는 사후의 하늘나라에서나 실천되는 것이 아니다. 그것은 정치적 권력 구조와 경제적 지배 구조에서 가장 심각하게 깨진다. 정치·경제 구조에서 그 의가 우선 추구되고 또 개인적인 여러 가지 삶의 차원에서 추구되어야 한다. 세계와 민족, 정치와 경제 구조의 모순 속에 안주하고서 하나님의 의가 교회와 개인들의 삶에서 선포되고 행하여진다는 생각은 위선에로 귀착하고 만다. 하나님의 의와 구원의 선포는 교회와 믿는 자 자체에, 설교자 자신에게, 민족과 세계에 언제나 매 주일 수행되어야 한다. 어느 개인도 민족과 세계의 문제와 책임 밖에서 존재하지 못한다. 교회는 민족 사회와 세계에서 자행되는 불의와 죄악에 대하여 하나님의 의와 심판을 선포하면서 교회 자체도 그 민족과 세계의 일부분임을 알아야 한다.

다른 한편 민족 사회와 세계 문제들이 정치 · 경제 구조의 변혁과 국제관계의 평등한 재구성을 통해 궁극적으로 해결되고, 정의가 실현되는 것이 아니다. 세계 혁명과 공산주의가 어느 정도 실현된다고 해서, 남북한이 통일되고 어느 정도의 평등경제가 실현된다고 해서 궁극적으로 정의가 실현되는 것이 아니다. 개인과 민족정신, 세계정신이 새로워져야만 할 것이다. 바로 세계의 경제 혁명 · 물질 혁명에 정신 혁명이 수반되어야 한다는 것을 1920년대의 이대위가 대변했고, 그래서 그는 기독교 정신과 몸의 삶에 해당하는 경제 구조 · 변혁 이론을 종합하려 했다. 정치 · 경제 구조와 국제관계의 과학적 분석과 문제 제기 및 변혁을 위한 실천이 수행된다고 해서, 정신 혁명이 저절로 이루어지는 것은 아니다. 그러한 변혁 운동은 경제 이권과 정치권력의 악순환을 극복한다는 보장이 없다. 교회의 선포도 물론 그것을 보장하지 못한다. 이 때문에 하나님의 의의 성취는 종말적 구원으로서 거듭 선포되어야 한다. 그 성취와 구원은 역사에 대해 하나님의 약속으로서 선포된다. 바로 이 약속의 종말적 성취에 대한 우리의 신앙과 희망이 민족 사회와 세계로 하여금 기존 체제들에 머물러 있지 않고 변혁해나가게 하는 동력이다. 이 때문에 교회는 하나님의 의와 구원, 복음과 그의 나라의 도래를 끝날까지 선포해야 한다.

　미국이든 소련이든, 어느 한 세력권에 의해서 세계 분단이 극복될 수는 없다. 자본주의 세계는 자본주의의 모순과 약소 민족의 자유를 박탈한 물질주의를 극복하기 위해서 사회주의적 혁명 세력을 필요로 했다. 그러나 이제 그 혁명의 의의는 퇴색하고, 소련은 거의 세계 권력 구조의 일부분으로 변질된 것 같다. 세계 혁명은 사회주의 이념이나 어느 한 세력권에 의해서 성취될 수 없으며, 성취된다 해도 참된 인류 평등의 공산주의 사회의 실현이 보장되지 않는다. 또 미국을 비롯한 자본주의 국가의 위력은 결코 외적으로 변혁되지 않는다. 세계 변혁은 자본주의 국가와 사회주의 국가, 부유한 북반구와 가난한 남반구, 제3세계 민족에 의해서 공동으로 추진될 수밖에 없다. 또한 자본주의 국가들의 위대한 기계 과학 문명과 혜택은 점차로 세계 평등을 위하여 세계화되어야 하며, 이것을 위해서 제2세계의 세력이 작용해야 하고, 제3세계 약소 민족의 혁명 세력이 필요하다. 다른 한편 사회주의 국가들은 정치적 민주화의 전통을 서양으로부터 원용하여 자체 내 권력 구조의 민주화를 시도하면서 인민의 자유와 삶을 위한 본래의 이념과 동력을 되살려내야 할 것이다. 세계의 두 진영이 자본주의 세력이 약소 민족을 희생시키고 성취한 과학기술과 부를 약소 민족과 남반구의 가난한 자들을 위하여 사용하는 역사의 방향 전환을 시도하지 않는다면 그리고 계속 핵무기 개발이다, 배치다, 개발 동결이다 하고 세력권 경쟁을 계속하는 한, 저들은 모두 다 세계와 인류를 파괴하는 자들로서 하나님의 심판과 멸망을 받아야 할 것이다. 인류를 위한 세계 혁명은 저들의 방향 전환과 제3세계에 의해서 공동으로 모색되어야 할 것이다.

민족통일을 우리가 성취하지 못한다는 것은 피식민지 민족으로서의 고난과 희생, 민족운동과 사회혁명 운동의 역사가 다 허사로, 실패로 끝나버린다는 것을 의미한다. 민족 분단은 세계의 지배 세력들과 기독교의 과오, 민족의 무력과 과오, 민족교회 설립의 실패와 과오가 다 집결되어 있는 종양이다. 민족통일은 민족만의 삶을 위한 과제 이상으로, 세계의 구원사적 의의를 갖는 과제이다. 민족통일은 약소 민족을 위한 빛이 될 것이다. 약소 민족의 자유와 삶의 권리, 즉 인권이 쟁취되고 실현되지 않고는 의와 구원이 선포될 수 없다. 약소 민족의 고난과 희생은 세계 혁명의 필연성을 의미한다. 약소 민족이 주축이 되지 않고는, 세계 혁명은 다시 지배 구조로 귀착되고 말 것이다. 민족통일은 세계사에서의 의와 구원의 표징적 의의를 가진다. 민족운동과 민족 사회의 혁명 운동은 그들의 역사적 상황에서 보자면 실패였다 해도 민족통일에의 열망의 민족사적 바탕이며, 구원 사적으로 그 의의가 재해석되고 재포착되어야 한다. 그래야만 민족의 숱한 고난이 하나님의 의와 구원을 증언하는 구원사적 의의를 가지게 된다. 세계와 민족의 권력 구조들로부터 교회가 자유롭다면, 그것들을 넘어서는 민족통일을 위한 의와 구원을 선포하는 예언자적 직분을 수행할 수 있고, 그렇게 함으로써 통일의 길을 과학적으로 정치·경제 ·국제적 차원에서 모색하는 민족정신을 고취하고, 이에 참여할 수 있을 것이다. 민족통일의 방향은 분단된 두 세계를 넘어서는 제3의 길이 될 것이다. 정치·경제적 차원에서도 절충된 제3의 방향이 아니고는 민족 분단·세계 분단의 극복과 세계 혁명의 공동 작업은 전개될 수가 없을 것이다. 교회와 신학이 서양 문명의 전통 문제를 극복하고, 그것에 대한 사회주의·공산주의의 문제 제기를 흡수해 가지면서 민족 분단·세계 분단을 넘어서는, 민족을 주축으로 하는 제3의 길을 증언해야 할 것이다. 약소 민족이 주축이 되면서 민족과 세계사가 복음과 하나님 나라의 의를 지향하게 하는 그 길은 언제나 대립을 넘어서는 길이며, 사회와 세계의 모순 대립이 극복되고 화해하는 길이다. 이 제3의 길은 복음과 하나님 나라를 지시한다. 화해는 민족과 세계의 정치·경제 구조의 모순과 대립 분열을 도외시하고 허공에서 선포되어서는 안 된다. 사회주의·공산주의의 무신론은 사실상 기독교 전통에서의 하나님 신앙의 공허성과 지배자층의 이데올로기적 역할에 직결되어서 출현한 것이므로 이 문제 상황을 극복하는 과정에서 무신론도 극복될 수 있다고 기대해야 한다. 자본주의적 세계 지배의 구조는 사실상 유물론 이외의 다른 것이 아니다. 저 무신론은 이 유물론에 안치된 우상을 허물어 버리는 계기로서 생각될 수밖에 없으며, 이 우상의 타파와 함께 저 무신론도 허물어져야 하리라.[206]

3. 선교와 여성

1) 민족의 어머니, 역사의 어머니

모든 역사가 남성의 행적을 위주로 해서 남성들에 의해 쓰였듯이 근대의 민족사와 기독교사도 남성들에 의해서 쓰였고, 여성들에 관한 역사도 대체로 마찬가지다. 또 민족사와 기독교사의 문제들이 남성들에 의해서 대변되어 왔으므로 우리는 그들의 역사적 행적과 대변을 위주로 해서 고찰해 왔다. 그러나 선교와 신학, 민족사와 구원의

---

206 박순경, "기독교와 공산주의의 이론과 현실," 앞의 책, 457-498.

주제로서의 여성의 문제 제기와 의의가 고찰되어야 한다. 여성의 역사는 지금까지 남성 위주의 역사에 포함된 것으로 생각되어 왔다. 바로 이 때문에 여성의 역사가 은폐되고 망각되고 삭제되었으며, 남성의 역사 문제가 문제로서 인식되지 못했다. 피억압 민족, 눌린 자, 가난한 자, 민중의 인권과 자유가 박탈당한 역사가 세계의 죄악을 반증하듯 여성에 대한 억압은 그 모든 억압과 자유 박탈의 집약으로 나타나는 예증들을 대체로 역사 기록에서 은폐하고 있다. 여성 억압의 역사는 곧 남성 지배의 역사를 의미한다. 세계의 제국주의·식민주의적 정복과 지배, 전쟁과 약탈, 자본주의적 착취, 세계 분단과 핵무기 개발, 약소 민족의 대리전쟁 등 근대 이래의 국제적 역사의 전개는 특징적으로 인간의 지배 의식의 표출이요 업적이다. 여자들도 물론 그러한 세계 구조의 창출에 협조했다. 그러나 여자들이 그러한 세계 구조에서 피억압자들이라는 것을 서양에서는 대체로 19세기 이래, 한국에서는 아무래도 개화기 이래, 특히 1920년대에 각성하기 시작했고, 여성해방운동을 전개하게 되었다. 그런데 눌린 자, 가난한 자의 사회·경제 문제와 인간의 자유와 평등을 대변한 사회사상가·사회운동가·사회주의자들이 여성의 인권과 자유를 역설하지 않을 수 없었으니 여성은 눌린 자, 가난한 자 층에서도 또 그 밑바닥에서 희생된다는 것을 관찰했기 때문이다. 한 사회, 한 민족 안에서의 여성 억압은 또한 세계의 지배 구조의 문제이다. 피지배자는 남자들, 약소 민족, 노동자·농민 민중이지만, 그들 중에서도 여성은 피지배자의 대표격이다.

구한말에 서양과 일본 열강들에 직면해서 민족의 개화·근대화 운동, 민족의 자주독립과 국정 개혁 운동이 전개되었을 때, 여성 교육의 필요성이 각성되고 역설되기에 이르렀다. 여성 교육의 역설과 그 운동은 그와 같이 민족운동의 일환으로 전개되기 시작했다.[207] 그러한 운동이 서양 기독교 선교의 영향 때문이었다고 생각하면 안 된다. 이미 제시했듯이 기독교 선교는 민족운동의 일환이 아니었다. 또 개화파와 독립협회 주도자들이 서양 문명과 기독교의 영향 때문에 여성 교육을 역설했다고 생각하면 안 된다. 서양 문명의 영향으로부터 그들을 해석한다면 우리는 그들의 민족의식을 매장해버리게 된다. 서양 문명을 민족의 자주적 삶의 도구로 삼는 것은 민족운동의 시점에서 검토되어야 한다. 세계열강들에 직면한 약소 민족의 각성과 여성 교육의 각성은 동일한 민족운동이었다. 항일 민족운동에서도 여성 교육과 여성의 민족운동 참여의 필요성을 남성이든 여성이든 동일하게 각성했고, 여성 자신들의 교육 운동이 전개되었으며, 여성은 민족운동에 이름 없이 참여했다. 피억압 민족의 억울함과 자유에의 열망에서 남성들은 가부장제 사회가 여성에게 가하는 억압의 부당함을 알았다. 민족의 자유는 곧 여성의 자유이기도 하다는 것이 남성 · 여성 독립운동가들에게 의식되었다. 역사 기록상으로는 여성들의 항일 민족운동 참여는 3.1운동에서 절정에 이르렀던 것 같다. 그런데 민족운동이 대표적 민족운동가들이나 기록에 나타나는 사람들에게서만 고찰되어서도 안 되듯이, 여성들의 민족사적 의의는 3.1운동이라든지 그 이전부터의 개별적 저항 사건들에서만 고찰되어서는 안 된다. 그렇게 되면 여성의 민족사적 의의는 남성에 비해서 아주 미미하게 여겨진다. 남성 위주의 역사 기록의 문제와 남성 중심적 세계 구조의 문제가 여기에 있으며, 이러한 세계를 위주로 한 역사 서술은 역시 지배

---

207 이현희, 『한국근대여성개화사 — 우리 여성이 걸어온 길』(이우출판사), 104-142; 박용옥, 『한국근대여성운동사연구』(한국정신문화연구원), 42-55.

의식을 내포하고 있다.

여성의 민족사적인 의의는 피억압 민족의 고난 자체였다는 사실에 있다. 민족의 고난 밑바닥에 여성의 고난이 있었다. 일제하에서 삶의 터전을 빼앗기고 살길을 찾아 만주로 하와이로, 중국으로, 멕시코로 눈물을 삼키고 줄지어 떠났던 우리 백성들의 고난을 아파한 어머니의 고난, 남편과 아들을 독립운동을 위해서 떠나보내고 슬픔과 굶주림과 박해를 견디고 살았던 어머니의 고난, 일본제국 군대의 총칼에 죽어가고 체포되어 고문당하다 끝내는 목숨을 잃어가는 남편과 아들과 딸을 목격하는 어머니의 고난, 징용으로 노무자로 학도병으로 정신대로 끌려가는 남편과 아들과 딸을 보고 애통해하는 어머니의 고난, 그 여성의 고난은 민족의 고난이었으며, 민족의 삶의 밑바닥에서 민족의 삶을 이어가고 지탱했으니, 그는 민족의 어머니, 민족사의 어머니이다. 그가 비록 민족의 자유가 무엇인지, 세계가 어떻게 되어가고 있는지 몰랐다고 해도 민족의 자유를 외치게 한 역사의 밑거름이 되었다. 그의 유골이 만주 땅, 하와이 땅, 어느 이국의 하늘 밑에 묻혀 있다고 해도 그는 세계사의 희생자요 민족의 어머니이다. 민족의 땅을 잃어버리고 자유를 상실한 그는 민족의 희생자다. 일본군이 횡행하던 이 땅에서 두려워하며 자유를 빼앗긴 채 연명하던 어머니도 민족의 어머니이다. 일본군에게 몸과 청춘을 빼앗기고 찢기던 정신대도 민족의 어머니이다. 그의 몸이 민족이다. 민족이 그렇게 짓밟혔다. 우리가 아는 숫자만 해도 약 20만 내지 23만 명이 정신대로 끌려갔고, 그중 생환자는 10퍼센트 정도인 2만 내지 3만 명으로 추측된다고 한다. 그렇다면 20만 명이란 생명이 적도 근방의 어느 섬 혹은 마을에서, 필리핀, 버마, 태국, 월남, 수마트라, 오키나와 등지에 버려진 채 생사도 확인할 수 없이 사망했거나 쓸쓸히 숨죽여 살고 있을 것이다. 또 한편 여러 할머니들이 귀국했으나 가난과 질병에 시달리며 숨어서 살고 있기도 하다. 그 정신대 할머니들은 민족의 치욕과 아픔의 존재들이다. 누가 민족의 고난을 다 헤아릴 수 있겠는가. 민족의 어머니 됨은 생산하는 어머니, 자연적 생리의 어머니의 역사이니, 그는 역사의 어머니이다. 여성의 생산력 그대로가 역사는 아니다. 역사는 자유와 관계, 결단과 행위, 정의와 불의의 문제들이 벌어지는 장(場)이다. 역사는 자유와 관계의 공존이 성립되느냐 파괴되느냐 하는 물음이 던져지고, 부단히 잘못되고, 투쟁하고, 미래로 다시 시도 되고 변혁되는 장이다. 역사의 어머니 됨은 생명을 잉태하고 출산하고 양육하는 자로서뿐만 아니라 역사의 죄악과 투쟁에서의 희생자로서 역사의 시련과 미래로의 변혁의 밑바닥에서 고난받는 자 됨에 있다. 역사의 자유와 구원은 바로 어머니의 자유와 구원이다. 어머니의 침묵의 역사는 역사의 구원이 오는 그날에 드러나리라. 역사의 구원을 갈망하는 자는 어머니, 역사의 어머니이다. 피억압 민족사의 고난의 밑바닥에서 어머니는 그날을 대망한다. 항일 민족운동이 한갓 민족운 동사로서는 하나님의 의를 증언하는 영원한 의의를 갖지 못하며, 역사의 어머니 됨의 의의도 마찬가지로 갖지 못한다. 의와 구원의 빛에서 드러날 때, 그것이 민족사 · 세계사로서의 영원한 의의를 갖게 된다.

1919년 이후 기독교계 여성들의 교육계와 사회 · 문화계에로의 진출과 성취는 실로 놀랍다. 그들은 서양 기독교 문명과 선교의 혜택에 힘입어 부르주아층을 대표하는 이들이 되었다. 그들의 민족의식은 대체로 민족 개량주의적 대변자들의 노선과 문화 운동권 내에 속했으며, 민족해방과 자유에 대한 의식이 희박해져서 피지배 민족은 지배자 문화의 영향권 내로 흡수될 수 있었으나 그럼에도 불구하고 그들의 민족의식은 그들의 의식 밑바닥에 잔존해 있었다. 다시 말하면 서양 기독교 문명에 힘입어 전개된 그들의 여성해방 의식과 그 운동이 민족해방과 결부되어 있었다는 점에서 서양의 근대 부르주아계 여성 운동, 즉 여성의 참정권이나 주어진 사회체제 내에서의 보다 더 나은 지위 확보를 위한 동등한 직업에의 참여와 동등한 보수 등을 목표로 하는 여성운동과는 다른 민족사적 의의를 가지고 있었다. 그들이 민족해방 없이도 여성해방이 가능하다고 생각했다는 것은 부르주아 의식과 선교사들로부터 배운 비역사적 기독교 의식 때문이었을 것이다. 그들의 그러한 불철저한 민족해방전선을 보충해줄 수 있었던 여성운동이 바로 사회주의 진영의 그것이었다. 근우회 운동에는 여성 해방과 민족해방이 통일적으로 전개될 수 있는 잠재력이 있었으나 일제의 탄압에 좌절되고 말았다. 근대 문명을 대변한 저 부르주아 어머니는 그의 밑바닥 현실에서 고난받고 있던 민족의 어머니로부터 멀어져갔고, 이 어머니의 해방을 외치던 근우회 어머니의 소리는 변질되어 부르주아 문명에 합류해버리기도 한 것 같다. 민족 고난의 어머니의 현실은 1945년 이래의 분단 상황에서 여전히 지속되어 왔다. 근대 문명이 흑인·약소 민족·약자의 희생으로 구축되었으므로 그 성취와 혜택이 이제 이들에게 환원되어야 하듯이 근대 문명의 교육과 혜택을 받았고 또 받고 있는 부르주아 여성은 고난의 여성의 해방을 대변하지 않는다면 그 자신의 해방의 의의를 상실하고, 지배자 남성의 문화에 예속되어 의와 구원을 증언하는 구원사적 의의를 획득하지 못한다. 그 때문에 여성해방은 민족 분단을 넘어서서 민족

사회 평등과 세계 평등을 위하여 근대 문명의 혜택의 재구성이라는 커다란 과제와 결부되어 있다. 여성해방은 그저 남성 문화·사회체제 내에서의 비등한 지위와 권리 확보를 위주하는 데에서는 성취될 수 없다. 오늘날까지 서양을 닮은 근대 여성운동의 성격은 바로 그러한 목표를 추구해 왔다. 이 목표는 여성해방을 다시 지배 문화로 귀속시켜 버린다. 서양 문화와 남성 문화 지배 체제를 상대화시키기 위해서, 여성해방은 남성들과 비등한 지위와 권리 행사를 할 수밖에 없다. 그러나 이것은 여성해방의 궁극적 목표가 아니며, 방편에 불과한 것이 되어야 한다. 여성해방의 어려운 과제는 어떻게 그 지배 문화를 넘어서서 그것을 인류 평등, 남녀평등의 도구로 삼느냐 하는 것이다. 1920년대의 여성해방 의식은 바로 이 방향을 가리켰고, 이 방향이 민족 분단을 넘어서는 길이 될 것이다.

지금까지의 역사가 남성 지배의 역사였다는 사실은 여성해방의 문제 제기와 새 역사 창출을 위한 소재 및 도구가 될 수 있다. 그것은 분단을 넘어서서 새 역사를 창출해야 하는 과제를 위해 근대의 민족사와 분단사의 과오와 실패가 그 소재와 교훈이 될 수 있음과 마찬가지다. 이러한 의미에서 과거의 역사 및 모든 역사가 여성의 역사이다. 여성해방의 역사가 그 역사와 별도로 엮어지고 전개되는 것이 아니다. 여성의 특수한 역사와 의의를 서술할 수 있고 또 해야 하지만, 이 역사의 의의는 모든 역사의 의의로서 해석되어야 한다. 여성해방의 과제는 눌린 자 여성을 출발점으로 해서 피억압 민족·종족, 눌리고 가난한 민중의 해방과 자유와 평등한 삶을 대변해야 한다. 자연 생산의 어머니는 그러한 민족과 세계의 해방을 위한 역사의 예언자적 직분에서 자연 생산을 넘어서는 역사의 어머니로서 의의를 가지게 된다.[208]

2) 성령과 새 역사의 어머니

하나님의 영, 성령을 구약성서는 여러 가지 형식으로 고백하는데, 하나님의 의와 심판, 의의 성취와 종말적 구원을 선포하는 예언자적 증언을 우리는 요엘 3장 1절에서부터 5절 상반까지에서 읽는다. 하나님의 영, 구원의 영은 곧 예언의 영이다.

> 그런 다음에 나는 내 영을 만민에게 부어주리니, 너희의 아들과 딸은 예언을 하리라.
>
> 늙은이들은 꿈을 꾸고,
>
> 젊은이들은 환상을 보리라.
>
> 그날, 나는
>
> 남녀 종들에게도 나의 영을 부어주리라.
>
> 나는 하늘과 땅에서 징조를 보이리라.
>
> 피가 흐르고 불길이 일고 연기가 기둥처럼 솟고
>
> 해는 빛을 잃고
>
> 달은 피같이 붉어지리라.
>
> 야웨께서 거동하시는 날,
>
> 그 크고 두려운 날이 오기 전에 이런 일이 있으리라.
>
> 그때 야웨의 이름을 부르는 사람마다 구원을 받으리라(공동번역).

요엘의 예언은 묵시적 종말론의 특징을 말해준다. 하나님의 날,

---

208 박순경, 앞의 책, 51-55.

종말적 구원의 날이 오기 전에 그 도래의 징조로서 유혈 사건이 일어나고, 해가 빛을 잃고, 혼돈이 일어나리니, 이 혼돈이 세계를 지배하는 사탄의 세력이라는 표상은 구약의 묵시적 종말 표상의 일부분이다. 마지막 날에 하나님의 영이 '만민에게' 부어지면, 만민이 그 징조와 구원의 날의 도래를 예언한다는 것이다. 다른 텍스트에 의하면 하나님의 영이 '모든 육체에' 부어진다고 한다(RSV, 요엘 2:8). 사도행전 2장 17절에서 21절까지에 요엘의 예언이 인용되어 있으니, 여기에서는 모든 '육체들에게' 부어지는 영은 예수 그리스도를 증언하는 영, 초대교회의 탄생의 영, 선교의 영이다. 그 영을 부름받은 모든 육체들, 남종들과 여종들, 늙은이들과 젊은이들이 하나님의 의와 심판, 예수 그리스도의 복음과 구원을 증언하게 된다는 것이다. 종말적 구원의 날에는 남성의 지배 체제가 붕괴하리라는 예언이 저 구절에 함축되어 있다. 여종 예언자들을 예언한 요엘은 한국 민족의 위기에 처해서 여성들의 존재 이유를 깨닫기 시작한 우리의 아버지들을 연상하게 하며, 여성해방의 시초가, 민족의 구원에 결부된 사건의 의미가 저 텍스트에 비추어 심화되어야 한다.

1903년에서부터 1907년까지의 부흥 집회들, 1907년에서부터 1910년까지의 대부흥 집회들에 있어서 민족의 종말에 직면한 한국 기독교인들이 민족의 죄와 자신들의 개인적 죄를 애통해하고, 사죄를 갈구하고, 구원을 절규한 사건들이 초대교회의 성령강림 사건을 연상케 할 만한 성령의 역사하심이라는 한국 선교 역사의 기록들을 우리는 수긍할 수 있다. 그러나 다시금 짚고 넘어가야 할 문제는 선교사들이 그때의 성령의 역사하심과 한국교회의 방향을 오도했다는 점이다. 그때의 성령의 역사하심은 가난한 자, 눌린 자를 자유롭게 하고,

그들로 하여금 민족의 우매함을 고백하게 하고, 동시에 세계의 지배 세력들의 붕괴를 증언하게 할 수 있는 가능성을 내포하고 있었다. 그때의 성령의 역사하심은 민족과 세계의 현실과 무관하게, 그러나 이른바 서양 기독교 국가들을 모델로 해서 해석됨으로써 왜곡되었고, 비민족 · 반민족적 방향으로 또 추상적인 영성으로 오도되었다.

아직도 그 오도된 성령 이해가 계속된다. 엑스플로 74다, 민족 복음화다 하는 부흥 집회들은 민족과 세계의 문제를 몰각하고, 민족과 세계의 종말적 구원을 증언하지 못하고, 사람들을 흥분의 도가니로 끌어들였다가 공허하게 되돌려보냈고, 오도했으며, 결국 교회의 맘모스화와 가능한 한 많은 권력만을 움켜잡으려 한 그 탐욕이 하나님 없이 사는 자들을 위하여 하나님이 이 세상에서 죽으신, 그 살아계신 하나님을 상실하였다. 빌리 그래함의 웅변은 서양 기독교의 지배 세력을 연장해주었을 뿐이다. 모든 육체에 부어지는 성령의 역사하심은 사도행전 2장의 오순절 성령강림 사건 기사에 의하면, 예수 그리스도의 복음과 구원을 증언하는 능력, 혀와 말의 능력, 즉 구원의 진리의 원천에 참여하는 진리의 말, 선포의 진리를 의미한다. 이 진리의 말은 세계의 거짓 영들의 거짓말들을 분별하고, 지배 세력과 지위를 옹호하는 거짓 이데올로기들을 분별하며, 고난받는 자들로 하여금 복음과 구원에 이르도록 하는 길을 선포한다.

사도행전 2장의 오순절 사건은 교회에, 초대교회의 제자들에게 부어진 성령의 역사하심을 의미한다. 성령은 초대교회 탄생의 모체이므로 교회의 어머니이다. 교회는 어머니 성령의 육체이다. 교회의 몸 됨은 바로 피조물 혹은 세계의 차원이다. 한국교회의 몸 됨은 곧 한국 민족이므로 민족의 구원을 선교해야 한다. 교회의 몸 됨은 본래 기독교 전통에 있어서 '어머니'로서 표징되어 왔다. 그러나 교회의 지배권은 남성에 의해서 대변되어 왔으니, 그 어머니 됨의 표징의 의미는 상실되고 말았다. 교회의 어머니 됨의 의미는 성령의 역사하심에 대한 복종을 의미한다. 이 복종은 구원의 영의 진리에의 복종이요, 남성 지배 혹은 세계의 지배 구조로부터의 자유를 의미한다. 교회의 몸 됨과 어머니 됨은 새 인간의 탄생을 위해서이니 곧 마리아에게서 나신 인간 예수가 그 첫 열매이다.[209] 교회의 몸 됨은 인간성, 남성을 포함한 여성의 인간성의 표상이다. 성령의 부음 받은 남성은 그의 지배 의식과 세계의 지배 구조로부터 자유로운 인간성이다. 이 인간성은 상징적 차원에서 더욱더 여성에 의해 대표된다. 역사와 세계 전체에서의 지배자 남성보다 여성이 새로운 인간성의 표징, 새로운 인간성의 탄생을 위한 표징으로서 더 적합하다. 여기서 교회의 어머니 됨은 종말적 구원, 새 인간성의 탄생을 증언하는 구원사적 의의를 가진다. 저 '황금쥐' 전도 부인과 같이 겸비한 여인이 한국교회의 어머니이다. 한국교회의 성장은 실제로 전도 부인들과 어머니들의 헌신을 말해준다. 교회 성장과 그들의 노고의 방향은 이제 새롭게 설정되어야 한다. 그들이 오늘날까지 갈구해 온 성령은 고난받는 민족이라는 몸의 현실 안에서, 모든 고난받는 피조물 안에서, 육체의 어머니 여성의 인간성 안에서 새 인간과 새 천지의 탄생을 위하여 신음하는 영이다(로마서 8:18-25 참조). 새 인간은 로마서 8장에서 부활을 의미한다. 영은 바로 부활의 영, 생명의 근원이다. 고난받는 육체의 어머니는 새 인간, 새 천지를 희망하고 증언하는 표징이다. 고난받는 어머니는

---

209 누가복음 1장, 마리아의 찬가. 이 책에 실려 있는 "한국민족과 여성신학의 과제" 참조.

모든 육체의 고난을 짊어지고 있고, 고난으로부터 그의 해방은 모든 육체의 해방과 부활을 향한 희망의 표징이다.

특히 한국교회 여성들의 성령강림에 대한 열망은 정신적 위안과 안정성, 궁극적인 내세의 영적 구원에 대한 확실성을 얻으려는 것이며, 동시에 이 세상에서의 물질적 축복, 즉 기복신앙(祈福信仰)의 성격을 나타낸다. 이 양면이 다 기독교 선교 초기와 저 부흥 운동 시기로부터 전해져온 유산이다. 저 영적인 구원이라는 신앙 형태는 한국교회의 대중과 여성들을 민족과 세계의 문제, 분단 문제로부터 이탈시켜 왔고, 이 기복신앙이 선망하는 모델이 바로 경제발전의 모델인 부유한 서양이다. 부흥 집회들은 대중과 여성들을 오도해 왔다. 영적인 구원은 세계의 물질적 질서의 불의에 따른 민중 · 여성 · 민족의 육체적 고난으로부터의 도피가 되어서는 안 된다.

영적인 구원의 성취는 물질과 육체적 삶에서의 불의를 그대로 방치한 채 얻어지지 않는다. 부자 · 권력자의 기복신앙은 욕심의 확대이며, 하나님의 의와 구원에 위배된다. 가난한 자, 눌린 자의 기복신앙은 옳다. 그러나 그 기복신앙은 우선 주어진 물질의 질서로 휘말려들어서 불의한 세력들과 하나님의 구원을 혼동하고 있다. 하나님의 영을 부음 받은 모든 고난받는 육체, 모든 피조물은 그러한 세계의 불의와 붕괴를 예언하면서 세계를 새 인간의 탄생과 새 천지가 도래하는 날까지 변혁해나가도록 할 때 그의 고난은 구원사적 의의를 갖게 된다. 고난받는 여성, 육체의 어머니, 역사의 어머니는 그러한 사명을 위한 밑거름이요 구원사적 표징이다. 그러나 그의 고난을 초래한 세계는 극복되어야 하고, 그는 고난으로부터 해방되어야 한다. 그의 해방 없이 민족해방과 세계 평화가 있을 수 없다. 여성해방은 세계 평등, 세계 평화의 척도이다. 여성해방은 세계 안에서 성령의 역사하심의 표징이다. 역사 안에서의 성령은 초대교회의 선교에 있어서 선교의 영이었으며, 이제 새로운 선교의 영이고, 피억압자, 가난한 자의 고난속에서 역사하시는 영이다. 종래의 기독교 선교와 한국교회의 실패는 한국교회의 새로운 선교를 위한 실패로서의 의미를 지닌다. 한국교회의 새로운 선교는 세계 교회의 새로운 선교의 계기가 될 수 있고 또 그렇게 되어야 한다. 지금까지의 실패는 계속 비판적으로 재해석되면서 선교의 새로운 방향과 과제에 있어서 소재와 교훈이 될 수 있다. 한국교회의 70퍼센트 이상이나 되는 여성들은 새로운 선교의 역군들이 아닌가. 민족의 어머니, 교회의 어머니 여성들은 이제 깨어 일어나 하나님의 새 역사를 위해 일하고, 새날을 대망하고, 100주년을 노래할지어다.

한민족의 신학*

I. 역사와 신학의 주체로서의 한민족

'한민족(韓民族)의 신학(神學)'이라는 표현을 나는 처음으로 사용한다. 신학에 형용사적 혹은 주격적 전철을 붙이기 시작하면, 많은 부가어들의 혼란을 초래하는 오류를 범하게 되므로 나는 가능한 한 부가어들이 내포하는 주제 혹은 그 주제들을 신학과 관련시켜서, 예컨대 '한국 민족과 신학의 과제'라고 병렬시켜 표현하곤 했다. 그러나 '한민족의 신학'이라고 특징화함으로써 신학의 주체성의 역사적 의의를 규명하고자 한다. 한민족이라는 말은 남북한 전 민족을 포함하는 분단 이전의 민족 전체에 근거해서 채택된 것이다.

여기서 우선 제기되는 물음은 민족 전체가 신학을 알지도 행하지도 않을 뿐만 아니라, 특히 북한 인민은 반(反)기독교적인데, 어떻게 전 민족 혹은 인민이 신학의 주체가 된다는 말인가 하는 물음이다. 신학의 주체성 문제는 제3세계에서 제기되었으며, 제3세계에서는

* 이 글은 한국기독청년운동지도자수련회(1985. 12. 18.) 강연 내용을 이 책의 신학적 방향을 명시하기 위해 확대하여 쓰여진 것으로 "한국민족과 신학의 과제"라는 주제의 일부이다.

서양 기독교에 의해 형성된 신학 전통에 더 이상 추종할 수 없다는 문제 제기에 의해서 논의되곤 한다. 또 신학의 주체성 문제는 역사의 주체성 제창에 상응한다. 역사의 주체성 문제는 피지배 민족들, 피지배 인종들, 제3세계 민족들, 가난한 자, 눌린 자, 민중, 여성과 같은 피억압자들의 해방과 자유를 주제로 하고, 그들이 사회 변혁의 주체가 되지 않고는 혹은 그들의 문제 상황이 답을 얻지 않고는 새 역사가 창출되지 못하며, 따라서 사회와 세계의 지배 체제들이 그대로 연장된다는 현대의 역사의식을 나타낸다. 현대의 그러한 역사의식은 역사적으로 마르크스의 역사 혁명 개념의 영향을 함축하고 있다. 예컨대 프롤레타리아혁명이라는 것은 옛 사회체제로부터 새 사회 공동체로 혹은 옛 역사로부터 새로운 미래 역사로의 전이에 있어서 자본주의 사회에서의 노동의 피착취자 프롤레타리아가 그 전이 혹은 변혁의 주체가 될 수밖에 없다는 상황 판단에서 제창된 개념이다. 그러나 프롤레타리아가 역사의 유일한 주체라고 주장되지는 않았으며, 역사 변혁의 모멘트에 있어서 필연적이지만 상대적인 역사 주체로서 제창되었다. 그 필연성은 사회에서의 기득권자는 변혁에 반드시 저항한다는 역사적 상황에서 관찰된 것이다. 이 저항의 반(反)역사적 세력도 물론 상대적인 것으로서, 저항의 불의를 인식하고 역사 혁명에 참여할 수 있는 주체가 될 가능성을 가지고 있다는 것을 마르크스나 마르크스주의자들은 전제하고 있다. 그런데 일반적 논평은 사회주의 국가들의 혁명이 프롤레타리아에 의해서 수행되지 않았다는 것이고, 실제로 가능해 보이지도 않으며, 이제는 프롤레타리아혁명이라는 말이 잊혀져 가는 것같이 보인다. 그럼에도 불구하고 그 말은 오늘의 세계에서 이렇게 또 저렇게 수식되어 재표현되고 있음을 우리는 간취한다.

그 말은 본래부터 상대적 개념이었고, 확대될 가능성을 내포하고 있었으며, 현대의 역사의식에 결정적인 영향력을 행사한 것이다. 바로 세계에서의 혁명의 소용돌이가 그러한 사실을 명증해준다.

프롤레타리아혁명이라는 개념은 그러한 혁명의 소용돌이 속에서 가난한 자, 눌린 자의 의미로 혹은 피억압 민족의 의미로 재해석되고 확대된 것이다. 가난한 자, 눌린 자, 민중이 혹은 피억압 민족이 어느 정도 현대 역사 변혁의 실천적 주체였는가 하는 물음은 여기서 답을 얻을 수 없으나 그들이 역사의 문제 제기에 있어서 세계적 원천이었다는 사실이 부정될 수 없다. 가난한 자, 눌린 자, 민중을 이른바 지식층 엘리트가 대변한다 해도, 피억압 민족의 대변자가 지배 세력 중에서 나타난다 해도 이 대변자는 피억압 민중과 민족의 역사에 참여하는, 그러한 의미에서 역사의 주체성에 참여하는 자이다. 가난한 자, 눌린 자, 민중은 한 주어진 사회체제의 모순과 불의를 반증해주는 현실로서 사회 변혁의 필연성을 제기하는, 그가 침묵하고 굴종한다 해도 현실적으로 제기하는, 그러한 의미에서 역사의 주체이다. 피억압 민족은 그 민족의 구성원들이 세계의 지배 세력들에 민족을 팔아먹고 배신하고 그 세력들을 재현한다 해도 제국주의, 식민주의와 같은 세계의 죄악을 현실적으로 반증해주는 역사적 현실이며, 그러한 의미에서 역사 변혁의 필연성을 제기하는 역사의 주체이다. 피억압 민족 내에서의 민중은 바로 그 민족의 피억압적 고난을 짊어진 속죄양, 세계와 민족의 죄악을 짊어진 속죄양으로서 그 민족의 문제이며, 동시에 세계 문제이다. 피억압 민족은 바로 세계 지배 세력들의 속죄양이요, 세계의 문제로서 세계사 변혁의 필연성을 말해 주는 주체이다. 피억압 민족 내에서의 민중은 이 민족의 자기 분열이요, 곧 이 민족의 문제이다. 민중은 곧 민족이요, 민족은 곧 민중에 직면해 자체의 처지, 세계의 지배 구조 아래서의 자체의 처지를 본다. 그러나 상대적으로 민족의 범주는 민중보다 포괄적이며, 민중 현실을 포함하고, 국제적인 장(場)에서 대변한다. 특히 한민족은 세계열강들에 대면해 민족 분단 극복의 주체가 되어야 한다. 한민족은 통일의 역사적 근거요 요청이다. 민중은 새로운 통일된 민족 사회를 요청하는 현실이다. 오늘의 민족·민중이라는 주제는 사실상 한민족의 근대사, 특히 1920년대에 제기된 것이며, 이것은 세계사의 변혁을 요청하는, 그러한 의미에서 세계사의 주제이다. 후론하겠으나 우선 지적해둘 것은 1920년대의 민족·민중이라는 말은 한민족의 하나의 주제로서 탄생했다는 사실이다. 그러나 상대적으로 구별하자면 민족이라는 말이 민중 개념을 포괄하므로 나는 민족 혹은 한민족이라는 말을 주요 개념으로 사용한다.

결론적으로 요약해 말하자면 역사와 신학의 주체 혹은 주제로서의 한민족은 민족과 세계사의 새로운 미래를 요청하는 궁극적인 구원의 의의를 가진다. 이 주제는 첫째로 부정적인 의미에서 세계의 지배 세력들의 죄악과 이것을 재현하고 대변하는 민족 내부의 죄악과 우매함으로부터 민족의 해방과 자유를 쟁취하고 동시에 민족 분단을 극복해야 하며, 둘째로 적극적인 의미에서 통일된 새로운 민족 사회, 민중의 문제가 해답되는, 즉 민중이 요청하는 새로운 민족 사회를 실현해나가야 한다. 셋째로 한민족의 이러한 과제는 세계의 지배 세력들 혹은 분단 세력들로 하여금 그들의 지배 의식과 지배 구조, 세계 분단을 유지시키는 군비 경쟁과 이데올로기들로부터 자유롭게 하는 계기가 될 것이며, 넷째로 새로운 세계사의, 구원의 미래를 요청하고 증언하는 예언자적 의의를 가진다.

신학적으로 규정하자면 역사의 주체성은 이중적 의미를 가진다. 즉, 그 주체성은 인간으로, 프롤레타리아든 민중이든 피억압 민족이든 인간으로 일원화(一元化)되어서는 안 된다. 인간의 주체성은 역사에서 행위하시는 하나님의 주체성에 참여하고 이것을 증언할 때 구원사적 의의, 따라서 신학적 의의를 가진다. 마르크스주의 역사 개념의 문제가 바로 그 일원화 문제이다. 피억압 민족, 민중은 억압자에 대립해 있는 상대적인 현실이며, 자체의 해방과 자유 또한 동시에, 즉 억압으로부터의 억압자의 해방과 자유를 성취한다는 보장을 스스로 할 수 없는 상대적 현실이다. 또 피억압 민족, 민중이 억압 세력들을 극복하고 넘어선다 해도 이것들을 재현하지 않는다는 보장을 스스로 할 수 없으며, 따라서 새 역사를 창출하는 주체의 의의를 언제라도 상실할 가능성을 지니고 있다. 사실상 한민족 혹은 민중이 온 역사의 주체라는 말은 나의 귀에도 꿈 같은 소리처럼 들린다. 그럼에도 불구하고 그것을 주장하지 않을 수 없는 것은 피억압 민족, 민중의 고난과 세계의 불의가 망각되어서도, 역사가 불의를 은폐한 채 지배자들에 의해 계속 왜곡되어서도 안 되기 때문이다. 역사에서 역사하시는 의로운 하나님의 주체성에 상응해서 고난받는 민족·민중의 주체성은 성립되고, 상대성을 넘어 종말적 구원과 하나님 나라의 도래의 표징으로서의 역사적 의의를 획득한다.

II. 서구 신학 전통과 한민족의 신학

미국 신학은 전통이라고까지 말해질 수 없으므로 우리는 서구 신학 전통이라고 말할 수밖에 없다. 남미의 해방신학이 미국의 자본주의 지배에 대한 비판을 위주로 하지만, 주로 서구 신학 전통과의 관계로부터 등장했다. 그러나 이 전통의 지배에 항거하고 있으며, 미국의 흑인 신학과 여성신학이 그 전통으로부터의 해방을 제창한다. 한국에서의 '민중신학', '문화 신학' 혹은 '풍류 신학' '종교 신학' 등이 탈서양 기독교 혹은 탈서양 신학임을 이렇게 또 저렇게 주장하나, 서양 기독교와 문화 그리고 서양 신학의 전제들을 이러저러한 양식으로 지니고 있다. 이러한 신학들이 서양 기독교와 신학 전통을 넘어서려고 시도하나, 그 방법론과 원칙론이 대체로 모호하다. 또 서구 신학 전통이라고 한마디로 총칭한다는 것은 그 전통에서 다루어진 주제들, 문제들, 해답들의 다양성을 단순화시키고 간과해버리는 것으로서 제3세계 신학과 여성신학에서 이러한 오류가 범해지고 있다. 탈서양 기독교, 탈서양 신학이라는 것은 제3세계의 민족들이 역사와 신학의 주체가 되기 위해서, 서양 기독교와 그 문화의 지배력을 거세하기 위해서 필요한 과제이다.

그러나 방법론적 원칙이 정립될 필요가 있다. 기독교적으로 또 문화적으로 탈서양화한다는 것은 그것을 절단해버리는 것도 아니며, 그렇게 할 수도 없다. 문화적인 탈서양화는 서양 문명의 서기(西器)의 위대한 지배력을 거세시키면서 피지배 민족들의 삶의 도구로 전환하는 일이다. 약소 민족 혹은 인종들을 희생시키고 착취해 세계 자원을 점유함으로써 성취된 위대한 서기의 혜택은 그들에게로 환원되어야 하며, 그렇게 됨으로써 서기는 지배자의 도구임을 중단하게 된다. 탈서양 기독교는 서양인들의 지배 의식을 내포한 기독교 선교의 결실인, 서양 기독교에의 피지배 민족들의 정신적 예속 혹은 서양화된 기독교 정신을 비신화화시키고, 지배의 도구인 서기와 기독교의 결탁을 해체하는 일이다. 기독교의 복음과 서구 신학 전통의 주제들 자체는 서양 문명이나 서기의 정신, 즉 서양인들의 정신과 동일하지 않다. 그러나 19세기의 서양 기독교 선교는 복음과 서양 문명의 합일성을, 즉 기독교는 서양 정신이라는 전제를 가지고 임하였으며, 특히 한국에서의 선교의 성공은 세계의 지배 세력들 아래에서의 민족의 몰락이라는 요인과 동시에 서기의 마술적 지배력이라는 요인을 내포하고 있다. 서기의 정신으로서 전해지고 받아들여진 기독교는 다름 아니라 지배 세력의 정신이다. 탈서양 기독교는 우선 복음과 서양 문명과의 구별을 요청한다.[1] 이제 한민족은 복음을 민족 근대사와 분단 상황에서 새롭게 이해하지 않으면 안 된다. 민족 분단을 지지해 온 한국 기독교는 바로 복음과 서양 문명을 혼합한 서양 기독교의 이데올로기를 대변해 온 것이다. 탈서양 기독교는 바로 한국 기독교의 분단 이데올로기의 극복을 위주해야 하며, 그렇게 함으로써 비로소 한국 기독교는 눌린 자를 자유롭게 하는 복음을 민족·민중에게 새롭게 선교할 수 있을 것이다. 한국 기독교는 서양 기독교의 연장임을 중단하고 한민족의 일원으로서 한민족의 역사적 사명을 대변해야 한다.

탈서구 신학 전통은 신학의 주체가 서양이 아니라 한민족으로 확립되어야 한다는 말이다. 우리가 한국 신학 혹은 한민족의 신학을 정립한다고 해서 서구 신학 전통을 단절시켜버리는 것도 아니며

---

1 Karl Barth, *Der Römerbrief*, 1922년 제2판 (EVZ-Verlag-Zürich, 1967). 20세기 신학의 새로운 장을 열어 놓은 이 저서는 하나님과 서양 문명의 구별을 역설했으니, 이 주장은 특히 19세기의 자유주의신학과 자본주의 문명에 대한 비판이다. 한국에서의 서양 기독교 선교는 서양 기독교를 西器, 즉 서양 문명의 정신으로써 전파했고, 한국 기독교인들은 그렇게 받아들였다. 西器의 정신이란 바로 서양의 지배정신이었다는 사실이다.

또 그렇게 할 수도 없다. 우리가 민족적으로 또 개인적으로 막대한 대가를 지불하고 습득한 서구 신학 전통은 이제 지배자 서양의 소유물임을 중단하고 한민족의 신학의 도구로서 재규정되어야 한다. 서구 기술 문명과 사상의 문제 극복은 바로 그것들의 습득을 통해서 그것들을 통과해서 비로소 성취될 수 있다. 역사의 새 방향과 미래를 우리가 창출한다는 것은 과거에 대해서 상대적이며, 주어진 과거 없이 절대적인 무(無)로부터가 아니다. 주어진 역사의 문제에 대한 통찰과 그것을 극복하려는 결단과 그 역사에 함축된 진리들 혹은 개념들의 재포착과 그 역사의 문명 소재의 재구성을 통해서 우리는 새 시대를 창출할 수가 있다. 신학의 주체로서의 한민족이라는 주제 혹은 민족·민중이라는 주제는 서구 신학 전통에 대하여 새로운 것이다. 그러나 그 전통은 이 주제의 의의를 밝혀냄에 있어서 언어적 혹은 개념적 도구가 될 수 있다. 한민족의 신학의 언어는 물론 민족사의 문화와 종교, 민족의 삶의 언어를 재해석 재조명함으로써 형성될 것이다. 그러나 서구 신학 전통의 언어는 이 재해석·재조명을 위한 도구의 역할을 할 수 있다. 이렇게 도구로 쓰임으로써 그 전통은 탈서양화되고, 거기에 함축된 진리들이 되살아나오게 된다. 사실상 그 전통의 주제들과 해설들 그리고 문제들은 서양이나 서양 지배자들을 넘어서는 많은 진리를 함축하고 있다. 그런데 그것들이 서양 기독교에 의해 전수되고 전파되는 한, 언제라도 서양의 이데올로기로 둔갑해버릴 수 있으며, 실제로 피선교지들에서 그렇게 둔갑해 버렸던 것이다. 탈서양 기독교와 신학은 바로 그러한 문제 상황, 즉 기독교와 신학의 왜곡이라는 문제 상황에서 제기되어온 소리이며, 한민족 혹은 약소 민족의 언어로 전환될 때 성취될 것이다. 신학 전통의 주제들, 즉 삼위일체론, 교회론, 종말론 등은 서양을 넘어서는, 그대로 한민족의 주제들이며, 이러한 주제들에 대한 서양의 해명들은 많은 것을 제시해 준다. 이것을 도외시하는 탈서구 신학이란 그 신학 전통에 대한 부당한 해석과 처리, 편견과 배타성을 초래하게 된다. 더욱이 한국 신학 혹은 한민족의 신학은 서양 기독교와 그 신학과의 대화 없이 유아독존 격으로 전개될 수 없다. 탈서양 신학은 한민족뿐만 아니라 기독교 전체의 새로운 방향을 정립하는 계기가 되어야 한다.

III. 한민족의 신학의 성서적 근거

우리는 우리 주제의 성서적 정초에 관해서 여기서 상론할 수 없으며, 다만 핵심적으로만 고찰하고자 한다.

첫째로 구약의 예언자적 구원 신앙은 곧 한민족의 주제이다. 개괄적으로 말하자면 그것은 출애굽 사건에서 결정적으로 역사화된, 이 사건을 기점으로 하는 역사 이해의 핵심이다. 그 사건은 기원전 1200년 전에 이스라엘 백성에게 일어난 일이고, 거기서 끝나버린 것이 아니라 모든 피억압 민족들의 해방과 자유를 위한, 이스라엘 백성을 넘어서는 하나님의 구원의 빛 아래서 해석된 것으로서 우리의 주제의 전거가 될 수 있다. 그 구원 신앙은 이스라엘 백성의 구체적인 특수 역사와 직결되어 있으면서 동시에 본질상 이 특수 역사를 넘어서는 보편적 의의를 함축하고 있다. 신학의 주체로서의 한민족이 모든 역사의 주제가 된다는 우리의 주장도 구원 신앙의 빛 아래서 조명될 때 성립되는 것이다. 구약의 예언자적 구원 신앙은 이스라엘 백성의 두 왕국, 즉 북이스라엘왕국과 남유다왕국의 멸망을 계기로 해서 점차로 종말론적 구원의 형식으로 선포되기에 이른다(예레미야 31:31 이하 참조). 역사의 마지막 날에 있어서의 하나님의 의(義)의 성취는 곧 인간성의 종말적 구원을 의미하며, 이것은 이스라엘 민족의 주제일 뿐만 아니라 이 민족사를 넘어서는 모든 역사의 주제이다.

세계 역사의 지평이 종말적 구원의 빛으로부터 조명되기에 이른 것은 특히 기원전 6세기의 예언자, 제2 이사야(이사야 40-55장)에서 확연해지며, 그 이후부터 이스라엘 민족의 구원이라는 주제는 세계사에 대한 하나님의 심판과 종말적 구원의 형식으로 선포된다. 그러나 종말적 구원의 담지자 혹은 증언자는 이스라엘 민족으로서 표상된다. 즉, 제2 이사야는 기원전 6세기의 이스라엘 민족 바빌론 포로기로부터의 해방을 출애굽 사건과 비등한 구원의 사건으로서 선포하는데, 이 구원의 담지자로서 고난의 종, '야웨의 종'을 표상한다. 이 고난의 종은 이스라엘 민족의 고난, 즉 민족적 멸망과 바빌론 포로와 예속에 의한 고난의 구원사적 의의를 가지며, 이러한 의미에서 이스라엘 민족이다. 이 민족이 바로 구원의 역사의 담지자이다. 그러나 동시에 바로 그 고난의 종은 이 민족과 열국들의 죄악 때문에 고난받으며, 그들을 대속하는, 즉 이스라엘 민족뿐만 아니라 세계를 대속(代贖)하는 종말적 구원의 담지자요, 이러한 의미에서 이스라엘 민족과 세계사를 넘어서는, 하나님의 종말적 구원과 의의 담지자이다. 그는 의인(義人)이요, 의인은 죄악을 자행하는 세계에서 고난받고 죽임을 당한다. 의인의 고난과 죽음이 곧 하나님의 구원의 담지자요, 그러한 의미에서 하나님의 역사하심에 참여하는 구원 역사의 주체이다. 그와 같이 제2 이사야는 이스라엘 민족의 의의를 재해석한 것이다. 이 민족의 고난은 이 민족의 죄악과 열국들의 죄악 때문이고, 이에 대한 하나님의 심판 아래서의 고난이다. 하나님의 의의 심판 아래 서의 고난은 바로 열국들에 대한 그의 심판이므로 대속적인 의의를 가진다. 이스라엘 민족의 이 대속적인 의의는 그 민족의 의의를 넘어서는, 심판과 구원 행위의 주체로서의 하나님의 주체성에 대한 증언에서 얻어지는 것이며, 따라서 구원 역사의 주체로서 이스라엘 민족의 주체성은 하나님의 주체성의 표징이요 표지이다. 민족과 세계의 새로운 미래를 요청하는 역사의 주체로서의 한민족은 바로 이스라엘 민족과 같은 그러한 표징적 의의를 가진다.

역사의 주체로서의 하나님은 역사에 '오시는 자'(The One Who is Coming)로서 표현되며, 종말론적으로 말하자면 역사 밖으로부터, 즉 모든 역사를 넘어서는 새로운 미래로부터 역사를 심판하고 구원하시는 자로서 '오시는 자'이다. 종말적으로 역사를 심판하고 구원하시는 자는 역사 내로부터 도출될 수 없는 자이며, 그렇게 도출된 역사 이념이 아니기 때문에 20세기의 종말론은 역사 밖으로부터 혹은 미래로부터 역사로 오시는 자, 역사에서 행위하시는 자로서 하나님을 말한다. 블로흐(Ernst Bloch)는 그러한 미래지향적인 예언자적 역사 신앙을 '희망의 원리'(das Prinzip der Hoffnung)로서 재해석하면서 마르크스의 역사 이해와 종말론적 미래 비전의 원리와 일치시킨다.[2] 그러한 미래 비전의 실현은 혁명을 필요로 하는데, 세계에 대한 하나님의 심판에 대비하는 예언자적 선포는 여기서 역사 혁명의 원리로서 재해석된다. 블로흐는 바로 마르크스의 공산주의 종말론적 비전의

---

2 Bloch, *Atheismus im Christentum* (Suhrkamp, 1973), 56; *Das Prinzip Hoffnung* (Suhrkamp, 1959), 제3권, 1522-1523.

성서적 연원을 통찰한 대표적인 사상가이다. 그러나 그는 예언자적 종말론을 '희망의 원리', 즉 역사의 주체로서의 인간 이성의 원리로 일원화시키고, 마르크스주의 무신론을 관철시킨다. 여기서 역사에서의 하나님의 주체성을 탈락시켜버리고, 그는 역사해석의 원리, 미래의 원리, 즉 이성의 이념(理念)으로 규정해버린다. 이 무신론은 역사의 죄악에 대한 책임과 문제를 신의 구원, 역사 저편의 추상적 구원으로 밀어놓고서 실제적인 세계에 있어서는 약자의 착취, 지배 질서의 지탱을 변호하는 이데올로기적 기독교에 대한 비판으로서의 의의를 가지며 또한 역사 변혁과 인류 공동체 창출의 주체로서의 인간의 자유와 책임을 천명하는 이념으로서 그 의의를 가진다. 그러나 그러한 일원화는 구원의 주체로서의 하나님에 대한 신앙이 그러한 인간과 역사 이해의 모체였다는 성서적 연원에 대해서 옳지 않다.[3] 성서에 의하면 종말적 구원자는 바로 창조자, 즉 역사의 오메가요, 인간과 자연 전체의 알파요 근원이다. 그에 대한 신앙으로부터 유리된 역사의 원리, 미래의 원리는 궁극적으로 인간의 죽음을 넘어서는 영원한 원리라고 해도 무력한 이념으로 머물러버린다. 그러한 이념의 발견은 위대하다. 그러나 그것은 역사의 과정에서의 지배 · 피지배 세력들의 갈등과 투쟁을 과연 견디어내고, 인간과 역사를 성취하리라는 보장이 없으며, 역사의 과정에서 망각되어 버릴지 모르는 상대성으로 귀착하

---

3 Edgar Snow의 보도에 의하면 모택동은 이렇게 말했다. "오늘의 청년이 무엇을 할 것인지 누가 아는가? 그들은 혁명을 계속하여 공산주의 목표를 달성할지도 모른다. 그들은 그것을 거부하고 약화될지도 모른다. … 땅 위의 인간의 조건들은 급속도로 변한다. 한 천년 후에는 마르크스, 레닌, 엥겔스조차도 우습게 들리게 될지도 모른다." U.S.A., ed., *Christianity and New China*, Vols. I and II (Ecclesia Publications, Lutheran World Federation, 1976), 42에 영문으로 인용됨. A. D. Barnett, *China after Mao* (Princeton, 1967), 38-39. 필자의 견해로는 Bloch는 이성의 원리의 그러한 상대성 혹은 무상성을 고려하지 않았다.

고 말 것이다.[4] 사회주의 국가들에서의 공산주의 실현의 실패는 막강한 기술 문명에 의한 서방의 저항 세력 때문이기도 하지만, 그들 자체의 권력 구조의 한계 때문이기도 하다. 이제 기독교는 서방의 저항 세력과 자체를 동일화해 온 과오를 지양하며, 공산주의적 종말론의 비전을 그 모체로 회복시키고, 그것을 전체 세계 역사의 주제로 삼아야만 자체의 과오뿐만 아니라 세계 분단까지 넘어서는 새 역사의 계기를 열어 놓을 수 있다. 또 그렇게 할 때 일원화의 무신론은 극복될 것이며, 구원의 주체로서의 하나님의 주체성에 상응하고 상대적으로 일치하는 인간의 주체성이 증언될 것이다. 상대적이라는 것은 실제적인 역사에서 하나님의 구원에 직접적으로 상응하는 인간 주체는 분열된 세계에서의 피억압 민족이요 민중이기 때문에 상대적이라는 것이다. 이스라엘 민족의 구원 주제가 가지는 의의가 바로 그러하다. 이 상대성을 넘어서는 보편적 구원은 민족·민중에 의해 보장되지 못하는 하나님의 능력과 종말적 구원의 주제이다.

둘째로 이제 우리 주제의 신약성서적 근거가 고찰되어야 한다. 구약에서의 하나님의 종말적 구원과 의(義)의 성취는 미래의 약속으로서 대망되는 데 반해 신약에서는 이 약속이 예수 그리스도에 총집중한다. 저 종말적 구원 신앙은 이스라엘 민족의 한계를 넘어서는 주제이지만, 보편사로 넘어가는 역사적 전환점은 예수 그리스도의 사건을 계기로 해서 실제로 일어난다. 그의 하나님 나라 선포와 십자가의

---

4 Barth, 『교회교의학』 IV/1, 2, 3권의 주제가 바로 예수의 주성(主性: Lordship)에 대한 것이며, III/2권의 인간학에서도 그는 시간과 역사의 주로서 전개되어 있다. 이 주제는 이성의 원리의 그러한 상대성과 무상성을 능가하며 동시에 참된 이성의 원리, 희망의 원리를 끝까지 지탱하게 하는 원천이 아니겠는가.

죽음과 부활의 사건은 이스라엘 민족의 주제인 종말적 구원의 성취라고 초대교회는 선포한다. 이 성취점에서 구원의 하나님의 주체성과 인간 예수의 주체성이 완전히 일치한다. 이 성취점에서 온 민족들이 그 종말적 구원의 빛 아래 놓이며, 구원의 주체로서의 예수 그리스도의 주체성에 참여하게 되는 가능성이 주어진다. 바로 여기에서 초대교회는 모든 민족에게 예수 그리스도의 복음을 전파하라는 하나님의 소명(召命)을 위임받는다(마태복음 28:19-20, 누가복음 24:47). 그리고 바로 그러한 점에서 이스라엘 민족의 구원 주제는 한민족의 것이 된다. 세계의 지배 세력들 아래서의 한민족의 고난 때문에 이 민족은 이스라엘 민족과 동일하게 특수한 구원의 담지자로서의 의의를 예수를 매개로 해서 획득한다.

"하나님 나라가 가까이 왔으니 회개하라"는 예수의 종말적 선포는 그가 바로 그 나라의 임박한 도래의 담지자요 역사의 종말적 구원의 주체, 즉 하나님의 주체성에 합일하는 역사적 주체라는 것을 암시한다. 그의 선포는 역사 변혁의 계기이다. 하나님 나라가 임박해왔다는 것은 역사가 종말적 구원과 의에 직면해 있다는 것, 회개하라는 것은 역사가 궁극적 전환점에 놓여 있다는 것을 의미한다. 그러나 역사는 변혁되지 않고 그를 십자가에 처형해버린다. 초대교회는 바로 그 의인의 고난과 죽음이 세계의 죄악에 대한 하나님의 종말적 심판이라고 선포하기에 이른다. 이 선포의 언어는 바로 하나님의 종, 고난의 종이라는 이스라엘 민족 주제의 재포착이다. 죽기까지 복종함으로써 예수는 하나님의 의를 성취한 구원의 주(主)로서 선포된다. 그의 고난과 죽음의 이러한 의의는 그의 부활로부터 조명된 것이다. 불의의 세력 아래서의 그의 패배와 죽음이 종말적 구원의 의의를 가지는 것은 바로 그의 부활의 빛으로부터의 조명에 의해서이다. 그는 바로 모든 역사의 주로서[5] 참된 의미에서 역사의 주체, '하나님의 혁명'[6]의 주체이다.

예수 그리스도가 역사의 주라는 것은 역사가 민족 · 민중에로 일원화될 수 없다는 말이다. 일원화되어버린다면 민족 · 민중이라는 개념은 종말적 구원의 의의를 가지지 못하며, 결코 세계 역사의 주제가 되지 못한다. 예수는 피억압 민족 · 민중의 해방자이고, 후자는 그 해방자에 상응해서 자체의 해방을 쟁취하는 주체가 되어야 하지만, 그는 후자와 동일하게 되지 않는다. 예수와 민중의 동일화는 블로흐가 역사의 원리를 이성의 원리에로 일원화시킨 오류와 원칙적으로 동일하다. 민중을 상수라고, 예수는 민중의 변수 혹은 민중을 설명하는 술어인 것처럼 말하는 것은 민중을 역사의 주체로 만들고 민중역사의 술어 혹은 이념에로 환원시키는 것이며, 역사의 궁극적인 미래의 주체, 즉 구원의 주체를 상실하고, 따라서 하나님을 상실하고, 그를 한갓 관념에로 환원시키는 것이다. 민족 · 민중의 역사에서 볼 때 궁극적인 미래, 즉 그의 해방과 자유를 쟁취하게 하고, 그럼으로써 민족 평등과 인류 평등을 도래하게 할 수 있다고 추정된 종말적 미래는 이성의 원리 혹은 관념에 불과하며, 게다가 민족 · 민중 이데올로기로 머물러버릴 한계성을 넘어서지 못할 것이다. 바로 그것은 프롤레타리아혁명을 매개로 해서 실현될 수 있다고 추정된 공산주의

---

5 박순경, 『하나님 나라와 민족의 미래』(대한기독교출판사)에 포함된 Ulrich Dannemann의 "칼 바르트와 종교사회주의" 참조.
6 『단재 신채호전집』 하 (형설출판사, 1977). 단재는 피억압 민족과 민중이 역사 변혁의 주체가 될 수밖에 없음을 통찰하기에 이르렀다. 그러나 그 주체가 어떻게 세계사의 종말적 구원의 주제가 되어야 하는가는 신학적으로 재조명되어야 한다.

이념의 한계성과 동일하다. 종말적인 하나님 나라의 의와 생명이 예수 그리스도에게서 성취되었다면 바로 그가 역사의 종말적 구원의 주체, 주(主)라는 뜻이다. 여기에서 예수는 민족·민중 이상이며, 이와 구별된다. 그는 민족·민중을 포섭하고 해답하는 궁극적 미래의 빛이나, 민족·민중은 이 빛에 의해서 그에 상응하는 상대적인 주체가 될 수 있다.

예수와 민중을 구별하는 것은 그리스도론적 차원이기도 하다. 예수를 알게 모르게 또 여러 가지 양상으로 민중과 일치시키는 예수론이 제창되는 반면에 그리스도론을 서양 신학 혹은 지배자의 사변적 소산이라고 처리해버리는 것은 바로 그의 종말적 구원의 의의를 알게 모르게 상실하는 것이다. 우리는 여기서 그리스도론을 상론할수 없으나 그 핵심을 지적해 말하자면 그것은 예수의 신성(神性), 즉 그의 메시아 됨 혹은 그리스도 됨의 신적(神的)인 존재론적 차원을 의미한다. 다시 말하자면 역사에 오시는 하나님, 예수에게서 궁극적으로, 즉 종말적으로 행위하셨다는 하나님의 주체성이 바로 그리스도론적 차원이다. 서구의 그리스도론 전통에는 많은 문제가 개재해 있고 또 그리스도의 주권이 쉽게 지배자 서양인의 세계 정복과 알게 모르게 일치된 것으로, 즉 지배자의 이데올로기로 전락하기도 했다고 생각된다. 그렇다고 해서 그리스도론적 진리가 상실되어서는 안 된다. 그리스도의 주권 혹은 주체성은 지배자의 도구가 아니라 지배자를 하나님의 의로운 심판대 앞에 세우는 역사의 주임을 의미한다(고린도전서 15:24-25 비교).

예수 그리스도에 대한 이러한 신앙 없이 피억압 민족·민중이 역사의 주체로서 자체의 해방과 자유뿐만 아니라 인류의 의(義)의 나라를 실현할 수 있다고 주장할 수 없을 것이요, 그의 이러한 궁극적 미래 비전도 공산주의 비전도 한갓된 관념으로서 언제라도 변질되어 버릴 수 있고, 잊혀버릴 수 있을 것이다. 궁극적인 미래 비전, '희망의 원리'는 사상사에서의 위대한 업적이며, 역사의 소용돌이, 점점 복잡해가는 세계의 방향을 가리키는 등대가 아닌가. 이 등대의 희미한 불빛은 부활한 그리스도의 빛의 표징으로서 재해석되고 재포착되어야 할 것이다. 피억압 민족 · 민중의 고난이 역사에서 망각되어서는 안 된다. 그것은 예수 그리스도의 고난의 표징으로서 그의 부활의 빛 아래서만 인류의 종말적 구원의 매체로서 구원의 의의, 영원한 의의를 가질 것이다.

IV. 한민족의 민중 의식의 대두와 민족 분단

1920년대의 항일 민족운동에 한 새로운 역사의식이 대두했으니 피억압 민족의 해방은 민중의 해방과 새로운 사회, 세계 질서의 창출 없이 성취될 수 없다는 민족 · 민중 의식이다. 1923년 신채호(申采浩)가 쓴 "조선혁명선언"(朝鮮革命宣言)에 '민중 혁명', 민중의 '직접 혁명'이라는 말이 등장한다.[7] 이 말은 한편 당시에 세계에서 소용돌이치고 있던 혁명 사조와 운동의 영향을 반영하며, 다른 한편 민족사 자체로부터 제기된 새로운 역사의식을 말해준다. 민중 혁명은 단순히 마르크스주의의 변형으로 생각되어서는 안 된다. 민중 혁명은 세계의 지배

---

7 이대위(李大偉)와 그 시기의 기독교의 새로운 동태에 관해서 이 책 "한국 민족과 기독교 선교의 문제" 참조.

세력으로부터의 민족해방임과 동시에 종래의 봉건주의적 사회체제로부터의 해방을 신호하는 외침이다. 그와 같이 민족과 민중의 문제가 동일화된 것은 한민족사의 혁신과 세계에서의 민족주의의 혁신을 신호한다. 민족사의 그러한 사건은 마르크스주의나 당시의 혁명 운동에 의해서 산출된 것이 아니라, 그러한 외적 영향에 의해서 촉발된 것이다. 즉, 그러한 혁신적 선언의 주체는 바로 한민족·민중이었으며, 당시의 세계적 영향은 이념적 도구였을 뿐이다.

한국 기독교계에도 '민중 종교'(民衆宗敎)라는 주제가 1920년대에 간간이 등장했다가 1930년대 이래 사라졌다. 기독교 청년계의 이대위(李大偉)는 1920년대에 일관해서 누구보다도 강력한 논문들을 「청년」(靑年)지에 연재했는데, 기독교와 공산주의의 종합의 타당성과 민중화되어야 할 사회·경제적 필요성을 역설했다.[8] 그에게 있어서도 민족이 민중의 문제에 집약되어 있다. 공산주의란 그에게도 민족·민중의 문제를 통찰하고 혁신하기 위한 도구였으며, 그러한 이념적 도구의 주체로서 민족·민중은 그것을 능가하는 역사적 현실 자체, 성서적 구원 신앙에 직결되어 있다. 이대위의 지론은 이미 유럽 여기저기의 기독교와 공산주의의 재접근 시도들[9]의 영향을 반영하고 있었음이 틀림없으나 어쨌든 서양 기독교 선교의 서양화 방향을 지양하는 새로운 한민족의 기독교의 방향을 암시해준다. 그러나 그의 지론은 고독했으며, 1930년대 이래 사라져버렸다. 왜 그랬을까? 서양 기독교

---

8 G. Ruggieri, "Christianity and Socialism in Italy," Johann Bapfist Metz & Jean-Pierre Jossua, ed. *Concilium* (The Seabury Press, 1977), 1-10 비교. 이대위에 앞서 유럽 기독교 사상가들은 그러한 종합을 시도했다.
9 박순경, 앞의 책, "기독교와 공산주의의 이론과 현실."

선교의 영향과 지배 아래 있었던 한국 기독교는 1920년대의 민족·민중의 주제를 해득할 수가 없었다. 선교사들, 선교사가들에게 한국 기독교는 서양 기독교의 연장이요 일부분이었으므로 민족·민중이라는 주제의 등장은 대단히 불안한 현상, 반(反)기독교적인 현상으로 여겨졌으며, 한국 기독교사가들이나 기독교계사가들 역시 저 서양 선교사들의 전제를 대체로 청산하지 못하고 있던 상황이었다. 여기에서 바로 탈서양 기독교가 필요했던 것이다. 1970년대의 민중 개념은 20년대의 민족·민중의 민족사적 의의를 대체로 고려하지 않았고, 민족통일의 방향 지시에 있어서 애매모호했다. 1980년대의 민족·민중 개념은 20년대 그것의 재포착이다.[10] 우리는 이것을 마르크스주의나 좌경 사상으로 치부해버려서는 안 된다. 그때나 지금이나 민족·민중 개념은 한민족사(韓民族史) 전체 과정으로부터 탄생한, 한민족사 전체의 문제와 세계의 지배 세력들과의 관계에서 주어진 피억압의 문제를 짊어진 것이며, 마르크스주의적 요인은 그 문제들을 극복하기 위한 하나의 이념적 도구에 불과하다. 이러한 민족·민중 개념은 북한 인민에게도 필요한, 즉 그들의 해방과 자유를 위해서도 필요한 주제여야 한다. 민족·민중의 이념적 도구는 한민족사 자체로부터 그리고 서양 문화와 기독교로부터 끌어내져야 한다. 1920년대나 오늘이나 민족·민중의 개념은 한민족 전체의 주제로서 신학적으로 재조명되어야 하고, 한민족통일의 방향을 개척하는 것으로서 교회 자체의

---

10 박현채·정창렬 편, 『한국민족주의론 III』(창작과비평사, 1985), "정창렬의 서문," 10. 정창렬은 주장하기를, "근대적 민중의 개념은 이미 1920년대에 신채호에 의하여 확립되었고, 필자의 다음에서의 민중 개념 해석은 신채호의 규정을 자질구레하게 부연하는 것에 지나지 않는다"고까지 했다.

주제로 확립되어야 한다.

민족 분단은 1945년에 시작된 것이 아니다. 그것은 세계 분단의 일환으로서 그 이전부터, 서양 문명과 기독교에 있어서 이미 예비되어 왔었다. 마르크스주의는 자본주의 모순에의 반립(反立)으로서 등장했으나 자본주의 체제로 집약된 서양 문명과 이것과 결탁한 기독교 전체에 대한 반립이기도 했다. 자본주의는 지배자의 도구였으며, 기독교는 그 정신적 이데올로기였다는 것이다. 바로 이러한 문제 상황 때문에 마르크스는 기독교의 신을 관념(觀念)이라고 단정했으며, 이것이 공산당의 신조가 되어버린 것이다. 이 무신론은 역사 속 눌린 자의 자유로운 주체성 혹은 인간성 자체의 선포를 위해서 필요한, 말하자면 변증법적 역할을 한 개념이라고 평가된다. 그러나 형이상학적 존재론적 무신론으로서는 극복되어야 한다. 어쨌든 기독교에 대한 그러한 반립과 비판 때문에 기독교는 절대적으로 서양 문명과 결탁해온 것이다. 1920년대에 사회주의 민족운동이 민족사에 등장하면서 한국 기독교는 저 서양 기독교의 문제를 그대로 재현하기 시작했으며, 반민족·반민중의 길, 민족 분단의 길을 예비하기 시작했다. 그러니까 민족 분단은 그때 이미 시작되어 있었다. 1945년의 해방이 연합군, 특히 미국에 의해 우리에게 주어졌다고 해서 한국 기독교는 더욱 철저하게 미국의 반공이데올로기를 복음의 진리인 것처럼 고수해왔고, 대표하기까지 해 왔다. 해방 초기에만 해도 한국 기독교인 중의 더러는 통일로 가는 방향의 가능성을 찾으려고 했다. 그러나 친미 일변도로 굳어진 기독교와 공산주의적 반미·반기독교의 노선은 충돌하고 피 흘리며 세계 분단의 죄악을 도맡아 연출해내고야 말았다. 그와 같이 한국 기독교가 서양 특히 미국의 반공 이데올로기를 대변하고 민족통일의 민족적 잠재력을 저해하는 한, 한국 기독교가 한민족과 함께 겪은 고난의 구원사적 의의는 은폐된 채 머물러 있게 된다. 1920년대의 민족 분열은 세계사적으로 볼 때 불가피했다고 생각된다. 그러나 그때 대두한 민족·민중 개념은 민족사와 세계사의 새로운 미래를 요청하는 것으로서 1980년대의 민족·민중 개념은 그 맥락에 이어진다. 다시 말하거니와 이 개념은 마르크스주의의 소산이 아니고, 이것에 의해서 촉발된 피억압 민족 전체의 문제를 짊어진 한민족 자체의 주제이다. 한민족사의 그 단면은 그때나 오늘이나 미미해 보이지만, 한민족과 세계사의 새로운 미래를 요청하는 것으로서, 종말적 구원의 표징으로서 포착되고 해석되어야 한다. 지배자 서양 기독교를 넘어서는 한국 기독교의 잠재력도 20년대에 태동했으며, 이것은 민족통일의 방향을 암시하는 역사적 사건으로서 오늘날에 포착되어야 한다.

V. 민족 분단을 넘어서는 복음과 선교

예수 그리스도의 하나님 나라 복음은 본래부터 지배자 서양의 소유물이 아니라 가난한 자, 눌린 자를 자유롭게 하는 하나님의 영(靈)의 능력이다(이사야 61:1-2, 누가복음 4:17~18 참조). 한국 기독교는 이제 한민족의 요청에 응답해서 복음을 새롭게 이해하고 선교해야 할 시점에 직면해 있다. 서양 기독교 선교를 통해 전해진 복음이란 처음부터 서기(西器)의 정신, 즉 지배자 서양의 정신으로 잘못 전해졌고, 잘못 수용되었다. 서양의 정신이란 곧 지배자의 이데올로기임을 구별할 수 없이, 따라서 지배자의 이데올로기로 둔갑해버릴 수밖에 없다는 사실을 한국 기독교는 인식하지 못했고, 아직도 대체로 못하고 있다. 그 때문에 한국 기독교는 소위 자유 서방에 밀착해서 민족 분단을 지탱시켜 온 분단 이데올로기를 복음의 진리라고 잘못 생각한다. 변증법적으로 말하자면 서양은 한민족에게 복음을 전하자 실패했으며, 이제 이 실패를 디디고 넘어서서 한국 기독교는 복음 선교를 한민족에게 다시 새롭게 해야 하는 계기를 마련했다. 실패라는 부정적 규정은 복음의 본질로부터의 규정이다. 이 부정적 규정은 서양 기독교 선교의 상대적인 이러저러한 적극적 공헌을 도외시해버리는 것이 아니다. 서양 기독교는 서기의 정신으로써 조선의 봉건주의적 긴긴 동면으로부터 한민족이 깨어 일어나게 한 적극적인 역할을 했음은 틀림없으나 지배자 문명의 이데올로기적 역할 때문에 실패했다. 종말적인 하나님 나라의 복음은 결코 서기의 정신, 지배자의 정신이 아니요, 오히려 이것을 그의 의로운 심판대 앞에 세우기 때문에 바로 눌린 자를 자유롭게 하는 능력이다. 그것은 주어진 세계 체제들에 있어서 자유 서방이라는 한편에 자체를 일치시키고, 다른 한편을 배제하는 이데올로기일 수 없으니 그렇게 될 때는 복음의 빛으로부터 주어지는 자유, 즉 분단된 세계 양 진영의 갈등·대립을 넘어서는 자유, 종말적인 구원으로 역사를 지향하게 하는 증언의 자유는 상실된다. 하나님 나라의 복음의 초월성은 주어진 세계 문제와 무관하게 사후(死後)에 들어갈 피안(彼岸)의 천당이라는 비역사적인 환상을 의미하는 것이 아니라, 주어진 세계의 문제를 극복하고 종말적 구원으로 넘어가게 하는 자유를 의미한다. 이렇게 역사와 직결해서만 사후의 나라, 하늘나라에 대한 환상이나 시상(詩想)은 현실적인 역사성을 가지게 된다. 복음서들에 묘사된 꺼지지 않는 영원한 지옥의 불은 바로 역사에 대한 종말적 심판의 시상이요, 역사를 변혁하게 하는 영의 눈, 비판의 영으로서 역사적 의의를 지니게 된다. 한국 기독교의 새로운 선교, 복음 선교의 역사적 장(場)은 한민족의 분단 상황이다. 이 분단 상황을 넘어서는 복음 선교의 주체는 한국 기독교이며, 이러한 선교는 기독교 선교의 새 기원을 여는 것이다.

요사이 한국과 미국에서 "북한 선교와 민족통일"이라는 주제가 논의되고 있다. 그런데 '북한 선교'라는 말은 분단을 넘어서는 새로운 선교를 암시하면서도 지금까지의 기독교 선교의 오류에 대한 비판적 분석과 반성을 말해주지 않는다. 북한 선교라는 말은 마치 북한만이 선교가 필요한 피선교지인 것처럼 들리게 하므로 통일을 위한 '한민족의 선교'라는 말이 더 좋다. 이 선교의 주체는 한민족 전체이다. 반(反)기독교적인 북한이 어떻게 선교의 주체가 되는가? 반기독교적인 북한은 물론 많은 과오를 연출했음에도 불구하고 지배자 서양의 이데올로기적 도구로서의 기독교 문제를 각성시키는 현실로서 한민족의 새로운 선교의 계기가 되었으며, 그러한 부정적인 의미에서 새로운 선교에 적극적으로 이바지했다. 분단은 남북 쌍방에 의해서 한민족의 엄청난 유혈, 세계 분단의 속죄양의 유혈을 연출했음에도 불구하고 분단의 의의는 여기서 멈추어버려서는 안 된다. 그것은 세계의 분단을 넘어서는 주체로서의 한민족과 선교의 새로운 계기로서, 즉 적극적인 방향으로 재해석되어야만 한민족과 기독교는 지배 세력들의 운명을 자유의 쪽으로 역전시키는 의의를 획득하게 된다. 다시 말하자면 남북한의 한민족 전체가 그러한 선교의 주체이다. 이 선교는 하나님의 선교이니, 한민족 전체가 그의 복음을 새롭게 들어야 하며, 북한이 피선교지라면 남한도 피선교지요, 하나님의 선교에 상응하는 한민족 스스로의 선교이다. 북한의 무신론은 극복되어야 하지만, 자본주의의 물신상(物神像)이라는 우상 또한 극복되어야 한다. 남한의 기독교가 서양 문화와 자본주의 정신으로부터 해방되는 과정에서 북한 기독교인들과 더불어 북한의 반기독교적 무신론을 극복하게 될 것이다. 남한에서는 서양 자본주의 문명에 복음의 초월성이 매몰되어 왔고, 북한에서는 복음의 초월성이 권력 구조에 예속되어 있는 것 같다. 복음은 공산당을 초월하며, 이것과 동일화될 수 없다. 그러나 평등한 인류와 자유의 왕국에 대한 공산주의적 비전은 성서적 종말론의 변형으로서, 어쩌면 쌍둥이로서 재해석될 필요가 있다. 그 비전은 하나님 나라의 도래를 향해 박두해가기 위한 상대적인 이념적 도구이기도 하고, 하나님 나라의 도래에 대한 신앙의 영성(靈性)의 몸, 물질적 현실의 문제를 일깨워주고 변혁하게 하는 이념적 도구이기도 하다. 20세기 기독교 인간학은 영과 육의 통일성을 성서적 근거에서 역설한다. 하지만 기독교가 신앙의 영성에 집중한다면, 몸에 속하는 물질 구조 문제와 정치 · 사회 · 경제는 과학적인 차원에서 다루어질 수밖에 없다. 주목할 것은 몸과 물질 구조의 성취에 관한 종말론적 비전으로 이것은 종말론적 구원 신앙에 상응하며, 사상사에서 그것은 성서적 종말론에 그 연원을 두고 있다는 점이다. 어느 사회주의 국가도 몸과 물질의 성취, 즉 인간성의 종말적 성취를 달성하지 못하고 있고, 사실상 그 성취는 역사의 주제이기는 하나 역사의 한계 혹은 인간 존재의 한계를 넘어서는 것이요, 역사 내적으로만 보자면 영구적으로 미완성의 이념으로 남아 있거나 망각되어 버릴지 모른다. 그것은 역사적 기독교에 반립해서 등장했으므로 무신론의 형식을 취했다 해도 그것이 올바르게 재해석되는 과정에서 이 형식은 벗겨질 것이다. 사상의 그러한 재해석과 복음의 새로운 선교를 남한 기독교인들만이 수행할 수는 없으며, 한민족 전체의 맥락에서 남북한의 기독교인들이 공동으로 수행해야 할 것이다. 종말적인 하나님 나라의 복음은 역사 속의 분단된 세계 양편을 다 초월하며, 이 때문에 분단을 넘어서는 새로운 미래의 가능성을 내포하고 있다. 이것은 궁극적인 화해의 가능성이며, 교회로 하여금 남과 북 사이에, 제3의 위치에 서게 하는 가능성이다.[11] 궁극적인 화해는 인류 공동체의 성취를 의미하며, 양편에 주어져 있는 문제들을 끝까지 변혁해나가게 하는 역사의 역적인 동력이다.

---

11 Karl Barth, "Die Kirche zwischen Ost und West," Karl Kupisch, ed., *Der Götze Wackelt* (Käthe Vogt Verlag), 124-149. 이 글은 1949년에 쓰여진 것이다. 여기서 Barth는 교회가 동과 서, 즉 러시아와 아메리카 사이에 입각해야만 양편 세계에 대하여 궁극적인 하나님 나라를 증언할 수 있다고 역설한다. 당시에 서양 교회는 거의 전반적으로 이른바 자유 서방 진영에 입각해 있었다. 그러한 위치에서 교회는 양편 권력들의 갈등과 전쟁에 휘말려 들고, 크리스천의 신앙의 자유를 상실한다는 것이다. 동과 서 사이에 입각해서 교회는 전 인류와 함께 서고, 고난받고, 하나님의 구원을 희망한다는 것이다. 인류의 화해는 바로 그 구원을 의미한다.

한국 민족과 여성신학의 과제*

I. 여성신학의 의의와 방법

'여성신학'(Feminist Theology)이라는 개념이 탄생하게 된 현실적인 상황, 즉 교회와 신학 전통의 문제 상황과 세계의 문제 상황을 밝히자면 우리는 그 개념이 탄생하게 된 필연성과 의의 및 과제를 인식하게 된다. 지금까지 나는 교회와 세계의 여성 문제 그리고 여성신학에 관하여 몇 번인가 강연도 하였고, 논문들도 발표하였다. 이제 여기서 나는 그 논문들의 핵심적 내용을 좀 더 포괄적으로 논하면서 한국 여성신학의 정초 작업을 시도하고자 한다. 우선 내가 여성신학을 제창하게 된 실존적 변화와 신학적 동기에 관하여 밝히고자 한다.

여성신학을 생각하기 전에 나는 한국 신학의 필연성과 과제를 1970년 초부터 생각하기 시작하였으며, 한국 신학으로의 전기를 취하기 전에 유럽 신학의 현 상황 재점검 계획을 1972년에 확정하였다. 1972년은 '남북공동성명'이 발표되던 해였다. 이제 민족통일을 떳떳

---

12 * 이 논문은 1983년 대한기독교서회, 『한국 민족과 여성신학의 과제』 현대신서 130, 단행본으로 출판되었던 것이다.

하게 제창해야 한다는 나의 숙원이 그때 다시 촉발된 것이다. 사실상 민족통일의 과제는 내가 1946년 신학 수업을 시작했을 때도 주요 동기가 되었다. 한국 신학의 과제는 한국의 종교와 문화 전통의 맥락에서 다양하게 전개될 수 있으나 우선 민족의 핵심적 문제 상황, 즉 분단 상황과 씨름하고 이에 대답하여야 한다. 민족의 분단 상황은 세계의 분단 상황을 반영하고 있으며, 나는 이 상황의 올바른 사상적 조명을 위하여 오늘날 유럽의 철학과 신학의 조류를 재점검하고자 했다. 또 유럽 신학에 대한 나의 정열은 유럽의 현재 상황을 재점검하지 않고는 한국 신학으로의 전기(轉機)를 취하기 힘들게 했다. 그래서 나는 유럽에서 1974년에서 1976년 사이에 오늘의 유럽 신학과 사회철학의 동향을 살피는 기회를 가졌다. 유럽 신학의 문제점은 무엇인가? 한국 신학이 전개되어야 한다면, 유럽의 신학 전통은 이에 대하여 어떠한 의미를 갖는가? 이러한 물음들에 대한 해답은 한국 신학의 세계적 맥락을 밝히는 일이다.

유럽의 신학 전통은 참으로 굉장하며 변천을 거듭했음에도 불구하고, 변천에 따라서 신학의 새로운 계기들이 등장했음에도 불구하고 역사적 상관성과 연속성을 형성하고 있다. 예컨대 중세기 교회와 신학에 대한 종교개혁신학의 일대 비판과 변혁에도 불구하고, 19세기의 자유주의신학에 대한 칼 바르트(Karl Barth)의 일대 비판과 새로운 20세기 신학의 등장에도 불구하고, 이러한 변천 과정을 겪으면서 신학 전통의 상이하고 상반되는 여러 요인이 오늘의 신학적 상황에서 재해석되면서 공존하고 있으며, 그에 따라 신학 전통을 형성하고 있다. 여기서 우리는 유럽의 신학 전통이 고정되어 있는 것이 아니라 비판적으로 재해석될 수 있다는 것에 주목하여야 한다. 문제는 이 비판적 재해석이 이론의 이론적 수정과 보충에 머물러 있는 추상적 작업이어서는 안 된다는 점이다. 그 비판적 재해석의 필요성 혹은 필연성은 역사적 · 사회적 상황으로부터 발단되어야 한다. 과거의 신학 전통은 다름 아닌 이론 전통이다. 이론의 이론적 비판과 재해석은 이것이 역사적 · 사회적 상황 혹은 현실로부터 발단된다면, 추상적 이론이 아니라 구체적 현실 이론 혹은 실천 이론이 될 수 있다. 신학의 이론 전통 자체는 추상적인 것이다. 그것이 현재의 역사적 · 사회적 상황에서 비판적으로 재해석될 때는 그것이 부정적 계기로서 현재의 실천 이론 형성에 이바지하는 것이다. 그 이론 전통이 현재의 역사적 · 사회적 상황에서 상대적으로나마 긍정적으로 재해석될 때는 그것이 적극적인 계기로서 현재의 실천 이론 형성에 이바지하는 것이다. 이러한 변증법적인 과정에서 신학의 전통이 형성되었다. 신학 전통 자체는 이론 혹은 말들의 전승이지만 역사적 · 사회적 상황에 결부된 실천의 계기들을 겪으면서 형성된 것이다. 실천의 계기는 역사적 · 사회적 상황에서 주어지며, 따라서 이 현재적 상황은 실천의 장(場)이다. 과거의 이론이나 말들의 전승 혹은 전통의 생명은 이 실천의 장에서 결정된다. 추상화된 과거의 이론이나 말들이 되살아나오는 것은 이 실천의 장에서 현재적 실천의 도구로 사용될 때이다. 과거 이론이나 말들의 진리, 상대적이나마 긍정적인 진리와 그것들에 대한 부정적인 비판도 이 실천의 장에서 결정된다. 문제는 이 실천의 장에서 일어나는 문제 상황에 대한 기본 결단이 없이, 즉 실천의 계기를 가지지 않고 과거의 이론이나 말들이 논의되고 비판적으로 수정되고 확대되고 재종합되는 일이 신학계에서 일어난다는 사실이다. 이와 같이 이론에서 이론으로 계속되는 신학의 추상성이 오늘의 유럽 신학의 문제점이라고 나는 확신하였다. 물론 유럽의 정치신학이나 혁명의 신학과 같은 맥락에서는 오늘의 역사적·사회적 상황, 즉 세계의 경제적 정치적 구조의 모순과 비인간성의 문제 상황, 분단의 문제 상황이 활발하게 논의되고, 역사와 사회의 변혁이 제창되고 있다. 그러나 거기에서 논의되는 세계의 문제 상황은 일반화된 것이며, 직접적으로 한국의 문제 상황이 다루어지는 것은 아니다.

한국 신학은 직접적으로 한국의 문제 상황으로부터 전개되어야 한다. 이 때문에 유럽에서 나는 유럽 신학에 대하여 어떤 종지부를 찍어야만 한다고 생각하였다. 어쨌든 유럽 신학 전통을 괄호 안에 넣어두고 나는 한국을 주제로 하여 신학을 다시 해야 한다는 결단을 내렸다. 신학의 주제 혹은 주체는 이제 한국 민족의 삶, 역사적 과거와 현재의 문제 상황, 이에 대한 극복과 새로운 미래여야 한다. 그러나 유럽 신학 전통이 이제는 폐기되어 버려야 한다는 것은 아니다. 신학 전통은 하나님, 예수 그리스도, 성령, 교회, 인간, 세계, 종말론 등 보편적인 주제들에 관하여 말하여 왔으며, 이 주제들은 서구의 문화와 사회에 한정될 수 없는 것이다. 그러한 주제들은 한국 상황으로부터 이제 비판적으로든 혹은 긍정적으로든 재해석되어야 한다. 서구 신학 전통에 상대적으로나마 긍정적인 진리가 함축되어 있다면, 그것은 한국 상황으로부터 재포착되어야 한다. 이렇게 될 때 서구 신학 전통은 이 전통을 넘어서는 새로운 의미를 획득하게 된다. 한국 상황의 문제 규명과 신학적 조명을 위하여 서구 신학 전통이 언어적 혹은 이론적 도구로서 부분적으로 혹은 상대적으로 사용될 때 그 전통은 새로운 의미를 획득하게 되며, 서구와는 다른 역사적·사회적 상황에서 되살아나오게 된다. 서구 신학 전통이 이렇게 새로운 의미를 획득한다는 것은 그 전통의 언어가 변화한다는 것을 의미한다. 그 신학 전통이 이렇게 변화한다는 것은 그 전통 자체의 능력에 의하여 그렇게 되는 것이 아니다. 한국 상황에서의 하나님의 역사하심과 이에 대한 신앙의 결단이 그 신학 전통에 함축된 진리를 재포착할 수 있고, 그 전통의 언어를 변화시킬 수 있는 것이다. 이러한 일이 일어날 때는 서구 신학 전통의 주체는 한국이 된다. 이와 같이 한국 신학이 성립될 때 서구 신학의 문제 상황이 극복되고, 서구 신학 전통에 함축된 진리가 되살아나게 되는 것이다. 오늘날의 서구 신학의 문제 상황을 단적으로 다시 말하자면, 그것은 오늘의 세계 상황에 결부된 실천의 계기 혹은 실천의 문제와 상관없는 듯이 이론의 이론을 수정 혹은 확대하면서 아주 다양하게 그러나 역사의 새로운 미래에 대한 전망이 없이 지속되고 있다는 사실이다. 이것은 서구 신학 전통이 추상성에 머물러 있다는 것을 의미한다. 이 추상성의 문제 이외에 또 한 면의 현실적인 문제 상황은 서구 신학 전통이 서구 신학자들에 의하여 이론적으로 수정되기도 하고 또 세계에서의 실천적 계기들에 결부되어 재해석된다 해도, 그렇게 되는 한 그 전통은 서구 백인들의 특권의식을 연장하여주는 이데올로기적인 역할을 할 수밖에 없다. 그 전통이 하나님의 진리에 대한 증언을 함축하고 있다면, 그 전통이 이제 약소 민족의 삶을 위한 도구가 될 때 그 진리는 되살아날 것이며, 진리로서 현실적으로 규정될 것이다. 나는 유럽에서 이러한 생각을 굳혔으며, 서구 신학 전통에 대한 어떤 종말을 의식하였다. 이것은 서구 신학 전통이 이제 폐기되어야 한다든지 중단되어야 한다는 것이 아니다. 그 전통은 새로운 각도에서 재해석, 재포착될 수가 있다. 이제 그것이 약소 민족에게 예속되는 도구가 되지 않는 한, 그것은 그것의 역사적 의미를 상실하게 될 것이라는 말이다. 오늘날의 서구 신학에서 이러한 문제의식이 일부 신학자들에 의하여 표출되어 있기는 하다. 그러나 신학의 그러한 변혁은 약소 민족 자체에 의하여 수행되어야 한다. 이러한 생각이 나로 하여금 한국 신학으로의 결정적 전기를 취하도록 한 것이다. 유럽 신학에 대한 나의 열망이 그러한 한계점 혹은 전환점에 다다르게 된 것을 나는 무척이나 기뻐하였다. 1974년 11월 어느 날 나는 칼 바르트의 무덤을 찾아가 큰절을 네 번 하고서 작별을 고하였다. "이제는 종말이오"라고. 이 말을 그의 무덤 앞에 가서 고하여야만 나의 저 결단이 확고해지리라고 느꼈기 때문이다. 그 말을 고하고 나는 해방감을 체험했다. 사실상 나는 바르트의 『교회교의학』(敎會敎義學)을 통과한 다음 1960년대 초경 서구 신학의 종말을 어렴풋이 의식하고 있었으나, 이것이 한국 신학에로의 전기가 되기까지는 약 10년이라는 시간이 경과해야 했다. 물론 나는 바르트 이후의 신학을 추적하였으나 한국 민족의 운명을 제쳐놓고 언제까지 그렇게 추적할 것인가 하는 물음이 다가오곤 하였으며, 이로써 새로운 신학적 결단의 계기를 가지게 된 것이다. 물론 서구 신학이나 바르트의 신학이 끝나버렸다는 것은 아니다. 한국 신학의 출발은 서구 신학의 연장이 아니라는 뜻이다.

나는 이렇게 다짐하고서 1976년 이래 이화여대 기독교학과 학생들의 의식을 한국으로 집중시키려고, 한국 신학의 정향을 암시하느라고 노력해 왔다. 그리고 한국 신학의 정립은 이제 여자들이 담당해야 한다는 생각에서 여성신학 교육의 새로운 의미를 확신하게 되었다. 이러한 나의 심적 동향이 비로소 여성신학에 관심을 두게 한 전제 조건이었다. 또 나는 이화여대 학생들 이외에 교회 여성들을 발견할 기회를 찾고 있던 차, 1980년 4월에 창설된 한국여신학자협의회(Korea Association of Women Theologians) 회장의 직분을 맡게 되었다. 이것은 내가 교회 여성들과 다소나마 친숙하게 된 좋은 계기가 되었으며, 여성신학의 문제를 전개해야 할 과제를 더 이상 연기할 수 없게 만든 계기가 되었다. 교회와 신학의 기나긴 역사에서 여성신학이 신학의 새로운 한 장을 열었듯이 한국여신학자협의회의 탄생도 초창기 한국 신학의 한 새로운 사건이다. 한국 여성신학은 한국 신학의 일환일 수밖에 없다. 그러나 전자는 후자에 대하여 또 다른 새로운 신학적 계기와 과제를 가진다.

여성신학이라는 특수한 신학 개념은 교회와 신학 전통의 문제 상황과 역사와 사회라는 세계의 문제 상황으로부터 탄생하게 된 것이다. 여성신학의 문제는 그러한 상황에서의 여성들의 역사적·사회적·정치적 경제적 억압 경험들로부터 제기된 것이다. 즉, 이 문제 제기는 교회와 신학, 종교와 문화, 사회체제가 전반적으로 또 근본적으로 가부장제의 남성 지배 체제에 의하여 규정되어 왔다는 것이며, 여성은 이에 종속되고 억압되어 왔다는 것이다. 남자와 여자 혹은 인간과 인간의 그러한 주종관계는 남자이든 여자이든 인간성을 왜곡시킨다는 것이다. 그러므로 여성신학은 이러한 여성 억압적인 상황으로부터의 해방을 지향하며, 여성해방은 새로운 인간성의 미래를 의미한다. 이 새로운 인간성은 남자와 여자의 평등하고 자유로운 공동체적인 인간성을 의미한다. 이러한 평등과 자유는 세계 평등, 사회 평등, 민족 평등, 인종 평등을 지향할 수밖에 없다. 가부장제는 지배와 투쟁, 약탈과 소유를 일삼아 왔으며, 그 희생의 첫 번째 그리고 마지막 대상이 여성이라는 것이다. 오늘의 여성신학이 이러한 문제를 제기하기 이전에 서구의 교회 여성들 혹은 사회 여성들이 이미 18세기 이래 남성 지배의 사회체제에 도전하여 여성해방운동을 전개했으며, 박해도 받았고, 더러는 처형되기도 하였다. 한국 혹은 동양에 있어서도 자유를 향한 여성의 소리와 운동의 사례들이 발굴되어야 할 것이다. 여성신학의 소리는 주로 1970년대에 미국의 여성들에 의하여 제기되었으며, 오늘에는 세계 도처에서 전개되고 있다. 나는 미국의 신학 풍조를 아주 낮게 평가해 왔으나 여성신학의 문제 제기와 전개 작업을 높이 평가한다. 그 이유는 여성신학이란 것이 굉장한 이론 체계를 세웠기 때문이 아니라 신학 사상 처음으로 여성의 문제, 즉 하나의 새로운 실천의 계기를 포착하였기 때문이다. 한국 신학에로의 나의 신학적 전기는 여성신학적 문제 제기와 부분적으로 일치한다.

여성신학은 넓은 의미에서 해방신학(Liberation Theology)의 한 유형이다. 이 때문에 미국, 유럽과 제3세계에 있어서 여성신학에 관여하는 많은 여성이 동시에 해방신학에 관여하고 있으며, 제3세계의, 약소 민족의, 소외된 인간 계층의 피억압적 상황들을 문제 삼는다. 흑인 신학(Black Theology)도 백인 지배로부터의 해방과 인종 평등을 주제로 하고 있으며, 넓은 의미에서는 해방신학과 여성신학의 관심사들에 동참한다. 신학의 이러한 유형들은 눌린 자 혹은 가난한 자의 해방과 삶에의 자유, 사회 평등, 인종 평등, 남자와 여자의 평등을 주제로 하면서 새로운 사회와 세계 질서를 지향한다는 점에서 공통된다. 한국 신학도 이러한 주제와 관심사에 동참할 수밖에 없으며 또한 민족 평등의 주제를 특히 근대의 민족사로부터 재포착 재해석하면서 오늘의 민족 문제를 해방전선에서 다루어야 한다.[1] 한국 여성신학도 한국교회와 신학과 사회와 아울러 민족의 문제 상황을 취급해야 할 것이다. 인류에 대한 하나님의 보편적인 사랑·구원·복음을 증언하여야만 할 신학이 피억압자, 가난한 자라는 인류의 한편만을 주제로 삼는다는 것은 부당하다는 비판이 보수주의적 혹은 보편주의적인 신학자들이나 교회 지도자들에 의하여 제기되어 왔다. 그런데 하나님의 보편적인 구원의 복음은 인간의 특수한 문제 상황을 초월한 추상적인 보편성이 아니다. 그가 그렇게 초연한 보편자라면, 어떻게 그가 애굽의 피억압자 이스라엘을 구원하시고 압박자 바로왕을 심판하시고 내치셨겠는가. 그의 의로운 사랑의 보편성은 죄악과 억압이 작용하는 역사와 사회에서는 구체적으로, 억압자 측에 대하여는 분노와 심판으로, 피억압자 측에 대하여는 자비와 사랑과 구원으로써 역사하시고 구체화할 수밖에 없다. 인간 한편에게 그의 부정적인 심판이, 다른 한편에게 그의 적극적인 구원의 자비가 역사하심으로써 바로 그의 구원이 보편적인 의로운 사랑이라는 것이 세계에 선포된다. 억압자 측이 하나님의 부정의 심판을 받음으로써 바로 이들에게 그 구원의 길이 열리게 된다. 그러므로 하나의 복음이 두 가지 형식으로 구체화하는 보편적인, 즉 양편에 다 해당하는 것이다.

한국 여성신학은 한국 신학의 일환이다. 내가 한편에서 여성신학을, 또 다른 한편에서 한국 신학을 운운할 수는 없다. 그것은 내가 한편에서는 서구 신학 혹은 칼 바르트의 신학을 논하고 또 다른 한편에서는 별도로 한국 신학과 한국 여성신학을 논할 수 없는 것과 같다. 물론 이것들을 나는 주제별로 개별적으로 취급할 수는 있다.

---

1 박순경, "민족의 문제와 신학의 과제,"「신학사상」35호 (1981, 겨울); 36호 (1982, 봄). 필자는 한국 신학의 시도로서 우선 한국 민족을 주제로 다루었으며, 이 주제는 앞으로 계속 다루어져야 할 과제이다.

그러나 그것들은 다 한국 신학 혹은 한국 여성신학에 현실적으로 또 통일적으로 연관 지어져야만 하며, 이미 제시했듯이 서구 신학 전통은 한국 신학 혹은 한국 여성신학이라는 주제들로부터 부정적으로든 긍정적으로든 재포착, 재해석되어야 할 것이다. 한국 신학과 한국 여성신학은 한국의 역사적·사회적 문제 상황과 한국 여성의 문제 상황을 올바르게 규정하고, 이에 대한 해답, 즉 실천의 계기 혹은 과제로부터 출발하여야 한다. 여기로부터 서구 신학 전통이 비판적으로 재해석되어야 한다. 그러나 한국 신학과 한국 여성신학은 이러한 재해석만을 주제로 하지 않으며 한국교회와 교회 여성, 한국의 역사와 문제 상황, 한국 민족 자체를 주제로 삼아야 한다. 한국 신학과 한국 여성신학은 한국교회와 교회 여성의 문제 상황만을 문제 삼을 수는 없다. 이것들은 한국 민족의 역사적·사회적 문제 상황을 반영하고 있을 뿐만 아니라 근대에 있어서 이 상황을 창출해내는 데 한 커다란 몫을 담당한 것이다. 또 한국교회는 구미의 기독교 전통과 문화의 부산물과 같은 처지에 있다. 이 때문에 한국 신학과 한국 여성신학의 필요성이 대두한다. 한국 신학과 한국 여성신학은 한국 민족 자체의 역사적·사회적 문제 상황을 주제로 삼고, 이에 새롭게 해답해야 한다. 한국 신학과 마찬가지로 한국 여성신학은 이제 한국 민족의 운명을 짊어져야 한다. 여성신학은 물론 한국교회와 사회의 남성 지배 체제의 문제라는 특수한 주제를 다루어야 하지만, 이 문제들도 한국 민족의 역사적·사회적 문제의 일환이다. 한국 민족의 역사적·사회적 문제는 물론 다양한 측면에서 다루어질 수 있다. 종교와 문화사상의 측면에서 다루고자 해도 그것은 엄청난 과제이며, 앞으로 장구한 시기에 걸쳐 전개되어야 할 것이다. 그러나 우리는 현재 이 민족이 처해 있는 가장 절박한 문제가 무엇인가를 규정하여야 한다. 하나의 주어진 상황의 문제를 규명하려고 한다면 실존적 결단이 필요하다. 이 민족을 사랑하는 자는 자신의 기득권이나 특권에의 이기적인 애착심을 넘어서서 이 민족의 문제를 투시할 수가 있다. 이 민족의 문제를 핵심적으로 말하자면, 사회의 불평등과 민족 분단이 아니겠는가? 이 문제들은 결국 하나의 문제이며, 이것이 철저하게 다루어지지 않고는 민족의 또 세계의 새로운 미래는 도래하지 않을 것이다. 피억압자 여성의 문제는 이 문제들 어디에나 함축되어 있다. 남자와 여자의 평등은 사회와 민족과 세계의 문제이다. 그렇다면 한국 여성신학은 한국 신학에 흡수되어도 된다는 말인가. 아니다. 여성신학이 전개되지 않고는 신학은 남성의 부속물, 따라서 남성 지배의 이데올로기로 언제라도 둔갑하게 된다. 서구 신학 이외에 한국 신학이 성립해야 하는 것은 한국의 특수한 상황 때문이기도 하지만, 서구 신학이 백인의 이데올로기로 전락해서는 안 되기 때문이다. 한국 신학과 한국 여성신학은 원칙적으로 하나이다. 그러나 주어진 역사적·사회적 상황, 즉 남성 지배 체제와 전통에 처하여 여성신학은 별도로 성립되어야 한다. 이것은 남성의 지배 의식과 체제를 제한하고 드러내고, 그렇게 함으로써 남자와 여자의 새로운 관계, 민족과 세계의 새로운 인간성을 기할 수 있기 때문이다. 신학이 하나로 통일될 때는 아마도 더 이상 신학이 필요하지 않을 그때일 것이다. 우리의 말이 바로 행위와 사건이 되고 우리의 말이 바로 그대로 진리가 될 때일 것이다. 한국 여성신학은 별도로 성립되어 특수한 여성 문제를 다루면서 동시에 한국 신학의 과제를 다루어야 한다. 여성이 민족의 문제를 취급하지 않고는 민족이라는 주제가 남성의 지배 이데올로기로부터 해방될 수가 없다. 민중신학에서의 민중이라는 주제도 마찬가지로 남성 지배의 이데올로기로 둔갑할 가능성을 지니고 있으므로 그것은 여성신학에 의하여 한정되지 않으면 안 된다. 여성 민중이 민중이라는 개념 속에 내포되어 있으나 여성 민중이란 특수성은 여성에 의하여 다루어지지 않으면 안 된다.

한국 여성신학은 한국 여성과 한국 민족을 주제로 삼는다는 점에서 특수성을 가지면서도 세계적인 보편성을 가진다. 한국 신학에 있어서도 마찬가지다. 신학의 보편성은 오늘에 있어 특히 세계가 하나로 얼크러져 있다는 사실에서 기인한다. 한국 기독교 여성 문제는 한국 종교 · 문화 · 사회체제, 이것에 동참해 온 교회의 상황에서 야기된 특수 문제이지만 또한 아시아와 구미의 여성 문제들과 유사하다. 남성에 대한 여성 종속의 상황은 양상은 다를지라도 세계적이고 보편적이다. 이 때문에 여성신학의 문제 제기도 보편적이다. 여성신학은 성서해석이라든지 이론 면에서 현재도 지역에 따라 상이하며, 동일할 수는 없다. 그럼에도 불구하고 여성의 문제 상황의 보편성 때문에 세계의 여성신학자들은 여성해방과 새로운 인류의 미래를 지향하는 실천적인 계기에 있어서 합일하며, 이러한 합일성과 보편성은 일찍이 서구 신학 전통에서도 성취되지 못한 놀라운 사건이다. 한국 여성신학의 정립은 그러므로 '아시아 여성신학 정립'의 시초이며, 일환이 될 수 있다. 또 한국 민족의 문제 상황에 직결하여 여성신학의 과제를 생각할 때도 피식민지의 억압적 상황이라든지 제1세계에의 제3세계의 종속 문제라든지 한국 여성신학이 해답하여야 할 과제는 제3세계에 속하는 아시아 여성신학에 있어서와 마찬가지일 것이다. 제1세계의 여성신학은 물론 가부장제에 대한 여성의 종속 문제와 여성해방을 제1세계라는 특수한 상황에서 문제 삼는다. 그러나 그러한 주제가 제1세계의 여성들만을 위한 것이어서는 안 된다. 그렇게 된다면 제1세계의 여성신학은 지금까지의 백인 신학과 마찬가지로 백인 여성 이데올로기로 둔갑해버릴 수 있다. 이 때문에 제1세계의 여성신학은, 예컨대 미국에서는 피억압자인 흑인들과 소외된 소수자 등의 문제들에 관여하며 또 제3세계의 해방 문제에 관심을 둔다. 이 때문에 한국·아시아·세계의 여성신학은 이론의 보편성에 의하여서가 아니라 현실적으로 또 실천적으로 보편성을 가진다. 이것은 참으로 놀라운 사건이다. 물론 제3세계의 여성신학은 제1세계의 여성신학이 백인의 이데올로기로 전락하지 않게 하는 파수꾼이 되어야 한다.

여성신학의 이러한 보편성은 세계의 역사적·사회적 상황에 기인한다. 그러나 이것만으로는 신학의 보편성이 다 설명되지 않는다. 여성신학의 이 세계성은 아무리 보편적이라 해도 한정되어 있고, 여성신학이 아무리 인류의 보편성과 궁극성을 제시하여도 그것은 한정되고 만다. 세계가 언제나 여러 가지 요인들에 의하여 분열되기 때문에 그러한 보편성과 궁극성은 여성신학에 의하여 성취되지 못한다. 그럼에도 불구하고 그러한 보편성과 궁극성을 말하여야 하는 이유와 근거는 하나님, 예수 그리스도, 성령, 하나님 나라와 같은 신학의 주제들이 보편적이고 궁극적이기 때문이다. 그런데 이 보편적인 주제들은 세계의 한정된 특수 상황, 즉 한국 여성과 민족, 아시아와 세계의 여성, 세계의 피압박자와 가난한 자의 문제 상황에서 증언되어야 하며, 그렇지 않으면 그 주제들은 살아 계신 하나님과 상관없이 추상적인 이론이나 교리의 차원에서 다루어지게 된다. 세계의 한정된 특수 상황이란 분열, 갈등, 투쟁 속에 있는 상황이다. 저 보편적인 주제들은 이 상황에서의 피압박자를 통해 고백되면서 동시에 세계가 이 분열된 상황을 넘어서게 하는, 세계 전체를 주관하시는 보편자 하나님을 지시하는 주제들로 세계에 선포되어야 한다. 한국 여성신학, 민중신학, 세계의 여성신학, 흑인 신학, 해방신학과 같이 분열된 인간 세계에서 기인하는 특수 신학은 저 보편적인 주제들 없이는 분열된 세계의 한정성과 투쟁으로부터의 해방과 보편성에 도달할 수가 없다. 그러므로 우리는 하나님, 예수 그리스도, 성령, 교회와 같은 보편적인 주제들을 이제 여성신학적 문제 제기와 전망에서 재해석하여야 한다.

지금까지 우리는 여성신학의 필연성, 의의, 맥락, 특수성, 보편성, 역사적·사회적 방법 등에 관하여 논술하였다. 이제 좀 더 방법론적인 측면에서 여성신학이 현대의 서구 신학과 어떻게 관련되어 있는가 하는 점이 확인되어야 한다. 여성신학의 방법은 여성이 처해 있는 사회적·역사적 문제 상황에서 규정된다는 것이 이미 제시되었다. 신학의 이러한 방법론은 이미 칼 바르트를 비롯한 20세기 신학에서 논의되었고 제시되었다. 세계의 여성신학이 칼 바르트와 다른 대표적 신학자들을 포함해서 서구 신학 전통의 가부장적 성격에 대립하여 신학의 한 새로운 장을 열어 놓은 공적은 승인되어야 하지만, 동시에 저 20세기 신학에서의 역사적 방법론을 원용하여야 한다. 20세기 초의 대표적 신학자들에 의하면 신학은 교회와 세계의 문제 상황 혹은 인간의 실존적 문제 상황(Existenzielle Fragestellung) 혹은 역사적 상황(Geschichtliche Situation)으로부터 출발하는 것이다. 바르트에 의하면 신학의 그러한 역사적 출발은 하나님의 자유로운 계시 사건, 계시 행위, 역사 안에서의 역사하심에 의해 가능하다고 한다. 이에 반하여 불트만(R. Bultmann)은 인간 실존의, 즉 인간학적인 문제 상황에서 신학은 시작되며, 이 문제 상황의 분석과 이 상황을 넘어서는 새로운 실존의 가능성, 즉 신앙의 실존 가능성을 주제로 삼는다. 불트만의 실존적 신학은 실존의 세계적 맥락을 전제하지만, 개인적 실존에 총집중하는 데 반하여 바르트는 개인적 실존을 세계적 사회적 맥락에서 보며 실존의 사회성에 더 관심한다.2 양자의 이러한 차이점에서 야기된 문제점이 여기에서 상론될 수는 없으나 우리가 주목할 것은 신학의 역사적 방법론의 성격이다. 다시 말하자면 신학이 하나님, 예수 그리스도, 성령에 관하여 말한다는 것은 이러한 주제들에 관하여 사변적으로 혹은 어떤 형이상학적인 논리에 의해서 말하는 것이 아니라 또 하나님 나라에 관해서도 상상적으로 저세상을 생각하는 것이 아니라, 이 세상에서 일어나는 사건 혹은 문제 상황에서 말한다는 것을 의미한다. 바르트에 의하면 형이상학적인 논리에 의하여 우리가 하나님을, 예컨대 그의 불변성 혹은 영원성과 같은 속성을 규정한다면, 우리는 그의 자유, 역사에서 새롭게 행위하시는 그의 자유를 박탈하는 격이 된다. 또 그의 불변성이나 영원성은 추상적인, 죽은 것이나 다름없는 관념에 불과하게 되어버린다. 그의 불변성과 영원성은 그가 하나님이기를 중단할 수 없는 그의 존재의 본질이다. 이것은 그가 역사와 자연을, 우리의 생사를 주관하시고. 역사의 불의를 심판하시

---

2 K. Barth와 Bultmann의 논쟁에 관하여 전자의 『교회교의학』 I/1에서 F. Gogarten과 불트만에 대립하여 논한 인간학의 한정을 또 I/1 전체의 신학적 방법론을 참조. 불트만의 주장에 관하여는 *Glauben und Verstehen*, 2권 (J.C.B. Mohr)에 있는 "Das Problem der Hermeneutik," 211-235; 허혁 역, 『학문과 실존』 (성광문화사)에 있는 "해석학의 문제," 286-306. 또 바르트 신학의 사회성에 관하여 『교회교의학』 II/2, "선택론에는 교회론," IV의 1, "교회론," III/4 "피조물의 윤리" 참조.

고. 그의 의로운 주재권을 성취하시리라는 역사적인 신앙에서 증언되어야 한다.[3] 이러한 원칙적인 방법론은 그대로 여성신학의 방법론이 될 수 있다. 여성신학이 제기한 여성의 문제 상황은 역사적인 결과이면서 동시에 사회적 체제의 문제이다. 이 점에서 우리는 불트만의 개인적 실존 이해보다는 바르트의 신학에 더 접근한다. 그가 가부장적 신학 전통을 대변했다 해서 여성신학이 그의 신학을 폐기해서는 안 된다. 오히려 그의 신학을 여성신학의 맥락으로 끌어들임으로써 여성신학은 신학 전통에 들어 있는 가부장적 요인들을 극복하는 도구로서 그것을 사용할 수 있다. 그렇게 사용할 가능성이 신학 전통에 이미 내포되어 있다. 바르트이든 불트만이든 또 그 외의 신학자들을 포함한 신학 전통이든 사실상 가부장적 요인들을 넘어서는 주제들을 가지고 있다. 문제는 이 주제들을 남성들이 대변해 온 역사적 전통이다. 이 때문에 신학 전통이 남성 지배의 이데올로기적인 역할을 수행해 온 것이다. 물론 그 전통에는 아주 직접적으로 가부장적 우월성의 요인들이 들어 있으며, 여성신학은 이것들을 제거하여야 한다. 여성신학의 역사적 의의는 바로 그러한 신학 전통의 문제 상황의 맥락에서 성립된다. 여성신학이 이 맥락과의 관련을 끊어버리고 홀로 서서 신학을 전개할 수는 없다. 그 전통은 여성신학에 많은 부정적 소재들과 동시에 긍정적인 소재들을 제공한다. 한국 신학의 경우도 마찬가지이다. 이 경우에 잠시도 망각해서는 안 되는 것은 여성이라는 주체에 의하여 그 전통의 문제가 노출되고, 동시에 그 적극적인 의미가 되살아 나온다는 점이다. 그러므로 여성신학이 그 전통의 맥락 속으로 합류하

---

3 박순경, "칼 바르트의 하나님론 연구 I," 「이화논총」 21집 (1973); "칼 바르트의 하나님론 연구 II," 같은 책, 25집 (1975); 바르트, 『교회교의학』 II/1.

여버리는 것이 아니다. 여성신학의 보편성은 그 전통으로 편입되어 성립하는 것이 아니다. 여성신학의 특수성, 그 전통에 도전하고 등장한 특수성 자체가 가부장적 신학 전통 혹은 교회 전통 혹은 사회 전반에 새로운 의의를 부여한다는 의미에서 여성신학은 보편적이다. 여성신학의 이러한 과제는 오랜 시일이 경과하는 과정에서 성취될 수 있다.

지금까지의 논술은 이 글의 서론에 해당한다. 다시 이 글 전체는 한국 여성신학 정립을 위한 서론이 되기를 바라는 바이다. 한국 여성신학의 정립이란 몇 편의 논문이나 저서에 의하여 이루어지는 것이 아니다. 그것은 한국교회와 사회와 민족의 문제 상황의 극복이라는 실천적 과제를 수행하는 과정에서 형성되어야 한다. 이제 우리는 개별적인 신학적 주제들을 세계의 여성신학적 문제 제기에 관련시키면서 우리 나름대로 재해석하고자 한다. 이 주체들은 여성신학의 세계적 맥락에서 고찰되어야 한다. 그러나 그것은 동시에 한국교회와 사회에서의 여성 문제에 직결된다. 마지막으로 우리는 한국 여성신학의 과제를 좀 더 구체적으로 고찰하고자 한다.

II. 하나님론의 여성신학적 해석

1. 하나님과 여성

여성신학은 성서와 기독교 전통이 하나님을 가부장적 형상에 따라서 남성으로 생각하고 호칭해 왔다는 것을 문제 삼으며, 기독교 전통뿐만 아니라 성서해석의 문제를 제기하고 여성신학적 성서해석을 시도하고 있다. 성서를 배경으로 가지는 기독교 전통이 하나님을 남성으로 표상함으로써 세계에서의 남성의 여성 지배를 종교적으로 밑받침하고 절대화시켰다는 것이다. 구약에 있어서 '엘로힘'(אֱלֹהִים) 혹은 '야웨'(יהוה)라는 하나님의 호칭들은 남성적인 성격을 갖고 있고, 남성 인칭대명사를 통해 대표되어 있다. 세계를 주재하는 하나님의 주권 혹은 주성(主性)도 특징적으로 남성 지배상을 반영하고 있다고 보인다. 그래서 여성들은 하나님의 여성적 차원을 해석하여 끌어내고자 한다. 예컨대 러셀(Letty M. Russell)은 아담의 아내 이브에게 적용된 '보조자'(에제르, עֵזֶר)라는 말을 섬김의 뜻으로, 하나님의 형상으로서 해석하면서 고난의 종 예수 그리스도의 모습으로 신약에 연결한다.[4] 또 여성들은 구약 지혜문서에서의 '지혜'(호크마, חָכְמָה)라든지 여성을 암시하는 말들을 하나님상으로 해석하려고 시도한다. 종교 사적으로 보자면 이스라엘의 남성적 하나님 표상은 가나안 땅의 원시종교의 원시모(原始母), 땅 혹은 자연의 여신상을 정복하는 과정에서 발전되었다.[5] 하나님과 인간의 관계도 하나님은 남편으로서 이스라엘은 아내로서 표상되어 있고, 후자가 전자에 종속되듯이 여자는 남자에게 종속하는 자로서 호세아 예언서에 전형적으로 표현되어 있다는 것이다. 이러한 표상은 가나안 땅의 여신들을 정복한 이스라엘의 가부장적인 신상을 반영한다.[6] 그래서 그 여신들의 의미에 대한 적극적인 재해석이 시도되고

---

4 Letty M. Russell, *Human Liberation in a Feminist Perspective: A Theology*, 안상임 역, 『여성해방의 신학』(기독교서회), 120 이하. S. Terrien은 "Toward a Biblical Theology of Womanhood," *Religion in Life* (1973년 가을호)에서 '보조자'라는 뜻을 창조의 성취, 즉 구원의 의미로서 해석함으로써 하나님의 여성적 차원을 제시하고 있다. Letty M. Russell의 인용 참조.

5 Rosemary Ruether, *Liberation Theology* (New York: Paulist Press), 120.

6 같은 책. 류터에 있어서는 그러한 시도가 가나안의 원시종교로 되돌아가려는 것이 아니라,

있다.7 신약에서도 하나님과 인간의 관계, 그리스도와 교회의 관계가 남자와 여자, 남편과 아내의 관계로 비유되어 있으며, 이러한 가부장적 표상이 교회와 신학 전통에 오늘날까지 전수되었다. 이러한 여성신학적 문제 제기는 교회와 신학 전통의 성서해석을 근본적으로 비판하면서 성서 재해석의 과제를 주장하고 있으며, 여성신학에 도움이 될 만한 개별적인 성서 구절들을 재해석하고 있다. 또 신약과 초대교회에 있어서 망각된 여성들의 역할의 흔적을 재발견하려는 시도도 진행되고 있다. 성서해석의 이러한 시도는 마땅히 전개되어야 하지만, 여성신학의 성서적 근거로서의 통일적인 성서해석 원칙이 되기에는 너무 단편적인 단계에 머물러 있으며 또한 매우 불충분하다.

우리는 이제 엘로힘 혹은 야웨라는 하나님의 남성 호칭이라든지 그 외에 가부장적 상을 나타내는 측면들을 구약 신앙의 핵심적 의미로부터 재해석하면서 초가부장적 의미와 성서해석 원칙을 생각해보고자 한다. 엘로힘 혹은 야웨라는 호칭들은 물론 남성 상징의 언어들이다. 엘로힘이라는 복수적 호칭은 전통적으로 하나님의 존엄성(majestic plurality)을 의미한다고 또 하나님 자신의 관계성(바르트,『교회교의학』 III/1)을 의미한다고 해석되기도 하나, 가나안 혹은 근동의 원시적 종교와 문화의 맥락에서 신적인 상들 혹은 군주들에게 적용되었던 말 그대로가 이스라엘의 하나님에게로 전치되어 사용되었을지도 모른다. 그 호칭이 어디서 어떻게 유래되었든지, 그것이 근동의 혹은

오늘의 자연 파괴에 대한 생태학적 우려와 자연 회복을 위한 여성의 의미를 암시하고 있다. Helgard Balz-Cochois, "고멜 또는 아스타르테의 세력," 호세아 1-4장 해석,「신학사상」38호 (1982, 가을): 484-519. Cochois는 가나안의 원시종교가 여성의 자유에 미칠 수 있었을 세력을 상상력을 구사하면서 흥미 있게 서술하고 있다.

7 G. Kittel, *Theological Dictionary of the New Testament*, Vol. II, πατήρ 참조.

이스라엘의 가부장제의 종교와 문화의 맥락에서 호칭되고 전용되었다 해도 그것이 야웨 호칭과 더불어 이스라엘의 창조자, 구원자 하나님에게 사용되었을 때, 하나님과 이스라엘의 구별이 잘 나타나 있으며, 이 구별은 제사문서 시기에는 더 엄격해졌다(출애굽기 참조). 엘로힘 혹은 야웨라는 호칭들이 남성 상징의 언어들임에도 불구하고 이 구별은 하나님이 인간 가 부장의 연장이나 신격화가 아니라는 것을 명시한다. 제사문서 시기의 저 엄격한 구별은 역사에서 멀어지는 하나님 표상의 문제를 가지고 있기는 하지만, 이 구별이 그 시기에 비로소 생각된 것은 아니다. "아브라함, 이삭, 야곱의 하나님"이라는 표현도, 이 남성 족장들에 대한 이스라엘의 회고와 역사의식도 두말할 나위 없이 가부장적 의미가 있다. 그럼에도 불구하고 이것들에 의하여 전달되는 신앙은 결코 남성의 신격화가 아니며, 따라서 가부장적 세계의 정당화가 아니다. 그 신앙은 이스라엘의 구원을 의미하는데, 이 구원 신앙은 오히려 이스라엘의 예언자적 전통에 있어서 지배 체제, 즉 가부장제의 세계를 하나님의 심판 앞에 세우며 이것을 넘어서는 미래의 구원을 지시한다. 야웨 하나님에게 아버지(시편89:26 참조)라든지 남편(호세아)이라는 남성 이미지들이 적용되었다는 사실도 역시 가부장적 세계를 반영하고 있으며 또 전제하고 있다. 그러나 야웨라는 이름은 엘로힘보다 훨씬 더 초남성적 호칭이다.[8] 출애굽기에 있는

---

8 러셀에 의하면 여성들에게 성서와 기독교 전통이 너무나도 가부장제적으로 구성되어 있다고 논란되고 있으며, 따라서 여성신학의 성서적 거점이 또한 논란되고 있다. 러셀은 류터와 함께 '예언자적-메시아적' 전통에서 하나님의 구원 의도를 가부장적 종교로부터 해방시키는 성서적 거점을 찾으려고 한다. *Growth in Partnership*(Westminster Press, 1981), 손승희 역, 『파트너십과 교육』(현대사상사), 154 이하. 여기서 한 가지 지적하여 둘 것은 구약에서의 초가부장적 구원의 주체는 예언자적 전통이라든지 구약의 일부분에서만 발견되는 것이 아니다. 사실상 예언자적 전통도 가부장적 세계와 결부되어 있으면서도 이것을 넘어서는

이른바 야웨문서에 속한다는 구절들은 야웨와 모세가 직접 대면하는 것으로 서술된다. 대예언자 모세라는 인물도 물론 가부장적 세계의 맥락에서만 등장할 수 있었다. 그럼에도 불구하고 야웨와 모세, 야웨와 이스라엘은 엄격히 구별되어 있으며, 모세도 하나님을 볼 수가 없다. 대예언자이며 사실상 하나님의 구원의 대행자인 모세도 구약에 있어서 결코 신격화되지 않았으며, 오히려 그의 심판 아래 서 있다(신명기 32:51 참조).

예언자적인 전통 혹은 역사 이해는 출애굽 사건을 기저에 가지는 이스라엘의 미래의 구원이라는 신앙과 빛 아래서 현재의 이스라엘과 열국들의 불의를 하나님의 의로운 심판 아래 세우며, 그렇게 함으로써 미래로부터 도래할 하나님의 의와 구원을 선포한다. 세상의 불의는 여러 가지로 열거될 수 있으나 핵심적으로 말한다면 우선 하나님에의 불복종 혹은 우상숭배이며, 동시에 사회적인 또 국제적인 불의이다. 이 두 측면의 불의는 결국 하나이다. 세상의 불의의 대표적인 형식, 불의가 집결된 형식은 역시 세상의 권력 구조인 것처럼 보인다. 이러한 권력 혹은 지배 구조는 바로 가부장제의 요람이며 절정이 아니겠는가? 예언자적 전통이 남성에 의하여 형성되고 대변되었다는 사실도 족장들의 계보와 마찬가지로 가부장적 세계를 반영하며 전제하고 있다. "아브라함, 이삭, 야곱의 하나님"이라는 표현 형식도 이미 언급했듯이 그러한 세계의 언어이다. 예언 전통에서의 '다윗의 집' 혹은 '다윗의 왕국'이라는 미래적 메시아 왕국의 표상도 역시 가부장적 표현 형식이다(사무엘하 7장 참조). 그런데 족장들의 하나님은 구약 어느 구절에서

주제를 지향하고 있으며, 이 주제는 제의 전통, 율법, 묵시문학에서도 추적되어야 한다.

도, 어느 문서들의 전승에서도 그 족장들과 동일시되어 있지 않으며, 따라서 가부장적 연장이 아니라는 사실이 주목되어야 한다. 족장들의 하나님이라는 신앙은 이스라엘 공동체의 역사적 기원과 역사적 유대성을 지시한다고 생각된다. 이 공동체가 남성 족장들, 남성 통치자들에 의하여 대표된다 해도, 그것은 미래의 구원의 빛 아래 놓여 있는 것으로 선포되어 있다. 이 구원의 주제는 분명히 초가부장적인 것이다. '다윗의 왕국'이라는 정치적 메시아적 표상은 예언자적 전통이나 신명기적 역사 이해에 있어서 세계의 현존하는 불의한 통치와 지배 체제에 대한 심판을 의미하며, 따라서 결코 가부장적 패권의 표상이 아니다. 바로 이 때문에 '다윗의 왕국'은 불의한 현재를 넘어서는 미래의 구원에 대한 표상이다. 그 왕국의 주제는 하나님의 의와 공의의 성취라는 것이다. 하나님의 의와 공의 그리고 이스라엘에 있어서 그 성취는 바로 예언자적 신앙의 주제이며, 가부장적 표현 형식에 의하여 표상되었으나 가부장적 세계를 심판하는 것, 따라서 초가부장적인 것이다. 즉, 그 주제는 여성 · 피압박자 · 피압박 인종 · 피압박 민족의 해방 혹은 구원을 함축하고 있으며, 따라서 여성신학의 구약성서적 거점이 된다.[9]

'다윗의 왕국' 표상은 이스라엘의 바빌론 포로 이후, 특히 이스라엘이 헬라 문화권의 지배 아래 있게 되고 이스라엘의 국가 동일성이 사라져버린 역사적 단계에서는 구체적인 역사적 현실과의 관련성을 상실하게 되었다. 또 헬라 문화권의 지배에 항거하여 등장한 묵시적 종말론은 이미 '다윗의 왕국' 표상을 넘어서 버렸다. 이 시기는 대체로

---

9 주 3에 제시된 박순경의 논문. 바로 이 구별이 철학에서의 범신론을 부정하는 거점이다.

다윗 왕국의 구원을 생각할 수 있는 상황에 놓여 있지 않았다. 묵시적 종말론의 구원 표상, 예컨대 '영원한 나라'는 역사적 현실을 초월하는 어떤 영원한 피안처럼 보인다(다니엘 7장 참조). 이스라엘의 사회·정치적 현실의 구원을 의미하는 미래의 '다윗의 왕국'은 이 묵시적 종말론에서는 해이해져 버리거나 사라져버리는 것처럼 보인다. 그렇다고 해도 다윗의 왕국 회복에 대한 정치적인 대망이 예수 당시의 유대인들에게 남아 있었다는 사실이 신약의 공관복음서들에서 간취된다(공관복음서들에서의 십자가 처형 과정에 관한 기사들 참조). 예수의 하나님 나라 선포, 이와 관련된 그의 말씀과 행적 그리고 그의 메시아적 의의는 '다윗의 왕국'이라는 표상을 능가하는 것이다. 저 유대인들의 대망은 예수의 메시아적 왕권의 의미를 전혀 이해하지 못하였으며, '다윗의 왕국'에 관한 본래의 예언자적 의미가 그들의 왕국 회복을 능가하는 의미를 함축하고 있었다는 것을 이해하지 못하였던 것 같다. '다윗의 왕국'의 메시아적 의미는 당시 유대인들의 역사적·정치적 상황에서는 그들의 왕국 회복을 통해 재포착될 수 없었고, 구약적 신앙의 커다란 하나의 수수께끼로 남아 있었으며, 누군가에 의하여 새롭게, 예언자 전통과는 달리 포착되지 않으면 안 되었다고 생각된다. 즉, 예수의 하나님 나라 선포와 이에 관련된 그의 메시아적 의미(그의 부활 후에 명확해진 의미)는 '다윗의 왕국'이라는 표상을 능가하는 종말적 성격을 가지면서도 그 예언자적 표상의 의미, 하나님의 의와 공의라는 주제를 함축하고 있을 뿐만 아니라 성취하였다. '다윗의 왕국'이라는 남성 표상 혹은 표현 형식 자체는 이 성취점에 의하여 상대화된 과거적인 것이 되어버린다. 이 성취점으로부터 '예언과 성취', '약속과 성취'라는 전통적인 정식(定式), 즉 구약과 신약의 의미 연관 형식이 성립된다. 구약 자체 내에서도 허다한 가부장적 요인들을 한정하고 심판하는 초가부장적 신앙의 주제가 제시되어 있으나 이러한 주제는 예수 그리스도의 종말적인 성취점으로부터 재포착되고 재해석되어야 한다. 재포착한다는 것은 성서의 과거적인 표상들 자체를 지속적으로 구현하려는 것이 아니라 그것들에 함축된, 과거적인 역사적 현실을 넘어서는 의미가 새로운 사건, 즉 예수 그리스도의 하나님 나라 선포, 십자가와 부활의 사건에서 또 오늘의 여성 문제 제기의 역사적 상황에서 새롭게 해석됨으로써 현재적인 의미를 갖게 된다는 것을 뜻한다.

우리가 여기서 성서 전체를 여성신학적 견지에서 취급할 수는 없으나 그러한 해석의 원칙을 밝히기 위하여 좀 더 확대하여 생각할 필요가 있다. 초대교회와 교회 전통과 신학 전통이 구약을 '율법과 예언'이라는 표현 형식에 의하여 구약 전체를 '율법'이라는 말로, '예언'이라는 말로 지칭하기도 하였다. '율법과 복음'이라는 구약과 신약의 관계를 표시하는 표현 형식은 '예언과 성취'라는 형식과 비등한 것으로 여겨져 왔다. 이러한 전통적인 표현 형식들이 현대의 역사적 성서 연구를 통해 상당히 문제화되고 있으며, 구약과 신약의 의미 연관이 문제가 되고 있으나 우리는 이 문제를 논외로 하고, 이미 예언과 성취의 정식을 전제한 채 그 초가부장적 의미를 논하였다. 이 초가부장적 주제는 율법의 주제로 해석될 수가 있다. 율법은 이스라엘의 종교적 · 제의적 · 역사적 · 사회적 삶의 과정에서, 따라서 가부장적 세계에서 복잡하게 또 가부장적 표현 형식들에 의하여 전개되었다. 그러나 사도 바울이 로마서 혹은 갈라디아서 등에서 율법과 복음의 기본 관계를 문제 삼을 때, 그는 율법의 그 모든 역사적으로 한정된 제의적 · 사회적 측면들을 제쳐놓고서 율법의 핵심적 주제, 즉 하나님의 의를 문제 삼는다. 율법 자체의 의미와 율법과 복음의 관계에 관하여 종교개혁자 루터와 칼뱅, 루터파와 칼뱅파, 특히 오늘의 루터파와 칼 바르트 사이에서 차이점과 논전이 상당히 전개되었다. 우리의 맥락에서 그것을 간략히 말하자면, 전자에 의하면 율법적인 우리의 의는 성취 불가능하고, 율법은 우리를 정죄하는 데에 이르며, 복음에 의한 하나님의 용서와 칭의(稱義)만이 우리에게 타당하다는 것이다. 그래서 율법은 복음과는 달리 부정적 종말의 의미를 지닌다. 후자에 의하면 율법적인 우리의 의는 결국 성취될 수 없으나 그 주제, 즉 하나님의 의는 예수 그리스도의 복음에 있어서 적극적으로 성취되었다는 것이다. 그래서 율법과 복음의 관계가 여기서는 부정적일 뿐만 아니라 적극적인 의미 연관을 가지게 된다. 우리의 기본 입장은 이 후자에 접근한다. 즉, 예언자 전통에서의 하나님의 의와 구원의 주제와 마찬가지로 율법의 주제, 즉 하나님의 의는 예수 그리스도에 있어서 새로운 형식으로 재포착되고 성취되었다는 뜻이다. 율법이 요구하는 하나님의 의는 이스라엘의 불복종에 직면하여 그 성취는 언제나 미래적인 약속, 즉 예언의 성격을 가지며, 따라서 이스라엘의 역사적·사회적 삶의 형식을 넘어선다. 바로 이러한 율법의 핵심적 의미가 초가부장적인 것이다. 이러한 의미가 예수 그리스도에게서 성취되지 않았다고 생각된다면 율법이란 한갓 가부장제의 종교적 사회적 산물로서 단순히 폐기되어야 할 것이다. 그렇게 할 때는 예언자적 전통의 의미, 여성신학을 위한 적극적인 의미도 불확실하게 되어버릴 것이다.

하나님의 남성 호칭들, 하나님과 이스라엘과의 관계의 표현 형식에 있어서의 남성 상위의 반영, 남성 예언자들, 예언 전통의 남성 표상들, 율법의 가부장적 규례들, 이 모든 것들에 함축된 초가부장적 주제는 하나님의 초월성에 근거한다. 그의 초월성은 그와 피조물 세계와의 구별을 의미한다. 이 구별은 창조자 하나님과 피조물과의 존재의 구별을 전제하고 있으며, 이 존재론적 구별은 성서 전통에서 주제화되지 않았으나 신학 전통에서 큰 문제로서 다루어졌다. 성서에서는 그 구별이 주로 인간 세계의 죄악 혹은 불의에 대한 하나님의 의와 심판에서 선포되어 있다. 하나님을 본 인간은 도저히 살아남을 수가 없다는 구약적 신앙고백은 바로 그러한 구별을 의미한다. 그럼에도 불구하고 그 하나님은 이스라엘 역사에서 역사(役事)하시는 분으로서 고백된다. 이 때문에 그의 초월성 혹은 심판의 의의는 그리스철학 전통에서의 이원론, 정신과 육체 혹은 정신과 물질세계의 존재론적 형이상학적인 이원론과는 다르며 또한 고대의 영지주의(gnosticism) 적인 이원론, 즉 영지(靈知)에 의한 구원, 몸과 물질의 세계로부터의 구원을 의미하는 존재론적이면서도 구원론적인 이원론과도 다르다. 그리스적인, 영지주의적인 이원론에서의 정신적 존재나 영지는 우리의 관념의 추상이며, 신을 의미할 수 없다. 그러한 초월적 관념 혹은 정신적 존재는 인간과 자연을 창조하지도 구원하지도 못한다. 성서적인 의미에서의 하나님의 초월성은 창조자와 구원자로서 역사와 자연을 주재하시는 그의 자유와 의와 사랑을 의미한다. 그의 초월적인 의는 역사 안에서 역사하는 것으로서 선포되며, 동시에 이 역사를 심판하고 넘어서는 미래로서 미래로부터 대망된다. 예언자적 전통에서는 그것이 역사를 초월하는 것이지만 역시 역사의 미래로서, 예컨대 '다윗의 왕국'이라는 표상으로서 선포된다. 그러나 묵시적 종말론에 와서는 미래 대망이 아예 역사와 세계가 끝장이 난 다음에 개벽하는 새 하늘과 새 땅으로서 표상되기 때문에 이 종말적 미래는 완전히 초역사적인 추상적 피안처럼 보인다.[10] 그러나 이 초역사적 종말론은 그리스철학의 존재론적 이원론과 동일시되어서는 안 된다. 후자에 있어서 정신은 질적으로 몸 혹은 물질의 세계라는 계기 없이도 존재한다고 생각되었으며, 따라서 신적인 차원이나 다를 바 없다. 전자에서의 초역사적 천지개벽은 묵시적 종말론이 처해 있었던 역사적 상황에서 해석되어야 한다. 유대민족의 국가적 동일성이 사라지고, 그 신앙이 헬라 문화와 헬라 통치자들에 의하여 말살되는 것 같은 상황, 온 세계가 사탄에 의하여 지배당한다고 생각되고 세계에 사탄이 횡행한다고 생각된 상황에서는 미래의 구원이 다윗의 왕국과 같은 역사적 이미지를 넘어서는 천지개벽으로 표상될 수밖에 없다. 이러한 종말 표상은 초역사적인 역사의 피안처럼 보이지만 역사를 심판하고, 따라서 역사를 변혁시키는 표상이 될 수 있다. 이것은 역사와 세계에 대한 문제 제기로서 유대인들에게는 하나의 문제적인 환상이었던 것이다. 이 환상은 예수 그리스도의 하나님 나라 선포, 임박하여 오는 하나님 나라 선포에 재포착되어 있다. 그 환상은 하나님의 이름으로 역사에 도래한 자에 의해서만 재포착될 수 있으며, 그에게 있어서는 환상이 아니라 하나님의 현실이다. 학자들이 이미 논의하였듯이 예수의 선포에 있어서 '하나님의 나라'라는 표현은 구약에서 발견되지 않는다 해도 묵시적 종말론의 맥락에서만 이해될 수 있다. 저 초역사적

---

10 류터는 묵시적 종말론의 그러한 초월적 미래상을 그리스철학에서의 정신과 몸의 이원론과 동일시한다. 이러한 이원론은 몸과 자연을 하나님 혹은 정신으로부터 소외시켜버렸으며, 정신의 우월성이란 자연을 지배하고 파괴하는 생태학적 위기를 초래하였다는 것이다. 그러한 정신적 초월주의는 또 여성을 자연 혹은 몸의 현실과 동일시하고 여성을 지배하여 왔는데, 이 초월주의가 기독교 신학 전통에 의하여 전수되었다는 것이다. (*Liberation Theology*, 16-22) 묵시적 종말론이 이렇게 해석된다면, 그것은 반여성적인 것이 되어버린다. 우리는 이 종말론을 여성의 관점에서 류터와는 달리 해석해야 하겠다.

인 피안은 그에게 있어서 역사 안으로 침입해 들어올 수 있는 표상이다. 그 초역사성은 다름이 아니라 하나님의 의의 초월성으로서 구약의 구원 신앙의 새로운 표상이다. 성서에서의 하나님의 이러한 초월성은 가부장적 세계를 넘어서는 여성신학적 성서해석의 원리가 될 수 있다.

류터(Ruether)와 그 외의 여성들에 의하면, 신학 전통, 어거스틴, 토마스 아퀴나스, 종교개혁자, 특히 바르트를 비롯한 20세기의 거장들에 의하여 대표되어 온 신학 전통에서 하나님의 초월성 개념이 가부장적인 남성 이미지와 결부되어 왔으며, 여성에 대한 남성의 지배를 정당화시키는 초월성으로 생각되어 왔다. 여성은 저차원의 몸의 현실이고, 초월적인 영성은 남성에게 적용되어 있다는 것이다.[11] 그런데 바르트를 비롯한 20세기 신학은 기독교 전통에서의 하나님의 초월성에 관한 추상적 개념과 추상적인 영성, 즉 몸, 물질 경제적인 세계 현실과 문제 상황으로부터 유리된 추상적인 하나님 개념과 영성 이해를 크게 비판하였다. 전통적 초월 개념이 남성을 상징하였다는 문제는 여성들에 의하여 비로소 문제화되기에 이르렀다. 그러나 우리는 여기서 하나님의 초월성을 초가부장적인 주제로서 재해석하고 있다. 문제는 하나님의 초월성과 이에 상응하는 영성의 초월성이 남성들에 의하여 대변되어 왔기 때문에 초월성이 남성의 특권처럼 사용될 수 있다는 데에 놓여 있다. 그럼에도 불구하고 그것은 여성신학적 관점에서 류터와는 달리 재해석되어야 한다.

사실은 포이에르바하에 의하여 하나님의 초월성 개념이 근본적으

---

11 같은 책, 121 이하.

로 허물어질 지경에 이르렀다. 초월적 하나님이란 인간의 자아상, 자아 투사라는 것이다.[12] 바르트는 이에 대한 해답으로서 그리스철학에서의 초월적 정신 이념, 즉 형이상학적인 이념과는 전혀 다르게 하나님의 초월성을 해석한다. 그리스 철학 전통에서의 초월적 정신이란 결국 인간이다. 그러나 이러한 정신 개념이 특히 중세기 이래 하나님의 초월성 개념에 적용되어 왔다. 바르트는 주장하기를 하나님의 초월성은 인간에 의해 설정되거나 논리적으로 규명될 수 없다. 그렇게 설정된 초월적 신이란 결국 인간의 정신이요 자아상이다. 하나님의 초월성은 그 자신에 의해, 즉 역사에 오셔서 인간 세계와 구별하면서 자신을 인간 세계의 주재자 하나님으로서 계시하시는 행위를 통해 설정된다는 것이다. 그의 초월성은 이러한 자아 구별(Selbst-Differenzierung, self-differentiation)이다. 이것 없이는 하나님이 하나님으로서 승인될 수 없으며, 인간 세계와의 올바른 관계도 성립할 수 없다는 것이다. 도대체 이러한 자아 구별이 어디에서 인지될 수 있는가? 한 사람의 인간 예수에 있어서 하나님의 종말적 구원 혹은 행위가 일어났다는 것은, 그의 행위가 하나의 특수한 인간에게서 성취되었다는 것은 하나님을 또 그의 행위를 역사에서의 모든 다른 사건, 모든 다른 사람과 구별한다는 것이다. 예수의 이 유일성, 그에게서 일어난 사건의 유일성은 바로 하나님의 역사 안에서의 초월성과 통일된 하나의 행위(actus singularis)를 나타낸다는 것이다.[13] 한마디로

---

12 L. Feuerbach, *Das Wesen des Christentum* (Köln: Hegner, 1967년판), 박순경 역, 『기독교의 본질』(종로서적).

13 바르트의 『교회교의학』 II/I; 박순경, 『하나님 나라와 민족의 미래』(대한기독교출판사, 1984)에 실린 대대적 논문들, "칼 바르트의 하나님론 연구 I: 하나님 인식," "칼 바르트의 하나님론 연구 II: 하나님 존재" 참조.

말하자면 하나님의 초월적 존재는 그의 역사 안에서의 종말적인 하나의 행위에서 인지될 수 있다. 그의 초월성은 그러므로 인간 정신이나 사후의 어떤 영원한 피안에서 발견되는 것이 아니다. 구약에 있어서는 그의 초월성이 주로 이스라엘과 열국들에 대한 의로운 심판과 미래의 구원 약속, 즉 주어져 있는 역사적·사회적 문제 상황을 넘어서는 미래의 구원 약속에서 인지된다. 그러나 이러한 미래의 구원은 이스라엘에 대하여 미래로부터의 해답을 기다려야 하는 문제로서 남아 있는 것이다. 예수 그리스도에게서 그 미래의 구원이 종말적으로, 궁극적으로 성취되었다면, 이는 구약의 종말적 대망을 재포착하여 성취하였다는 말이 된다. 이 때문에 예수 그리스도의 사건은 하나님의 초월적 의와 그 자신의 초월성 자체를 이해하는 관건이 된다. 이러한 초월성은 결코 가부장적 남성 지배의 도구가 될 수 없으며, 오히려 이것을 심판하고 잘못된 세계로부터 눌린 자의 해방이 가능하게 되는 주제이다.

성서의 이 초가부장적 주제는 성서에 있는 모든 가부장적 요인들을 비판적으로 가려내는 원리가 될 수 있다. 그것은 그러한 요인들 속에 은폐되어 있기도 하고, 함축되어 있기도 하다. 성서가 여성신학에서 부분적으로 비판된다 해도 이 주제는 통일적 성서해석의 거점이 될 수 있는 것이다. 성서적 의미에서 하나님의 초월성이 남성에 의하여 대변되는 한, 그것은 남성의 지배 이데올로기로 전락할 수 있기 때문에 이제 여성신학은 성서해석의 한몫을 담당하여야 한다.

이제 하나님의 아버지 호칭의 문제가 신학에 입각하여 검토될 필요가 있다. 이 호칭은 구약보다는 신약에서 특징적으로 사용되고 있다. 이 호칭도 물론 가부장제 종교와 문화의 언어적 맥락에 관련되어 있다. 여성신학이 문제 삼고 있듯이 이 호칭은 구약에서의 하나님의 남성 호칭들과 마찬가지로 기독교 전통에 있어서 가부장적 세계의식과 결부되어 있다. 그래서 여성들은 아버지 호칭 없이 '하나님'(God)이라고 호칭하려고도 하고, 메리 데일리(Mary Daley)는 폴 틸리히(Paul Tillich)가 말하는 '존재의 근거'(Ground of Being)와 같은 성을 초월하는 개념을 즐겨 사용하기도 한다. 하나님의 아버지 호칭이 세계 가부장적 의식과 결부되어 있다는 점에서 당연히 문제시되어야 하지만, 우리는 이 호칭을 성서적 핵심적 의미에서 재해석할 필요가 있다. 예수 자신이 '아버지'(πατήρ) 혹은 '압빠'(άββα)라고 호칭하였다는 사실이 학자들에 의하여 인지되고 있다. 그가 눌린 자의 해방자라면 그의 아버지 호칭이 초가부장적 의미를 지니고 있음이 틀림없다. 신약의 다른 맥락에서의 아버지 호칭은 예수의 아버지 호칭에 비추어 해석되어야 한다(마태복음 23:9-12 비교). 예수의 아버지 호칭은 그와 하나님의 무한한 친근성을 암시하며, 하나님에 대한 그의 복종의 행위를 말해준다. 우리는 여기서 그의 호칭의 이러한 특유성이 삼위일체 하나님의 성서적 근거가 될 수 있는가 하는 신학적인 문제는 논외로 하겠으나 삼위일체론의 아버지 호칭을 재해석하기 위하여 삼위일체론의 핵심을 재론하고자 한다. 신약에 있어서 하나님에의 신앙이 예수 그리스도 혹은 그의 사건에 집중된다는 사실에 주목하면 된다. 삼위일체론의 동기와 발단이 여기에 놓여 있다. 하나님의 구원 행위가 종말적으로 또 궁극적으로 예수 그리스도에게서 성취되었다는 것은 하나님과 예수 그리스도의 통일성을 의미하며, 이 사건에 내재적인 존재적 통일성이 함축되어 있음을 의미한다. 예수가 하나님의 '아들'이라는 그리스도론적 호칭 자체는 불트만 계열의 학자들이 말하듯이 헬라 문화권의 신화적인 언어—여성신학 문제 제기의 입장에서 말하자면 헬라 문화권의 가부장적인 언어—라고 해도 그의 아들 됨은 하나님과의 통일성의 의미를 함축하고 있는 말이다. 아들이라는 칭호는 아버지 호칭에 상관적이며, 이 호칭들은 양자의 통일성을 인격적 언어로 지칭하는 것이다.[14] 아버지와 아들이라는 남성적 언어들은 여기에서 가부장적 세계를 넘어서는 새로운 의미를 지닌다. 아들이라는 헬라 문화권에서의 신화적인 가부장적 언어는 예수의 사건에서 완전히 새로운, 이 문화권을 넘어서는 의미가 있다. 구약에서의 구원의 주제와 신약에서의 예수 그리스도의 사건이 가부장적 종교와 문화, 가부장적 세계의 언어와 매체를 통하여 세계에 선포됨으로써 이 가부장적 세계를 상대화시키고 극복한 것이다. 이와 같이 하나님의 섭리가 가부장적 세계를 통하여 역사하셨고 또 하신다고 우리는 말해야 할 것이다.

교회의 예배와 언어에 있어서 하나님의 아버지 호칭은 삭제될 수도 없고 또 그렇게 되어서도 안 된다. 그것은 성서적 증언의 일회적인 역사성을 보유하고 있기 때문이다. 그러나 가부장적 교회 전통과 세계 상황을 상대화시키고 또 궁극적으로 극복하기 위하여 하나님의 여성 호칭의 가능성과 실천이 배제되어서는 안 된다. 아버지라는 호칭 자체는 '어머니'라는 말에 상대적이다. 그렇다면 '하나님 어머니'라는 호칭은 아주 정당한 것이다. 어떤 여성들은 삼위일체 하나님의

---

14 Walter Kasper, *Jesus der Christus* (Matthias-Grünewald-Verlag), 박상래 역, 『예수 그리스도』 (분도출판사), 429-435. 전통에서의 하나님과 아들의 인격적인 통일성에 관한, 특히 중세기의 스콜라적인 사변이 종합적으로 제시되어 있다. 가톨릭 신학자인 카스퍼도 아버지와 아들의 인격적인 통일성을 그렇게 형이상학적으로 혹은 사변적으로 생각하지 않는다. 이 통일성은 예수 그리스도에게서 일어난 사건, 즉 그의 하나님 나라 선포, 말씀, 그의 십자가와 부활의 사건에서 고백되는 것이다. 이러한 주장에 있어서 카스퍼는 바르트와 동일하다.

어느 한 편에 여성의 호칭을 부가하려고 시도하기도 한다. 그러나 여성 호칭이 하나님의 어느 한 편에 부분적으로 해당한다고 생각될 수는 없다. 하나님 아버지 혹은 하나님 자신이 '하나님 어머니'라고 일컬어질 수 있다는 말이다. 어머니라고 우리가 호칭한다면 아버지를 반대의 성(性)으로 대치하는 것이 아니냐는 생각에서 아버지라고도 또 어머니라고도 호칭하지 말자는 의견도 있으며, 하나님은 성을 초월한다는 주장도 있다. 그는 물론 성을 초월하신다. 그러나 인간과의 인격적인 관계에서 인격적인 호칭으로서의 아버지 혹은 어머니라는 언어가 그 자신의 인격성을 지시하는 것으로서 사용될 수가 있다. 그의 인격성은 궁극적으로 그의 주체성, 자유로운 창조자와 구원자로서 그의 행위의 주체성을 의미한다. 또 우리가 그의 초월성만을 생각한다면 우리는 그를 언어적으로 표현하고 전달할 수가 없다. 초월하시면서 인간 세계에 말을 걸어오시고, 요구하시고, 심판하시고 또 구원하시려는 그의 뜻과 행위는 인격적인 언어에 의하여 표현되는 것이 무엇보다도 좋다. 데일리가 주장하는바 틸리히의 개념인 '존재의 근거'라는 표현은 어떤 면에서 사용될 수도 있겠으나 하나님의 인격성과 인간과의 인격적인 관계를 표현하기에 부족하다. 대표적인 인격 언어가 바로 남자와 여자, 아버지와 어머니 혹은 아버지와 아들, 아버지와 딸, 어머니와 아들, 어머니와 딸 등의 관계 언어이다. 하나님은 인간에 대해 기원적인 존재이므로 아버지 혹은 어머니라는 호칭이 적합하다. 물론 하나님 어머니라는 호칭이 쓰여야만 여성신학이나 여성해방이 이루어지는 것은 아니다. 이미 우리가 고찰했듯 하나님 아버지라는 호칭은 초가부장적이다. 그러나 아버지라는 인간적 언어 자체는 상대적이며 따라서 어머니라는 언어도 하나님에게 사용될 수 있다는 가능성을 우리는 열어 놓아야 한다. 이렇게 함으로써 가부장적 언어가 상대화된다.

2. 예수 그리스도와 여성

여성신학의 거점은 예수에게 집중되고 있으며, 그가 눌린 자의 해방자라는 의미는 바로 여성신학의 핵심이다. 복음서들에 있어서 여성에 대한 그의 태도는 가부장적 종교와 문화의 요소를 조금도 반영하지 않을 뿐만 아니라 가부장적 세계의 법질서와 관습으로부터 해방시키는 계기가 되고 있다. 그러나 해방자가 남성이었다는 사실이 여성신학에 있어서 걸림돌로 여겨지기 때문에 그의 인간성에 관한 여성신학적 해석이 시도되고 있다. 그래서 러셀은 예수의 참인간성은 그가 한 남자(ὰνήρ), 즉 한 남자의 성을 가진 자였다는 사실에서보다는 남자와 여자라는 성을 초월하는 인간(ανθρωπος)이라는 면에서 찾아져야 한다는 것이다.[15] 바르트에 의하며 이 인간성은 그의 부활에서 명시되는 바로 하나님의 인간성이다. 그러나 어쨌든 예수가 남성의 계기를 가졌다는 사실이 거추장스럽게 여겨질 필요는 없다. 이 사실을 우리는 여성신학적 입장에서 해석해야 한다. 여기서 주목할 것은 예수의 남자 됨이 가부장적 종교와 문화의 지배상에 의해서는 전혀 설명될 수 없다는 사실이다. 하나님의 구원 메시아가 한 남자였다는 사실은 물론 가부장적 세계를 부정적인 의미에서라도 반영한다. 만일 세계가 여가장적(女家長的) 지배 체제였더라면 메시아는 한 여자였을

---

15 L. M. Russell, 앞의 책, 168-170과 *The Future of Partnership* (The Westminster Press, 1979), 51 비교.

것이라는 가능성이 배제될 수는 없다. 그러나 주목할 것은 한 남자에게 있어서 질기고 억센 가부장의 지배 체제를 무너지게 한 하나님의 구원 드라마이다. 이 때문에 여성신학과 여성해방은 예수 그리스도에 정초하는 종말적인 전망에 따라 규정된다. 여성상은 이제 그의 종말적인 인간성의 표징이 된다.

그리스도론은 전통적으로 예수의 신성에 직결된 것이며, 그의 메시아 됨 혹은 아들 됨은 이것을 암시하거나 지칭하는 것으로 해석되어 있다. 하나님과 그리스도의 통일성은 바로 그러한 그리스도론적 출발점이다. 여성신학적 문제 제기는 그리스도론 전통이 남성적 언어와 성격에 의하여 규정되었으며, 교회와 신학 전통의 가부장적 체제와 의식을 밑받침하는 구실을 행하여 왔다는 점에 있다. 그래서 데일리는 반그리스도론을 제창하기도 한다. 전통적 그리스도론의 남성 언어와 역할이 그러하였다 하더라도 여성신학은 그리스도론적 근거를 상실하여서는 안 되며, 그것의 재해석을 필요로 한다. 이미 말했듯이 하나님의 아버지 호칭과 예수의 아들 됨은 초가부장적인 성격을 가지며, 이것을 심판할 뿐만 아니라, 이것을 넘어서서 적극적인 새로운 미래의 인간성을 열어준다. 그러나 문제는 교회와 세계의 가부장적 구조가 그대로 존속한다는 데에 있다. 이것은 개혁운동 혹은 실천을 통해 변화되어야 할 것이다.

이제 예수는 주(Κύριος)라는 초대교회의 그리스도론적인 고백, 그의 부활에 대한 체험에서 초대교회의 선포에 나타난 이 고백과 관련하여 기독교 전통의 문제가 검토되어야 한다. 이 호칭 자체도 세계의 지배자 언어이다. 그러나 그리스도의 주성(主性, Lordship)은 어떠한 의미를 갖는가? 그의 주권이 가부장적 지배자상과는 정반대라는 것,

세계의 패권을 종말적으로 하나님의 심판 아래 세운다는 것이 주목되어야 한다. 그 자신이 한 남자로서 하나님의 의에 죽기까지 복종함으로써 가부장적 지배권에 종지부를 찍었다. 그의 주성은 이 죽음의 시련을 통과하여 세워진 하나님의 의의 주권이다. 이 주권은 세상의 권력을 멸하고, 모든 권세를 하나님 아버지에게로 환원시킬 때까지 다스리는 주권이다(고린도전서 15:24-26).

그리스도의 주권이 이러한 종말적 구원의 빛에서 이해되지 않으면 세상 패권자들의 권력 유지를 위한 이데올로기로 전락할 수 있으며, 실제로 서구 기독교 전통에서 하나님의 주권이 그렇게 오용되었다. 로마서 13장에서의 바울의 권력 개념, 즉 세상 통치자의 권력이 하나님으로부터 주어진 것이라는 권력 개념이 기독교 전통과 서구의 기독교적 패권자들에 의하여 그렇게 오용되었던 것이며, 이러한 기독교의 역사적 사실이 18세기 특히 19세기 이래 사회주의 운동 측과 또 일부 신학자들에 의한 비판의 화살의 과녁이 되어 온 것이다. 블로흐는 그러한 '패권자 이데올로기'(Herren-Ideologie)를 신랄하게 비판하면서 하나님의 주권 혹은 그리스도의 주성을 인간으로 환원시킨다. 여기에서는 주로서의 하나님상이 사라져버린다. 예수의 주라는 칭호는 결국 헬라 문화권의 지배자 이데올로기의 반영이다.[16] 그렇다면 하나님의 주권 혹은 예수의 주성은 여성신학에 위배되는 것이 아닌가.

이러한 문제 제기와 문제 상황에 직면하여 우리가 그러한 성서적 주권 개념을 재천명하는 이유는 무엇인가. 이미 위에서 논술했듯이 하나님의 주권은 그의 의와 구원의 주권, 세계의 지배자 권력을 심판하

---

16 Ernst Bloch, *Atheismus in Christentum* (Suhrkamp, 1973), 23,27, 172-173.

는 주권, 즉 그의 초월성을 의미한다. 이 하나님이 인간으로 환원될 수는 없다. 문제는 주로서의 하나님이 세계의 지배자상의 확대 혹은 신격화의 종교적인 기준으로 사용되었다는 데 있으나 그가 인간과 자연의 창조자와 구원자로서 주재한다는 것은 바로 인간을 자유롭게 하는, 애굽의 종의 집으로부터 이스라엘을 자유롭게 하는 억압자로부터 피억압자를 자유롭게 하는 주권을 의미한다. 이러한 주 하나님이 인간으로 환원된다고 해서 인간이 자유롭게 되는 것은 아니다. 그가 인간으로 환원되고 인간만이 혹은 신적인 자연만이 존재한다고 한다면, 인간과 자연의 유한성도 영원에의 갈망도 자유와 의와 사랑의 근원과 그 성취도 다 수수께끼로 남아 있거나 부질없는 무상성(無常性)에로 사라져버릴 것이다. 또 예수의 '주'라는 칭호가 헬라 문화권의 지배자 언어로부터의 전용이라고 해도 이 언어가 그에게 전용됨으로써 지배자 이데올로기로서의 그 언어가 완전히 변모하고 만다. 예수가 죽기까지 하나님에게 복종하였다는 초대교회의 혹은 바울의 선포(kerygma)는 어떤 신적인 지배자에게 굴종한 것이 아니라, 반역하는 세상의 멍에를 짊어지고 이에 반하여 하나님의 의를 세웠다는 것을 의미한다. 로마서 13장에서 바울이 말하는 세상의 통치권, 하나님으로부터 부여되었다는 통치권이란 예수의 복종 행위와 종말적인 전망, 즉 모든 통치권이 하나님으로 환원되는 종말적인 전망(고린도전서 15:24-26)에 비추어서 해석되어야 한다. 이러한 전망에서 볼 때 그 통치권은 인간에 의하여 행사될 때 상대적인, 즉 하나님의 의와 구원의 섭리에 봉사하는, 그래서 인간을 이 구원으로 인도하게 하는 수단이 되어야 하며, 이러한 의미에서 상대적이며 적극적인 의미를 갖게 된다.[17]

부활한 그리스도의 주권은 세상에서의 그의 종 됨, 하나님의 뜻에 복종하고 세상을 섬기는 종 됨의 모습에서 구체화되어 있다. 신약의 복음서들에 증언된 예수의 이 모습과 그의 십자가 처형의 사건에서 그의 주 됨은 세상의 패권자상과는 완전히 다른 것으로 계시된다. 러셀이 말하듯이 그의 종 됨은 어떤 굴종이 아니라 섬김을 의미한다.[18] 그는 이러한 행위에서 자유로운, 하나님과 세상을 위해서 자유로운 주이다. 본래 하나님의 주권은 그의 자유를 의미한다.[19] 예수의 이러한 인간성에 있어서 세상에서의 노예제도와 노예의 굴종에 쓰였던 종 됨의 의미가 완전히 변모한다. 세상에서의 종 됨, 섬김, 복종은 주로 지배자, 남성 지배자의 언어이다. 조선 시대에는 여자에게는 "이순위 정자 첩부지도야"(以順爲正者 妾婦之道世), 즉 순종함으로써 바름을 행하는 것이 첩부의 길이라는 것이다. 그래서 여자의 이름에는 갑순, 금순, 복순, 정순, 순이 등 순(順)자가 쓰였으며, 여자에게는 삼종주의(三從主義), 즉 여자는 부(父), 부(夫), 자(子)에 의존하고 섬기는 것이 의라는 것이었다.[20] 어디 이뿐인가. 많은 하층민 여자들에게는 이름도

---

17 Karl Barth, "Rechtfertigung und Recht," "Christengemeinde und Bürgergemeinde," *Theologische Studien* 104, EVZ. 여기서 바르트는 복음과 율법, 교회와 국가의 관계에 관해 논한다. 국가 통치 권력은 하나님에게 속하는 것이며, 따라서 그 자체가 절대화될 수 없다는 것이다. 다시 말하면 그것은 그 자체 안에 정초된 절대적인 권력이 아니며, 하나님의 뜻에, 즉 복음에 봉사하여야 하며, 사람들의 자유로운 삶을 보장하는 데에 쓰여야 한다는 것이다.

18 Russell의 앞의 책에서 그녀는 구약, 제2 이사야에서의 야웨의 '종'의 뜻을 예수의 참 인간성으로 해석하고 있다(171-177 참조). 이러한 주장이 바르트의 『교회교의학』 III/2, "인간학," IV/1, "화해론"에 이미 대대적으로 관철되어 있다.

19 K. Barth, 『교회교의학』 II/1. §28. 주3의 박순경의 논문들.

20 김용덕, "조선女속고", "婦女守節考," 『조선후기사상사연구』 한국문화총서 제21집 (을유문화사), 15, 94, 378.

주어지지 않고 간난이, 이쁜이, 언년이 등으로 불렸다. 오늘에도 교회와 사회에서 섬김 혹은 순종은 주로 여자들에게 부과된 덕목이다. 노비들이야 말할 나위도 없이 완전히 자유를 박탈당했기 때문에 복종이라는 덕목도 이들에겐 해당하지 않았다고 해야 할 것이다. 죽기까지 세상을 섬긴 예수의 종 됨에 있어서 세상에서의 피억압자의 종 됨과 섬김이라는 언어가 완전히 변화되었으며, 그러한 피억압자의 멍에가 새로운 의미를 획득하게 된다. 즉, 이 멍에는 세상의 불의를 확증하는 것으로서 바로 하나님의 의를 갈망하는 것이요 증언하는 것이다. 이 때문에 피억압자와 그의 언어가 신학의 주제가 되며 언어가 되는 것이다.

이러한 의미에서 예수 그리스도는 한 남자라는 계기를 가졌다 해도 여성 또는 눌린 자의 상이며, 동시에 이들을 자유롭게 하는 해방자 여성 메시아가 될 수 있다. 19세기의 생시몽(St. Simon)파 여성 해방론자들은 여성 메시아를 대망하고 꿈꾸었다고 한다. 그들은 여성 메시아를 찾아 나서기도 했다. 이 사건은 그들의 자유를 향한 동경을 말해주지만, 예수 그리스도가 남성에 의하여 대표(Vicar Christi)되는 상황, 그러한 사회에서의 여성 억압의 상황에서 일어난 비극이었다. 테레사 수녀는 그리스도를 곧잘 어머니라고 호칭하였다고 한다. 이제 그의 인간성이 여성에 의하여 호칭되어야 할 상황에서 그리고 그리스도론이 가부장적 교회 구조로부터 해방되기 위하여 우리는 그의 여성 호칭의 정당성을 인정하여야 한다. 하나님 어머니 호칭이 여기에도 해당한다. 즉, 그리스도 어머니라는 호칭은 하나님 어머니 호칭과 동일한 의미로 사용됨이 좋다.

3. 성령과 여성

성령론은 특히 여성신학의 내적 근거로서 재해석되어야 한다. 성령(Spiritus Sanctus)도 교회 전통에 있어서 남성 언어이고 남성 대명사에 의하여 호칭되어 왔으며 신앙의 영성도 남자들에 의하여 대변되어 왔기 때문에, 성령론은 남성적 성격을 가지고 있으나 여성신학적 견지에서 재해석되어야 한다. 성령은 삼위일체론에 있어서는 전통적으로 아버지와 아들 사이 사랑의 연합 혹은 통일성을 가능하게 하는 하나님의 영이며, 동시에 예수 그리스도의 영이다(서방 교회의 Filioque론). 공관복음서들에 의하면 하나님의 영은 예수 탄생의 근원이며(누가복음 1:35), 그의 공생애도 하나님의 영에 의하여 시작된다(그의 시험 기사 참조). 그러니까 예수의 하나님 나라 선포, 귀신 축출, 병 고침, 죽기까지 복종한 그의 행위가 다 하나님의 영의 역사하심이라는 뜻이다. 예수 부활의 생명은 곧 하나님의 영의 생명이다. 성령은 하나님의 구원의 영으로서 곧 생명의 근원이다. 부활한 자의 영은 곧 하나님의 영이다. 성령이라는 말은 그 영이 다른 영들과 구별되는 하나님 자체를 가리킨다. 신약에 있어서 영(πνεῦμα)이라는 말은 중성이다. 고대교회에서 성령이 중성으로 호칭되기도 했으나 아버지와 아들이라는 인격적인 호칭들에 상응하여 남성으로서 호칭된 것 같다. 이미 말했듯이 아버지와 아들이 어머니로서 호칭될 수 있다면 성령도 그렇게 호칭될 수 있다. 성령은 교회 탄생의 근거로서 특히 여성 언어, 즉 어머니라는 말에 더 접근한다(사도행전 2장, 성령강림 사건 참조).

구약에서 영 '루아흐'(חור)라는 말이 여러 가지 맥락에서 사용되고 있으나 우리는 주로 생명을 주관하시는 또 구원의 의를 나타내는 하나님의 영의 의미를 주목할 필요가 있다. 루아흐는 살아 계신 하나님의 영을 말하기도 하고, 인간의 생명체의 정신 혹은 하나님의 입김이 불어넣어진 육체로서의 인간 생명, '네페쉬'(ψφ], 창세기 2:7)를 의미하기도 한다.[21] 또 하나님의 영이 예언 전통에 있어서 구원 혹은 의의 영으로서 주제화되어 있으며, 예수 그리스도에 있어서 성취된 것으로서 신약에 재포착되어 있다(사도행전 2장, 성령강림 사건; 요엘 2:28-32 참조). 이사야 11장 1-2절과 그 이하의 구절들에 따르면 이새의 뿌리로부터 나올 한 줄기, 즉 메시아 위에 야웨의 루아흐가 임하시리니, 이 영은 의를 분별할 줄 아는 지혜의 영이요, 의로써 통치할 줄 아는 능력의 영이다. 예수의 탄생과 모든 행위가 하나님의 영에 의하여 규정되었다는 공관복음서들의 증언은 그러한 구약적 메시아 예언의 배경에서 이해되어야 한다. 이 구원의 주제가 초가부장적인 것이라는 점이 상기되어야 한다. 또 루아흐 혹은 인간의 생명체를 의미하는 네페쉬는 다 여성 명사들인데, 그 이유는 구약에 밝혀져 있지 않으나 무엇인가를 암시하여준다. 즉, 이 말들은 하나님과 인간의 내적인 생명력을 암시한다.

여성은 출산이라는 자연적 기능을 가진, 특히 생명의 매체이다. 그러나 여성신학이 태(胎)의 신학으로서 혹은 여성적인 '본능의 신학'으로서 특징지어져서는 안 된다. 출산 기능은 여성 됨의 한 계기이기는 하나 여성신학적 의미의 핵심이 아니며 또 여성신학이 등장하는 계기가 태도 아니고, 본능도 아니다. 그렇게 여성신학을 규정하는 것은 지금까지의 교회와 신학 전통에서 행사하여 온 가부장적 성격을

---

21 민영진, "구약성서의 靈 이해," 「신학사상」 1, 31 (1980, 겨울): 162-163.

조금도 손상시키지 않고서 여성신학의 영역을 좀 할당해주려는 것이다. 여성의 출산 기능이 신학적인 의미를 갖게 되는 것은 하나님의 영, 특히 구원의 영에 의해서이다. 출산 기능 자체는 상대적이며, 오늘에 있어서 산아 제한, 낙태, 시험관 아기 출현 등의 현상은 그러한 상대성을 말해주고도 남는다. 구약에 있어서 족장들의 출생이나 대를 계승시키기 위한 출생이 창조 신앙, 구원의 빛에서 조명된 창조 신앙과 구원 역사의 맥락에서 신학적인 의미를 가진다. 이삭의 출생이 하나님의 축복과 약속이라는 신앙은 바로 그러한 의미를 보여준다. 메시아의 탄생에서 여성의 출산이라는 의미가 성취된 것이며, 여기에서 여성은 생명의 어머니로서 일컬어질 수 있다. 그러므로 생명을 주관하시는 하나님의 영은 여성에 의하여 표징화될 수 있다.

성령은 생명의 근원을 의미하기도 하지만, 전통적으로 하나님의 불가시적인 내면성, 그의 자유로운 삶의 내면성을 의미한다. 신약에 의하면 하나님의 이 자유로운 영은 교회를 탄생하게 한 내적 근거로서 교회의 영이다. 지금까지 문화사에서 내면성은 여성의 특징으로서 생각되어 왔다. 물론 이것은 다분히 가부장적 규정 속에서 형성된 특징이며 상대적 가변적 현상이다. 그렇다고 해도 성령의 내면성은 상대적으로나마 여성에 의하여 표징화되는 것이 더 좋다. 물론 영은 여자에게서도 남자에게서도 내적으로 역사하기 때문에 남성으로도 여성으로도 중성으로도 호칭될 수 있다. 그렇다고 해도 상대적인 의미에서 성령은 여성 언어에 의하여, 즉 어머니로서 호칭됨이 좋다. 한국교회에 있어서 성령 운동은 주로 여자들에 의하여 벌어지고 있다는 사실이 우연사는 아닌 것 같다. 남자들의 눈은 외계로 집중되므로 세계가 그들의 지배욕과 욕심의 대상으로 둔갑해버리곤 하지만,

여자들은 불가시적인 성령을 갈구하면서 자신들의 심리적인 내면성으로 파고들어 가므로 미치기가 일쑤이다. 그래서 실성하고 중언부언하기도 하며, 방언이다, 병 고침이다 하는 마술적 심리를 성령의 역사와 혼동하기 일쑤이다. 이러한 현상은 성서적인 의미의 영의 내면성을 잘못 생각하는 데서 기인하며, 신학교육과 목회자들의 올바른 지도를 통해 정정되어야 할 것이다. 인간 안에서 내적으로 역사하시는 하나님의 영은 신약에 있어서 그의 종말적인 구원으로 지향하게, 즉 자유롭게 하는 영이다. 그러므로 그의 영은 인간의 자유의 근원이다. 이 자유는 세계의 모든 불의로부터의 해방을 주제로 하는 여성신학 혹은 해방신학의 내적 근거이다.[22]

III. 교회론의 여성신학적 해석

1. 교회의 직분과 여성

전통적으로 교회는 어머니라고 호칭되거나 혹은 여성 대명사에 의하여 호칭되기도 한다. 그러나 가부장제는 교회의 직분 구조에

---

22 여기에서 지적해 둘 일이 있다. 성령론이나 성령운동은 여성신학이고, 민중신학이나 다른 어떤 신학의 유형은 남성신학이라고 말하는 것은 커다란 과오다. 여성신학은 신학의 한 유형이기는 하나 신학 전통에의 어느 한 면, 말하자면 성령론이나 여성에 관한 어느 한 주제를 내걸고 등장한 것이 아니다. 그래서 어떤 유형의 남성신학과 나란히 병립하는 것이 아니다. 원칙적으로 말하자면 남성신학도 여성신학도 아닌 신학이라야 하나, 역사적, 사회적 상황에서 여성신학이 탄생한 것이다. 여성신학은 신학의 모든 주제, 여성 민중뿐만 아니라 남성을 포함한 민중, 눌린 자의 문제들을 다루어야 한다. 여성신학은 또 교회와 신학 전통에서의 가부장적 요인들을 극복해야 하며, 이 전통에 함축된 진리를 새롭게 되살려내어 재해석함으로써 신학의 통일성을 지향해야 한다.

가장 잘 표출되어 있다. 또 전통적으로 그리스도와 교회 관계, 교회의 머리로서의 그리스도 의미가 남편과 아내의 종속적인 관계, 즉 남편은 아내의 머리라는 관계로 비유되었다(고린도전서 11:3; 에베소서 5:22-23 참조). 이 구절들은 그리스도의 주성을 그러한 가부장적인 언어에 의하여 표현하고 있다. 그러나 이 구절들은 그리스도와 교회의 관계를 남편과 아내의 관계와 동일시하지는 않는다. 즉, 남편에 대한 복종이 곧 그리스도에의 복종은 아니다. 그 구절들에 함축된 이 구별은 초가부장적인 요인이며, 남편과 아내의 종속적인 관계를 나타내는 저 비유 언어를 상대화시킨다. 즉, 그 비유 언어는 시대적인 것이며, 이제 폐기되어도 된다는 뜻이다. 그 언어가 폐기된다고 해서 교회에 대한 그리스도의 주성이 약화되지는 않는다. 성서 내에서 가부장적 세계와 언어는 상대화되어 있다. 즉, 남자와 여자의 종속적인 관계를 반영하는 사도 바울이 갈라디아서 3장 28절에서는 남자와 여자가 평등하다는 것을 명시한다. 즉, 종말적인 구원의 전망에서 볼 때 가부장적 종속관계는 상대적인, 사라져버릴 현상이다. 성서의 가부장적인 요소들은 이러한 전망으로부터 해석되었어야 했다. 그리스도와 교회의 관계가 남자와 여자의 관계로서 비유적으로 표현될 수 있다. 그러나 그리스도와 교회의 관계 자체가 남자와 여자의 관계 자체는 아니다. 남과 여의 관계는, 여가 진리를 말할 때는 남이 복종해야 하는 경우도 있으며, 그 반대일 수도 있는 상대적 관계이다. 그리스도의 주성은 결코 남편의 가부장적 지배권을 의미하지는 않는다. 남과 여는 다 교회의 인간성에 속하며, 그리스도의 진리에 복종하여야 한다. 이와 같이 남과 여를 포함하는 교회의 인간성은 여성, 즉 어머니로서, 새로운 인간성의 어머니로서 표징화될 수 있다. 그리스도가 성서에서 남편으로서 비유되는 동기에는 그가 한 남자였다는 사실이 함축되어 있음이 틀림없으나 그의 남자 됨이 전혀 가부장적 지배자상과 다른 인간성을 나타낸다는 것을 우리는 이미 고찰했다. 문제는 교회 전통적으로 그리스도는 가부장적인 남성상에 의하여 대표되었다는 사실에서 연유된다.

특히 중세기에 확립된 성직 위계질서는 그리스도의 대리(Vicar Christi)라는 개념을 선두로 하여 성립한 것이다. 프로테스탄트교회는 그러한 가톨릭교회의 위계질서를 거부하고 만인사제론(all priesthood)을 형식적인 원리로 주장해 왔으나 역시 가부장적인 교회구조의 성격을 가진다. 가톨릭교회이든 프로테스탄트교회이든 교회의 권위는 특징적으로 남성상에 의하여 대표되어 왔으니 교회의 머리는 남자인 셈이다. 여자들도 남자들을 하나님의 형상으로 우러러 흠모하여온 것이다. 바로 이러한 풍토에서는 여성 목회가 하늘의 별 따기만큼이나 어려울 수밖에 없다. 교회의 권위는 높은 직분이 아니라 하나님, 그리스도, 새 인간성에의 증언에 달려 있다. 이제 가부장적 성직 제도가 여성의 참여를 통해 상대화되어야 한다.

지금까지 남성 교황이 교회의 권위를 대변하여 왔으니 이제 여성 교황이 출현하여야 하지 않겠는가. 남자들이 신부라고 일컬어진다면, 이제 수녀들은 신모(神母)라고 일컬어져야 하지 않겠는가. 이제 신모들도 신부들과 함께 말씀을 전하고 성례전을 집전하여야 하지 않겠는가. 또 여성 목회의 여건이 강구되어야 한다. 남자와 여자의 공동 목회도 권장할 만하다. 교회 기구들도 남자와 여자의 협동이라는 방향으로 개편되어야 한다. 이러한 협동23은 교회의 머리가 되시는 그리스도에의 복종과 그의 새로운 인간성을 실천하는 혹은 연습하는 일이며, 이렇게 함으로써 가부장적 교회 구조를 넘어서는 교회의 새로운 질서를 창출할 수 있을 것이다. 그러한 협동은 남자들로부터의 협조 없이는 결코 성취되지 못할 것이다. 그러한 협동은 남자들을 그들의 지배 의식과 교회 지배 구조로부터 해방되게 하는 길이다. 여자들이 반드시 교회의 높은 직분, 교황이나 감독 직분과 같은 자리를 차지해야 한다는 것이 아니다. 그것은 가부장적 교회 구조를 대치하고 연장시킨다는 말이다. 그것은 여성신학의 문제 제기를 왜곡시키는 일이다. 그것은 기나긴 가부장적 세계의 부정적 교훈과 눌려온 여성의 체험을 무의미하게 만드는 일이다. 교회에서는 높은 자리라는 것이 없어야 한다. 교회의 직분 제도는 예수 그리스도의 종 됨과 섬김의 길을 연습하면서 그의 진리를 증언하기 위한 기능을 고려하여 언제나 새롭게 변경되어야 할 것이다. 종교개혁자들이 말한바 "항시 개혁하는 교회"(ecclesia semper reformanda)라는 것은 이제 남자와 여자의 협동, 교회에서의 인간 평등을 실천한다는 의미에서 관철되어야 한다. 괴어 있는 물은 썩어버리게 마련이다. '순례자들의 신학'(theologia viatorum) 이라는 중세기 개념은 변혁하는 교회와 변혁하는 신학의 의미에서 재해석될 수 있는 좋은 말이다. 종교개혁자들의 만인사제론도 이제 저 협동의 실천에서 관철되어야 한다. 그 협동은 여자들이 더 높은 자리를 획득하기 위해서가 아니라 기존의 가부장적인 위계질서를 상대화시키고 새로운 인간성 ― 남자와 여자의 또 성직자와 평신도의

---

23 러셀은 교회에서의 남자와 여자의 협동, 곧 partnership에 관하여 폭넓게 전개하였다(주 8, 15 참조). 필자의 추측으로는 이 partnership 개념은 성서의 계약 개념을 반영한다고 생각된다. 어쨌든 러셀의 partnership 개념은 교회의 종속관계와 세계의 억압·피억압 구조의 문제 상황을 다루기에는 부족하다고 생각된다.

평등한 인간성으로 교회를 자유롭게 하기 위한 길이다.

2. 교회 공동체와 여성

성령이 교회 탄생의 근거라는 점에서 또 부활한 예수 그리스도가 교회의 주라는 점에서 교회론은 하나님론에 함축되어 있다. 우리는 여기에서 교회의 인간성을 주제로 하여 고찰하고자 한다. 교회의 인간성은 예수 그리스도의 인간성 그 자체이다. 땅 위에서 세상을 섬기고 죽기까지 하나님에게 복종한 그 인간성은 부활한 그리스도의 인간성에서 성취된 것이며, 이것은 영원한 인간성이다. 우리는 이미 이 인간성이 남자 됨의 한 계기를 가졌으나 초가부장적 인간성이라는 것을 말했다. 이러한 인간성은 곧 하나님의 인간성이다.24 이 인간성이

---

24 K. Barth, "Die Menschlichkeit Gottes," *Theologische Studien* 48 (Zollikon-Zürich: Evangelischer Verlag, 1956)의 영문판 *The Humanity of God* (John Knox Press). 여기에서 바르트는 자신에 대한 일반적인 비판, 즉 그의 신학에는 인간이 부재하다는 비판에 대하여 아주 재미있게 대답한다. 이 비판은 주로 그의 『로마서 주석』 (*Der Römer Brief*, 1922년판)에 근거하여 있다. 이 주석은 19세기 자유주의신학에 대한 일대 비판으로서 20세기 신학의 시초이기도 하다. 요컨대 전자는 하나님을 인간의 내면적인 종교성 (Schleiermacher), 윤리성(A. Ritschl), 이성(Hegel)으로부터 도출하는 형식으로 하나님을 인간화하였다는 것이다. 이에 반하여 바르트는 하나님의 초월성을 극단적으로 강조하며, 인간 전체, 특히 서구 인간과 문화를 하나님의 심판 아래 세운다. 이것은 말하자면 하나님의 부정(Nein)인 것이다. 인간은 여기서 無, 하나님의 부정적 심판 아래서의 죽음을 의미한다. 그렇다면 인간은 무엇이란 말이냐 하는 문제가 여러 가지로 제기되었으며, 바르트에 있어서는 인간학의 위치가 없다는 비판이 일어나게 되었다. 이에 대하여 바르트는 다음과 같이 대답한다. 자유주의신학이 하나님을 인간화 혹은 인간에로 환원하다시피 한 상황에서 하나님의 인간성을 말할 수는 없었으며, 하나님의 초월성을 강조한 자신의 입장은 옳았다는 것이다. 그러나 바로 이 옳았다는 점에서 그의 주장이 잘못되었다고 아주 역설적으로 그 자신이 말한다. 그리고 그는 하나님의 인간성을 말하면서 신학은 인간적인 측면으로부터, 즉, 그의 계시로부터(von oben)만이 아니라 아래로부터(von unten) 출발할 수 있다는 것이다. 여기서 인간학이란 하나님의 인간성, 즉 예수 그리스도에 의하여 규정되고 조명된 개념이다. 바르트는 『교회교의학』 III/2에서 신학적 인간학

한 인간 예수에게서 성취되었으나 모든 인간의 인간성이므로 한 개인의 인간성이 아니며, 따라서 모든 인간을 통합하는, 즉 공동체적인 교회의 인간성이다. 모든 인간을 통합하는 보편성은 인간의 어떤 보편적인 형이상학적인 보편 이념이 아니라 한 개체적 인간성이 가지는 의미요 현실성이다.[25] 만일 우리가 이러한 개체적 보편적 인간을 간과한다면 우리는 인간성, 즉 모든 인간에게 타당한 보편적인 인간성을 어디에서 발견할 수 있는가. 이러한 또 저러한 훌륭한 모범적인 인간들로부터 도출된 인간성이란 이념적 차원, 이상화된 추상적인 이념적 차원을 넘어설 수 없으며, 따라서 그러한 인간성은 현실성을 가지지 못한다. 또 저 현실적인 인간성은 그러한 추상적 이념에 의하여 파악되지도 않는다. 오직 그 인간성의 담지자인 예수 그리스도에의 신앙의 결단과 긍정, 즉 복종의 행위에 의해서만 그의 인간성이 신앙하는 자의 진리가 된다. 이때 신앙하는 자는 그의 인간성의 표징이 된다. 그의 인간성이 공동체적인 것이므로 이것의 우선적인 표징은 공동체적인 교회의 인간성이다. 물론 이것은 바로 개인적 실존의 인간성이다. 교회의 그러한 인간성은 사회성, 말하자면 하나님 나라의 인간성의 표징이다. 표징은 그것의 현실성 혹은 실재, 즉 예수 그리스도 혹은 하나님 나라와 구별된다. 이 구별이 바로 하나님의 초월성을 의미한다. 그러나 이 구별은 형이상학적인 이원론이 아니라 교회의 인간성이 종말적인 성취점, 즉 실재성에 도달하지 못한 과정에 있다는

을 대대적으로 전개했다. 그러나 신학적 인간학이 신학의 전부는 아니라 하고, 불트만의 실존주의적 인간학에 반하여 인간학의 한계를 설정하면서, 그러나 대대적으로 자신의 신학적 인간학을 전개했다.

25 K. Barth, 『교회교의학』, III/2, 인간학 §44의 3, "Der Wirkliche Mensch"의 영역 , "The Real Man".

말이다. 교회는 세계와 마찬가지로 하나님의 의와 참된 인간성에 위배되는 죄악에 관여하고 있을 뿐만 아니라 세계의 죄악이 근원적으로 철저하게 규정되는 장(場)이 교회이다. 사도 바울이 말한 것처럼 죄 가운데 은혜가 넘친다는 것은 그럼에도 불구하고 교회가 하나님의 용서와 은혜 아래 서 있다는 말이다(로마서 5:20 참조). 특히 오늘의 세계에서 볼 때 세계의 죄악은 역시 강자의 지배 구조 중심에서 작용하는 세력이라고 할 수밖에 없다. 용서와 은혜 아래서 교회는 세계의 죄악을 자체의 죄악으로 하나님에게 고백함으로써 이 죄악으로부터의 해방을 세계에 선포하고, 세계에 새로운 미래, 평등과 평화와 자유가 지배하는 미래로 변혁하여나가도록 하는 계기를 열어주어야 한다. 그러한 양식으로 교회는 세계를 대표한다. 교회 공동체는 바로 새로운 세계성 혹은 인간성 탄생의 표지이다.

예수 그리스도의 탄생은 바로 새로운 인간성의 탄생을 의미한다. 여기에서 우리는 예수의 탄생과 직결된 동정녀 마리아의 의미를 가톨릭 전통과는 달리 여성신학적 의미에서 비판적으로 재해석하여 그것을 새롭게 되살려낼 필요가 있다. 교회의 인간성의 첫 표징은 남자가 아니라 여자이다. 마리아는 예수의 인간성의 첫 표징으로서 바로 교회의 인격이다. 가톨릭의 금욕주의 전통에 있어서는 마리아의 처녀성 자체가 거의 신격화되다시피 하였다.[26] 성서는 처녀성 자체를 그렇게 추상적으로 이상화하지 않는다. 처녀성 자체의 찬양은 특히

---

26 R. Ruether, *New Woman · New Earth*, 손승희 역, 『새 여성 · 새 세계』(현대사상사), 70-87. 여기에서 류터는 가톨릭 마리아론을 비교적 상세하게 종교사적 배경을 고려하면서 고찰하고 비판한다. 마리아의 처녀성 숭배는 금욕주의적 여성 억압, 여성을 육체와 동일시하고 이것을 초월하려는 데서 연유되는 여성 억압의 표출이라는 것이다.

조선 시대의 가부장적 여성상이기도 하며, 여기서는 남성의 독점욕 표출이다. 동정녀 마리아의 시잉태(始孕胎)는 마태와 누가에 있어서 성령의 역사하심을 선포하는 표징 언어이다.[27] 예수가 다윗의 계보로

---

[27] R. Bultmann, *Die Geschichte der Synoptischen Tradition*, 7 Auflage (Göttingen: Vandenhoeck & Ruprecht, 1967), 316-317, 312-22와 허혁 역, 『공관복음서 전승사』 (기독교서회), 368-369, 374-375 비교. 불트만에 의하면 마태복음 1장 18-25절과 누가복음 1장 26-38절의 동정녀 수태 기사들은 유대교 전통에서가 아니라 헬레니즘에 그 기원을 가진다는 것이다. 헬레니즘 영역에서는 신적인 왕 혹은 영웅의 동정녀 탄생의 사상이 널리 퍼져 있었다는 것이다. 또 불트만의 *Das Evangelium des Johannes*, 10 Auflage (Vandenhock & Ruprecht), 40과 허혁 역, 『요한복음서 연구』 (성광문화사, 60) 비교. 여기서 불트만은 주장하기를 요한복음 기자는 처녀탄생 전설에 대해 아무것도 몰랐거나 알려고도 하지 않으려 했다는 것이다. 또 처녀탄생설은 말씀이 육신이 되었다는(요한복음 1:14) 하나님의 계시 사건에 있어 '육'과 말씀인 '영'을 오해하게 만들 것이라고 한다. 육과 영 은 '무엇'(was, what)이 아니라 '어떻게'(wie, how)라는 것이다. 불트만은 전자를 형이상학적 실재, 실체 혹은 본질이라는 개념으로서 이해하며, 후자를 실존의 존재 양식, 즉 전자와는 달리 역사성(Geschichtlichkeit)으로서의 존재 양식을 의미하는 실존 개념으로서 이해한다. 불트만의 신학은 전자를 취급하지 않는다. 이 때문에 성령의 존재, 즉 영원한 아버지와 아들의 통일된 존재라는 차원이 침묵되어 있다. 이러한 삼위일체론은 형이상학적인 사변이라는 것이다. 이와는 반대로 바르트에 있어서는 삼위일체 하나님에의 신앙은 형이상학적 사변이 아니다. 예수 그리스도의 사건, 역사적으로 일어난 사건으로부터 발생했다는 것이다. 바르트와 불트만의 차이점이 여기에서 더 논해질 수는 없다. 주목할 것은 양자가 다 마리아의 처녀성의 영원화를 거부한다는 점이다. 그러나 이 점에 있어서도 양자는 다시 결별한다. 바르트에 있어서는 처녀 탄생이 예수의 사건에의 증언으로 필수적이다. 처녀탄생설이 근동이나 헬라 문화권에서의 신화들에서 발견된다고 해도 우리가 물어야 할 것은 그러한 신화적인 전설이 마태와 누가에 있어 어떠한 의미를 가지는가 하는 점이다. 여기서는 예수 탄생의 사건이 하나님의 구원의 사건이라는 것을 의미한다. 저 신화들에 있어서는 자연의 혹은 여성의 생산력의 신격화, 즉 원시모(原始母) 혹은 여신들이 환상적으로 혹은 시적으로 표상되어 있으며 또 신적인 인간 영웅 혹은 왕의 기적적인 탄생이 전설적으로 이야기되어 있다. 마태와 누가가 그러한 신화적인 또 전설적인 환상 언어를 원용하여 예수 탄생 사건의 구원의 의미를 증언한다고 해도, 여기서 그러한 신적인 원시모라든지 남성적 가부장적 영웅이 전혀 간취될 수 없다. 또 마리아의 처녀성 자체가 찬양되어 있지도 않다. 예수는 원시모의 아들도 영웅도 아니다. 처녀탄생설이 어원적으로 신화적인 또 전설적인 기원을 가졌다 해도, 여기서는 전혀 다른 표징적 기능, 즉 구원의 사건에의 증언으로서의 기능을 수행하고 있다는 사실을 우리는 주목하여야 한다. 또 마리아의 출산 기능에 의하여 그의 인간성 자체가 어떠한 표징적 의미를 가지게 되는가가 주목되어야 한다.

부터 출현했다는 것을 특별히 의식하는 마태가 어떻게 마리아의 처녀성을 이상화하겠는가. 가부장적 표징 언어가 구약에서 하나님의 구원의 대표적인 언어이지만, 이제 이것이 마리아의 예수 잉태에서 여성 표징 언어에 의하여 대표된다. 여기에서 가부장적 역사가 종결되었다는 사실이 주목되어야 한다. 구약에서의 초가부장적인 구원의 주제는 이제 여기에서 종말적으로 일어난 것이다. 비록 바르트가 여성들에 의하여 가부장적 신학 전통의 대변자처럼 비판되고 있으나,[28] 그에게 마리아의 처녀성 해석은 그러한 비판과는 정반대이다. 바르트에 의하면 처녀에게서 태어난 예수는 인간 아버지의 아들이 아니라 영원한 하나님 아버지의 아들이라는 것이다. 그의 탄생사건은 남성적인 생산을 '배제하기' 때문이다. 그것은 "인간적 부(父), 인간적 생산, 바로 남성적인 인간의 전 행위라고 표시될 수 없기 때문이다. 바로 이 때문에 그것은 그의(남성의) 행위의 탈락이라고 표시될 수 있다."[29] 예수의 탄생에 있어서 마리아의 의미는 그의 처녀성이나

---

28 R. Ruether, 『새 여성 · 새 세계』, 83-84.

29 바르트의 그러한 말은 분명히 가부장적 세계의 문제를 의식하고 있다는 것을 암시하기 때문에 여기에 그 원문이 인용될 필요가 있다. 즉, 아버지와 아들의 위격적(位格的) 혹은 인격적 연합(Enhypostasie 의 교리)에 관하여 단순히 다음과 같이 말하여질 수 있다고 한다. "...Als der Gott, der als der ewige Vaterseines ewigen Sohnes keinen menschlichen Vater neben sich haben will, dessen ewiges Zeugen dieses ewigen Sohnes ein menschliches Zeugen ausschlieBt-beides darum, weil ein menschlicher Vater, weil menschliches Zeugen, weil das ganze Tun des männlichen Menschen hier nicht bezeihcnend wäre. Darum ist aber gerade das Fehlen seines Tuns hier bezeichnend. Darum"(natus ex virgine,『교회교의학』 I/2, 213), 여기서 영원한 아버지와 아들이라는 전통적 개념들이 가부장적 언어의 영원화인 것처럼 들리지만, 이 개념들이 가부장적 남성 아버지를 하나님의 구원의 사건으로부터 배제시킨다는 것이 주목되어야 한다. 또 바르트의 말을 인용하자면, "남성적인 행위가 세계사에 있어서 현격하고 특징적이다."(Bezeichnend für die Weltgeschichte, charakteristisch für die Weltgeschichte... ist schon das männliche Handeln. 같은 책, 212, 윗점은 바르트 자신의 표시임). 이러한 바르트의 주장은 창세기

생산력 자체에 집중되지 않는다. 이러한 자연적인 여성 됨의 계기가 저 탄생 사건으로 채택됨으로써 하나님의 구원과 새로운 인간성에 관여하는 표징이 된다는 것에서 그 의미를 가진다.[30] 마리아의 인간성이라는 의미는 그의 복종의 행위를 통해 규정된다(누가복음 1:38). 이 복종은 하나님의 구원의 뜻, 즉 예수의 탄생 고지에 대한 마리아의 수긍으로서 모든 이스라엘, 하나님의 백성을 대표하는 행위이다. 누가복음(1:46-55)에 나오는 마리아 찬가에 그러한 행위의 의미가 표현되어 있다. 이 찬가는 마리아 자신의 것이 아니라 유대교의 송가에 속하는 한 부분이 누가에 의하여 그에게 적용되었다고 해도, 이 송가의 의미가 마리아의 행위에서 재포착되어 있다. 그의 복종은 바로 하나님 앞에서의 이스라엘의 행위의 주제다. 이스라엘의 이러한 종 됨의 의미가 마리아에게서 재포착되어 있다. 이 주제는 예수의 종 됨에서

3장 16절에 정초되어 있다. 즉, 타락 이후에 남성에게 부과된 하나님의 저주는 남자가 여자를 다스리는 '主'가 될 수밖에 없다는 것이다(같은 책). 타락 이후의 세계사는 남성에 의하여 규정되고 또 대표되어 있다는 사실이 로마서 5장 12절에 제시되어 있다는 것에 바르트는 주목한다. 그러나 여성이 이 남성적 세계로부터 제외되는 것은 아니다. 그러므로 예수의 탄생에서 남자의 행위가 배제되었다는 것이다(같은 책). 바르트의 신학은 여성을 주제로 삼지는 않았으나 분명히 여성신학의 탄생과 문제 제기의 타당성을 암시하고 있다. 그의 신학에 있어서의 하나님의 초월성은 가부장적 남성상이 아니라는 것이 처녀탄생 설화에 대한 그의 해석에서, 또 다른 맥락에서도 명시되어 있다. 그러나 문제는 바르트 자신이 너무도 위대한 남성 신학자라는 사실에 있다. 이 때문에 여성신학은 여성에 의하여서 주도되어야 한다.

30 마리아의 여성 됨 자체가 신격화될 수 없다면, 모든 여성의 여성 됨 혹은 출산력은 여성을 규정하는 근거가 될 수 없다는 것을 의미한다. 누가의 몇 구절들을 읽자면, 예수의 마귀 축출 기사의 맥락에서 한 여자가 예수에게 말하기를 "당신을 낳은 태와 당신이 빤 가슴이 복됩니다"라고 한즉 그가 답변하기를 "오히려 하나님의 말씀을 듣고 이것을 지키는 자들이 복되니라" 했다(11:27-28). 그러므로 '태의 신학'이라든지 태의 신비화는 성서적으로 밑받침될 수 없으며, 그것은 원시적인 신화화를 의미한다. 마리아에 대한 예수의 의미는 결코 자연적인 母와 子 관계에 있지 않다(마가복음 3:31-35, 마태복음 12:46-50, 누가복음 8:19-21 참조).

성취되었고, 따라서 이는 곧 이스라엘의 대표자다. 마리아도 그의 종 됨에 참여하는 여종이다(누가복음 1:38). 그러므로 마리아는 이스라엘 공동체의 어머니로서의 의미를 지닌다. 이 이스라엘의 어머니에게서 모든 여성 됨의 자연적인, 육체적인 계기가 성취되었다. 마리아의 복종은 전적으로 수동성, 하나님에의 응답으로서의 수동성을 의미하지만, 이것은 한 가부장에 대한 굴종이 아니라 마리아의 자유로운 영성을 의미한다. 그의 영과 육은 불트만이 주장하는 '어떻게'라는 두 계기로써 하나님의 구원 행위에 참여한다. 이스라엘 공동체의 어머니로서 그는 곧 교회 공동체의 어머니가 된다. 예수의 새로운 인간성의 탄생의 한 매체로서 그는 이 인간성의 공동체의 어머니가 되며, 따라서 교회의 인격이라고 일컬어질 수 있다.

고대 교회의 교부 아타나시우스는 마리아를 '신의 어머니'(θεοτόκος)라고 호칭했는데, 이에 반하여 네스토리우스 혹은 안디옥 학파는 '인간의 어머니'(ανθρωποκοσ)라고 호칭했다.[31] 알렉산드리아 학파에서처럼 예수 그리스도의 신성 혹은 하나님과의 그의 통일성이 강조될 때는 신모 호칭도 가능하며, 안디옥 학파에서처럼 하나님과 구별되는 예수의 인간성이 강조될 때는 인간모(人間母) 호칭이 타당하다. 신모 호칭은 원시의 신화적인 원시모(原始母) 혹은 여신을 연상하게 하므로 인간모 호칭이 더 좋다. 그러나 한국 가톨릭교회에서 신부라는 호칭이 남성 사제에게 적용될 경우, 여성 사제의 신모 호칭이 타당하다고 할 수밖에 없다. 인간학적인 의미에서 그러한 호칭들이 타당하다고 생각된다면 또 실제로 남자와 여자가 그렇게 호칭된다면, 마리아의

---

31 J. L. Neve, *A History of Christian Thought*, Vol. I, 서남동 역, 『기독교 교리사』 (기독교서회), 207-210 ; R. Ruether, 『새 여성·새 세계』 74.

신모 호칭이 배제될 수는 없다. 그러나 이 호칭은 표징적 차원, 교회가 하나님의 구원에 참여하는 혹은 증언하는 표징적 차원이며, 마리아의 신격화, 영원한 처녀성, 몽소승천(蒙召昇天)과 같은 신화적인 환상을 불허한다. 그의 무염시태설(無染始胎說)도 성령의 역사하심에 복종하고 참여했다는 의미에서 표징적인 의미로서 수긍될 수 있으며, 그러나 그의 영원한 처녀성을 의미해서는 안 된다. 처녀성 자체가 성령의 역사에 합일하는 것이 아니다. 그가 실제로 처녀였는가 하는 물음은 답을 얻을 수 없으며, 실제로 그랬다고 증명된다고 해도 이 증명이 마리아의 처녀 잉태의 의미를 밑받침하는 것이 아니다. 그의 처녀성의 표징적 의미는 성령의 역사 혹은 하나님의 선택에 의하여 규정된다. 처녀 잉태가 남성에 의한 수태보다 하나님의 자유로운 역사에 대한 표징적 증언으로서 상대적으로 더 적합하다. 바르트가 말하는 것처럼 후자는 상대적으로 남성의 지배를 함축하고 있다. 여성의 자연적인 잉태와 출산능력은 그 표징적 의미를 획득함으로써 성취되었고 동시에 상대화되었다. 그러므로 결혼이냐 독신이냐, 출산이냐 무산이냐 하는 것이 문제가 되지 않는다. 그 표징적 의미는 새로운 인간성, 새로운 피조성, 새로운 자연을 지시하는 말이다.

교회의 어머니는 교회의 시작과 육성을 담당하는 교회의 인격을 의미한다. 여기에서 자연적 어머니는 새로운 표징적 의미를 획득한다. 이러한 표상은 사실상 이스라엘을 여성으로 호칭한 구약과 교회 전통에서 생각된 것이다. 그러나 이스라엘의 실제적인 삶의 체제와 교회 체제에 있어서 하나님의 위치가 남성에 의하여 점령되어 왔기 때문에 그 여성적인 규정은 은폐되어 있고, 왜곡되어 있고, 상실되어 있다. 그래서 우리는 마리아의 재해석을 시도하고 있다. 이스라엘과 교회 공동체가 여성으로서 표상되었다는 것은 사실상 가부장제의 부정을 함축하는 것이다. 여기서 우리가 모상을 주요 모델로 삼는 이유는 어머니 호칭이 하나님에게도 적용될 수 있기 때문이다. 또 인류의 어머니들의 사랑과 고난과 눈물이 가부장적 역사에서 헛되게 망각되어서는 안 되기 때문이다. 교회의 어머니는 곧 세계의 어머니들의 의미를 대변하여야 한다. 류터는 성모 마리아보다는 막달라 마리아가 교회를 대표한다고 한다. "우리가 섬겨야 할 마리아는 성모 마리아가 아니다. 여자의 유일한 공로를 아이를 낳는 능력에 두는 가부장제적 견해를 대표하는 성모 마리아를 우리가 공경하는 것은 아니다. 예수 자신도 이런 관계를 부인했다. 교회를 대표하는 마리아, 곧 해방된 인간성을 대표하는 마리아는 기독교 전통에서 무시 받고 멸시받아 온 마리아이다. 예수의 친구이며 제자였던 막달라 마리아, 부활의 첫 번째 증인이며 기독교의 복음을 드러내 보인 자, 바로 막달라 마리아가 교회를 대표하는 것이다."[32] 전통적 성모 마리아상에 대한 류터의 마리아론 비판도 옳고, 막달라 마리아에 대한 그의 재해석도 옳다. 그러나 성모 마리아의 의미는 그렇게 간과되어서는 안 되며, 재해석되어야 한다. 예수 탄생의 상황 보도에 따라 추측하자면 실제의 성모 마리아는 가난했고, 공적인 아들에 대하여 외로움을 감내했고, 아들의 죽음에 직면하여 그의 메시아적 구원의 의미를 깨닫지 못했을 뿐만 아니라 처절함을 체험했을 것이다. 그러나 성모 마리아는 이와 같이 아들의 십자가의 사건에 관여했으며, 그의 부활을 믿었을 것이다. 교회 전통이 성모 마리아를 영화(靈化) 혹은 영원화하고 막달라 마리아

---

32 R. Ruether, 같은 책, 87.

를 천대했다면, 그것은 성모 마리아의 의미도 예수의 구원 의미도 상실해버리는 일이다. 막달라 마리아가 일곱 귀신, 아니 일곱의 일흔 배 귀신들에게 사로잡힌 창녀ㆍ무녀와 같은 여인이었다 해도, 그를 천대하고 억압한다면 그것은 교회 전통의 가부장적 위선, 가부장적 율법주의를 반증하는 일이다. 그녀는 예수의 친구이기도 하다. 예수 주변의 여인들은 은폐되고 망각되기는 했으나 교회를 대표한다. 성모 마리아의 교회 대표로서의 의미는 그만의 권리가 아니다. 그가 예수의 어머니였다는 사실 때문에 그는 교회의 대표로서의 우선적인 모델이 될 수 있다. 모든 교회 여성들은 교회를 대표할 수 있다. 남성들도 자신들의 지배욕과 교회와 세계의 지배 체제로부터의 자유를 지향한다면 교회를 대표할 수 있다. 여성을 교회의 대표적 모델로 삼는 것은 여성의 해방뿐만 아니라 남성의 해방을 위한 것이며, 역사적ㆍ상대적인 의미를 갖는다. 인간성은 어느 한 편에 의하여 대변되는 것이 아니다. 그러나 가부장적인 역사적ㆍ사회적 상황에서 교회의 인격은 여성에 의하여 대표될 수밖에 없다.

성서ㆍ초대교회ㆍ교회 전통에 있어서 여성들의 활동이 은폐되기도 상실되기도 억압되기도 했다. 이 때문에 지금 여성들이 그들의 활동의 흔적을 발굴해내려는 작업을 전개한다. 교회사 문헌에는 남성 사제들, 교부들, 신학자들로 꽉 차 있다. 그러나 교모들의 역사는 거의 전무하다. 세계사도 가부장적으로 엮어져 왔기 때문에 여성의 역사, 즉 러셀의 말대로 '허히스토리'(her-history)가 은폐되고 억압되어 있다.[33] 그래서 이제 여성들은 여성 역사의 발굴작업에 관심한다.

---

33 Russell, 『여성해방의 신학』, 97.

그렇다고 해도 지금까지의 가부장적 역사 역시 여성신학의 좋은 소재, 그러한 역사가 극복되어야 하는 당위성을 말해주는 소재가 된다. 또 그러한 역사에도 가부장적 세계를 넘어서는 미래의 참된 인간성을 표징하는 진리가 들어 있으며, 이것이 남성에 의하여 대변되어 있다고 해도 이 진리는 여성신학의 견지에서 재조명되고 재포착되어야 한다. 이렇게 작업하는 과정에서 여성은 모든 역사의 어머니가 될 수 있으며, 역사의 의미를 성취하는 책임을 수행하게 될 것이다. 교회 공동체의 어머니들은 새로운 세계 공동체의 탄생을 위한 산파역과 또 그 표징들을 포착하여 육성해 나가는 역사의 어머니 역을 수행할 것이다.

IV. 인간의 여성신학적 해석

1. 창조와 남자 · 여자의 관계

여기서 우리는 창조론 자체를 다루고자 하는 것이 아니라 인간학적인 측면에서 인간의 피조성의 핵심 개념인 하나님의 형상(imago Dei)이라는 개념을 중심으로 하여 인간성 문제를 생각하고자 한다. 신학적 인간학은 전통적으로 창조론과 구원론의 맥락에서 취급되었다. 인간학의 다른 개념들은 창조론과 구원론에 포섭될 수 있다. 죄 개념은 인간학의 핵심적 문제를 말하는 주제이며, 그리스도론과 구원론의 맥락에 포함시켜 취급되는데, 여기서는 주로 남자와 여자의 혹은 억압자와 피억압자의 역사적 · 사회적 상황과 이 상황으로부터의 해방과 구원이라는 우리의 주제 안에 포함되어 있다.

대체로 신학 전통에서 하나님 형상은 인간의 이성, 정신, 정신적인 의미의 자유, 윤리적 이성으로서 생각되었다. 이러한 하나님 형상론은 그리스 전통의 형이상학적 관념론과 유사했으며, 추상적인, 즉 육체와 물질세계로부터 유리된 관념적 정신성을 의미했다. 기독교와 문화 전통 전반에 있어서 그러한 이성 혹은 초월적 정신은 남자에 의하여 대표되어 왔으므로 남자가 하나님 형상의 표본이 된 셈이다. 이성 혹은 정신의 그러한 초월성은 구약적 개념이 아니라 그리스 철학적 개념이다. 류터가 비판하는 남성적인 초월성은 바로 이러한 초월 개념이며, 그의 비판은 여기에 타당하다. 정신과 육체의 형이상학적 혹은 존재론적 이원론은 바로 그러한 초월 개념에 근거하여 있다. 이 개념이 형이상학적이며 존재론적이라는 것은 정신이 육(肉) 혹은 물질의 세계에서 분리되어서도 실재한다는 것을 의미한다. 말하자면 영혼이 사후 어떤 피안의 나라에서 영원히 산다는 환상이 바로 초월적 정신 개념의 통속적 형태이다.[34] 기독교적인 신앙의 영성이 그러한

---

[34] 그러한 의미의 영혼불멸은 성서적 인간 이해와는 다르며, 본래 그리스의 형이상학적 개념이다. 불트만이 靈과 肉을 '어떻게'라는 실존 양식의 두 계기로 보는 것은 바로 그러한 형이상학 전통에 반대해서 주장하는 것이며, 이 점에서 그는 옳다. 성서에서는 인간의 영과 육이 분리되어 생각되지 않는다. 영원한 삶은 신약에서 그리스도의 부활에 직결된 개념인데, 이것은 결코 사후에도 존속한다고 생각되는 영혼불멸이 아니다. 그 삶은 어떠한 형식으로든 몸의 계기를 가지는 것으로서 고린도전서 15장에 표현되어 있다. 또 그 삶은 하나님의 선물이며 새 창조에 속하는 것이기 때문에 도무지 인간의 능력 밖에 있는 것이며, 자연적인 영혼의 연장 혹은 불멸이 아니다. 사후에도 인간의 영혼이 어디에서 존재한다고 우리가 상상한다는 것은 우리의 유한한 삶의 수수께끼이고 우리가 해답할 수 없는 문제이다. 우리는 영혼이 존재한다고 생각하고 그 앞에 제사도 드리고 절을 할 수도 있다. 그것은 그 영혼과 살아 있는 우리의 존재와 역사가 불가분하기 때문이다. 우리는 그 영혼이 하나님의 영원한 생명의 품 안에 간직되기를 빌 수도 있다. 이것은 우리가 우리의 생명의 근원과 유한성을 수긍하는 양식일 수도 있다. 그러나 우리는 그 영혼

초월 개념의 영향 아래서 추상적인 것으로 생각된 전통에 대하여 20세기 신학자들은 크게 비판해 왔다. 하나님 형상에 대한 현대신학의 재해석도 그러한 비판의 일환이다.

하나님 형상은 이제 형이상학적인 정신의 차원으로서가 아니라 역사 안에서의 남자와 여자의 혹은 인간과 인간의 관계성으로서 해석된다. 본회퍼와 바르트가 그러한 해석의 대표자들이다. 전자에 의하면 창세기 1장 26절 이하에서 말해진 하나님 형상은 우선적으로 남자와 여자의 관계를 의미하며, 이 관계가 바로 하나님을 말할 수 있는 유비어(類比語), 즉 '관계의 유비'(analogia relationis)이다.[35] 바르트에게서는 남자와 여자와의 관계가 삼위일체 하나님 자체의 관계, 영 안에서의 아버지와 아들의 피조물적인 형상으로서, 하나님을 가리키는 유비어이다. 하나님 자체를 말하는 하나님 형상은 우선적으로

자체의 존재를 알지 못한다. 다만 그 영혼이 우리의 역사적인 삶에 관계되어 있는 한, 우리의 역사 기록과 제사와 같은 형식들에 의하여 기억되고 회상되는 한, 그 영혼은 존속한다. 인류는 이러한 유래성에서 죄악의 문제, 누구는 억압하고 살해하고, 누구는 억압당하고 죽임을 당하면서 죄악의 문제와 씨름하며 의와 구원을 대망한다. 하나님 나라는 사후에 저 피안 어디엔가 존재하는 것도 아니고, 태초에 있다가 그만 사라져버린 것도 아니다. 그 나라는 하나님 자신을 또 그의 의(義)의 성취를 가리키며, 그가 바로 태초의 창조자 하나님임을 가리킨다. 죽은 자도 살아 있는 자도 다 그의 나라의 성취를 대망한다. 억압자는 그의 나라의 성취를 거부하기 때문에 피억압자가 그 대망을 대표하는 표징 역할을 할 수 있다.

35 D. Bonhoeffe, *Schöpfung und Fall* (Chr. Kaiser Verlag, 1937). 본회퍼는 하나님 형상을 우선적으로 자유로운 인간, 하나님이 자유하시듯이, 자유로운 인간으로서 해석한다. 인간은 자신 안에서, 즉 혼자 자유로운 존재가 아니라 타인간과의 관계에서, 타인간을 위하여 자유하다는 것이다. 하나님이 인간을 하나님 자신에 대하여 자유롭게 하듯이 인간은 타인간에 대하여 자유로운 관계에서 존재한다. 이 관계에 있어서의 존재는 역사적인 존재이다. 인간과 인간의 관계는 우선적으로 남자와 여자의 상호 자유로운 관계이다. 이러한 관계의 유비 개념은 바르트에 의한 존재의 유비 개념에 대한 비판으로서 전제되어 있다. 존재의 유비는 중세기 가톨릭 신학에 있어서 사물의 있음 그 자체가 하나님의 존재를 가리킨다고 생각된 형이상학적 개념이다.

예수 그리스도이며, 이에 대한 신앙을 대변하는 교회이고, 남자와 여자의 관계에서의 인간성이다.[36] 다시 말하자면 하나님 형상으로서의 남자와 여자의 관계는 하나님과 인간의 계약 관계의 표징이다. 계약은 하나님의 이스라엘 선택과 구원에 대한 신앙을 말하는 개념이며, 이것이 예수 그리스도에게서 성취되었다는 것이다. 이러한 계약은 바로 모든 창조, 모든 피조물, 특히 인간성의 '내적 근거', 즉 내적 의미이며 목표라는 것이다.[37] 즉, 인간성은 하나님과의 관계―하나님 형상―에서 또 인간 대 인간의 올바른 관계에서 성립한다. 남자와 여자의 관계는 이러한 인간성의 원초적인 형태이다. 바르트의 이러한 하나님 형상 이해는 신학적 인간학의 여성신학적 재해석에 상당한 도움이 된다. 러셀에게서 남자와 여자의 '협동'(partnership)이라는 주제는 그러한 계약신학적인 하나님 형상 이해를 암암리에 반영하고 있다. 그러나 바르트에 대한 여성신학자들의 비판은 하나님과 인간관계의 유비로서의 남자와 여자의 관계에 대한 그의 해석에 집중된다. 남자가 하나님 편에 선다는 것이 바로 문제화되어 있다. 이러한 비판과 관련하여 바르트에 대한 많은 오해가 미국과 한국에서 일어나고 있으므로 바르트의 지론이 재검토될 필요가 있다.

1948년에 출판된 그의 『교회교의학』 I/2는 바르트가 현대의 여성 해방운동을 알고 있었다는 사실을 명시한다. 이미 언급했듯이 예수의 처녀 탄생이 남성의 행위를 배제하는 표징이라는 바르트의 주장은 분명히 세계사의 가부장적 지배를 부정하고 있다. 그는 그러한 여성운동의 상대적인 의의와 필요성을 말하면서 예수의 처녀 탄생의 표징의

---

36 창세기 1:26 이하; 로마서 8:29; 골로새서 1:15; Karl Barth, 『교회교의학』 III/1, 230.
37 같은 책, §41의 3.

의의를 강조한다.38 바르트가『교회교의학』III/1에서 하나님의 형상을 남자와 여자의 관계로서 해석하는 것도 현대의 여성운동에 대한 그의 의식을 전제하고 있음이 틀림없다. III/4에서 바르트는 하나님의 형상으로서 "남자와 여자"라는 제목을 다룬다. 이 맥락에서 그는 시몬느 드 보브와르의『제2의 성』에 함축된 문제점을 다루면서 이 책의 공헌을 지적한다. 즉, 남자가 자신을 여자의 주인으로 만들었고 또 아직도 만들고 있다는 그 책의 논술, 남자가 여자를 바로 이러한 목적으로 규정해 온 신화에 관한 서술, 이러한 신화의 폭로는 특히 남자들과 신학자들에 의해 수긍되어야 한다고 바르트는 말한다.39 같은 맥락에서 그는 말하기를, 현대의 여성운동은 현대의 정신적 · 경제적 · 정치적 변혁을 주도한 남성의 위치와 기능에 대한 여성 측의 요구로서 정당할 뿐만 아니라 실천적으로 불가피하다고 한다.40 여성운동 혹은 여성해방운동은 서구에 있어서 대체로 프랑스혁명 시기와 그 이후에 본격화되었으며, 사회 변혁을 대변한 남성들이 또한 여성해

---

38 이미 언급했듯이 바르트는 창세기 3장 16절에서 타락 이후 남자가 여자를 다스리는 主가 될 수밖에 없다는 구절에 관련하여 말하기를 세계사는 남자에 의하여 특징지어져 있다는 것이다. 예수의 동정녀 탄생의 표징은 이제 남자의 행위 배제와 그러한 세계사의 종결을 의미한다는 것이다. 만일 여자가 세계사에서의 그러한 우월성에 대립하여 여자의 정당성과 회복을 요구한다면, 저 표징의 의미를 포착해야 한다는 것이다. 남자의 우월성은 바로 그 표징에서 배제되어 있다는 것이다. 그러나 여자의 요구가 남자의 우매함과 죄, 세계사를 지배해 온 죄, 즉 세계사의 남성 지배의 이데올로기를 대치하는 여성 이데올로기로 되어서는 안 된다고 바르트는 경고한다. *KD*, I/2, §15의 3, 211-212.

39 바르트의 *KD*, III/4, §54의 1의 주제가 "Mann und Frau"이다. Simone de Beauvoir의 책에 대한 바르트의 저 적극적인 논평은 거의 본문의 번역이다(180). 바르트가 시몬느의 성 해석에 관하여 문제 삼는 것은 이러하다. 시몬느에 의하면 성 혹은 성 구별은 단지 실존의 상황에 불과하며 자유로운 실존은 성을 초월한다는 것이다. 이에 반하여 바르트가 성 혹은 성구별을 강조하는 것은 성차별(sexism)을 의미하는 것이 아니라, 남자와 여자의 자유로운 인격적인 관계의 성립을 위해서이다(같은 책, 179-180 참조).

40 같은 책, 172.

방의 필연성을 주장했다. 바르트는 이러한 역사적 추세를 긍정하고 있다. 그렇다면 그가 남자와 여자의 관계에 있어서 의 어떤 구별과 서열을 말한 것이 가부장적 세계사의 연장이라고 생각될 수는 없다.

여성들의 바르트 비판은 남자와 여자의 관계를 하나님과 인간의 관계 혹은 계약 관계의 유비로서 해석한다는 데서 연유된다. 이 경우 남자는 하나님 편에 여자는 인간 편에서 존재하는 것처럼, 여자는 남자에게 종속되는 것처럼 들린다. 저 계약 관계의 유비를 바르트는 특히 창세기 2장 설화로부터 주석해낸다. 여자가 남자의 '보조자'(2:18 עֵזֶר)로서 창조되었다는 것은 바로 그 유비의 의미를 가진다는 것이다. 여자 창조의 이러한 의미는 하나님의 창조의 모든 '신비들 중의 신비'로서 인간성 전체의 성취 혹은 남자의 성취이며 목표라는 것이다. 이 목표는 남자에 의해서 창출될 수도, 규정될 수도 없으며, 여자가 아이들을 출산하는 일도 아니다.[41] 그 목표는 인간성 전체의 성취로서 바로 저 계약 관계의 주제, 즉 구원의 빛에 의하여 조명된 창조의 의미이다. 하나님이 자신의 계약 파트너를 창조하고 요구하듯이 남자는 남자의 파트너를 필요로 한다는 것이다.[42] 여자의 그러한 의미는 바로 인간성의 구원 표징이며, 가부장적 남성 지배에 의해 규정될 수도, 설명될 수도 없다는 것이 분명하다. 저 계약 관계가 모든 창조의 내적 근거이며, 동시에 모든 창조의 '성취'이듯이 여자의 창조는 남자의 갈비뼈로부터 창조된 한 부분으로서 표상되었다 해도 남자의

---

41 남자가 깊은 잠을 잘 때에 여자가 창조되었다는 것은 남자의 지배가 배제되었다는 것을 의미하며, 여자 창조의 의미가 남자에 의하여 규정될 수 없는 신비라는 것이다. III/1, §41 의 3, 264, 332, 337-338.

42 같은 책, 331.

인간성의 내적 근거와 성취를 표징하는 신비로서 인간성 전체를 대변한다. 이와 같이 남자와 여자는 상호 상대적이다. 이들은 하나님 앞에서 또 이들 상호 간에 있어서 완전히 평등하다. 그러면서도 이들 사이에는 '질서'가 있다는 것이다. 남자가 여자로부터 취해지지 않았고 여자가 남자로부터 취해졌다는 것은 여자가 우선적으로 남자에게 속한다는 것이며, 다만 이차적으로 남자가 여자에게 속한다는 것이다. 이러한 질서는 잘못 해석되어서는 안 된다고 바르트는 경고한다. 남자의 '상위'(上位)는 인간성의 가치·위엄·영예를 말하는 것이 아니라 질서를 말한다는 것이다. 남자의 상위는 남자의 더 높은 인간성을 표시하는 것이 아니라 오히려 여자의 '영광'을 승인하는 것이어야 한다는 것이다.[43] 여기서의 영광이라는 의미는 인간성 전체의 성취, 즉 구원의 표징을 의미한다. 남자를 A라고 한다면, 여자는 또 하나의 A가 아니라 B라는 것이다. A의 '선위'(先位) 혹은 상위(上位)와 B의 '후위'(後位) 혹은 '하위'(下位)의 관계는 하나님의 저 계약 관계를 표징하는 뜻이다. 바르트는 그러한 질서를 말한다는 것이 위험하며 곡해를 야기할 수 있다는 것을 지적하면서 강조하기를, 그러한 질서는 어떤 내적인 불평등성을 의미하지 않는다고 한다. 남자와 여자는 하나님 앞에서 또 자신들 상호 간에 있어서 "완전히 평등하다"고 한다.[44]

이러한 바르트의 주장에 있어서 주목할 것은 그 질서라는 개념이 상대적이라는 점이다. 그는 이른바 '창조 질서'라는 루터파의 개념이나 중세기 가톨릭 전통의 형이상학적인 '자연법'과 같은 개념을 비판한다. 이 개념들은 형이상학적이고 보편적인, 따라서 창조된 세계가

---

43 같은 책, 344-345.
44 같은 책, III/4, 188-189.

존속하는 한 불변의 원리와 같은 것이다.[45] 결혼이나 일부일처제와 같은 것은 바르트에게 있어서 결코 불변의 창조 질서 혹은 자연법이 아니라 역사적 과정에서 산출된 산물이며, 가변적이고 상대적일 뿐이다. 남자와 여자의 선위와 후위 혹은 상위와 하위의 질서는 결코 형이상학적 인간존재 자체의 창조 질서나 자연법을 의미하지 않는다. 이 질서는 하나님과 인간의 계약 관계를 표징하는 것이며, 예수 그리스도의 복종의 행위 혹은 사건에 정초된 개념이다. 『교회교의학』 IV/1의 화해론 혹은 그리스도론에 의하면 삼위일체 하나님의 존재 양식에도 상위와 하위가 있으니, 아버지의 의로운 뜻에 대한 아들의 복종이 바로 그 질서를 의미한다. 아들은 아버지와 구별되면서도 통일적인 관계를 갖는다. 여기에서 상하위의 관계와 동등한 통일성이 한 분 하나님의 양면적인 존재 양식이라는 것이다. 남자와 여자의 관계 질서는 바로 이것을 반영하는 표징으로서 해석된 것이다. 남자와 여자가 상하의 질서를 표징하면서도 이들 자신은 완전히 평등하다는, 묘하게도 모순되는 것 같은 관계는 바로 저 하나님의 양면성을 전제하고 있다. 그 상하의 질서는 사실상 남자와 여자의 인간성을 넘어서는 예수 그리스도의 인간성을 지시하는 표징일 뿐 남자와 여자의 자연법적 존재의 위계질서는 아니다. 그 참 인간성 안에 상하의 관계 질서가 통일적으로 포함되어 있다. 창조된 인간성 전체의 성취와 목표로서의 여자의 창조는 상대적으로 더 바로 그 참 인간성을 지시하는 표징이다. 그러므로 우리는 여자의 하위 혹은 후위가 결코 가부장적 남성 지배에 대한 복종이나 굴종을 의미하지 않는다는 것을 더 설명할 필요는

---

45 같은 책, III/4, 20-22.

없다. 다만 한 가지 지적해둘 것은 바르트에게 있어서 창조 설화의 표상이 가부장적 세계의 언어, 즉 남자 창조의 선위와 같은 언어를 사용하고 있다는 사실이 주목되지 않았다는 점이다. 그러한 언어에도 불구하고 남자와 여자의 창조가 초가부장적인 의미를 함축하고 있다. 바르트는 그러한 언어에 고착하면서도 가부장적 교회와 신학 전통을 넘어서는 초가부장적 의미를 창조설로부터 끌어내 제시했는데, 여기에 그의 공헌이 있다. 그러나 우리는 남자와 여자의 관계에서 상하위 혹은 선후위와 같은 바르트의 표현, 남자들에 의하여 잘못 이용될 수도 있고, 여자들에 의하여 잘못 해석될 수도 있는 그의 표현을 지양하고, 남자와 여자의 평등성을 신학적 인간학의 주요 개념으로서 제창해야 한다. 계약 관계에서의 하나님과 인간의 상하위 혹은 선후위의 관계는 여전히 타당하다. 그러나 이 경우에 남자와 여자의 관계 전체가 하나님 앞에서 복종하는 하위 혹은 후위의 위치에 서야 한다. 남자가 하나님의 위치에 선다고 혹은 하나님의 위치에 접근한다고 생각되어서는 안 된다. 바르트에게서도 결코 그렇게 생각되어 있지 않다. 하나님 앞에서의 복종이라는 행위를 통과하지 않는다면 인간은 결코 하나님을 증언할 수 없으며, 따라서 그의 피조물적인 인간성은 성취될 수 없다. 하나님 앞에서 모든 인간이 평등하다는 것은 남자가 여자를, 한 인간이 다른 인간을 자신과 평등한 파트너로서 승인해야 한다는 하나님의 계명 앞에 선다는 것을 의미한다. 다른 인간의 존재와 자유를 승인한다는 것은 바로 이 계명에의 복종의 행위이다.

바르트에 의하면 남자와 여자의 관계는 이들의 결혼 관계에 국한된 것이 아니다. 그것은 인간성 전체의 원형이며, 남자와 남자, 여자와 여자, 민족과 민족, 온 인류 관계의 원형으로서 사회성 혹은 세계성을 의미한다. 인간성이라는 개념은 옛 형이상학적 신학 전통에서는 사회와 세계의 역사적 상황과 무관하게 인간의 본질적인 존재 구조, 말하자면 이성과 육체로서의 보편적인 영원한 존재 구조를 의미했으나 오늘의 신학에서는 그 개념이 사회와 세계의 역사적인 상황에서 다루어진다. 사회와 세계에서의 인간관계는 억압과 피억압에 의하여 파괴되어 있고, 조작되어 있으므로 본래의 창조된 인간성은 구원의 빛 아래서만 말해질 수 있는 주제이다. 창세기 1장과 2장 창조 설화에서의 남자와 여자의 창조 의미, 하나님의 형상으로서의 또 하나님의 자유로운 파트너로서의 의미는 구원자 하나님에 대한 신앙으로부터 태초로 소급되어 서술된 것이며, 따라서 구원의 주제이다. 남자와 여자의 관계는 공동체적인 인간성을 의미한다. 하나님과 인간의 관계는 이 공동체적인 인간성이 바로 창조자의 목표라는 것을 의미한다. 여자의 창조는 바로 이 목표이다.

2. 역사의 구원과 인간성의 성취

성서적 예언자적 구원 신앙은 인간관계가 파괴되었고 또 파괴되고 있는 사회와 세계를 투시하고 거짓 없이 증언하고, 그렇게 함으로써 사회와 세계를 구원의 새로운 미래로 넘어가게 하는 기능을 수행하는 능력이다. 바로 이러한 구원 신앙에 비추어서 저 창조 설화가 서술된 것이다. 즉, 태초의 본래적인 창조된 인간들, 타락 이전의 인간들은 미래의 표상이다. 사회와 세계는 인간관계가 실천되는 장이다. 자유와 사랑, 평등과 평화가 실천되지 않고 성립되지 않은 사회와 세계는 불의의 사탄에 의하여 지배됨을 증명해준다. 자유와 사랑, 평등과 평화를 파괴하는 요인은 지배욕과 소유욕, 지배 구조와 소유 구조가 아니겠는가. 이러한 사회와 세계 구조는 가부장적인 역사의 산물이라는 성격을 가진다. 물론 여성도 능동적으로 혹은 수동적으로 그러한 역사에서 보조 역을 수행해 온 것이다. 그럼에도 불구하고 여성은 대체로 가부장적 지배와 소유의, 어쩌면 일차적인 대상이 되어 왔다. 여성해방이 그러한 사회와 세계 구조의 극복을 위주로 하지 않는다면, 여성해방은 성취될 수 없다. 그것은 동시에 남성해방을 대변해야 하며, 그렇게 함으로써 남자와 여자로서의 인간성, 공동체적인 인간성의 구원과 성취를 위한 계기가 되어야 한다. 인간성의 구원은 하나님 나라의 도래와 동시에 성취될 것이다. 여성해방은 그의 나라의 도래를 재촉하는 한 표징이 되어야 한다.

여성신학은 역사에서 그러한 표징들 혹은 여성의 역사를 발굴함으로써 왜곡된 인간성의 문제 상황에 대한 역사적 인식을 획득하고 동시에 새로운 인간성의 미래가 도래하기를 재촉하는 계기로 제시되어야 한다. 대체로 역사는 남성에 의하여 주도되었고 기록되었기 때문에 여성의 역사는 매장되기도 망각되기도 은폐되기도 했다. 그것은 다만 단편적으로 여성들에 의하여 혹은 남성들에 의하여 기록되어 전해진다. 이러한 남성들은 사회와 세계에서의 억압과 죄악의 문제 상황을 투시한 인물들이다. 여성들의 역사에서 우리는 단편적으로나마 새로운 인간성을 대망하는 표징들을 발견할 수 있다. 표징들이라는 것은 역사에서 인간이 성취할 수 있는 한계를 넘어서는 인간성의 종말적인 혹은 궁극적인 성취를 지시한다는 것을 의미한다. 이 표징들은 동시에 여성들 자신의 역사적인 현실 자체이다. 우리는 우선 단편적으로 세 가지 형태의 표징들을 발견할 수 있다. 한국 역사에서 첫째로 남자와 여자의 자유롭고 평등한 사랑이라는 관계의 표징들이 역사에서 발견된다는 사실이다. 둘째로 여성의 성 착취와 억압과 고난에 관한 숱한 이야기들이 전해진다. 이것들은 가부장적 세계사의 불의를 반증한다. 이것은 여성이 의식적으로든 무의식적으로든, 수동적으로든 능동적으로든 새로운 인간성의 도래를 요청하는 여성의 역사적 · 사회적 현실이다. 셋째로 그러한 고난의 현실을 넘어서려는 여성해방의 적극적인 역사적 표징들이 전해지고 있다. 여성 역사의 발굴과 세계사 혹은 문화사의 재구성 혹은 재해석이 앞으로 전개되어야 하며, 여성신학은 그것을 종말적 구원의 빛으로 조명해야 한다. 여기서 우리는 주로 한국 역사에서의 여성 상황에 관하여 저 세 가지 측면을 반성해보고, 인간성의 성취에의 도상에 있는 여성의 역사 인식의 의미, 역사의 어머니로서의 역사적 의미를 생각해보고자 한다.

민족사가 호암(湖岩) 문일평(文一平, 1888~1939)에 의하면 고대 우리나라 삼국 시대에는 모가장제(母家長制)의 흔적이라고 생각되는 여신상들과 여성의 우월성이 표출되어 있으며, 고대인들이 숭배하던 신 중에 유화부인(柳花夫人)과 선도성모(仙桃聖母) 같은 여신들이 있고, 사회에서는 여성들이 성직(聖職)을 대표했다는 것이다. 그리고 삼국 시대까지 여성 중심의 사회적 유풍이 남아 있었고, 여성의 사회적 지위가 높았으며, 신라(BC 57~AD 935) 초기에는 왕녀가 신궁(神宮) 수호를 담당했고, 미녀가 국사(國祠)의 신탁을 대변했다는 것이다. 그는 이러한 고대의 현상은 원시 모가장제의 존재를 암시해준다고 한다. 남권 사회에로의 이행을 그는 '제1차 혁명'이라고, 현대 여성운동을 '제2차 혁명'이라고 하며, 이 제2차 혁명이 인간성과 문화의 성취라고 강조한다.[46] 엄격한 가부장제의 사회와 여성 억압은 조선 시대

(1392~1910)에서 본격화되었으며, 그것은 유교 혹은 주자학 전통에 의하여 밑받침되었다. 고대의 삼국 시대에는 남녀의 관계가 비교적 평등했고 자유로웠다. 오히려 결혼에 있어서 여자 측의 권위가 두드러지게 반영되고 있기도 했다. 호암에 의하면 고구려(BC 37~AD 668)에서는 약혼 후 여자의 집에서 사위를 맞이하기 위하여 새로 작은 집을 세워놓으면, 신랑이 신부의 집 문밖에 꿇어앉아서 자신의 이름을 세 번 고하고 방 안에 들어가기를 청하여 허락받은 후에야 비로소 신부와의 부부관계를 맺을 수가 있었으며, 부부는 아이를 낳아 얼마 동안 기른 다음 신랑 집으로 갔다고 한다. 호암은 그러한 관습을 남자가 여자의 집에 들어가 동거하던 모가장제의 흔적으로 생각한다.[47] 김용덕(金龍德)은 고대에서의 남녀의 자유롭고 평등한 관계를 서술해준다.[48] 여자에게 요청된 정조와 수절은 조선의 위정자들에 의하여 역설되기에 이르렀다.[49] 그러한 정조관은 고대 삼국 시대에는 생소한 것이었다. 고구려에서는 "온 나라의 젊은 남녀가 밤마다 무리로 모여 노래와 춤으로 즐겼다." 주목할 것은 이때에는 무유귀천지절(無有貴賤之節)이며, 이 사이에 생긴 애정이 결혼에 가장 중요한 조건이었다. 고구려에서는 남녀상열(男女相悅)이면 곧 결혼을 하는데 중국인

46 문일평, "조선여성의 사회적 지위," 이기백 편, 『湖岩史論選』 (탐구신서 99, 1975), 129-154. 고대의 그러한 여신상들은 무속의 일면으로서 추정될 수 있는 것 같다.

47 같은 책, 132.

48 김용덕, 『조선후기사상사연구』 (을유문화사, 1977), 341-392.

49 여자의 정절이 미풍이라는 설은 기자팔조법을 적은 또 『한서』 지리지에 있는 '婦女貞信'에 근거하고 있다고 한다. 『한서』는 중국의 前漢, 곧 高祖에서부터 王莽에까지 229년간의 역사를 기록한 문헌이다. 『한서』에 의하면 중국 은나라가 망했을 때 기자가 조선에 들어와서 예의, 양잠, 방직과 같은 팔조(八條)의 교(敎)를 가르쳤다고 하나, 그의 동래설의 사실성이 부정되고 있다.

의 눈에는 고구려 여성이 음분하게 보일 만큼 그녀들은 자유분방하였던 것이다.[50] 이 서술에 의하면 당시에 중국 여성들은 엄격한 위계적인 성차별의 사회제도에 처해 있었다는 사실이 암시되어 있다. 또 김용덕은 중국의 역사서 『북사』(北史) 「고구려전」(高句麗傳)에 의거해 평강공주(平岡公主)에 관해 말한다. "평강공주는 놀러 다니다 우연히 온달을 만났으며 귀천의 구별 없이 어울리다가 그녀의 덕명은 이 가난한 청년의 비범한 자질을 간파하였으며, 그로 인하여 열렬한 연정을 품었다가 귀족 고씨(高氏)와의 혼담이 구체화되자 결심하고 왕궁을 나와 온달에게 달려간 것이니, 고구려에서는 공주와 무명의 청년이 맺어질 수 있었던 것"이다.[51] 평강공주의 자유로운 사랑은 당시의 남성 지배의 사회구조와 귀천의 차별을 넘어설 수 있었다는 사실이 주목되어야 한다. 성과 사랑의 원시적인 성격은 지배와 피지배, 귀와 천의 계급 이전의 원초적인 평등한 인간성을 암시해준다.

호암에 의하면 고구려에 있어서는 남녀의 성적 관계가 엄밀하게 결혼제도에 얽매이지 않았으며, 사통(私通) 관계가 문제시되지 않았다. 그런데 고구려의 전신인 부여(BC 59~AD 484)에서는 혼인 제도가 대단히 중요시되었으며, 따라서 사통 관계에 빠진 남녀는 사형에 처했다고 한다. 또 부인의 투기에 대한 형벌이 혹독하였다고 한다.

---

50 김용덕은 『삼국지』 「동이전」이나 『수서』 「고句麗전」과 같은 문헌들에 의거하여 그렇게 서술한다(같은 책, 342). 『삼국지』는 중국의 삼국 시대의 역사서이며, 진나라의 진수가 수집 기록했다고 전해진다. 『수서』는 중국의 二十四史의 하나로서 당나라 위징이 지은 수나라의 역사서이다.

51 김용덕, 같은 책, 342. 『北史』는 당나라 李延壽의 편찬이다. 北朝의 魏·北齊·周·隋 나라의 四朝 242년간의 사실의 편찬으로서 중국의 二十四史의 하나이다. 고려 시대 김부식의 『삼국사기』 「列傳」 第五溫達傳에 平岡公主의 사화가 포함되어 있는데, 공주편이 온달편과 나란히 주제화되지 않았다는 사실은 남성 위주의 역사서의 성격을 잘 드러낸다.

이와 같이 이미 부여에는 남성에 의한 법체제와 전제가 여성의 정조를 절대적으로 요구했던 것이다.[52] 남성 지배의 결혼제도에 관하여 호암은 아주 탁월한 견해를 말해준다. 결혼은 남녀의 성교를 독점하고 영속화하기 위해서 생긴 제도라는 것이고, 사회적인 삶의 분화와 신분과 재력에 의해서 생긴 것이며, 애정 관계와는 상관없는 제도라는 것이다. 남성이 여성에 대하여 정조를 강요하는 것은 '남계혈(男系血)의 순일'을 보존하려는 횡포라는 것이며, 이것은 여성을 사유물로 간주하는 것이라고 한다.[53] 남성 지배의 문화와 사회의 발달은 결국 여성의 사유화를 가져왔다는 것이다. 삼국 시대에서도 문화가 가장 뒤떨어진 신라에서는 여권이 비교적 강하였다는 것이다. 거기에서는 여성들이 시장에서의 상업에 종사하여 상권을 쥐고 있었으며, 공상(工商) 발전을 시도했고, 생산에 있어서 남성들과의 공동 영작(共同營作)을 담당했다는 것이다. 신라에서는 정치적인 면에 있어 서도 여성의 능력이 크게 발휘되었다. 선덕(善德, 632~647), 진덕(眞德, 647~654), 진성(眞聖), 세 여왕의 능력은 여성들의 정치적 능력이 남성들에 뒤떨어지지 않는다는 표지였다는 것이다.[54] 선덕여왕에 관련된 아름다운 이야기가 있다. 신라 활리(活里)의 역졸(驛卒)인 지귀(志鬼)라는 사람이 그 여왕의 미려함을 사모하였는데, 자신의 초췌한 모양을 슬퍼하고 눈물 지었다. 여왕이 절에 가서 분향할 때 그 이야기를 듣고 그를 불렀다. 지귀가 절탑 아래에서 가마의 행차를 기다리다가 그만 홀연히 단잠에

---

52 문일명, 앞의 책, 133 이하. 고구려에서의 남녀의 비교적 자유로운 관계와는 달리 부여의 그러한 엄격한 남성 위주의 사회체제가 어디에서부터 유래하였는지에 관해서는 불확실하다.

53 같은 책, 132 이하.

54 같은 책, 132-135.

빠졌다. 여왕이 보고 팔찌를 빼 그의 가슴에 놓고 환궁하였다는 것이다.[55] 여왕의 그러한 태도는 매우 아름다웠던 것이다. 사랑의 감정에 어디 귀천이 있으랴.

왕건(王建)에 의한 고려(918~1392)의 창건도 그의 부인 유씨(柳氏)에 의하여 촉구된 것이었다. 왕건이 부하의 권고를 듣지 않고 있을 때 부인이 막 뒤로부터 뛰어나와 천명과 인심이 다 왕건에게로 주어졌는데 무엇을 주저하느냐 하고 그에게 용포(龍袍)를 입혀 임금이 되게 했다는 것이다. 호암은 말하기를 "여성의 암중비약도 이에 이르러서는 묘교(妙巧)하기보다는 위대하다 할 것이다"고 했다.[56] 고려의 여성들에게는 정조와 수절이라는 굴레가 씌워지지 않았다. 김용덕에 의하면 "고려에 온 송(宋)나라 사신의 눈에는 여름에 남녀의 구별 없이 시냇가에서 옷을 벗고 목욕하는 것이 진기하였으며 결혼에 이르러서는 그 경합이리(輕合易離)가 미풍이라고 놀라고 있다. 따라서 재가(再嫁)는 전혀 문제시되지 않았다. 성종(成宗)의 왕비 유씨(劉氏)는 홍덕원군(弘德院君)에게 시집갔다가 성가(成家)에 개가(改嫁)한 사람이며 충선왕비(忠宣王妃) 허씨(許氏)는 '상가평양공현 생삼남사녀현사 충렬삼십사년 충선납지'(嘗嫁平陽公眩 生三男四女眩死 忠烈三十四年 忠宣納之)한 이

---

55 『大東韻府群玉』 卷 5 "心火曉塔". 김용덕, 앞의 책, 343에 인용됨.
　志鬼 新羅活里馹人 慕善德王之美麗
　憂愁涕泣 形容憔悴 王幸寺行香
　聞而召之 志鬼歸寺塔下 待駕行
　忽然睡酣王脫臂環 卽還宮
　南都泳, 『國史精說』(동아출판사, 1960)에 의하면 진성여왕은 품행이 방정하지 못하고 음란한 생활을 하였다고 한다. 이러한 비판은 조선 시대의 유교주의와 여성 억압의 정조관에 입각하고 있음에 틀림없다.
56 문일평, 앞의 책, 135 이하.

로 실로 7남매를 거느린 과부였는데 충선에게 개가하였던 것"이다.[57] 충선왕이 그러한 과부를 맞이하는 데서 어떤 다른 야심이 없었다면, 실로 그의 사랑은 서양의 어느 광적인 시인보다 훨씬 더 멋진 것이 아니었던가. 어쨌든 그는 훌륭하게 남성의 독점욕을 넘어섰고 남의 자식들을 제 자식들처럼 사랑할 수 있는 마음의 소유자였음이 틀림없다. 고려가 중국 원(元)나라의 침략 아래서 원의 동녀(童女) 요청 때문에 과부와 역적들의 딸들을 강제로 원에 보냈을 때 그들의 울음소리가 천지를 진동하였다 한다. 호암과 같은 페미니스트는 "아아! 참혹하다. 정략혼인에 희생된 여성들이여!"라고[58] 까마득한 옛일을 한탄하고 있다. 역사의 과거와 현재의 죄악을 이렇게 한탄하는 이러한 이는 새로운 미래의 도래를 촉구하는 예언자와 같은 사람이다.

김용덕에 의하면, 조선왕조(1392~1910)에서 여성 생활에 일대 전환이 일어났다고 한다. 조선 창건에서의 유교 혹은 주자학의 강화는 바로 왕권 강화를 의미했다. "이 강대한 왕권은 또 모든 국민의 아버지라는 의가족주의적(擬家族主義的)인 유교적 관념에 따라 모든 국민의 가족생활까지 지배하는 가족권을 겸유하는 것이었다. … 이 절대적인 가부장권적 왕권으로 주자학의 엄숙주의(嚴肅主義), 청벽주의(淸癖主義)에 따라 여필종일(女必從一)을 지상 계율로 장려할 때 그것은 모든 여성에게 벗어나기 어려운 법망, 거대한 질곡을 의미하는 것이었다."[59] 태종 6년(1406)에는 양반의 정처가 삼가를 하면 자녀안에 기록되어야

---

57 김용덕, 앞의 책, 344.

58 문일평, 앞의 책, 138. 그는 한학을 공부했으며 열두 살 때 결혼했다. 세 살 연상인 부인에게서 그는 한글을 배웠다고 한다. 그는 후에 부인을 여학교에 보내어 새 교육을 받도록 한 마음씨 착한 남편이었다.

59 김용덕, 앞의 책, 348.

했다(兩班正妻 通三夫者 依前朝之法 錄于姿女案). 자녀안이란 고려 시대부터 전래된 법이라고 하는데, 그때에는 유부녀의 간통이 자녀안에 등록되었다고 한다. 그러나 태종 때에는 여필종일이 강조되기에 이르렀으며, 이에 따라 정처가 부몰후(夫沒後) 재가, 삼가를 하면 실절 혹은 음행이라고 단정되어 안(案)에 기록, 그 후손이 징계를 받게 되었다고 한다.

이러한 여필종일의 풍조는 세종대에 이르러서는 더욱 강화되었었다. 세종 5년(1423)에는 양반 이귀산(李貴山)의 처의 간통이 발각되자 위정자들은 그녀를 시립삼일(市立三日) 시킨 다음 참형에 처하도록 했다고 한다.[60] 여필종일이라는 남성 독점적인 사회구조에도 불구하고 이 제약을 벗어난 파격적인 여성들이 양반층에도 있었다는 사실은 놀랍다. "세종 9년에 검한성윤(檢漢城尹)의 딸이며 평강현감(平康縣監)의 처인 감동이란 여자는 병을 구실삼아 혼자서 울에 올라온 후 창기라고 자칭하고 기생 노릇을 하여 관계한 남자 수십 명이 처벌되는 일이 있었으며, 세종 15년에는 재상지녀 조관지처(宰相之女 朝官之妻)인 어리가라는 여인이 양반이면서 노예를 가리지 않고 음행을 자행하였다. … 물의가 자자한 이 사건에 대하여 세종은 앞서와는 달리 종내 사형에 처하지 않고 유배에 그치게…" 했다. 세종대에 여필종일이라는 것이 삼강행실(三綱行實)의 하나로 철칙화되기에 이르렀다.[61] 그것이 성종대(成宗代, 1470~1490)에서 더욱 철저하게 되었다. 정자(程

---

60 같은 책, 350 이하.

61 같은 책, 352. 유교의 삼강은 君爲臣綱 父爲子綱 夫爲婦綱으로서 지배 구조의 윤리의 핵심이다. 오륜은 이 삼강을 포함해서, 君臣有義 父子有親 夫婦有別 長幼有序 朋友有信이다. 첫째 항목의 의 혹은 충의란 지배자의 이데올로기 이외에 다른 것이 아니며, 그다음 세 항목은 이것의 변형들이다. 마지막 항목은 새롭게 재해석될 수 있다.

子)에 의거한 여인 수절의 명분론(名分論)은 이러했다. "예조판서 허종(許琮)이 제의하기를, 옛날 정자(程子)왈 재가는 다만 나중을 위함이니 추위와 굶어 죽음을 두려워함이라. 그러나 실절은 극대한 일이요 굶어 죽음은 아무것도 아니라(禮曹判書 許琮等議 昔 程子曰 再嫁只爲後妻 伯寒餓死 然失節事極大 餓死事極小)고 했다." 만일 부녀가 이부(二夫)를 얻는다면, 그것은 짐승과 같다. 과부들이 아사한다 해도 절의(節義)를 지켜야 한다고 해서 재가가 금지되었다. 그 금지책으로 재가녀의 자손은 대소과거(大小科擧)에 응시할 수 없도록 하는 법이 성종 16년(1485)에 제정되었다.[62] 더욱 애절한 정경은 정혼하고 혼례식을 치르기 전에 혹은 나이가 어려서 혼례식 후 동침하기 전에 신랑이 죽는 경우에도 역시 여자는 과부로 취급되어 수절이 강요되었다.[63] 호란과 왜란의 시기들[64]은 여성들에게 일대 수난기였다고 한다. 조선 여성들은 정조를 지키기 위해 자결하거나 강물에 투신했으니, 이러한 일은 양반, 상인, 노비, 기생 등 모든 계층에서 속출했다는 것이다. 정부는 전후에 온 조선의 순절부녀조사를 실시하여 충신효자와 함께 표창했다. 이때 열녀들의 수가 충신효자들보다 압도적으로 많았다고 하니, 이들이 겪은 수난이 측량될 수 있겠는가.[65] 여필종일 혹은 여필종부라

---

62 같은 책, 354-356. 再嫁女子孫禁鋼의 법령이 성종 6년에 『경국대전』 예전에 첨입되었다. 『경국대전』의 告尊長條에 의하면 처첩이 남편을 역모 이외의 어떤 죄목으로든지 고발하면 고존장죄를 범하는 일로서 사형에 해당한다는 것이다. 또 凡妻殿夫者 杖一百 夫願離者聽, 즉 남편을 구타한 모든 처는 장일백을 맞고 남편이 이혼을 요구하면 응해야 한다는 것이다.

63 같은 책, 366.

64 호란은 청나라의 전신인 후금이 정묘 1627년과 내자 1636년에 침입해 온 전쟁이었으며, 왜란은 일본이 임진 1592년에 또 정유 1597년에 재차 침입해 온 전쟁으로서 약 7년간 계속된 것이다.

65 김용덕, 앞의 책, 368 이하.

는 굴레 아래서 어떤 부녀들은 죽은 남편을 따라서 자결했으며, 나라는 이러한 행위를 표창했고 권장했다. 유교 전통을 상당히 수정한 대실학자 다산 정약용(茶山 丁若鏞, 1762~1836)은 말하기를, "남편을 따라 부녀가 죽으면 이는 열부(烈婦)라 하여 나라로부터 정문(旌門)이 하사되고 호세(戶稅)가 면제되며 그녀의 자손에게 부역(賦役)이 감해지나, 그것은 열부가 아니라 성정(性情)이 편협한 탓이라고, 시부모를 봉양하고 자녀들을 양육하는 것이 마땅한 일이거늘, 목숨을 끊는 것은 불효부자(不孝不慈)한 일이 아닌가"라고, 이것이 나라로부터 권장된다는 것은 옳지 않다고 했다.[66] 다산은 그러한 관습과 열녀 개념을 수정했으나 아직도 여자 자체의 인간성을 생각하는 데에는 이르지 못했다. 부녀의 자결이 여필종부를 실천한 행위라고만 가정되어서는 안 된다. 그에게 재가의 길이, 또 다른 삶의 길이 막혀 있었던 사회구조가 그의 자결의 결정적 조건이 아니었겠는가. 그는 살아 있다 해도 죽은 자와 마찬가지다. 그의 이름은 미망인(未亡人)이니, 남편이 죽으면 함께 죽어야 하는데 아직 죽지 않고 살아 있다는 뜻이 아닌가.[67] 여자의 생사는 완전히 남자에게 달려 있다는 뜻이 그 이름의 뜻이 아닌가. 여기서는 남자가 여자의 창조주가 아닌가. 남성 지배의 사회구조는 바로 하나님의 주권을 찬탈하는 것이 아닌가. 홀아비에게도 미망인이라는 이름이 주어졌더라면, 이 이름은 신학적으로 재해석되고 재포착될 수도 있으리라. 그것은 남자와 여자의 사랑의 관계의

66 같은 책, 613 이하. 정약용의 비판을 능가하는 문일평의 비판으로서 같은 책, 141.
67 '미망인'이라는 말은『左傳』혹은『左氏傳』에 있는 말이다. 이것은『春秋左氏傳』이라고도 일컬어지며, 춘추의 해석서로서 좌구명의 작품이라고 한다.『故事成語』(문공사), 162 이하.

영원한 근원을 표징하는 이름이 될 수 있을 것이 아닌가. 한 편의 죽음은 다른 한 편의 죽음이 아니리.

　여성의 성 억압은 문화·사회·경제·정치의 모든 차원에서의 삶에 대한 억압의 원시적 원초적인 억압 형식이다. 실학자 성호 이익(星湖 李瀷, 1682~1764)은 "독서강의(讀書講義)는 장부의 일이요, 부인은 조석으로 찬 것과 더운 것을 제공하고 빈객을 귀신처럼 섬겨야 하느니, 어찌 여가에 책을 대하고 암송하고 있을 것이냐"(讀書講義是丈夫事 婦人有朝夕寒暑之供 鬼神賓客之奉 受暇對卷諷誦哉)라고 했다. 여자는 부지런하고 검소하고 남녀칠세부동석(男女七歲不同席)하면 된다는 것이다. 제일(祭日)이나 혼례식에 남녀들이 많이 모일 때 여자들이 화장하는 것도 못마땅하였다. "일생 한 남자를 위하여 정조를 지켜야 하거늘 어찌 뭇 남자들의 눈에 보이려 시도하는고"(奈何以一生貞一操 試之十目 之視耶)라고 성호는 말했다.[68] 당시 여자들에게는 교육의 길이 막혀 있었으며, 그 결과 문화·사회·경제·정치 전반에서의 여성의 자유는 박탈당했던 것이다. 물론 그러한 사회구조 안에서도 문필과 학식과 재능에 있어서 탁월한 여성들이 있었다. 그러나 그것은 특수한 사례들이며, 일반적으로 여성들의 갈망과 능력은 매장되어 버린 것이다. 그들에게 교육의 길이 막혀 있었으니 그들이 어찌 사회의 모순에 도전할 수 있는 합리적 언어의 도구를 습득할 수 있었겠는가. 물론 남성 지배의 문화·사회·경제·정치 전반에 있어서 여자들의 내조와 밑거름이 담겨 있다. 그러나 그것은 남성 지배 사회구조의 연장을 위해서 강요된, 그래서 습성화된 잘못된 내조와 밑거름이 아니었던가.

---

68 김용덕, 앞의 책, 378.

조선 시대의 여성 억압의 악조건 아래서 여성들의 탈출구들은 불교 · 무속 · 민속이었다고 한다. 조선 초기에 여성들은 사찰에서 오랫동안 머물기도 했는데, 관리들은 이것을 막을 수가 없어서 중들을 처벌하기도 했다는 것이다. 또 중이 과부 집에 출입하므로 실절(失節)의 문제가 대두되기도 했으며, 부녀상사(婦女上寺)에 대한 금령이 엄해졌다. 그러자 양반층의 부녀들이 이승(尼僧)이 되는 사례들이 증가했다는 것이다. 또 부녀들이 무당의 집을 찾아가 굿을 한다고 핑계하고 음주하고 놀았다는 것이다. 또 명절의 민속놀이들은 성 해방의 기회로서의 구실을 하였던 것이라고 한다. 그래서 김용덕은 "조선 초기의 불교와 무속을 성의 해방이란 안목으로 새로이 검토할 필요를 느낀다"고 한다.[69] 여기서 주목할 것은 불교나 무속이 조선 시대의 유교주의 아래서 억압되어 있었기 때문에 부녀들의 처지와 유사했다는 사실이다. 그것들은 여성들로 하여금 가정과 사회의 도덕적인 규제와 억압에서 벗어나 어떤 자유로운 정신적인 차원으로 또 귀신들의 차원으로 이끌어주는 계기가 되었을 것이다. 불교나 무속은 단지 일시적으로 그들의 성 억압으로부터 풀려나는 계기들은 아니었다. 불교는 어쩌면 성 억압과 이에 결부된 모든 억압으로부터의 여성해방의 계기가 되었을지도 모른다. 무속은 본래부터 원시적으로 여성들과 밀접했다. 원시적인 여신상(女神像)들은 여성 자체의 정신성이기도 했다. 이러한 정신성에 의하여 원시적인 여성은 모든 인간의 혼들 혹은 귀신들 혹은 천지신명을 직관했고, 불러낼 수가 있었다. 이 귀신들에게 그는 자신의 운명을 의탁하고 세상에서의 길흉을

___

69 같은 책, 357, 359.

막으려 했다.

이러한 여성 자신의 원시성으로의 도피는 그에게 일종의 탈출구가 될 수 있었으나, 그것은 그에게 해방의 미래가 아니다. 해방의 미래는 당시의 불교에 의해서도 제시될 수 없었다. 이 미래는 잘못된 사회와 세계의 변혁에 의해서만 동터 온다. 그것이 어떻게 조선 여성들에게 가능했으랴. 어쨌든 그들이 성적인 혹은 종교적인 탈출구들을 찾았다는 것은 그들이 살아 있었다는 증거가 아닌가. 남성의 지배 문화와 사회체제가 굳혀지기 이전의 원시 시대로 소급하면, 원시적인 자연으로 접근하면 여성들이 성적으로 억압되지 않았다는 증거들, 자연적 혈연적 공동체의 어머니로서의 천부적인, 이러한 의미에서의 신적인 의미를 행사했다는 증거들이 종교사학적으로 보고되어 있다. 호암이 지적한 것처럼 이 민족의 저 삼국 시대에도 그러한 원시적인 흔적들이 관찰된다. 창세기 1장 28절에 의하면 남자와 여자가 생육하고 번식하라는 축복을 받는다. 또 4장 1절에 의하면 이브가 첫아들을 출산하고서는 하나님의 도우심으로 얻었다고 한다. 원시적 모성의 신적 의미가 여기에 함축되어 있다. 원시적 모성은 자연의 신비 혹은 신명(神明)을 구체화 혹은 개체화시키는 직관력을 가지고 자연을 신격화시키곤 했으며 또 죽은 인간들의 혼들을 살아 있는 인간들에게 매개해줌으로써 삶의 현장으로 불러내기도 했다. 그러한 원시적 모성은 곧 무당의 초혼(招魂)이나 영매(靈媒)의 직관력과 같다.

여성들이 가정적 사회적 억압에서 벗어나 그러한 원시성 혹은 영계(靈界)에 몰입했다는 것은 어떤 의미에서 한 해방이었다. 그러나 그들은 다시 정체 모를 귀신들에게 자신들의 운명을 의탁했고, 두려워했고, 그 귀신들을 섬겼으니, 그들의 해방과 자유는 상실되고 만 것이다. 이것은 인간의 자유를 박탈하는 세계의 지배 구조를 넘어서는 새로운 미래에서 성취되어야 할 목표이며, 궁극적으로 인간성과 역사의 구원이라는 주제이다. 세계의 지배 구조는 여성만을 억압한 것은 아니다. 그러므로 여성해방의 주제는 피억압자 남성의 문제를 내포하고 있으며, 반대로 남성의 문제는 또한 여성의 문제이다. 조선 시대의 남자들은 수동적으로 억압을 감내한 여자들과는 달리 능동적으로 봉건적 신분, 등차적 사회에 항거했다는 사실(史實)들이 전해 온다. 가장 원시적인 성 억압 아래서 여성은 혹은 성적으로 억압된 여성은 대체로 그러한 능동적인 사회적 항거의 계기를 포착하여 행사하기 어려웠으므로 종교적인 혹은 정신적인 원시성으로 도피하기도 했던 것이다.

이제 우리는 그러한 세계를 넘어서는 미래를 환상했던 남자로서 허균(許筠)을 생각해보자.

사가(史家) 이우성(李佑成)에 의하면 허균(1569~1618)은 조선의 유교적인 신분 등차적 사회질서로부터 자신을 '최초로 해방시킨 사람'이었다고 할 수 있다는 것이다.[70] 순암(順庵) 안정복(安鼎福)은 허균의 자유분방한 성격과 행실의 일면을 다음과 같이 말해준다. 허균은 "남녀 정욕(男女情欲)은 천(天)이 품부(稟賦)해준 본성인데, 천이 성인(聖人)보다 존(尊)한 것인즉 성인이 제정한 예교(禮敎)를 버릴지언정 천품의 본성을 어길 수 없다"고 하여 자기의 거상중(居喪中)의 식육산자(食肉産子)를 조금도 꺼리지 않았다고 한다.[71] 허균의 분방한 성관계에 대한 순암의 비판은 유교의 예교의 틀을 넘어서지 못하고 있다.

---

70 이우성, 『한국의 역사상』 (창작과비평사, 1982), 76.
71 같은 책; 『순암전서』 상권 17 "天學問答" (대동문화연구원), 377.

허균의 분방한 행실은 당시의 사회생활에서 문제적이었음은 틀림없다.[72] 그러나 그는 그의 그러한 삶을 통하여 남성뿐만 아니라 여성의 성 억압의 문제성을 의식했고, 이러한 성 억압을 근저에 둔 신분 등차적인 도덕관이나 사회질서의 모순을 의식했다는 사실이 주목되어야 한다. 남녀 정욕이 성인 혹은 주자(朱子)의 예교 이전에 성 억압적인 사회질서 이전에 하늘이 부여해준 본성이라는 것은 성의 원시적 신적인 기원을 말하는 것이다. 이우성은 말하기를, 허균이 성인의 굴레를 극복했으나 이에 천(天)이라는 새로운 우상을 대치시켰다고 한다.[73] 그러나 천은 허균에게 있어서 우상이 아니라 성의 기원을 말하는 원시적 표상이다. 천 개념이 유교 전통에 있어서는 지배자의 신적 근거로서 지배자 이데올로기 역할을 했으나, 허균에게는 이와는 반대로 억압된 성을 해방시키는 의미를 지녔다. 문제는 인간성의 자유와 해방은 성에 대한 그러한 원시적 직관이나 긍정에서 성취되지 않는다는 점이다. 성의 원시성에 대한 직관과 긍정은 원시 종교들에 있어서 성의 신격화 혹은 신전성교(神殿性交)와 같은 신화 등을 만들어 냈다. 무당의 입신(入神)도 그러한 현상 중의 한 형태이다. 인간성의 해방은 그러한 원시성으로의 몰입에서 성취되지 않는다. 해방은 인간성의 자유를 성취한다는 의미이다. 자유는 성의 원시성 혹은 자연성을 넘어서는 행위의 주체, 역사의 주체이며, 타락과 죄악, 억압과 피억압의 역사적 · 사회적 시련을 넘어서는 미래에서 성취되어야 할 구원의 주제이다. 앞에서 말했듯이 저 창조 설화에 의하면 남자와 여자,

---

72 송재소, "허균의 사상사적 위치," 신동욱 편, 『허균의 문학과 혁신사상』 (새문사), II-72 이하.
73 이우성, 앞의 책, 77.

인간과 인간의 자유로운 관계는 이미 미래의 구원의 빛으로부터 조명된 창조의 의미, 인간성의 원시성이라는 의미이다. 성에 대한 허균의 긍정은 성의 원시성을 암시한다. 그것은 물론 그 자신의 자유분방한 성품과 행실에서 연유된 생각이었다 해도 그의 문학 작품들에 표현된 그의 사회의식과 미래표상, 신화적인 미래의 표상에 비추어보자면, 그것은 그의 성품과 행실을 정당화하기 위한 구실 이상의 의미를 가졌다고 생각된다. 성의 본성에 대한 허균의 통찰은 사회의식, 즉 기존사회로부터 소외된 자, 불우한 자, 역경에 처한 자에 대한 그의 실제적인 사회의식과 관련해서 고찰될 때 비로소 인간성의 역사적 해방의 의미를 갖게 된다. 그렇지 않으면 남녀 정욕에 대한 그의 긍정은 원시적인 신화가 되어버리는 데서 그치거나 그 자신의 분방성의 구실 이상이 되지 못한다. 그의 사회의식은 또 사회개혁을 지향하는 미래 의식과 관련해 고려되어야 한다. 그런데 그의 사회개혁 의지는 당시 현실적으로 실현 불가능했고, 그의 문학 작품들에서 환상적으로만 표출되어 있으며, 따라서 그의 미래상은 신화적인 유토피아 혹은 도교적인 선계(仙界) 혹은 불교적인 피안(彼岸)과 같은 형식으로 표출되어 있다. 이 점에서 그의 미래상은 비역사적이다.[74] 그러나 이 미래상이 실제적인 사회비판으로 사회적 상황과 관련되어 있다는 점에서 역사 혁명의 가능성을 함축하고 있다. 허균 당시에 그러한 사회의식이 제시되었다는 것은 실로 놀라운 일이다.

근대에 이르러서 남자와 여자의 관계에서 상호 상대성에 대한 의식이 현저하게 표출되어 있으며, 남녀평등에 대한 소리도 높게

---

74 신동욱 편, 『허균의 문학과 혁신사상』 II (새문사), 소재영, 서대석, 장덕순 등의 논문들.

제창되기에 이르렀다. 이우성이 인용한 실학자 연암(燕巖) 박지원(朴趾源)의 『광문자전』(廣文者傳)에서 한 구절을 들어보자. "미색은 뭇사람들이 좋아하는 바이다. 남자만이 그런 것이 아니고 여자도 역시 그러하다. 그런데 나 (노총각 廣文)는 누추하여 모양을 낼 수 없다"(夫美色衆所嗜也 然非男所獨也 唯女赤然也故 音隨而不能自爲客也)는 말이다.[75] 남자와 여자의 감정이 상호적으로 비등하게 생각되어 있다는 사실이 여기서 주목되어야 한다. 연암은 남녀의 평등 사상에 접근했다.

인간의 평등 사상은 최제우(崔濟愚, 1824~1864)에 의하여 창교된 동학(東學)에 있어서 결정적으로 확연해졌다. 그것은 동학의 '인내천'(人乃天) 사상에 뿌리박고 있다. 이 말은 "오심즉여심"(吾心卽汝心), 즉 내 마음이 곧 네 마음이라는 천(天)의 소리를 들은 창교자의 사상으로부터 3대 교주 손병희에 의하여 창안된 말이라고 한다.[76] '인내천'은 천심즉인심(天心卽人心)이라는 뜻이며, 그러므로 사인여천(事人如天), 즉 사람을 하늘처럼 섬기라는 뜻이다.[77] 사인여천함에 있어서 모든 봉건적인 차별, 즉 반상 · 적서 · 남녀 · 빈부 · 귀천의 차별이 사라질 수밖에 없다.[78] 김용덕은 주장하기를 "동학 사상에 있어서의 남녀평등이나 여성 존중은 구 봉건사회 내부에서 자주적으로 싹튼 여성해방의 첫 횃불이었다"고 한다. 2대 교주 최시형(崔時亨, 1829~1898)은 수도(修道)의 본분(本分)이 부녀에게 있다고 하여, 지하에 숨어다니면서 1889년에 부녀를 위한 「내수도문」(內修道文)을 지었다고 한다.[79] 동학 사상

---

75 이우성, 앞의 책, 77과 주17; 『연암집』 권 8 「광문자전」, 118에서부터 인용됨.

76 『동경대전』 (을유문화사), 37.

77 박순경, "민족의 문제와 신학의 과제," 「신학사상」 36호 (1982), 119 이하.

78 김용덕, 앞의 책, 272 이하.

79 같은 책, 387, 392; 차기벽, 『한국민족주의의 이념과 실태』 (도서출판 까치, 1978), 103 이하.

(東學思想)을 배경에 가졌던 갑오농민전쟁(1894)은 봉건적인 계층사회에 종막을 내리지는 못했으나, 이것의 붕괴 과정을 촉진했음이 틀림없다. 사가들에 의하면 갑오농민군의 요구 조건들이 이른바 1894년의 갑오개혁에 많이 반영되었다고 한다. 이 개혁의 안건 중에 부녀의 재가는 귀천을 막론하고 그 자유에 맡긴다는 조목이 있으며, 그 개혁에서 부녀해방의 법적인 기틀이 제도적으로 마련된 셈이다.[80] 그런데 갑오개혁의 직접적인 사상적 배경은 개화 사상이었다. 동학, 특히 갑오농민전쟁은 민족 자체 내의 피억압자 측으로부터 발생했다. 그러나 개화 사상은 그 맥락을 달리했다. 이 사상의 대변자들은 민족의 피억압자 측을 의식했으나 서양 문물과 제도, 이것을 먼저 수용한 일본을 통해서 본 서양 문물과 제도의 영향 아래 있었다. 그러므로 개화 사상에서의 여성해방에 대한 의식은 서양의 부르주아 자유주의 사상과 비등했다. 만일 갑오농민전쟁이 당시의 정부군과 청군(淸軍), 일군(日軍)에 의하여 진압되지 않았더라면, 그것은 민족사에 있어 일대 혁명, 평등한 사회를 지향해가는 도상에서 일대 혁명을 성취할 수 있었으리라고 생각된다. 아쉽게도 그것은 패배해버렸고, 개화 사상의 흐름이 오늘날까지 지배적인 사상으로 된 것이며, 이 조류의 한계가 노출되기 시작한 것은 1920년대 이후부터라고 생각된다. 어쨌든 이 조류는 근대 민족사에서 여성해방의 한 단계로서의 역할을 수행한 셈이다.

박용옥(朴容玉)은 한국 여성의 개화 문제를 구체적으로 다룬 것은 박영효(朴泳孝, 1861~1939)의 개화상소에 나타나 있다는 것이다.[81] 강

---

80 김용덕, 앞의 책, 386 이하; 박순경, "민족의 문제와 신학의 과제," 「신학사상」, 115.
81 박용옥, 『한국근대여성사』 (정음사, 1975), 48.

재언(姜在彦)에 의하면, 박영효의 개화상소, 즉 "건백서"(建白書)는 그가 일본에 망명 중이던 1888년 1월 13일 국왕에게 상소한 것이다.[82] 그 "건백서"의 조항 중에서 제4조는 '양생이건식인민'(養生以健殖人民), 즉 인민의 보건을 도모하여 복지를 이룩함을 말한다. 이 항목은 남편이 아내에게 강포를 행하지 말아야 한다는 것, 고속(古俗)의 유년가취(幼年嫁娶)를 금하고 결혼 연령을 지켜야 한다는 것 등을 말하고 있다. 제6조는 '교민재덕문예이치본'(教民才德文藝以治本), 즉 교육·학술·문예로 치(治)의 본(本)을 삼는다는 것이다. 소·중학교를 설립하여 남녀 6세 이상은 다 취학하게 한다는 것이다. 8조는 '사민득당적분지자유 이양원기'(使民得當的分之自由 以養元氣), 즉 민(民)으로 하여금 마땅히 자신의 자유를 가지게 함으로써 민의 기(氣)를 육성한다는 것이다. 이것은 인민 평등과 자유를 의미한다. '남녀부부 균기권야'(男女夫婦均其權也), 즉 남녀 부부는 평등하다. '범남녀질투지심일야'(凡男女嫉妬之心一也), 즉 모든 남녀의 질투심도 평등하니, 간음의 경우 여자만이 불평등하게 벌 받을 수 없다는 것이다. '폐반상중서지등급야'(廢班常中庶之等級也), 즉 양반·상인·중인·서인의 신분 등급을 폐한다는 것이다.[83] 이러한 인간 평등 혹은 남녀평등 사상은 대체로 서양의 18세기 특히 19세기 이래의 자유주의의 조류를 반영한다. 서양 기독교 프로테스탄티즘도 그러한 자유주의와 합류되어 있었으며, 조선의 19세기 전반기부터의 개화 사상에도 그러한 서양 기독교의 조류가 함축되어 있었다. 호암에 의하면 인간 평등 혹은 남녀평등이 조선에 전래된 기독교(가톨릭교회 선교는 18세기 중엽에, 개신교 선교는 19세기 중엽

---

82 강재언, 『한국근대사연구』(한밭, 1982), 117.
83 같은 책, 119-123; 박용옥, 앞의 책, 48.

에 시작됨)에 의하여 촉진되었다고 한다. 부녀의 재 가해금(再嫁解禁), 반상(班常)과 적서(嫡庶)의 차별 폐지 등에 있어서 기독교의 역할이 지대하였고, 기독교에 의하여 여성 생활에 커다란 변화를 가져왔다는 것이다. 또 선교사들의 교육 사업, 성서번역과 한글 보급을 통해 여성들이 신교육에 접하게 되었고 또한 세계 상황에 접할 수 있게 되었다는 것이다.[84] 1896년에 창시된 독립협회도 서양의 자유주의와 기독교를 배경에 가졌던 개화 사상의 흐름에 이어지는 개혁운동이었다. 박용옥에 의하면, 독립협회와 한글 전용의 「독립신문」은 여성 교육을 강조했으며, 여성 자신들에 의한 교육 사업이 19세기 말부터 전개되기 시작했다.[85] 호암에 의하면 1919년 3.1운동을 전기로 해 여성들의 해외 유학이 격증했다는 것이다.[86] 부인 운동을 통하여 여성들은 이제 사회 · 정치에도 또 민족의 문제에도 관심을 두게 되었다. 호암은 사회에서의 여성의 자유로운 삶과 지위 향상이 경제적으로 밑받침되지 않고는 안 된다는 측면을 강조한다. 이 "경제상의 변화는 재래의 기독교보다… 여성 생활에 대하여 일변케 하는 것을 알아야 하겠다"는 것이다.[87] 여성의 해방 혹은 자유는 경제체제의 변화 없이는 성취될 수 없다는 것이 그의 말에 암시되어 있으며, 이것은 기독교로부터 기대될 수가 없다는 것이다. 호암은 여기서 개화 사상과 부르주아 자유주의와 이와 결부된 기독교의 한계를 암시해준다. 이미 언급했듯이 호암은 지금까지의 남성 중심의 사회가

---

84 문일평, 앞의 책, 150 이하.
85 박용옥, 앞의 책, 57-61.
86 문일평, 앞의 책, 152.
87 같은 책, 154.

인류 문명사에서 제1차 혁명이라고 한다면, 현대의 여성운동은 제2차 혁명이어야 한다고 한다. 지금까지의 남성 중심의 '역(方)의 문명'은 여성을 제외시킨 '절름발이 문명'이라고 하며, 이것을 구출해내는 것은 오직 '애(愛)의 문명'이라고 한다.[88] 호암에게서 여성의 자유를 위한 경제적 변화라든지 역사의 새로운 의미를 지향하는 애의 문명이 구체적으로 무엇을 의미하는지는 분명하게 밝혀져 있지 않으나, 남자와 여자의 혹은 인간과 인간의 평등은 경제적인 구조의 변화가 필요하다는 것이며, 미래의 문명은 힘과 지배에 의해서가 아니라 자유롭고 평등한 사랑에 의하여 성취되어야 한다는 것이다. 이와 같이 호암이 인류의 미래 구원을 대망했다는 것은 여성의 혹은 피억압자의 혹은 피억압 민족의 해방이 현재적으로 성취되어 있지 않음을 반증하는 것이다.

서양의 부르주아 자유주의의 조류를 반영 하던 조선 시대 말기의 개화 사상은 과거의 봉건적·신분 차별적 사회를 극복하는 과정에서 또 여성해방의 과정에서 결정적인 한 역할을 했음이 틀림없다. 그러나 거기에서 여성 혹은 피억압자의 해방이 성취된 것은 아니다. 눌린 자의 사회 진출이 해방의 한 역사적 단계이기는 하나, 이 단계가 해방의 모델을 제시할 수는 없다. 이 단계의 해방이란 이미 서양인들의 세계 팽창주의의 한 도구가 되고 만 것이다. 서양에 있어서 제국주의, 봉건적 사회에 항거해 등장한 부르주아 자유주의가 외치던 소리, 인간들의 자유와 평등을 외치던 소리는 서양인의 세계 진출과 세계 팽창의 소리로, 새로운 형태의 제국주의의 소리로 둔갑해버렸다.

---

88 같은 책, 129.

이러한 세계 팽창의 물결을 타고 기독교는 한국에 전래되었다. 동학과 갑오농민전쟁이 서학(西學)을 배척한 것은 그 때문이었다. 조선의 개화 사상은 서양의 그러한 제국주의·식민주의 세계 팽창의 악마적 정체를 미처 인식하지 못했다. 서양의 부르주아 자유주의는 세계의 새로운 지배 구조를 창출해내고 만 것이다. 개화기 이래 한국은 서양의 그러한 지배 아래 서양을 모델로 삼아서 오늘에 이르렀다. 이 때문에 한국 혹은 한국 여성은 대체로 서양을 흠모하고 있다. 한국교회는 서양과 서양 기독교와 역사의 문제 상황을 직시하여야 한다. 서양의 현대적 해방의 모델이 한계점에 도달한 지 이미 오래다. 이제 여성해방은 한국 문제에 국한되지 않는다. 그것은 이제 세계의 문제 상황이라는 장에서 다루어져야 한다. 서양의 지배 아래 있는 세계에서 여성해방과 인간성의 성취란 성립될 수 없다. 이제 여성해방의 과제는 한국과 세계사에서 하나의 새로운 계기를 포착하여야 한다. 또 여성해방은 여성만의 과제가 아니다. 그것은 세계 피억압자의 해방을 대변해야 하며, 그렇게 함으로써 억압자가 그 자신과 세계의 억압구조로부터 해방되도록 하는 계기를 열어 놓고 인간성 전체의 성취를 예비하는 과제를 담당해야 한다. 역사에 있어서 피억압자의 상황이 우리에게 가르쳐주는 교훈은 우리가 그러한 역사의 죄악을 반복하지 말아야 한다는, 즉 그의 고난과 희생이 헛되어서는 안 된다는 것이다. 바로 이 때문에 그의 고난과 희생은 현재의 우리를 위한 것이고, 미래의 새로운 인간성으로의 방향을 암시해주며, 성취될 새로운 인간성의 표징이 된다. 이 새로운 인간성의 미래는 결코 환상이나 신화가 아니다. 왜냐하면 그것은 예수 그리스도의 인간성으로서 이미 역사 안에서 성취되었기 때문이다. 이것이 역사의 종말적인 미래이다. 이 미래의 빛에서 볼 때, 역사에서의 고난과 희생이 이 미래의 표징으로서의 의미를 획득한다. 이 미래의 빛에서 볼 때, 역사의 죄악을 극복하는 일은 필연적인 정언적(categorical)인 과제로서 우리의 현재적인 결단을 요청한다. 이미 그 결단은 내려졌다. 여성해방의 과제는 새로운 인간성의 탄생을 위한, 그 탄생을 재촉하는 어머니의 과제이다. 이와 같은 역사의 어머니 됨은 신화적인 원시모의 태(胎)를 능가하는 자유로운 미래의 인간성을 표징한다. 여성신학은 그러므로 태의 신비화를 일삼지 않는다. 자유로운 인간성은 원시모의 태로 되돌아가는 것이 아니라, 하나님 앞에서의 인간 대 인간의 공동체, 의로운 공동체 안에서 존립할 미래의 인간성이다.

V. 민족과 여성신학의 과제

19세기 이래의 한국 민족사는 서양의 팽창주의와 기독교 전래, 일본의 제국주의 침략이라는 계기 없이는 설명될 수 없다. 세계사의 장에 발을 내딛으면서 한국 민족사는 피억압 상황에 놓여서 오늘날에까지 이르렀다. 그 이래의 민족사에서 등장한 민족해방이라는 주제는 아직도 답을 얻지 못했다. 민족해방의 주제는 동학과 갑오농민전쟁에 있어서는 척왜양(斥倭洋), 즉 반일(反日)·반서(反西) 운동으로서 나타났다. 그러나 이 운동은 구체적으로 현실적인 민족의 미래를 제시하지 못한 채, 세계의 세력들 아래서 단명할 수밖에 없었다.[89] 그러나 그

---

89 동학은 천도교 전통에서 존속하나 오늘의 세계, 특히 분단된 세계와의 관계에서 민족사의 구체적인 미래를 제시하지는 못했다고 생각된다. 그러나 동학이 함축하고 있는 잠재

반일·반서 사상은 세계의 침략 세력들을 간파한 것으로서 타당성을 가진다. 이 운동의 계보와는 달리 개화 사상 계보로부터 전개된 항일 민족운동과 민족주의는 서양의 부르주아 자유주의적 민족주의를 반영했다. 그러나 이러한 민족운동과 민족주의에서의 민족해방이라는 주제는 서양의 그러한 민족주의의 한계 내에서는 성취될 수 없는 것이며, 이것을 능가하는 주제다. 서양의 민족주의는 서구의 제국주의와 봉건주의에 항거하여 등장한 것이며, 새로운 세계 팽창과 식민주의에서 작용하는 전제이다. 저 민족해방이라는 주제는 이러한 서양 민족주의를 넘어서는 것이다. 오늘날까지 지속되어 온 개화 사상 계보의 민족운동과 민족주의는 그 친서적(新西的)인 경향 때문에 그 주제의 그러한 성격을 대체로 파악하지 못했다. 그럼에도 불구하고 그 민족운동과 민족주의는 일본제국주의, 식민주의에 항거했다는 점에서 서양의 민족주의를 넘어서는 민족사와 세계사의 미래를 제시했다. 저 민족해방의 주제는 다름 아니라 민족 내의 평등, 민족 간의 평등, 따라서 세계 평등과 평화를 지향했던 것이다. 그 주제가 이러한 보편적인 세계사의 미래를 대변하지 않는다면, 그것은 편협한 국수주의적 침략의 이데올로기로 둔갑해버리고 만다. 한국에 전래된 기독교는 대체로 1919년까지의 민족운동에는 이바지했으나, 그 친서적인 성격 때문에 결국 민족해방이라는 민족의 주제를 거의 상실해버릴 지경에 이르렀다. 한국 기독교는 이제 민족사를 회고하고, 현재의 민족 분단을 극복하기 위해 그 주제를 다시 포착하여 종말적인 구원 신앙으로부터 재조명해야 할 것이다.

─────────────

적인 의미는 새롭게 재해석되고 재포착될 수 있으리라고 생각된다.

한국의 현대적 여성운동과 여성의 사회 진출과 지위 향상은 재래의 남권 사회(男權社會)를 상대화시키기 시작했다는 점에서 획기적인 의의를 지닌다. 그러나 여성해방이 사회 진출·지위 향상·세계 진출을 주요 목표로 삼는다면, 그것은 지금까지의 남성 지배의 사회와 세계, 서양의 세계 팽창에서 초래된 억압과 피억압의 문제 상황을 넘어설 수가 없다. 한국의 여성운동이 그러한 진출 운동 이외에 민족해방운동에 참여했다는 것은 그 문제 상황을 극복하는 과정에서 뜻깊은 일이며, 세계사의 새로운 의미를 암시해준다. 항일 민족운동에 있어서 1920년대에 남녀평등이라는 주제가 현격히 제창되었으며, 여성운동은 곧 민족운동이기도 했다. 한국 민족의 해방 없이 한국 여성의 해방이란 있을 수 없다. 물론 사회 진출과 세계 진출을 위주로 한 기독교 여성운동이 친일에 기울기도 했으며, 민족해방의 궤도를 이탈해버리기도 했으나, 그것은 여성운동의 부수적 비본질적인 현상이었다. 또 1945년 이래 민족해방이라는 주제는 한국교회의 의식에서 거의 사라진 셈이다. 세계의 지배 구조가 존속하는 한 그 주제가 사라져서는 안 된다. 그것은 종말적 구원에 이르는 도상에서의 약소 민족의 주제로서, 세계 평등의 주제로서 관철되어야 한다.

한국 여성의 사회 진출 혹은 사회참여는 민족운동에 관련되면서 비약적으로 활발해졌다. 1919년 3.1운동의 발발은 여성 민족운동의 결정적인 계기였다. 3.1운동은 그 이전부터의 민족의식과 운동의 결산이기도 했다. 3.1운동은 현대적인 민족주의를 반영하는 것으로서 민족사의 한 에포크이기도 했다. 3.1운동의 의의는 그 이전의 민족의식과 운동의 결산이면서 동시에 그 이후의 거국적인 민족운동의 도화선이었다는 점에 있다. 또 3.1운동을 계기로 하여 여성들의 사회의식과 민족의식, 정치 운동과 교육 운동이 비약적으로 발전하게 되었다.'[90] 3.1운동에 참여한 여성 지도자 중에는 기독교계 학교의 교사들과 학생들이 있었고, 그 외의 많은 일반 부녀들이 그 운동에 참여했다.[91] 민족운동을 통하여 여성에 대한 남성 의식도 결정적으로 변화했다. 3.1운동의 후속으로 등장한 대한민국 임시정부의 임시 헌장 제3조는 "대한민국의 인민은 남녀, 귀천 및 빈부의 계급 없이 일체 평등으로 함"이라고 말한다. 제5조는 "대한민국의 인민으로서 공민의 자격이 있는 자는 선거 및 피선거권을 가진다"고 말한다.[92] 이러한 조항들은 서양의 민주주의를 반영하고 있다. 1919년 4월 기독교계 '대한독립애국부인회'가 조직되었으며, 10월에 '대한애국부인회'로 개편되었다. 1920년 4월에는 서울에서 '조선여자교육협회'가 결성되어 여성 교육의 보급에 진력했다. 1921년 5월에는 동경에서 '조선여자교육청년회'가 조직되었다. 1922년 4월에는 가정 부인들의 교양을 위하여 '경성여자청년회'가 조직되었으며, '조선여자고학생상조회'가 조직되었다. 1922년 12월에도 여러 여성단체가 생겨났는데 '불교여자청년회'도 나타났다. 그때 발족한 '여자기독교청년회'는 여성의 품성 계발과 행복을 추구하는 목표를 내걸었다. 1919년 이래 등장한 이러한 종교적 여성단체들은 대체로 계몽주의, 자유주의, 민족 개량주의의 비혁명적 노선을 취했다.[93] 그러나 대한애국부인회 소속인 안경신 여인은 전투적이었으며, 일본인 경부를 사살하고,

---

90 문일평, 앞의 책, 152.

91 박용옥, 앞의 책, 141.

92 같은 책, 145.

93 김준엽 · 김창순, 『한국공산주의 운동사』, 제2권 (고대 아세아문제연구소), 150.

평남 도청에 폭탄을 던지기도 했다는 것이다.[94] 1922년 말까지 29개의 여성 청년단체가 설립되었으나, 당시까지 거의 500개의 남성 청년단체들이 등장했다는 사실에 비하면 여성단체는 수적으로도 미약했으며, 게다가 친목회적인 성격이 있었고, 따라서 민족과 여성해방에 대한 사회의식이 희박했다.[95]

이에 반하여 사회주의 계열의 여성운동이 여성해방과 사회 변혁을 제창하기에 이르렀다. 1923년에는 민족운동의 좌경화가 급진전하면서 사회주의적인 여성해방 단체의 조직 운동이 전개되기 시작했고, 1924년 5월에 '조선동우회'가 창립되었다. 이 회는 최초의 여성 사회운동단체였다. 그 선언 요지는 남성에 의한 여성의 성적 경제적 억압과 여성 노예화를 신랄하게 규탄하는 것이었다. 그 강령의 한 구절은 "사회진화법칙(社會進化法則)에 의하여 신사회(新社會)의 건설과 여성해방운동에 입(立)할 일꾼의 양성과 훈련을 기함"이 라고 말한다.[96] 신사회라는 것은 물론 민족의 새로운 미래를 의미한다. '진화법칙'이란 상당한 재검토와 비판이 요구되는 도그마이나 새로운 미래, 즉 여성해방을 향한 변혁의 역사적 필연성을 암시하는 개념이다. 이 개념은 하나님의 구원 신앙에 비교될 만한 도그마이다. 1926년 1월에는 '프로여성동맹'이 발족하여 여성의 경제적 활동과 이권 문제에 관여했다. 1925년 1월에는 '경성여자청년동맹'이 발족하였는데, 이는 여자 청년 무산자의 교양과 훈련을 위한 단체였다. 그해 2월에는

---

94 박용옥, 앞의 책, 151. 만주에서는 부녀들이 한국 독립군을 지원했으며, 왜적과의 교전에도 참여했고, 왜군 창고로부터 무기를 탈취하여 독립군에 공급하기도 했다는 것이다.
95 김준엽·김창순, 앞의 책, 153.
96 같은 책, 153 이하.

'경성여자청년회'라는 단체가 창립되었고, 이 단체는 여성의 자유와 남녀평등의 사회 실현을 내걸었다.[97] 물론 사회주의 계열의 여성단체들은 남성운동에 의하여 영향을 받은 것이다. 1925년 4월에 조직된 조선공산당 강령은 "일본제국주의의 압박으로부터 조선 민족을 절대 해방시키기 위하여 민족혁명 유일 전선을 작성할 것… 농민, 노동자, 부녀자 등의 정치적 경제적 절대 해방, 절대 평등을 보장할 것"을 명시했다.[98] 1920년대 초부터 사회주의 운동이 민족운동에 개입하면서 부분적으로나마 민족운동이 더 철저해졌다. 민족운동과 민족주의가 새로운 미래 전망에서 새롭게 재해석될 가능성이 제공되어 있었다. 그러나 1924년 이래 민족운동에는 민족주의 진영과 사회주의 진영이 상호 대립하였다.

항일투쟁을 위하여 두 진영의 협동 전선이 1926년부터 태동하여 1927년 2월에 '신간회'(新幹會)라는 연합 전선이 출현하였다.[99] 민족주의 진영 중에서도 일제와 비타협적인 민족주의 계열이 신간회에 참여하게 되었으나 이 계열은 사회주의 계열의 민족혁명 노선과는 달리 민족 개량주의적 성격을 간직하고 있었으며, 따라서 그 연합 전선은 분열의 불씨를 그대로 안고 있었다. 이러한 문제는 오늘날에도 미해결의 문제로 남아 있다. 그럼에도 불구하고 두 진영이 민족 전선을 통해 상호 접근했다는 사실에 우리는 주목할 필요가 있다. 신간회 운동의 영향을 받아서 여성운동에서도 기독교적 계몽주의적 문화 운동의 계열과 혁명적 사회주의 계열의 연합 운동이 전개되어 1927년

---

97 같은 책, 156-160.
98 송건호 · 강만길 편, 『한국민족주의론』 (창작과비평사, 1982), 110.
99 김준엽 · 김창순, 앞의 책, 35-63.

5월에 '근우회'(槿友會)라는 여성단체가 발족했다. 그 행동강령은 "여성에 대한 사회적 법률적 일체 차별 철폐", "인신매매 및 공창 폐지", "농촌 부인의 경제적 이익 옹호", "부인 노동의 임금차별 철폐" 등[100] 실로 혁명적인 조목들을 제시했다. 1928년 5월의 전국대회 토의안은 중심 슬로건, 반전(反戰) 결의, 민족운동에 관한 결의 등 대단한 문제들을 취급하려 했다. 그 중심 슬로건 몇 조목들을 보자면, "조선 여성은 민족운동의 유력한 부대로 되자", "전 민족의 생존권을 확보하자", "조선 민족운동의 통일전선을 굳게 결성하자"라는 강력한 민족의식, 여자의 재산권과 남자와의 평등권 의식, 교육제도 개혁에 대한 의식, 반전의식 등이 확연하게 표출되어 있었다. 세계 전쟁의 문제가 조선 여성과 세계 대중의 입장으로부터 제기되어 있었다.[101] 당시의 여성들에게 이러한 사회 · 민족 · 세계 의식은 일제의 탄압 아래서 현실적으로 실천될 수 없었다고 해도 혁명적 가능성을 제시했으며, 오늘의 한국 여성들보다 훨씬 더 민족과 세계의 새로운 미래로 전진하고 있었다는 사실을 우리는 주목해야 한다. 그러나 저 토의안은 일제의 탄압으로 중단되고 말았다. 일제 탄압이라는 악조건 아래서도 저 두 진영의 협동 전선에 의하여 민족해방과 여성해방의 새로운 진로가 열리게 되었음이 틀림없으나, 결국 이 협동 전선은 깨지고 말았다. 신간회는 1931년 5월에, 근우회는 같은 해 7월에 해체되고 말았다. 그 해체의 원인을 여기서 상론하기는 어려우나, 대체로 보자면 그 단체들 자체 내의 분열의 불씨들, 즉 한편으로 민족주의 진영의 개량주의적 노선 및 운동 방법과 다른 한편으로 사회주의 진영의 혁명적

---

100 같은 책, 73 이하.
101 같은 책, 78 이하.

노선 및 운동 방법의 대립에서 생기는 분열의 불씨들, 일제의 탄압, 특히 후자에 대한 탄압과 민족 분열 책동, 국제 공산주의 운동에 부응하는 국내 좌익 운동의 비타협적 혁명 노선, 이러한 요인들에 의하여 저 협동 전선은 해체될 수밖에 없었다.[102]

협동 전선이 부정적으로 해체되었다 해도 사회주의적 혁명 노선의 개입으로 민족운동의 노선에 뚜렷한 변화가 일어났다는 사실이 주목되어야 한다. 만주와 중국에서의 우익계 민족운동의 연합 전선이 1930년대 전반기에 전개되었으며, 1935년에 민족혁명당이 중국에서 발족했다. 그 당의(黨議) 17개 조목 중에서 몇 가지를 보면, "③ 소수인이 다수인을 박삭(剝削)하는 경제 제도를 소멸하여 국민생활상 평등을 확립한다. ⑧ 여자는 남자의 권리와 일체 동등하다. ⑨ 토지는 국유로 하고 농민에게 분급한다. ⑩ 대규모의 생활 기관 및 독점적 기업을 국영으로 한다. ⑭ 의무교육과 직업교육은 국정(國定)의 경비로써 실시한다. ⑰ 자유·평등·호조(互助)의 원칙에 기초하여 전 세계의 피압박 민족해방운동과 연락 협조한다."[103] 1935년에 결성된 한국국민당도 정치·경제·교육의 평등, 국민생활권의 평등을 당위로 내걸었다.[104] 1930년대 후반기에서 우익계 민족운동연합 전선의 사회·경제 정책 노선이 같은 방향을 지향했다는 사실은 결정적인 사회주의 계열의 영향을 반영하고 있으며,[105] 민족운동의 노선이 확연해졌다는 것을 말해준다. 1939년에 중국에서 우익계 연합체인 한국광복운동단

---

102 그 해체 요인들에 관하여 같은 책, 68 이하, 98 이하 참조.
103 김정명 편, 『조선독립운동』II (원서방), 540 이하; 송건호·강만길 편, 『한국민족주의론』, 128.
104 같은 책, 130, 644.
105 송건호·강만길 편, 같은 책, 130 이하.

체연합회와 좌익계 조선민족전선연맹이 통합하여 '전국연합진선협회'(全國聯合陣線協會)라는 연합 전선이 발족했다. 그 강령 10조목 중 7조목은 "부녀의 정치 · 경제 · 사회상의 권리 및 지위에서 남녀를 같이한다"고 말한다.106 이와 같이 국외에서 민족해방전선을 통해서 우익계와 좌익계가 연합할 수 있었다는 것은 민족이 주축으로 되어 있었다는 사실을 보여준다. 그러나 민족의 미래상 혹은 새로운 사회상은 후자에 의하여 이념적으로나마 구체화되었다. 여성운동에 있어서는 민족해방, 여성해방, 새로운 사회상이 주로 후자의 계열에 의하여 이념적으로 확연하게 제시된 것이다. 전자의 계열은 여성들의 사회 진출 · 문화 교육 운동 · 지위 향상 등 부르주아 계몽운동의 성격을, 서양의 특히 미국의 자유주의 조류에 합류해버릴 수 있는 성격을 가졌다. 이 조류는 사회와 세계의 불평등한 상황에 대한 근본적 해답을 제공할 수 없었으며 또 현재에도 마찬가지이다. 여성들의 사회 · 정치 · 교육에의 참여와 지위 향상은 여성해방의 필연적 조건이다. 그러나 여성운동이 사회 평등 · 민족 평등 · 세계 평등의 새로운 미래를 지향하지 않고는 남성 지배 구조를 재현하게 되고 만다. 그러므로 저 근우회 운동은, 비록 일제의 탄압으로 어느 정도라도 현실적으로 구체화될 수는 없었다고 해도, 한국 여성의 해방운동에 획기적인 새로운 지표를 제시해준 것이다. 여성해방운동이 민족해방전선에 참여함으로써 이제 그것은 한국 민족사뿐만 아니라 세계사의 전위운동의 성격을 가지게 되었다. 한국 민족의 해방 없이 한국 여성의 해방은 없으며, 반대로 한국 여성의 해방 없이 한국 민족의 해방도

---

106 김정명 편, 앞의 책, 633-640; 같은 책, 132 이하.

있을 수 없다. 한국 민족과 여성의 해방은 일본뿐만 아니라 세계의 제국주의·식민주의에 대한 심판을 의미하며, 세계사의 새로운 미래로의 전위운동이다.

그런데 저 연합 전선은 1945년 8.15 광복 이래, 즉 연합군에의 일본의 항복과 일본으로부터의 민족의 해방 이래 민족국가 건설의 주도권을 행사할 수 없게 되어버렸다. 8.15 이후 남한에서의 미군정과 국내의 반공 세력은 민족통일의 가능성을 완전히 차단하고 말았다. 민족 분단 상황에 있어서 남과 북을, 우와 좌를 매개할 수 있는 중간파의 노선은 차단되어 버렸다. 그렇게 됨으로써 민족 분단의 상황은 경직화 일로를 걸어왔으며, 온갖 비극과 조작을 초래해 왔다. 민족은 외세들에 의존하여 서로 대적해 왔으니, 일제 탄압에 대한 민족해방전선의 의의가 어디에 있는가. 세계의 열강들과 일본의 지배 세력들로부터의 민족의 해방이라는 주제는 상실되어버렸다. 민족해방은 민족 평등 혹은 세계 평등을 지향해야 하며, 민족 평등은 민족 내의 사회 평등 없이 성립될 수 없다. 또 사회 평등은 여성해방 없이 성립될 수 없다. 분단된 민족이란 세계 평등을 대변할 수 없으며, 민족 내의 사회·정치·경제 구조의 대립은 민족 평등과 사회 평등을 대변할 수 없다. 양편의 방위 경쟁은 이 민족 파멸의 길을 재촉할 따름이다. 이 방위 경쟁의 강박 상황으로부터의 민족의 해방은 바로 외세들로부터의 자유를 수반할 것이며, 민족통일의 첩경일 것이다. 민족통일은 남과 북의 방위체제와 권력 구조를 넘어서면서 민족을 주축으로 민족 내의 평등을 주제로 삼아 남과 북에서 주어진 사회·정치·경제 구조의 결함을 자유롭게 합리적으로 과학적으로 분석해내고 극복해 가면서 민족의 새로운 미래, 세계 분단을 넘어서는 새로운 미래,

즉 제3의 길을 열어나가지 않으면 안 될 것이다. 1920년대와 1930년대에 있어서 민족해방운동의 저 연합 전선과 1945년 광복 이후 1948년 남한 단독 정부가 세워지기 이전의 통일 노선은 민족을 주축으로 사회 평등을 주제로 삼았다는 점에서 이 제3의 길의 방향에서 새롭게 평가되어야 하며, 실제로 그와 같은 작업이 특히 1970년대 이래 미약하게나마 진행되었다. 이 제3의 길은 민족 분단을 넘어서서, 남의 불평등한 사회·경제 체제와 북의 경직된 권력 구조를 넘어서서, 남북의 방위 경쟁을 넘어서서 평등한 민족 사회·경제체제를 실현해나가는 과정에서 열리게 될 것이다. 제3의 길은 언제나 분단된 세계를 넘어서는 길을 의미한다. 이 길은 세계를 지배하는 미국의 자본주의 경제체제와 세계의 모순을 넘어서서, 미·소의 핵무기 경쟁과 위협을 넘어서서 새로운 평등한 세계 질서가 모색되고 실현되어가는 과정에서 열리게 될 것이다. 이 제3의 길을 여는 주역을 피압박자·피압박 민족·피압박 인종·여성·제3세계가 대변해야만 할 것이다. 세계의 지배자층은 결코 새로운 미래를 용납할 수 없기 때문에 피지배자층에 의하여 이 존재에 의하여 새로운 미래로 구출될 수밖에 없다. 이것이 바로 예수 그리스도의 대속적인 구원 사건의 표징이다. 일제 탄압 아래서의 민족의 수난과 민족 분단 상황에서의 온갖 조작과 수난은 세계의 죄악의 산물이다. 그러나 그러한 수난의 의의는 바로 그 죄악을 증거한다는 데 그리고 이것을 넘어서는 새로운 미래를 표징한다는 데 있다. 이 새로운 미래가 반드시 도래해야 한다는 필연성은 바로 신앙고백이다. 죄악과 억압과 희생이 반복되는 세계 내의 역사로부터는 그러한 필연성이 도출되지 않는다. 역사 내로부터 그러한 필연성이 도출된다 해도 우리에게는 그러한 새로운 미래가 도래한다는 보장이 없다.

이 때문에 우리는 자칫하면 허무주의에 귀착하고 말 수도 있다. 인간성이 성취될 궁극적인 새로운 미래가 도래해야 한다는 말은 그 미래가 우리에게 주어진다는 것을 의미한다. 성서적인 표현에 의하면 구원이 하나님으로부터 혹은 미래로부터 도래한다는 것이다. 제3의 길, 모든 분단과 불평등과 전쟁을 넘어서는 길은 그러한 궁극적인 미래를 전제해야만 관철될 수 있다.

한국 기독교는 서양으로부터 전수되었기 때문에 기독교 배후에 있었던 또 현재 있는 서양의 제국주의, 식민주의, 신식민주의 등의 문제들을 대체로 인식하지 못했고, 따라서 피압박 민족의 해방의 주제를 대체로 파악하지 못했다. 기독교는 일제 아래서 민족운동에 참여했으나 민족해방의 노선을 분별하지 못했으며, 특히 1945년 이래 민족 분단 상황을 굳히는 데에 정신적 지주가 됨으로써 민족통일과 새로운 세계의 미래에의 궤도를 이탈해버렸다. 기독교는 민족의 문제 상황과 민족사에서의 하나님의 구원을 생각하는 대신, 대체로 초세상적인 저세상과 추상적인 영성 체험을 추구해 왔고, 심령부흥회와 광신적인 성령 운동, 신비적 저세상 체험을 추구해왔다. 기독교가 조선 시대의 봉건적 신분사회로부터의 해방을 의미하기는 했으나 이 해방감은 곧 그러한 추상성으로 떨어져 버렸다. 이 민족에 복음의 씨가 뿌려졌다는 것은 민족사에 새로운 한 장(章)이 열리게 된 것을 의미하나, 기독교의 존재 이유는 아직도 혼미하다. 기독교가 민족통일을 제창하기는 했으나 완전히 세계의 표징, 새로운 미래를 암시하는 표징을 몰각했기 때문에 그 제창은 구체성 없는 구호에 불과했다. 민족통일은 중립지(中立地)에 대형 크리스마스트리를 세움으로써 혹은 북한 땅에 교회들을 건설함으로써 성취될 수 있는 게 아니다.

남한 땅에서의 민족 복음화는 수많은 대부흥회를 통한 흥분 상태에서 성취될 수 없다. 남쪽에 있는 민족 반쪽은 고질적인 문제를 내포하고 있으며, 그대로 복음화될 수 없다. 1980년대에 접어들면서 기독교 일부에서 민족통일 문제가 제기되기는 했으나 그 방향에 관해서는 혼미하다. 그 방향은 시대의 징조를 파악하는 데서 인식될 수 있다. 제국주의 · 식민주의에 대한 민족투쟁에서 또 분단된 민족과 세계에서 초래된 위기에서 새로운 미래로의 징조가 오랫동안 우리의 목전에 나타나 있으나 몰각되어왔다. 역사에 있어서 역사(役事)하시는 하나님의 구원은 과거의 이스라엘 역사나 이미 한계점에 도달한 서양 역사에서가 아니라 현재적으로 이 민족의 문제 상황에서 고백되어야 한다. 이스라엘 역사와 서양 기독교와 문화사에 대한 하나님의 심판은 피압박 민족의 역사와 현재에서 고백되어야 한다. 기독교가 한국에 존재해야 하는 그 이유는 이 민족의 역사가 그의 구원에 참여하게 되었다는 것을 증언하는 데에 있다. 한국 기독교는 이 민족과 더불어 서기도 하고 쓰러지기도 할 것이지만, 추상적인 어떤 장(場)에서 혹은 서양에 붙어서 존속할 수는 없다. 남녀평등 · 사회 평등 · 민족 평등 · 세계 평등은 사실 하나의 주제며, 세계 도처에서 제기되어 온 주제다. 이러한 보편적 주제는 이 민족의 한복판에서 구체적으로 고백되어야 한다. 그렇지 않으면 그 주제는 추상화된 공염불에 불과하다. 그러한 주제를 철저하게 하면 우리는 그것이 창조자와 구원자 하나님, 예수 그리스도에게 있어서의 새 인간성, 교회 공동체의 주제라는 것을 인식하게 된다. 종말적인 구원에의 신앙에서 그 주제는 철저해지고, 그 필연성이 파악된다. 이러한 종말적 궁극적 전망 없이는 그 주제가 역사에서 지탱될 것인지 또 성취될 것인지를 우리는 알 수 없다.

종말적 구원의 빛에서 그 주제는 역사의 필연적 과제로 인식된다. 한국교회는 이제 그 주제를 포착해서 이 민족의 장에서 세계를 위하여 증언해야 할 것이다. 분단된 세계에서 어느 한 편에 결탁하여 한국교회는 자체의 자유, 분단을 넘어서는 민족과 세계의 미래를 향한 자유를 상실해 왔다. 기독교는 이제 그러한 잘못된 유대로부터 자체를 해방시킴으로써 분단을 넘어서는 제3의 길을 모색해야 할 것이다.

한국교회 여성은 한국교회에서의 여성의 지위 향상만을 위주로 하는 여성 이데올로기에 귀착해서는 안 된다. 또 한국 여성과 세계 여성이 한국에서의 혹은 세계에서의 여성의 지위 향상만을 위주로 해서는 안 된다. 그것은 여성해방의 의미를 여성 이데올로기에 귀착하게 하고 말 것이다. 여성해방이나 여성신학은 여성 이데올로기가 되어서는 안 된다. 다시 말하자면 한국교회 여성은 남성 위주의 교회 체제를 문제 삼으면서 한국 내에서의 사회의 모순을 문제 삼아야 하고, 그렇게 하면서 세계의 잘못된 지배 구조를 문제 삼아야 하며, 그럼으로써 민족과 세계의 새로운 미래, 남자와 여자, 억압자와 피억압자, 부유한 자와 가난한 자라는 모든 분단을 넘어서는 제3의 세계를 대변해야 한다. 제3의 길 혹은 제3의 세계는 궁극적으로 종말적인 인간성 성취와 하나님 나라의 도래를 지향하는 말이다. 이것은 남성 이데올로기가 아니듯이 여성 이데올로기도 아니다. 그러나 이것이 여성에 의하여 표징화되고 대변되어야 한다는 것은 여성이 가지는 특수한 역사적 상황 때문이다. 그것은 새로운 미래가 피억압자에 의하여 대변되어야 한다는 말과 동일하다. 피억압과 고난의 의의는 바로 여기에 있다. 종말적 구원을 표징하는 여성 됨은 결코 여성이 남성보다 의롭다는 것이 아니다. 지배자 남성은 결코 새로운 미래를 대변할 수 없기 때문에 상대적으로 이제 여성이 미래의 탄생을 대변해야 한다. 한국 여성은 민족 내에서의 피억압자의 숱한 고난을 회고하고 탄식하면서, 바로 이 때문에 새로운 민족의 미래가 탄생하도록 매개하는 민족의 어머니 역할을 수행해야 할 것이다. 세계의 상황은 암담하고, 파멸의 길로 달음질하는 것 같다. 과연 새로운 미래가 세계에 주어질 것인지를 우리는 전혀 알 수 없다. 그럼에도 불구하고 우리는 절망하지 않는다. 절망 속에서 희망한다. 의로운 하나님이 살아 계신다. 이 때문에 우리는 절망할 수 없다. 그의 나라는 반드시 임하리라. 그의 의는 반드시 성취되리라.

이 글은 앞으로 계속 전개될 한국 여성신학으로 나아가는 서론이라고 생각하기를 바란다. 한국 여성신학은 한국 여성, 한국교회, 한국 민족의 문제들을 구체적으로 계속 분석해냄으로써 구체적으로 세계의 문제 상황을 파악해야 한다. 오직 그렇게 함으로써만 한국 여성신학은 민족과 세계의 새로운 미래를 증언할 수 있다. 이 글이 한국 여성신학의 서론이라는 것은 한국 여성신학이 몇몇 논문이나 저서에 의하여 성취되는 것이 아니라 이제 한국 여성과 민족의 실천적인 해방의 계기가 되어야 한다는 것, 그럼으로써 민족과 세계의 새로운 미래가 탄생하는 계기가 되어야 한다는 것을 의미한다. 이러한 여성신학의 과제는 여성에 의하여 대변되어야 한다. 신학이 남성에 의하여 주도되는 한, 비록 남성에 의하여 여성해방이 대변된다 해도 결코 그것은 성취되지 않는다. 신학이 남성에 의하여 주도되는 한, 신학은 남성의 특권을 위한 이데올로기로 둔갑해버리는 운명에서 해방될 수 없으며, 남성을 그의 지배 의식과 그에 의해서 창출된 세계의 지배 구조로부터 해방시킬 수 없다. 그러므로 한국에서 여성신학자들이 속출하여 여성신학의 과제를 관철해 나가야 할 것이다. 여성신학은 한때 유행처럼 등장한 풍조가 아니며, 하나님 나라가 도래할 때까지, 새로운 인간성과 세계가 탄생할 때까지 과제를 관철하는 이론적 계기가 됨으로써 신학의 임무를 완수하게 될 것이다. 여성의 어머니 됨은 바로 이러한 역사적 책임에서 종말적 구원의 표징이다. 그는 이제 민족의 어머니요 역사의 어머니로서 그러한 표징의 의의를 갖는다.

한국에 있어서의 복음주의와 교회 성장*

    현재 한국 프로테스탄트들은 800만에 달하며, 곧 남한 인구의 4분의 1인 천만 명에 이를 것이라고 보고된다. 다음의 도표 "한국교회의 폭발적 성장"은 우리에게 한국 프로테스탄트의 현상적 성장, 특히 1960년에서부터 1980년까지의 성장의 양상을 보여준다.

    프로테스탄트 선교 초기에 있어서 한국의 교회 성장은 크리스천 선교 역사상 이례적인 성장이었다고 다양한 방식으로 해석되었는데, 그것은 한국의 민족적 위기에 기인한 것으로 혹은 선교사들의 성공과 네비우스 방법의 성공을 말하는 것으로 혹은 한국 민족의 유순한 종교성 혹은 병리적 폭발로 혹은 서양화 추세로 해석되었다. 이 모든 관찰은 교회 성장 현상의 어떤 측면들을 암시해주었다. 그러나 크리스천 선교와 한국의 복음주의의 문제들은 대체로 간과되었다.

    크리스천 선교의 초기로부터 1919년까지 민족적인 또 개인적인 구원 동기가 교회 성장의 주된 요인이었다. 프로테스탄트 선교가 1885년 시작되었을 당시 한국의 민족적 주권과 사회·정치적 상황은

---

* 이 글은 1985년 5월 16일부터 29일까지 진행되었던 오스트레일리아의 개신교 선교 100주년 기념을 위한 강연 내용이다.

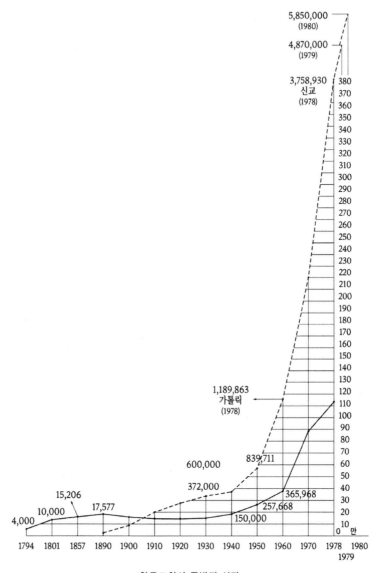

5,850,000
(1980)

4,870,000
(1979)

3,758,930
신교
(1978)

1,189,863
가톨릭
(1978)

839,711

600,000

372,000

365,968

257,668

150,000

17,577

15,206

10,000

4,000

1794 1801 1857 1890 1900 1910 1920 1930 1940 1950 1960 1970 1978 1980
1979

한국교회의 폭발적 성장

완전히 뒤흔들렸다. 그 상황은 한반도를 둘러싼 국제 열강들, 특히 일본의 침략과 서양 자본주의의 팽창주의로 초래되었다. 급속한 교회 성장의 첫 물결은 1895년에 나타났다. 1894년 동학농민혁명이 발발했다. 동학(東學)은 '동양(東洋)의 학(學)'을 의미하는 것으로서 서양(西洋)의 학(西學), 즉 서양 문화와 종교에 대항해서 일어난 하나의 종교운동이며, 동시에 민족운동으로서 1860년 무렵에 창시되었다. 동학농민혁명은 처음에는 전제적 봉건 관료들에 맞선 대항으로 발발하여 봉건적 계급사회에 대항하였고, 더 나아가서는 일본과 서양의 지배 세력들에 대항하여 봉기했다. 1894년의 그 농민전쟁은 실로 정의와 인권에 대한 억눌린 채 살아온 민중의 요구였다. 청국은 농민혁명을 진압하기 위해서 군대를 파견했으며, 그다음에 일본은 한국에 대한 지배권 획득을 위해 그 주도권을 놓고 청국과 충돌하기 시작했는데, 이것이 결국 그해에 청일전쟁에 이르고 말았다. 1895년 일본의 승리는 한국 민족을 온통 뒤흔들어 놓았다. 한국의 전통적 가치체계의 붕괴, 즉 유교적인 윤리관, 사회질서, 종교적 신념, 문화적 유산과 같은 가치체계의 붕괴가 옛 중국 왕조의 패배로부터 예견되었다. 일본의 승리는 서양 세력의 승리를 의미하는 것이었다. 왜냐하면 서양 기술 문명을 받아들임에 있어서 일본은 한국에 앞서서 그것을 채택하였고 성공했으며, 서양 기술 문명의 힘으로 한국을 침략했기 때문이다. 민족적 위기에 처해서 한국 민족은 민족적인 또 개인적인 구원을 얻고자 교회를 찾았다. 교회는 바로 서양 문명과의 접촉에 있어서 하나의 창구로서 우리 민족에게 보였기 때문이다. 이와 같이 민족적 위기가 교회 성장의 결정적 요인으로 작용하였다.

민족의 몰락은 1905년 을사보호조약으로 우리 민족의 주권이 박탈당하는 사태로 나타났다. 교인 증가의 주요 수단이었던 교회 부흥 운동들이 1905년경에 시작되었다는 사실은 무엇을 의미하는가. 1907년부터 1910년까지의 기간들이 대부흥 운동기였고, 그 기간 동안 교인 수가 배가되었다는 점을 주목해야 한다. 1905년에서부터 1910년까지의 기간은 한국 역사상 가장 비극적인 시기였다. 한국 땅에서 치러졌던 러일전쟁은 1905년 일본의 승리로 돌아갔고, 그 후 일본은 한국에 대한 지배권을 확보하여 보호조약 체결을 강행하게 되었다. 영국과 미국은 배후에서 일본이 승리하도록 외교적으로 재정적으로 후원하였다. 을사보호조약은 일본 수상 가쓰라(桂太郎)와 미국의 루스벨트의 밀사인 태프트(W. H. Taft) 사이의 밀약, 즉 일본은 필리핀에 대한 미국의 지배를 묵인하는 대신 미국은 한국에 대한 일본의 지배를 승인할 것이라는 밀약으로 뒷받침되었다. 무력에 의한 일본의 한국합병은 1910년에 이루어졌다. 민족의 몰락에 처하여 한국 민족은 민족적인 또 개인적인 구원을 교회에서 구하려고 했다. 구원의 종교적 정신적 수단을 구하는 한편, 그들은 일본에 대항하는 민족적 저항운동에 가담했다. 복음을 통한 구원의 영적 의미는 그들에게 있어서 민족해방운동과 불가분하게 결부되어 있었다.

그런데 사실상 한국 민족을 지도하던 선교사들의 경우는 그렇지 않았다. 민족의 독립을 위한 투쟁 기간 내내 내내 서양의 기독교 선교사는 정치적 중립 혹은 불간섭의 원칙을 주장했는데, 그것은 사실상 한국에 대한 일본의 지배를 지지하는 서양 선교사들의 편당적 선택을 전제한 것으로서, 사실상 정치적 중립이 아니었다. 서양 선교사들은 원칙적으로 일본과 결탁하여 한국에 대한 일본의 지배를 승인했을 뿐만 아니라 일본 편에 서서 이를 합리화했다. 초기에 있어서의 한국의 민족적인 비극적 투쟁에 대하여 언급하면서 저명한 장로교 선교사인 게일(James S. Gale)은 한국 민족운동에 관한 자신의 부정적인 기본 입장을 다음과 같이 표명했다.

자기 나름대로의 애국주의의 광기가 휩쓸고 있다. … 자살, 자해, 맹렬한 맹세들, 게릴라식 봉기와 냉혈적인 저항이 만연한다.[1]

감리교 선교사들은 한국과 일본에서 일본인 통감 이토 히로부미를 비롯해 다른 일본 관리들과 적극적으로 협조하는 데서 장로교 선교사들과 다른 교파의 선교사들보다 훨씬 더 앞장서서 나아갔다. 정치적 중립의 선교원칙은 사실상 일본의 통치를 위한 정치적 행동을 의미했다는 사실이 미(美) 북장로교 선교부의 총무였던 브라운(Arthur J. Brown)의 말에서 명백해졌다.

선교사들은 언제나 한국인들이 정치에 참여하지 못하도록 그들의 모든 노력을 동원했다. … 만일 선교사들의 그러한 노력이 없었더라면, 교회에 의해 주도된 혁명이 한국이 몰락하는 시기에 폭발했을 수도 있다.[2]

일본 통감과의 만족스러운 관계들을 증진하기 위해서 선교사들은 한국교회가 합법적인 정치에 복종하도록 또 존중하도록 가르쳤다. 선교사들은 한국인들이 한국 민중의 일본화를 참으로 좋은 신앙으로서 수납해야 한다고 주장했다.[3]

---

1 J. S. Gale, *Korea in Transition*, 38-39.
2 A. J. Brown, *The Mastery of Far East*, 574.

이제 교회 성장의 본래적인 민족구원의 동기가 선교사들의 중립 원칙과 그들의 정향과는 달랐다는 것이 분명해진다. 민족구원을 위하여 교회를 찾았던 많은 한국인이 선교사들의 태도에 실망하여 교회를 떠났다. 그들은 서양 제국주의와 식민주의의 종교로서의 기독교를 거부했다. 기독교에 대한 환멸은 교회 성장이 1910년에서부터 1940년까지 그 성장 속도가 완만해졌다는 사실에 반영되어 있다(앞의 도표 참조).

크리스천들은 여전히 기독교를 통한 민족구원의 길을 찾았다. 그러나 일본의 잔학한 억압 조치 아래서, 확신하건대 선교사들의 영향 아래서 민족투쟁에의 크리스천들의 참여는 쇠퇴하기 시작했다. 그렇지만 해방에 대한 민족적 파토스와 갈망은 여전히 한국 크리스천들의 가슴 밑바닥에 남아 있었다. 그들은 1919년 3.1 독립 선언과 그해 전 기간에 걸친 적극적인 봉기로써 다시 일어섰다. 그 한 해 동안 선교사들은 기독교인들의 투쟁과 일본의 잔혹함을 목격하고 동요되었으며, 개별적으로 일본제국주의의 잔학성을 세계에 알렸다. 그러나 그것은 한국 민족에 대한 동정 이상은 결코 아니었다. 선교사들은 한국 민족에게 하나님의 복음으로 무장하고 나아가 불의한 일본제국주의·식민주의에 대항해서 싸우라고 설교하지는 않았다. 오히려 그들은 희생을 줄이기 위해서라도 일본에 복종하기를 설득하였다. 이와 같이 그들의 정치적 불간섭의 원칙은 여전히 그대로 유지되었다.

1919년 이후에 제국주의·식민주의적 지배 체제의 사회·경제적 요인을 철저하게 묻기 시작한 급진적 사회주의 민족해방운동이 등장

---

3 같은 책, 583.

했다. 그러한 새로운 맥락에서 한국인들은 서양의 제국주의·자본주의와 결탁해 온 기독교와 기독교 선교를 비판하기 시작했다. 1920년대에 몇몇 크리스천들은 기독교와 사회주의를 결합하려고 시도하였다. 즉, 영적(靈的) 구원의 궁극적 의미로서의 기독교와 육체적 물질적인 새로운 질서를 유지하는 것으로서의 또한 기독교의 구원을 보완하는 것으로서의 사회주의를 결합하려고 노력하였다. 그 기간에 민중의 개념은 한국 사회 내부의 가난한 피억압자들 그리고 세계에서 억압받는 한국 민족 또는 다른 민족들을 지칭하기 위한 말이 되었다. 그러나 사회주의 운동과 직면해서 크리스천들의 민족적인 관심과 사회적인 관심은 감소하기 시작했다. 교회가 다양한 사회적 봉사사업들을 수행하기는 했지만, 사회적 민족적 국제적 문제들과 씨름하지 못했다.

1920년대 동안 교회 성장이 침체했기 때문에 선교사들과 한국 크리스천들은 1923년과 1927년에 다시 부흥 운동을 시도하였다. 그러나 그 운동들은 초기의 부흥 운동들만큼 그렇게 성공적이지 못했다. 이제 한국 기독교의 두 가지 특성들이 관찰될 수 있다. 즉, 구원의 영성(靈性)이 민족적인 또 사회적인 문제들과 유리되었기 때문에 그 영성은 이제 추상적이 되었다. 크리스천들의 구원은 우선적으로 타계적(他界的)인 어떤 것으로서 믿겨졌다. 이 신앙 유형은 사실상 기독교 선교의 유산이었으며, 보수주의자들에 의해 유지되었고 또 현재도 여전히 유지되고 있다. 그러나 민족주의적 구원 동기가 그들의 마음속 깊은 곳에 여전히 남아 있었으며 또한 그들은 그 신앙에 의해서 지탱되었다는 사실이 주목되어야 한다. 1920년 이후 한국 기독교의 또 다른 특성은 서양과 일본에서 교육받은 지식인들에 의해서 대표되었던 것으로, 서구화 경향이었다. 보수주의자들은 영적 구원에 대한 크리스천의 헌신이 계속 유지되도록 때때로 부흥 운동을 시도하였다. 자유주의적 지식인들도 민족적인 구원 동기를 여전히 보유하였다. 그러나 보수주의자들도, 자유주의적 지식인들도 교회 성장을 위한 자극을 제공할 수 없었는데, 그것은 그 모두에게 있어서 민족적 구원 동기가 후퇴되었기 때문이다. 서구화 경향은 민족적 몰락 기간 이전부터도 비기독교인들과 기독교인들 사이에서 나타났었다. 그러나 그것은 그들의 민족주의적 해방운동을 위한 하나의 도구였을 뿐 교회 성장을 위한 한 결정적인 요인은 아니었다.

이제 교회 성장의 두 번째 요인은 1945년 이래로 1960년까지의 기간에서 관찰된다. 그 두 번째 요인은 명확히 미국의 영향과 결부되어 있다. 1945년 이래 교회 성장은 다시 현저하게 나타났다. 그해는 한국이 일본으로부터 해방된 해였으며, 해방과 더불어 한국 민족, 특히 크리스천들은 미국을 한국 민족의 해방자로서 신뢰하기 시작했다. 그들은 세계의 지배 구조에 대해 무지하였다. 기독교의 반공 사상은 크리스천들을 무조건적으로 미국 편이 되도록 이끌었으며, 이승만의 반공 정책과 그 독재까지도 지지하는 데로 이끌었다. 이 정권은 1948년부터 1960년까지 존속하였는데, 크리스천들은 그 정권 아래서 상당한 특권을 향유하였다. 공산주의자들과의 사회·정치적 충돌 속에서 북한 크리스천들이 대거 월남하기 시작했다. 그들은 자유와 민주주의의 기치 아래서 남한의 반공 정권과 그 노선에 설 것을 스스로 선택해 그 태도를 공고히 하였다. 그 후 수많은 가난한 사람들은 사회·정치적 불안정의 한복판에서 정신적 위안과 구원을 구하려고 교회를 찾았다. 복음의 영성은 지도급의 크리스천들에 의해서 서양 혹은 미국의 이데올로기적 도구로 전락하고 말았다. 1950년부터 1953년까지의 한국전쟁 기간과 그 이후로 남한은 전적으로 미국에, 특히 미국의 구호물자 · 잉여 농산물로 대표되는 경제 원조에 의존했다. 한국 기독교의 사회봉사는 그 구호품을 배급하는 일로부터 이루어졌다. 한국 민족의 크리스천 민족주의 의식은 사회적인 또 국제적인 정의와 인권의 의미에서는 상실되었다. 이와 같이 1945년 이후 교회 성장의 두 번째 요인은 그 성격상 이데올로기적이었다. 그러한 방식으로 한국교회는 서양 혹은 미국 기독교의 이데올로기적 성격을 그대로 반영 답습해오고 있다.

마지막으로 교회 성장의 세 번째 요인은 1961년 이후 박정권에 의해 추진되어온바, 근대화와 급속한 경제개발의 조직적 프로그램과 관련해서 주목되어야 한다. 세 번째 요인은 그 자체 안에 두 번째 요인을 전제하고 있었으며, 따라서 1945년 이래의 교회 성장 추세의 연속이었다. 한국의 교회 성장은 실로 폭발적이었으며, 세계의 이목을 집중시킨 성장의 양태로 나타났다. 그러나 한국교회의 폭발적 성장은 한국 경제개발의 모순을 그대로 반영하고 있다는 사실을 크리스천들은 대체로 간과하고 있다. 노동자들과 농민들의 희생을 기반으로 한 저임금정책과 저곡가정책에 의해 추진된 급속한 경제개발과 산업화 · 근대화 계획은 부유한 자들과 가난한 자들 사이에 끝없이 벌어져 가는 격차를 조성하고 말았다. 무리한 공업화정책과 이로 인한 농업 경시론적 발상은 농촌의 피폐화를 초래했으며, 농촌 지역으로부터 대도시에로의 대이동은 결국 도시빈민들을 증가시켰고, 한국의 사회구조에 극심한 변화를 초래하였다. 1960년대의 농촌 인구는 전체 인구의 약 58퍼센트이던 것이 1979년에 이르러서 약 28퍼센트로 감소했다.

근대화 추진의 부산물인 부익부 빈익빈 현상은 많은 사회문제를 야기했는데, 특히 가난하고 억눌린 자들이 정신적 위안과 구원을 위해서 교회를 찾았다. 물론 교회 자체도 부익부 빈익빈 현상을 나타내서 부유한 교회들과 가난한 교회들이라는 용어로 지칭되기에 이르렀다. 어쨌든 교회로 몰린 사람들, 부자든 가난한 자든 간에 구원에 대한 그들의 정신적 갈망은 물질적 축복에 대한 욕구와 뒤섞여 있다. 물질적 번영과 결부된 그들의 영성은 성령 폭발로 명명되었던바, 1970년대의 부흥 운동의 추진력이 되었다. 순복음교회의 운동과 통일교 운동과 그 밖의 신흥 종파 운동들이 그런 영성의 전형적 현상이다. 치유와 방언은 특히 가난한 사람들, 억압받는 사람 중에서 유행하는 성령의 표징들로서 받아들여진다. 이 표징들은 그들에겐 영적 위안을 의미한다. 이와 같이 그들은 보수적인 목회자들과 종파적 지도자들에 의해서 잘못 인도되고 있다. 부흥 운동들과 치유와 방언은 특히 희망 없는 가난한 사람들 사이에서 크리스천 영성을 생동하도록 유지하는 방법들이 되어왔다. 요약해서 말하자면 크리스천들의 타계적 영성은 보수주의자들 가운데서 유지되고 있으며, 그것은 대다수 크리스천들에 의해서 추구되는 영성이다. 대체로 그들은 치유와 방언의 표징들을 획득하려고 한다. 그러나 그들 모두에게 있어서 영성은 의식적이건 무의식적이건 급속한 경제개발의 조류와 관련되어 있으며, 따라서 그것은 자본주의의 정신성과 유사하다. 소위 부유한 서양 크리스천 국가들이 바로 크리스천 영성의 세속적 모델이다. 자본주의의 정신성은 부르주아 자유주의 크리스천들의 동일한 영성이다. 정의와 인권의 차원을 강조하는 크리스천 사회운동도 아직도 그 영성을 극복하지 못하고 있다. 기독교의 그러한 신앙 유형, 물질적 복지 혹은 축복들에 대한 갈망과 관련되어 있거나 혹은 혼합되어 있는 그런 신앙 유형은 사실상 자본주의 세계와 결탁해 있는 전 세계적인 기독교계(Christendom, 서양 세계와 서양 기독교의 확장을 의미하는 기독교界)를 대체로 반영한다.

한국에 있어서 1960년 이래로 경제개발에의 강력한 추구는 크리스천 영성을 지탱했으며, 이 상황이 1960년 이래로 기복신앙의 형태를 띠고, 폭발적인 교회 성장으로 나타났다. 그 현상은 사실상 사회 · 정치적 불안정과 미 · 일에 대한 종속을 설명하는 것이다. 요약해 말하자면 1960년 이래로 혹은 오히려 1945년 이래로 교회 성장의 주요한 요인이 된 대다수의 일반 크리스천들은 서양 기독교와의 크리스천 지도자들의 이데올로기적 결탁으로 잘못 인도되어 오고 있다. 그러한 교회 성장의 복음주의적 영성에 내포된 오류들에도 불구하고 이제 한국 기독교의 가변적인 정신적 성격은, 만일 그 성격이 복음의 새로운 이해로 방향 지어진다면, 새로운 사회를 향한 잠재력이 될 수 있다. 한국교회들의 추진력은 성령의 차원에 속하는 성격을 나타낸다. 한국의 복음주의적 영성은 무엇보다도 서양 지배 구조의 유산에 붙들려 있는 속박으로부터 그 영성 자체를 해방시켜야만 한다. 한국교회들에 있어서 본래의 민족주의적 영적 구원 동기와 민족해방운동에의 참여는 성령, 곧 불의한 세계 구조를 극복하도록 하는 또 새로운 한국 민족과 새로운 세계를 향해 나아가는 복음주의적 자유의 표징으로서의 성령에의 신앙에서 재해석되어야 한다. 성령은 새로운 인간성을 지향하는 한국 민족의 고난 속에서 탄식하고 있으며, 불의한 세계 구조와 관련된 사회 · 경제 · 정치적 불의의 한복판에서 탄식하고 있다. 가난한 사람들, 그들이 추구하는 물질적 축복에 대한 갈망은 만일 그것이 잘못된 불의한 세계 문제에 대한 인식으로 올바로 정향되어 있다면 정당하다. 둘째로 복음주의의 방향은 변화되어야만 하는데, 즉 복음주의는 사람들을 교회나 기독교계의 기성의 울타리 안으로 끌어들이는 의미에서가 아니라, 평등한 사회와 국제적인 세계정의를 지향해서 또 분단된 세계의 화해를 지향해서 성령과 더불어 고난받는 인류들 가운데서 일하는 영성의 의미에서 변화되어야만 한다. 교회가 자본주의 세계와의 이데올로기적 결탁으로부터 스스로를 해방하지 않는다면 또한 교회가 동(東, 사회주의)과 서(西, 자본주의) 사이에 서지 않는다면, 교회가 성령 안에서의 화해의 작업을 수행한다는 것은 불가능하다. 복음주의의 한 방법으로서의 부흥 운동은 만일 그 운동이 불의한 세계의 속박으로부터 새로운 인간성을 향하여 이 민족을 해방시키는 한 방법이 된다면, 그것은 우리로 하여금 우리의 영성을 계속 살아 있도록 도울 수 있다. 한국교회의 성장력은, 만일 그것이 국내 외적인 불의를 불의로 파악하도록 각성한다면, 해방을 위한 추진력이 될 수 있다.

보수주의의 추상적인 타계적 영성은 사실상 현재 있는 그대로의 세계를 넘어서는 영적인 자유, 즉 세상의 권력욕·소유욕·명예욕으로부터의 자유를 의미한다. 그러나 세상의 권력, 재물, 명예 등을 획득한 자들과 짝하는 교회가 세상에서 억눌리고 고통받는 자들에게 이 세상은 지나가는 것이며 허무한 것이나 저 하늘나라에서의 삶은 영원한 것이라고 선포한다면, 바로 그 타계성이 '인민의 아편'이라는 것이다. 복음은 세상의 속박으로부터 우리를 자유롭게 하고 동시에 인간의 구원을 도래케 하도록 하기 위한 고난에의 자발적인 동참을 가능케 하며 우리를 세상으로 파송한다.

2부

기독교와 세계

기독교와 타 종교

종교와 여성

제3세계 신학과 방법론에 대한 고찰

교회 연합과 민족통일

기독교와 타 종교*

I. 그리스도교와 타 종교의 대화의 필요성과 신(神) 문제

이 글은 '한국기독교 100년기념 신학자대회'에서 발표된 변선환의 "타 종교와 신학"에 대한 비판적 논평이다.[1]

그리스도교와 타 종교의 대화의 필요성에 관해서는 논란의 여지가 없으며, 대화는 추구되어야 한다. 변선환의 발표 논문에 의하면 대화의 필요성은 가톨릭교회 측의 신학자들에 의해서 더 잘 대변된다고 하나, 개신교 신학자들도 대화의 필요성을 주장한다. 또 그는 대화에로의 접근에 있어서 가톨릭 신학자들 측에서는 '코페르니쿠스적 혁명'이

---

* 이 글은 1984년 10월 한국기독교학회의 강좌 중의 하나인 변선환 교수의 "타 종교와 신학"에 대한 논평으로서, 1985년 한국신학연구소에서 펴낸 『역사와 신학』에 실린 것이다.

1 발표자의 논문을 나는 발표 일자에 임박해서 받았기 때문에 나의 논평을 발표·논평 발간지에 포함시킬 수가 없었다는 사실을 유감으로 여긴다. 또 발표 시 시간 배치에 문제가 있었다. 발표자에게는 발표 시간 1시간 10분이 주어졌고, 논평자는 15분이 못 되어 저지당하기 시작했고, 문제점들을 명시해 전달할 수가 없었다는 사실을 나는 대단히 유감스럽게 생각한다. 논평자의 문제 제기는 발표자에 의해서 완전히 간과되어 버렸고, 참관자들에 의해서도 묵과되어 버렸다. 저 대회 이외의 경우들에서도 필자의 주장은 거의 묵과되어 버리고 있다.

오늘날 일어나고 있다고 하나, 이 말은 과장이라고 아니할 수 없다. 가톨릭교회이든 개신교이든 오늘의 그리스도교 선교는 타 종교들과의 대화의 필요성을 의식하고 주장한다는 점에서는 동일하나, 문제는 이 주장이 그리스도교 신학자들 사이에서 논해지고 있고 실제로 타 종교들과의 대화에 이르지 못하고 있다는 점이다. 다만 이런저런 대화 방법론들이 제기되고 있을 뿐이다. 변선환의 저 발표 논문도 주로 방법론을 위주한 것이다. 나는 여기에서 그의 방법론에 내포된 신학적 문제점들을 비판적으로 검토하고자 한다. 물론 이 비판이 교권주의적 탄핵에 이용되어서는 안 될 것이다.

우선 변선환의 말을 인용하자면, "칼 바르트와 본회퍼를 알고 있고 서구의 정치신학과 남미의 해방신학의 영향을 받고 있는 개신교 신학자에게 있어서 서구의 반종교적 철학이나 신학을 극복한다는 것은 아주 어려운 과제일 것이다"라는 구절은 분명히 나를 지목하고 있음이 틀림없다. 그러나 이 말은 나에게 해당되지 않는 억측일 뿐만 아니라 바르트, 본회퍼의 무신론적 사회철학·정치신학·해방신학 등에서의 반종교적 문제 제기들을 완전히 간과해버리고 있다. 나는 그리스도교인이라고 자처하기 이전에도 이후에도, 바르트 신학이다, 제3세계 신학이다, 해방신학이다 하는 것들을 대변하는 오늘에도, 불교의 정신성은 물론 신들 귀신들 혼령들을 모시는 무속의 정신성까지도 나의 정신성과 다르다는 생각을 해본 적이 없다. 그러면서도 나는 바르트를 통해서 나의 본래의 불교적 무속적 정신성이나 종교성과는 다른 하나님에의 혹은 예수 그리스도의 의미에 대한 증언의 소리를 듣기 때문에 바르트 신학에 심취했던 것이다. 바르트에게서 하나님과 피조물 세계 혹은 하나님의 계시와 피조물 인간의 종교와의 구별에 내가 충분히 귀를 기울이지 않았더라면, 나는 어쩌면 불교에 완전히 귀의해 버렸을지도 모른다.

이 구별의 존재론적 의미는 하나님과 인간의 구별을 말한다. 그 구별이 타당하지 않다면, 나는 아주 편안한 마음으로 동양 종교들의 범신론적 정신성으로 귀의할 수 있으며, 이 길이 나의 정신성에 깊이 은거하고 있다. 무속에서의 다신적 표상들 혹은 상징들은 쉽게 범신론으로 환원될 수 있고 또다시 범신적 정신의 차원에서부터 불러내질 수가 있다. 다신적 표상들은 세계의 다신들의 다양성 혹은 개체성에 직결된 신적 차원을 암시한다. 범신론적 일원론이 참이라면 창조자·구원자 하나님은 피조물 인간 세계의 존재와 구별되지 않는다. '종교 신학'을 제창하는 유동식[2]과 변선환은 그러한 범신론적 문제를 전혀 고려하지 않고서 종교들 혹은 종교·문화 사상들을 종합하고자 한다. 그들의 종합 도식들에 내포된 신 문제가 우선 규명되어야 한다.

첫째, 이미 지적했듯이 범신론의 문제가 그들에게서 간과되어 있다는 점에서부터 신론의 문제가 파생되어 나온다. 예컨대 유동식에게 있어서처럼 동양의 '얼' 혹은 '풍류도'는 그대로 하나님의 영에 상응하는 것인지 혹은 하나님의 영의 자아 계시인지, 양자의 구별이 전혀 암시되어 있지 않다. 구별되어야 한다면 어떻게 구별되는가 하는 문제도 전혀 제기되어 있지 않다.[3]

변선환이 제시하는 도식, 하나님의 말씀이라는 '우주적 그리스도'를 중심으로 한 모든 종교의 종합 도식도 동일한 문제점을 내포하고 있다. '우주적 그리스도'는 변선환의 논조에 의하면 범(梵, Brahman),

---

2 유동식, 『한국신학의 광맥』 III (전망사), 2, 268-278.
3 같은 책, 26의 도식.

불성(佛性), 도(道), 천(天)과 같은 종교 이념 혹은 정신에 의해서 대치될 수도 있는 개념 혹은 기호 혹은 상징이다. 물론 '우주적 그리스도' 혹은 종교의 근거로서의 정신 자체는 존재한다고 가정되어 있다. 변선환의 이러한 존재론적 가정은 그의 스승 부리(Fritz Buri)와 부리의 스승 야스퍼스(Karl Jaspers)의 영향을 반영한다.

범, 불성, 도, 천과 같은 종교 이념은 변선환에게 있어서 신의 자아 현현 혹은 신의 이름처럼 가정되어 있다. 즉, 신과 종교적 정신과의 동일성 같은 막연한 생각이 그의 논조에 암시되어 있다. 예컨대 『도덕경』에 관련된 파니카의 말이 인용되어 있으니, 즉 "천지가 생겨난 것은 이 무명(無名)에서였다"[4]고 한다. 도교에서의 무 혹은 무명이라는 개념이 곧 신과 동일화되어 있다. 그런데 이 무개념은 바로 인간의 궁극적인 정신 이외에 무엇인가. 그것은 모든 개체화된 유한한 사물들을 초월하는, 즉 이것들의 부정에 의한 무, 무이지만 단순히 없는 것이 아니라 그것들(만유)의 종교 이치, 도로서 직관되는 정신 자체, 자연 자체, 이러한 의미에서 존재 자체를 의미한다.[5] 그것은 도교 사상과 같은 일원론에 있어서는 신 자체와 동일하며, 범이나 불성과

---

4 변선환의 발표 논문에 원용된 Raymond Panikkar에 의하면, 양자가 다 범신론 문제를 전혀 문제삼지 않고 있다. 이 때문에 도교 사상에 있어서의 無 개념을 곧 창조자 神 개념과 동일화하고 있다.

5 하이데거의 Sein und Zei에 있어서 '존재 자체'는 시간과 역사에 있어서의 현존의 존재와 자아 초월의 근원이며, 無는 바로 존재 자체의 존재 양식, 즉 시간성 혹은 유한성에서 존재하는 현존의 자아부정과 자아초월의 차원이며 존재 자체와 동일하다. 그리스도교 철학연구소 편, 『하이데거의 철학사상』(서광사), 35 비교. 하이데거는 존재 자체를 신이라고 동일화시키지 않으나, 틸리히는 그의 Systematic Theology I에서 다음과 같이 동일화시키고 있다. 즉, 철학적 혹은 형이상학적 존재론요 기본개념으로서의 존재 자체는 계시의 하나님과의 접합점이다. 그러나 틸리히는 존재 자체라는 개념은 신 자체라고 동일화시키지는 않으며, 이 점에서 그는 범신론에 귀착하기 바로 직전에서 멈추어버린다.

같은 개념들도 그러한 동일성을 전제한다. 여기에서는 창조자 · 구원자 하나님과 피조물 자연 · 인간 세계와의 구별이 성립될 수 없다. 성서적 신앙에 의하면 하나님은 만유의 자연이나 정신 자체의 근원이요 목표라고 말해질 수 있으나, 피조물로서의 자연이나 정신 자체와 구별된다. 따라서 그는 유한한 사물의 부정을 의미하는 무도 무명도 범도 불성도 아니다. 또 파니카가 생각했듯이 유한한 사물들이 무, 무명에서부터 창출되는 것이 아니다. 그와 마찬가지로 변선환은『도덕경』에서의 무, 무명 개념을 신과 혼동 혹은 동일화시키고 있기 때문에 만유가 거기에서 창출되었다고 한다는 사실이다.

이러한 혼동 혹은 동일화가 유동식에게서도 암암리에 전제되어 있다. 무 혹은 범은 만유의 부정, 이러한 의미에서의 통일적이고 초월적인 정신의 차원이나 만유의 창조자가 아니다. 만유의 정신이든 물질이든 이것은 피조물의 양면이다. 그리스도교의 종교성 혹은 영성도 물론 피조물의, 따라서 타 종교들의 정신성과 동일한 차원이다. 다만 그것이 창조자 · 구 원자 하나님을 증언할 때는 그의 영의 역사(役事)라는 특수한 의미를 가지게 된다. 타 종교들의 정신성 혹은 영성도 창조자 · 구원자 하나님을 긍정하고 증언할 때는 바로 그의 영의 역사에 참여하게 될 것이며, 새로운 의미를 가지게 될 것이다. 즉, 타 종교들의 정신성의 근원이 곧 하나님의 영이라는 의미가 주어질 것이며, 이때 범신론의 문제가 극복되면서 동시에 성취될 것이다. 범신론적인 정신성의 그러한 긍정적인 의미는 자연과 인간의 영적인 근원에 대한 직관이라는 점이다. 그러나 이 정신적인 직관은 이것과 구별되는 하나님을 수긍하지 않을 때는 범신론적 일원론으로 귀착하여, 그러한 정신성의 근원으로서의 하나님을 부인할 수밖에 없게 된다. 이러한 경우에는 종교성이 바로 '반신앙'(Unglaube)[6]을 의미한다.

둘째로 변선환은 그리스도론 중심이 아니라 신 중심으로 해서 모든 종교의 종합 가능성을 막연히 전제하는데, 도대체 이 신 개념은 어디에서부터 어떠한 방법으로 도출되었는지 하는 문제가 전혀 해답되어 있지 않다. 그 신 개념은 삼위일체 하나님을 가리키는가? 그렇다면 이 신 개념은 일원론적 범신론에 있어서는 성립될 수 없다. 그러나 통전적인 신 개념이 모든 종교에서의 절대적 근원자 의식 혹은 절대자 의식과 그 표상들에 대한 현상학적 직관에 의해서 도출된 것인가? 종교학은 대체로 현상학적 방법으로 그러한 신 개념을 도출하지 못하고 있다는 사실을 고려할 때, 유동식과 변선환의 '종교 신학'이 전제하고 있는 통전적 신 개념이 종교학적으로도 문제되지 않을 수 없다. 그리스도교적 종교의 정신성을 포함한 모든 종교에서의 근원자·절대자 의식 혹은 틸리히의 말을 빌리자면, 무제약자 의식(Consciousness of the unconditioned)은 그러한 통전적 신 개념의 도출을 가능하게 하는 것 같으나, 이 개념은 개념 혹은 이념에 불과하며, 이 이념은 창조자·구원자 하나님 자체 혹은 존재가 아니다. 만일 이 이념이 곧 절대자 신의 존재와 동일하다고 생각된다면 우리는 범신론에로 귀착해버리고 만다. 개념이나 이념의 차원에서 우리는 윤성범·유동식·변선환에게서처럼 아주 쉽게 모든 종교의 종합을 시도할 수 있다. 그들은 그러한 개념이나 이념의 차원을 신의 계시라고 혹은 신적인 존재에 관여하는 것이라고 암암리에 전제하고 있으나,

---

6 Karl Barth, *Kirchliche Dogmatik*, I/2, S. 327.

이러한 신 개념은 범신론에 귀착해버리거나 아니면 개념론적 추상성에 머물러버리게 된다. 또 그러한 신 개념은 종교학 현상학적으로 도출될 수 없다. 따라서 '종교의 신학' 혹은 '종교 신학'이라는 말이 모든 종교에 보편적으로 적용될 수는 없다. 그리스도교의 종교성을 포함한 모든 종교의 관념 신들, 상징들은 다 인간의 정신성의 차원에서 해석될 수 있다.[7]

그런데 지금까지 논술한 것처럼 종교들의 관념이나 이념의 존재론적 문제와는 다른 역사적 문제가 고려되어야 한다. 먼저 인용된 변선환의 말은 그 존재론의 문제뿐만 아니라 이 역사적 문제를 또한 완전히 간과하고 있다. 즉, 바르트, 본회퍼의 정치신학·해방신학에서의 '반종교적'인 종교비판은 우선적으로 역사적인 그리스도교와 소위 그리스도교 문화의 문제를 제기하는 비판이다. 변선환은 서양 그리스도교와 문화의 제국주의·식민주의적 패권주의를 비판하고 신학의 '비서구화'를 제창하면서도 마르크스주의 철학, 바르트와 본회퍼의 정치신학·해방신학 등에서의 종교비판의 의의를 완전히 간과해버리고 있다. 마르크스주의와 해방신학의 그리스도교 비판은 지배층과 결탁해 온 그리스도교의 이데올로기로서의 역사적 기능에 겨누어진 비판이며, 서양 그리스도교 문화를 결정적으로 문제화시킨 계기였고, 신학의 비서구화와 제3세계 신학은 그 비판을 고려하지 않을 수 없다. 바르트에게 하나님의 계시와 종교의 구별은 바로 계시와 그리스도교 문화 전통과의 구별을 의미하며, 후자를 근원적으로 비판하고 상대화시키는 것이다. 그리스도교의 상대성을 주장하는 변선환의

---

7 이 책에 실린 "제3세계 신학과 방법론에 대한 고찰" 참조.

의도는 종래의 그리스도교 선교와 보수주의자들에게서 전제된 그리스도교 절대성에 대한 비판으로서는 타당하지만, 바르트의 저 구별의 의의를 완전히 간과해버림으로써 변선환 자신의 의도에 모순된다. 해방신학에서의 종교비판도 우선적으로 그리스도교 문화 전통의 제국주의·식민주의적 지배자 이데올로기로서의 역사적 역할에 대한 것이지, 결코 반종교적 원칙을 의미하지 않는다. 내가 서구의 철학과 신학 혹은 해방신학의 종교비판에 관심하게 된 것은 이것의 영향을 받아서가 아니라 한국 민족의 피식민화와 분단 상황으로부터 관심을 두게 된 것이다.

그런데 그러한 종교비판은 그리스도교를 비롯한 모든 종교의 새로운 역사적 역할, 즉 지배자 이데올로기라는 문제 상황을 극복하며, 지배자와 피지배자로 분단된 세계 상황을 극복하고 새로운 인류의 미래를 도래하게 하는 역할 수행의 계기로서 해석되어야 한다. 종교들의 궁극적 의식·이념·정신성은 원칙적으로 특권 계층의 지배자 이데올로기가 아니다. 이러한 역사적 역할에 의해서 종교적인 이념의 추상성이 또한 극복되고 역사적 현실성을 가지게 된다. 종교들의 초월의식 혹은 영성은 정신의 자유를 의미한다. 이 자유가 초월경으로의 몰입에서 머물러버린다면 무의미하며, 역사의 장에서 역사의 문제 상황, 중생의 삶의 문제 극복과 구원에서 행사되어야 한다. 정신의 초월은 역사의 종말적 구원과 미래에서 성취될 것이다. 오늘의 역사의 문제 상황에서부터 어느 종교도 자유롭지 못하며 또한 이 장에서 모든 종교가 만난다. 그것들의 대화는 이 장에서 추구되어야 한다. 역사의 종말적 구원의 날에 모든 종교가 창조자·구원자 하나님을 수긍하게 되리라.

II. 하나님의 계시와 종교의 구별

바르트에게 있어서 계시와 종교의 구별[8]이 종교 간 대화를 불가능하게 하는 것처럼 일반적으로 오해되었고 또 그 구별의 역사적 상황이 변선환에게서는 완전히 간과되었다. 여기에서 우선 이 역사적 상황의 문제가 밝혀져야 하겠다. 그 구별은 우선적으로 서양 그리스도교와 문화에 대한 비판으로서 『로마서주석』에서 역설되어 있다. 여기에서의 그 구별의 우선적 의미는 서양 그리스도교와 문화에 대한 하나님의 심판을 지시하는 것이다. 그 비판의 더 직접적인 대상은 19세기의 자유주의신학과 그 문화의 문제 상황이다. 즉, 여기에 있어서는 하나님과 인간, 하나님과 그리스도교 종교, 하나님과 관념이 거의 동일화되는 경향이 내포되어 있었으며, 양자의 근원적 동일성이 헤겔 철학의 근간이 되었고, 포이에르바하에게서는 신이 완전히 인간성으로 환원되어 버렸으며,[9] 이러한 신의 인간화 추세가 마르크스주의의 무신론, 신은 인간의 관념이라는 무신론의 사상적 배경이었던 것이다.[10] 저 『로마서 주석』에 의하면 서양 그리스도교와 문화 전통은 신을 담보하고 대변한다고 자처하면서, 이 전통에 대한 하나님의 심판, 즉 예수 그리스도의 십자가사건의 의미를 망각해 왔다는 것이다. 하나님과

---

8 바르트의 *Der Römerbrief*, 제2판 (1922)에 있어서의 그 구별은 원칙적으로 후기 바르트의 *Kirchliche Dogmatik*에 있어서도 관철되어 있다.

9 Ludwig Feuerbach, *Das Wesen des Christentums*(Köln: Hegner, 1967), 박순경 역, 『기독교의 본질』(종로서적). 그리스도교 신앙의 주제 자체가 인간성에 입각해서 철저하게 재해석되어 있다.

10 박순경, "기독교와 공산주의의 이론과 현실," 『하나님 나라와 민족의 미래』(대한기독교서회).

인간, 계시와 서양 그리스도교 종교의 그러한 동화 과정에 있어서 그리스도교 문화의 불의와 문제들은 간과되어버렸다. 바르트는 이러한 문제 상황을 제1차 세계대전 발발에서 결정적으로 통찰하게 되었다.[11] 유럽에서의 그리스도교 보수주의자들이든 자유주의자들이든 대체로 신의 이름으로 그 전쟁을 정당화했던 것이다. 이러한 문제 상황에 직면해서 바르트는 하나님과 인간사, 하나님 나라와 그리스도교 문화를 엄격하게 구별하기 시작했으며, 저『로마서 주석』이 출현하게 되었다. 서양 그리스도교 문화가 담보해 온 신은 신이 아니라는 것을 바르트는 역설했고, 하나님은 '절대타자'라는 그의 선언은 바로 그러한 구별, 서양 그리스도교 문화에 대한 하나님의 심판을 의미한다.

바르트는 그러한 그리스도교 문화의 위기에 직면해서 오랫동안 은폐되어 있었던 키르케고르의 주장, 즉 하나님과 인간의 절대적인 구별이라는 주장을 비로소 발견했던 것이다.[12] 키르케고르의 이 명제는 헤겔의 동일철학(Indentitätsphilosophie), 신의 존재와 이념의 근원적 동일성을 전제로 가지는 동일철학에 대한 핵심적 비판을 의미한다. 죄책과 영원한 죽음의 운명을 피할 길 없는 역사에서의 실존, 역사적 실존은 하나님에게서부터 소외된, 질적으로 구별되는 실존이며, 양자의 사이에 벌어진 심연은 오직 하나님의 용서와 성령의 새로운 창조의 능력에 의해서만 극복될 수 있다는 것이다. 이른바 그리스도교 세계에 대한 키르케고르의 가차 없는 비판은 바로 하나님과 그리스도교

---

11 Eduard Thurneysen, *Karl Barth: Theologie und Sozialismus*, Theologischer Verlag (Zürich), 8f.; Eberhard Busch, *Karl Barths Lebenslauf*, Chr. Kaiser Verlag (1976), 93-95.
12 변선환은 이전에 키르케고르의 실존주의를 대변했는데, 이러한 사상적 배경은 그의 '우주적 그리스도' 개념이나 신 개념에 전혀 반영되어 있지 않다. 다만 '실존'이라는 개념이 그의 역사 개념에 막연하게 함축되어 있을 뿐이다.

문화의 절대적인 구별을 전제하고 있었다. 그런데 키르케고르나 바르트에게서의 그러한 부정적인 구별은 인간의 실존 혹은 종교적 실존과 역사가 하나님의 구원과 그의 영원한 삶에 참여하게 하는 긍정적인 계기, 즉 종교성의 성취를 향한 계기가 될 수 있다는, 말하자면 변증법적인 부정을 통해서 주어지는 긍정적 가능성이 사람들에게는 대체로 간과되었다. 변선환은 바르트의 종교비판이 바로 그러한 그리스도교적 문제 상황에 직결되어 있었다는 사실을 전혀 인식하지 못하고 있다. 저 구별 혹은 종교비판은 단순히 반종교적 신학이라고만 처리되어버렸다.

『교회교의학』I/2에서 바르트는 여전히 '불신앙'으로서의 종교를 논하면서, 그러나 긍정적인 '참된 종교'를 말한다.[13] "종교는 불신앙이다"라는 판단은 "우리가… 거의 모든 종교에서 발견할 수 있는 인간적인 가치들에 대한 인간적 부정, 참된 것 선한 것 아름다운 것에 대한 논박을 의미하지 않는다." 그것은 오직 하나님의 계시에서부터의 판단일 따름이며, "우리의 실존의 전체적인 것과 궁극적인 것을 물음에 세우는" 것이다.[14] 주목할 것은 저 판단이 그리스도교가 타 종교에 대해서 말할 수 있는 판단이 아니라는 점이다. 그리스도교든 타 종교든 종교적 추구는 "인간이 자신의 실존에 있어서나 혹은 실존을 넘어서는 피안에서나 실존의 본래적인 것, 궁극적인 것, 결정적인 것을 가정하고 주장하는", 즉 인간 자신의 '신상'(神像)인 것이다. 이러한 의미에서 종교는 계시에 '반립(反立)하는 행위'이다.[15] 즉, 종교는 계시와 무관하

---

13 *Kirchliche Dogmatik*, I/2, S. 17, 2 "Religion als Unglaube", 3 "Die wahre Religion"을 논한다. 324-397.

14 같은 책, S. 327.

게 자체의 신상을 표출해내므로 예수 그리스도에게 있어서의 하나님의 계시를 필요로 하지도 않으며, 따라서 지나쳐버리게 된다. 예수 그리스도에게 있어서의 구원의 은혜가 불필요하게 되어버린다. "참된 종교는 의롭게 여겨진 인간과 마찬가지로 은혜의 피조물이다." 종교도 십자가의 '죽음의 심판 아래' 있으며, 그러나 또한 '삶으로' 소명될 수 있고 의롭다고 의인화(義認化)될 수 있으며 계시에로 수납될 수 있다. "그리스도교 종교는 참된 종교이다"라는 말이 여기에서 가능하다. 그러나 이 판단은 타 종교에 대한 그리스도교 종교의 우월성이나 능력을 의미하지 않는다. 종교의 이 긍정적인 의미는 그것이 계시를 증언할 때, 이것에 의해서 결정되는 진리를 의미한다. 이 진리의 가능성은 또한 타 종교에도 주어질 수 있다.[16] 계시와 종교의 이러한 구별과 관계성은 계시와 신학의 관계에서도 동일하다. 만일 그러한 구별이 없다면 바르트의 저 방대한 신학이 하나님의 말씀과 적어도 비등하다는 말이 되는데, 그는 바로 이것을 부정한다. 한 신학이 그 말씀을 증언하는 데에 쓰일 수 있으며, 그 말씀의 진리에 관여할 수 있다. 그러나 이 가능성은 역사에서의 하나님의 계시 행위에 의해서 주어지는 것이다.

바르트의 저 구별은 바로 그리스도교 종교와 신학은 물론, 모든 종교를 상대화시키는 것을 의미한다. 그리스도교 선교가 가정한 그리스도교 절대성, 이에 상응하는 그리스도교 문화의 우월성은 물론 잘못된 서양의 지배 이데올로기 이외의 다른 것이 아니다. 계시와 종교의 구별은 바로 그것을 하나님의 심판대에 세우는 것이다. 타

---

15 같은 책, S. 330.
16 같은 책, S. 356ff.

종교들에 대해서 절대성과 우월성을 자부해 온 한국 그리스도교에 대한 변선환의 비판은 옳다. 그러나 그의 대화론에서 그리스도교 상대화의 방법의 문제가 있으니, 그의 신 개념이 종교적 관념과 동일한 것인지, 어쨌든 양자의 구별이 애매하다는 사실이다. 계시와 종교의 구별은 종교 상호 간 대화를 가능하게 한다는 점이 간과되어 있다. 대화한다는 것은 이미 종교들을 상대화시킨다는 말이다. 그리스도교 이든 타 종교이든 종교가 자체의 신앙과 영성, 범(梵)과 초월경과 같은 일원적 정신성으로 몰입하여 안주하려고 한다면 대화가 일어나지 않으며, 비역사적(a-historical) 관념으로 귀착해버리고, 이 경지를 궁극적인 것 혹은 최종적인 것이라고 생각하게 되며, 상대적인 대화를 불필요하게 만들고 만다. 모든 종교가 다 각자 절대적인 전제들 혹은 관념들을 가진다. 이것들의 상대화는 곧 역사화를 의미한다.

III. 예수 그리스도의 통일성 문제

예수 그리스도의 보편성을 지시하는 그리스도론이 대화에 거침이 된다고 해서 변선환은 그리스도론의 상대화를 주장한다. 그러나 어떠한 그리스도론도 신학으로서는 상대적이며, 그리스도론 상대화는 문제가 되지 않는다. 문제는 변선환에게 있어서 그리스도와 예수의 구별이다. 하나님의 말씀으로서의 우주적 혹은 보편적 그리스도는 예수의 신체성(身體性) 개체성에 한정될 수 없다는 것이다. 이러한 주장에 있어 하나님과 예수의 종말적 통일성이 삭감 혹은 상대화된다는 사실이다. 하나님이 예수의 하나님 나라 선포 행위, 십자가와 부활에 있어서 구원을 종말적으로 궁극적으로 성취하셨다는 것은 하나님이 예수와 연합하셨다는 것을 의미한다. 예수의 신체성은 바로 그의 인간성을 의미하며, 그의 그리스도 됨 즉 하나님의 말씀과 불가분한 것이다. 몸의 부활은 바로 이 신체적 차원을 가지는 인간이 하나님과 연합했다는 말이다. 메시아 그리스도라는 개념이 종교사적으로 어디에서부터 유래했든 성서에서는 특정한 역사적 인물과 사전, 결정적으로 예수와 직결되어 쓰였기 때문에 역사성을 가지게 되었다. 그의 그리스도 됨은 그의 선포와 행위, 십자가와 부활의 사건에서 결정되었다. 그가 행위하고 죽을 수 있었다는 것은 그가 신체성을 가졌기 때문이다. 그가 모든 사람을 위해서 죽으셨다는 그의 죽음의 보편적 우주적 의의[17]는 그의 신체성을 매개로 한 역사적 현실에서 결정되었다. 이 때문에 그의 신체성은 그의 부활에, 하나님의 영원한 생명에 참여한다. 예수라는 특정한 인간성과 연합한 그리스도 됨, 즉 그의 인간성은 종말적 구원의 의의가 상대화된다면, 신학의 역사적 거점이 상실되고 만다. 예수에게서의 하나님과 인간성, 하나님과 역사의 통일성이 상대적이고 부분적이라면, 예수의 죽음의 종말적 궁극적 의의가 성립되지 않는다. 성만찬의 떡과 포도주는 바로 그의 몸과 죽음의 표징이며, 그의 몸과 죽음이 상대적인 것이라면, 성만찬의 종말적 타당성은 성립되지 않는다. 그의 몸과 죽음이 상대적인 현상이라고 생각된다면, 어느 누구도 예수를 대치할 수 있으며, 그의 인간성은 역사의 어떤 변수에 불과한 것이고 구원의 인간성을 궁극적으로 대변할 수 없다.

---

17 히브리서 9장 28절에서의 ἅπαξ의 뜻은 예수의 죽음의 종말적인 의미를 암시한다.

그의 인간성에서 일어난 사건에서부터 신학이 출발하지 않는다면, 신학의 신 개념도 어느 종교의 신 개념과 마찬가지로 종교적 관념에 불과하다. 종교의 절대자 의식이나 표상에서부터 도출된 신 개념은 정신의 관념과 동일하다. 이 관념이 곧 신적 계시라고 말해진다면, 그것은 곧 신의 존재와 동일시된다는 것을 의미하며, 범신론이 바로 그 귀결점이다. 예수의 종말적인 죽음에서 범신론은 완전히 깨어졌다. 하나님에 대한 죽음에까지 이르는 복종의 행위는 바로 하나님과 인간, 하나님과 종교성을 구별하는 기초이다. 동시에 그의 부활에서 인간성은 신적인 삶과 의에 참여한다. 이 참여의 길은 그리스도교에 의해서 증언되지만, 그리스도교의 전유물이 아니다. 계시와 종교의 구별은 바로 이것을 의미한다. 그 참여의 길은 모든 종교에 다 주어진 신적인 가능성이다. 하나님과 인간의 구별과 동시에 하나님에의 참여에서 종교적 정신성은 성취되리라. 이 정신성은 인간성이며, 그 무궁한 표상들은 이것의 표출이다. 신들, 영혼들, 상징들은 창조자·구원자 하나님과 혼동되지만 않는다면 신언어(神言語)로서 재해석될 수 있다. 예수의 죽음의 종말적 의의는 곧 그의 그리스도 됨이다. 이러한 예수 그리스도의 역사적 거점이 삭감된다면, 그러한 재해석의 역사적 출발점이 상실되며, 막연히 상정된 신 개념에 의한 종교들의 통합은 역사적 현실성을 가지지 못하는 개념에 머물러버리게 된다.

IV. 신학의 토착화와 상황화 문제

변선환은 한편으로 윤성범·유동식에 의한 신학토착화론이 역사적 정치 · 사회 문제들을 고려하지 않은, 말하자면 비역사적 성격을 가진다고 비판하며, 다른 한편 민중신학이 정치 · 사회적 상황에 직결되어 있으나 반종교적 성격을 가진다는 것을 비판하면서 토착화와 상황화 혹은 종교 신학과 민중신학의 보충 · 종합을 주장한다. 그런데 어떠한 의미에서 토착화론이 비역사적인지 또 어떻게 역사화 혹은 상황화되어야 하는지가 전혀 제시되어 있지 않다. 가령 윤성범은 단군신화의 환인 · 환웅 · 환검을 곧 삼위일체 신의 흔적으로서 이 신 개념과 합일시켰으며 또 율곡의 성리학에서의 지 · 가 · 기(志理氣), 즉 인간성의 정신의 두 계기와 기질의 삼일성을 삼위일체 신 개념과 합일시켰다.[18] 여기에서는 삼위일체 신 개념도 또 이에 합일한다는 인간성 개념도 다 관념적으로, 즉 비역사적으로 생각되어 있다는 사실이 변선환에게 있어서 고려되지 않았다. 우리는 다른 신화들이나 정신성 혹은 종교적 표상들에서부터 다양한 삼일성을 관념적으로는 얼마든지 구상해낼 수 있으나 그대로 삼위일체 신 개념과 합일시키지 못한다. 신화적 종교적 표상들이나 성리학적 이념들이 이것들의 주어진 역사적 상황을 어떻게 반영하고 거기서 기능했는지, 어떠한 역사적 한계와 문제점들을 내포하고 있었는지 또 오늘의 특정한, 말하자면 민중의 상황에 대하여 어떠한 의미를 갖는지, 이러한 역사적 문제들을 고려하지 않는다면 비역사적 상징들 혹은 관념성에 머물러버린다. '성(誠)의 신학'에 있어서의 성 개념도 그와 동일한 문제점을 안고 있다. 삼위일체 신 개념은 성서적 근거에서 보자면, 예수의 행위 · 죽음 · 부활이라는 역사에서의 사건, 즉 그가 하나님의 의로운 뜻에 죽기까

---

18 윤성범,『한국적 신학』(선명문화사), 32. 변선환은 윤성범의 그러한 신 개념을 바르트의 삼위일체론에 뿌리를 둔 것으로 생각하나, 전혀 바르트의 신론과 다르다.

지 복종하고, 이 의를 성취했다는 사건에 정초하고 있다. 신 개념의 개념성 혹은 언어성은 바로 그 사건에 의해서 규정된 것일 때에만 관념으로 환원되지 않고 역사적 현실에 또 신적 존재에 참여하게 된다. 삼위일체론적 신 개념이라고 해서 그대로 곧 신적 존재는 아니다. 이러한 구별이 바로 저 구별, 즉 계시와 종교 문화, 계시와 신학의 구별이다. 이 구별은 타 종교들이나 문화 사상이 계시에 참여하게 하는 가능성을 열어 놓는다. 만일 신화들과 종교들의 표상이나 성리학의 정신성이나 성(誠) 개념이 현재의 주어진 역사적 상황에서의 하나님의 역사하심을 증언하는, 그래서 역사·사회의 정의와 구원을 실현하는 언어들로서 새롭게 해석되고 동원된다면, 역사적 현실과 신적 존재에 참여하게 된다. 그러나 이때 등장하는 핵심적 문제는 오늘의 주어진, 즉 우리에게 있어서의 오늘의 역사적 문제 상황을 어떻게 판별하고 규정하느냐 하는 것이다. 이러한 문제 상황 설정이 변선환에게서 불분명하므로 그의 상황화 개념이나 역사 개념이 또한 불분명하다. 유동식의 종교·문화 신학에서의 얼·삶·풍류·한(恨)과 같은 개념들도 윤성범의 토착론과 마찬가지로 비역사적 성격을 가진다는 것이 변선환에 의해서 지적되고 있다. 얼·삶·풍류·한의 특정한 역사적 문제 상황들, 예컨대 봉건주의 시대의 얼·삶·풍류·한의 문제상 황들이 전혀 고려되지 않은 채, 그러한 개념들이 신의 계시 혹은 영성 개념으로 통일되어 있다.[19] 그러한 토착화론과 상황적 성격을 가지는 민중신학의 종합을 주장한다고 해서 그 토착화론이 곧 상황적 성격을 가지게 되는 것은 아니다.

---

19 유동식, 앞의 책, 26 도식.

민중신학은 지금까지 논의된 바에 의하면 오늘의 주어진 문제 상황 분석에 있어서 불충분하다. 또 신학의 상황성 혹은 역사성은 특히 바르트에게 있어서 철저하게 고려되어 있으며, 오늘의 유럽 신학, 정치신학, 혁명의 신학, 남미의 해방신학, 흑인 신학, 여성신학 등이 주어진 상황성에서부터 등장한 것이다. 신학의 상황성은 역사적 문제 상황에서 규정되며, 이 문제 상황 극복이라는 실천적 과제를 가진다. 한국에서의 오늘의 민중 상황은 한편 세계의 지배 구조를 반영하는 민족 내부의 사회 · 경제 질서의 모순과 민족 분단의 상황에서 규정되어 있다. 다른 한편 그리스도교이든 타 종교이든 종교적 문제 상황은 오늘의 세계 지배 구조 아래서의 한국 민족과 민중의 곤경을 몰인식하고, 구원이라든지 정신의 초월경에의 몰입을 생각한다는 사실이다. 종교들은 곧잘 특권층의 이데올로기로 둔갑해버리기도 한다. 그리스도교는 아직도 대체로 서양의 지배 이데올로기로 둔갑해 있고, 타 종교들은 오늘의 민족 · 민중 · 세계의 문제 상황을 몰인식하고 있으며, 따라서 그리스도교이든 타 종교이든 비역사적 문제 상황에 놓여 있다. 종교들의 이러한 문제 상황이 변선환의 토착론이나 상황론에서 완전히 몰각되어 있다. 그가 불분명하게 말하는 신학의 상황화는 곧 종교들의 비역사적 문제 상황을 간주해야 할 것이다. 역사의 주어진 문제 상황을 도외시하는 종교적 영성이나 초월성은 비역사적 추상성을 존재적 차원이라고 착각하게 되고, 역사에서의 그 문제 상황을 지속시키려는 지배층의 이데올로기로 전락할 때는 반역사적, 즉 역사의 새로운 미래의 가능성에 역행하는 반역사적으로 되어버린다. 본래 종교들의 초월적 정신성은 주어진 사회체제에서부터 자유할 수 있는 정신적 잠재력과 자유를 의미하며, 역사를 변혁할 수 있다. 이러한 초월 능력은 세상에 붙은 탐욕에서부터 자유할 수 있으며, 이 때문에 잘못된 지배 구조를 넘어설 수 있다. 이러한 초월 능력은 역사의 주어진 문제 상황을 올바르게 설정하고, 이것을 극복하는 결단과 실천에서 검증되어야 하며, 역사의 종말적인 구원의 날에, 즉 역사의 미래에서 되살아나리라. 종교 간 대화는 역사적 상황에의 공동 참여에서 시작하면서 그리스도교 신앙과 영성, 도, 법, 열반, 신명(神明), 종교적 표상들의 의의를 역사적 삶의 구원이라는 공동 과제에서 검증하고 재해석해야 할 것이다. 그것이 종교들의 상황화가 아닌가.

V. 역사와 인간성의 구원 문제

종교들과 신학의 상황화는 구체적인 역사의 장에서의 인간성의 구원, 즉 역사의 구원을 주제로 한다는 것을 의미한다. 현대의 그리스도교 선교의 주제, 즉 "하나님의 선교"(missio Dei)라는 주제도 인간성의 회복이라는 구원의 주제이다. 그런데 인간성의 회복이라는 주제는 세계의 잘못된 구조 변혁의 과제를 안고 있다. 변선환은 이러한 "하나님의 선교"라는 주제를 타 종교와의 대화에 집중시키는데, 종교들이 어떻게 오늘의 주어진 세계 상황에서의 인간성 회복에 관여해야 하는지 그 방향을 전혀 제시해주고 있지 않다. 이러한 문제점은 그의 상황화 개념의 불분명함에서부터 기인한다. "교회 밖에도 구원이 있다"[20]라는 그의 주장은 교회 안에도 구원이 있지만 밖에도 있다는 말이다. 교회 안에든 밖에든 구원이 있다는 주장이 구체적인 오늘의 한국 민족이나 세계 상황에서 무엇을 의미하는지가 전혀 제시되지 못했다. '교회 밖에도'라는 말은 주로 불교나 타 종교를 가리키는데, 역시 막연하다. "불교 구원론이 어떻게 그리스도교와 더불어 새롭게 오늘의 주어진 역사적 상황에 참여해야 하는가" 하는 문제가 해답되어야 할 것이다. 변선환에 대한 박아론의 비판은 "다른 이로서는 구원을 얻을 수 없나니 천하 인간에 구원을 얻을 만한 다른 이름은 우리에게 주신 일이 없음이라"(사도행전 4:12)[21]는 것이었다. 이 주장은 성서적으로 원칙적으로 옳으나 예수 그리스도에 의한 구원이 기성교회의 울타리 안에 한정되어 있는 것처럼 말해졌다는 사실에서 비성서적이다. 교회 전통에 의해서 전수된 구원론이 그대로 예수 그리스도의 이름과 동일한 것은 아니다. 그러한 동일성이 박아론의 주장에 전제되어 있기 때문에 교회 밖에서의 구원의 가능성이 거부된 것이다. 교회 안에서든 교회 밖 타 종교에서든 박아론과 변선환의 구원론들은 구체적인 역사적 문제 상황을 고려하지 않은 관념성에 머물러 있다.

그리스도교이든 타 종교든 종교들 자체가 구원받아야 할 주제들이다. 구원은 그리스도교나 타 종교 안에 있고, 이 구원의 메시지가 저 밖에 있는 비종교인들에게 전해져야 한다고 생각되어서는 안 된다. 구원을 관념적으로 생각할 때, 구원이 교회 안에 '있다'든지 밖에도 '있다'든지 하는 식으로 말해진다. 민족과 세계가 분단되어 있고, 종교와 종교가 처처에서 서로 투쟁하고 있는 세계에 구원이 '있다'고 하는, 즉 구원의 존재성 혹은 현실성은 도대체 무엇을 지칭하는가? 이 있음의 구체적인 내용이 전혀 제시되어 있지 않다. 또 구원의

---

20 『월간목회』(1977); 유동식, 앞의 책, 272.
21 유동식, 같은 책, 276에 인용됨.

문제가 어찌 종교들만의 주제란 말인가. 그리스도교이든 타 종교이든 무신론·반종교적 세계이든 다 역사의 문제 상황과 곤경에 이미 함께 처해 있다. 그리스도교는 오늘의 세계의 문제 상황을 초래한 서양 주역들에게 봉사해 왔으므로 그리스도교 안에 구원이 있을 리 없다. 이제 그리스도교는 이 문제 상황 극복이라는 실천적 과제를 새롭게 수행할 때만 하나님의 구원의 역사(役事)에 참여하게 될 것이다. 저 무신론·반종교적 역사 혁명론은 역사에서의 그리스도교의 실패에 대한 치유책으로 수긍되어야 한다. 그리스도교가 관념적 영성에서 내세의 구원을 꿈꾸면서 역사에서는 지배자 이데올로기로서 세계에 전파되었을 때, 이 문제 상황에 대한 결정적인 비판은 무신론 반종교적 역사 혁명론의 형태를 가져야만 했다. 이 비판은 그리스도교이든 타 종교이든 정신적인 환상이나 초월경에서부터 역사의 장으로 소명하는 현대역사의 결정적인 사건이다. 인간의 정신성은 여기서 역사를 변혁하고 창조하는 역사의 자유로운 주체로서 설정되어 있다. 이 자유로운 정신적 주체성이 바로 저 무신론·반종교적 역사 혁명론에 전제되어 있다. 종교적 초월적 정신성이란 바로 이 역사적 정신성과 동일하다. 정신의 초월성은 바로 구원의 주제이다. 그런데 이 주제는 역사의 과정에서, 역사의 문제를 극복하는 과정에서 미래로의 초월이어야만 관념성을 능가하는 현실성을 가지게 된다.

종교 간 대화가 기존하는 종교들이나 관념들의 차원에서, 예컨대 도, 범, 열반, 신명과 같은 표상들에서의 구원 개념의 차원에서 진행된다면, 그것은 여전히 관념들의 종합이나 이를 시도하는 데에 머물러버린다. 그리스도교든 타 종교든 무신론적 세계이든 이것들은 다 역사의 문제 상황에 이미 놓여 있으며, 대화의 장은 이러한 역사적 현실로 수렴되어야 한다. 종교적인 관념들, 이론들, 표상들은 그러한 역사적 행진의 과정에서 검증되어야 한다. 그것들이 역사의 구원의 진리들로 기능을 수행하느냐 하는 물음이 거듭 제기되고 실천적으로 검증되어야 한다. 그리스도교는 역사에서 행위하시는 하나님, 예수 그리스도를 타 종교에 증언해야 하며, 타 종교들, 특히 불교는 인간의 정신성의 심오함과 아름다움, 환상과 예술을 그리스도교에 보충해주면서 역사의 과정에 동참해야 할 것이다. 타 종교들이 하나님을 승인하든 아니하든 역사의 구원에 동참함으로써 하나님의 종말적 구원의 빛 아래 서는 것이다.

종교와 여성*

I. 여성학의 과제와 방법

여성학이라는 분야는 오늘날 등장한 주제이므로 역사적으로 '여성과 종교'라는 순서보다는 '종교와 여성'이라는 순서를 우리는 채택하고자 한다. 또 방법적으로 지금까지의 종교들을 오늘날 여성의 문제 제기로부터 재검토하는 과제가 요청되므로 여성이라는 주제를 나중에 위치시킴이 자연스럽다.

종교와 여성이라는 주제의 본질이 말해지기 전에 우선 여성학의 개념이 규정되어야 하겠다. 단적으로 말하자면 여성학은 인간학(人間學)의 일부분이면서도 이제는 인간학의 중심 테마로서 고찰되어야 한다. 종래의 서양 사상에 있어서는 인간학이란 주로 신학과 철학에서 다루어져 왔다. 이것들은 주로 인간성 자체와 세계에서의 인간의 위치와 문제와 과제를 다루었다. 특히 신학은 하나님과의 관계에서의 인간과 인간성의 구원을 다루어 왔다. 여성학은 이제 새롭게 여성의

* 이 논문은 이화여자대학교 한국문화연구원의 "한국종교와 여성학," 주제 연구 VI집 (1984. 12.)에 실린 것이다.

문제를 인간학의 주제로 다룸으로써 인간학의 본질·범위·과제를 새롭게 전개해야 한다. 종래의 인간학은 주로 남성에 의해서 대변되어 왔으므로 자연히 인간성이 편협하고 불완전하게 왜곡된 채로 다루어질 수밖에 없었다. 인간성은 남성에 의해 대변될 수 없으며, 남성과 여성의 평등하며 자유로운 관계[1]에서 대변되고 성취되어야 한다. 그러므로 남성에 의해서 대변되어 온 인간학은 왜곡되어 있고, 따라서 여성에 의해서 재구성되어야 한다. 여성의 문제 제기는 신학적으로는 인간성 자체의 왜곡성과 구원, 즉 세계의 왜곡성과 구원의 문제에 관계된다.

인간학으로서의 여성학은 오늘날 새롭게 등장한 것이므로 독자적인 이론의 영역이 형성된 것은 아니다. 여성학은 현재 문제 제기의 단계에 있는 셈이다. 여성학의 영역은 독자성을 가져야 하지만, 삶의 모든 영역에서의 문제들을 분석해내고, 이것들을 새롭게 형성해야 하는 과제를 가진다. 종교, 문화, 사상, 사회, 경제, 정치, 교육, 이 모든 영역 역시 지금까지 남성에 의해서 대변되고 형성되어왔으므로 여성학적으로 재검토되고 재형성되어야 한다. 이 모든 영역이 인간의 자기실현을 위한 점에서 보면 남성 지배의 문제, 즉 왜곡된 인간성의 문제들을 내포하고 있으며, 따라서 여성의 문제 제기에 비추어 재구성 재조명되어야 한다. 여성학은 독자적인 이론과 영역들을 전개해나가면서 그 모든 영역에 새로운 미래와 의미를 부여해야 한다. 삶의 모든 영역에서의 인간성 자체와 세계의 미래는 신학적으로는 구원의 주제이다.

---

1 박순경, "인간의 여성신학적 해석,"『한국민족과 여성신학의 과제』(대한기독교서회),
  69-102.

여성의 문제 제기의 핵심은 여성이 모든 삶의 영역에서 역사적으로 남성에게 종속되었고 소외되었다는 것이며, 그래서 남성 지배의 세계 구조로부터의 해방을 제창한다는 것이다. 여성해방운동은 서양에서는 프랑스혁명 이래 전개되어 왔으며,[2] 오늘날에는 전 세계에서 여러 가지 양식으로 일어나고 있다. 여성해방은 역사적으로 주어진 모든 삶의 영역들의 체제 변혁이라는 부정적 과제를 지니며, 적극적으로는 그 모든 영역에의 참여, 남성과의 평등한 참여와 권리를 제창한다. 여성의 그러한 제창은 삶에 대한 여성 자유를 전제하는 것이므로 궁극적으로는 인간성에 관계되며, 서양에서는 기독교적 인간 이해를 함축하고 있었다. 물론 그러한 제창은 전통적 서양 기독교에 대한 저항운동이었다.

여성해방운동은 프랑스혁명 이래 시민적 자유주의 사조의 일환으로서 전개되기 시작했으며, 참정권 혹은 사회에서의 여성의 지위 향상과 같은 여권 신장을 위한 운동으로서 부르주아 계층의 형성과정에 이바지했다. 이러한 운동과 사조는 바로 서양의 근대화와 세계 지배와 팽창을 밑받침한 것이다. 서양의 여성운동은 물론 세계 팽창과 지배권을 위한 것은 아니지만, 어쨌든 그러한 서양의 부르주아 세계 팽창주의에 힘입어 일어났다. 그러한 시민적 자유주의는 궁극적으로 사회의 하층, 눌린 자와 여성의 문제 상황을 해결할 수 없다는 한계의 통찰로부터 새로운 운동이 시작되었다. 19세기에는 이 한계를 넘어서려는, 기독교를 배경으로 하는 유토피아적 사회주의와 여성운동이 전개되었다. 또 이러한 사회주의를 공상적이라고 비판하고 현실적인

---

2 Maité Albistur and Daniel Armogathe, *Histoire du Feminisme Français*, 박정자 역, 『여성은 해방되었는가』 (인간사).

역사와 사회 변혁을 지향하는 마르크스-엥겔스의 사회주의 등장과 더불어 여성해방운동이 전개되었다. 그러한 여성운동은 오늘에 있어서 세계 전반으로 확대되어 있다. 그러므로 오늘날 세계의 여성운동은 시민적 자본주의적 여권 신장을 지향하는 계통과 사회주의적 여성해방과 세계 질서의 변혁을 지향하는 계통이 얽혀 있기도 하고 병존하기도 한다. 그러나 자본주의 서양에서의 여성운동가들도 대체로 후자의 계통을 표방한다. 그들은 자본주의 서양의 세계 지배 체제 안에서는 여성해방 혹은 눌린 자의 해방이 성취될 수 없다는 것을 통찰하고 있다.3 부르주아 자유주의 여성운동은 본질적으로 개인주의적이며, 개개 여성들의 세계 진출을 지향하는 데 머물러 있다. 즉, 여성들이 얼마나 많이 또 얼마나 혁혁하게 사회에, 정치계에, 교육계에, 학계에 진출해서 업적을 성취하느냐 하는 것이 그러한 여성운동의 목표이며, 따라서 이것은 여성 특권층을 형성하는 데 귀착하게 된다. 이러한 여성운동은 결국 남성들의 세계 지배와 경쟁과 성취욕의 범주 안에서 이들의 역사를 재현할 뿐만 아니라 이들을 추종하는 것에 불과하게 된다. 그러므로 그러한 운동은 인간 전체 혹은 인간성의 해방과 자유라는 본래적 목표를 배반하고 만다. 그러므로 사회주의적 여성해방론은 사회에서의 눌린 자와 가난한 자, 특히 제3세계에서의 눌린 민족들과 눌린 인종들의 문제 상황들의 맥락에서 여성 문제를 제기하여 주어진

---

3 Alison M. Jaggar and Paula Rothenberg Struhl, *Feminist Frameworks Alternative Theoretical Accounts of the Relations between Women and Men* (New York: McGraw-Hill Book Company, 1978), 신인령 역, 『여성해방의 이론체계』 (풀빛), 239-278. Rosemary Ruether, Elisabeth Schüssler Fiorenza와 같은 미국의 여신학자들도 그러한 계통을 대변한다. Ruether, *Liberation Theology* (New York: Paulist Press); Fioreuza, *In Memory of Her* (New York: Crossroad).

세계와 사회질서의 변혁을 제창한다. 이러한 점에서 여성해방론은 부르주아 여성운동의 한계를 넘어선다. 그러나 오늘의 세계에서는 실제로 이러한 두 계통이 서로 얽혀 있다.

한국 민족사에 있어서는 1876년 개항 이래 기독교의 전래와 개화운동의 사조에 힘입어 여성운동은 우선 종래의 유교적 봉건 체제로부터의 해방과 사회와 교육계에로의 진출을 성취하기 시작했다. 이러한 여성운동의 모델은 서양의 시민적 자유주의였으며, 현재도 한국의 여성운동은 거의 전반적으로 이 맥락에 위치해 있다. 1920년대에 사회주의적 여성해방운동이 시도되고 전개되었으나 일제의 탄압 아래서 지탱될 수 없었으며, 민족 분단 상황 아래서 재전개될 수도 없게 되었다.[4] 이 때문에 한국의 여성운동은 독자적으로 전개되지 못했고, 기독교 전통의 역사적 문제를 대체로 인식하지 못하고 있는 실정이다. 그렇기 때문에 한국 여성운동의 모델은 역시 서양이라고 할 수밖에 없다. 한국의 여성운동은 여성의 지위 향상과 아울러 민족통일과 민족해방의 과제를 생각해야 할 이중적인 과제를 어떻게 성취하느냐 하는 문제를 안고 있다. 한국이 세계의 열강들에 의해서 지배되는 한 여성해방은 성취될 수 없으므로 민족해방이 여성운동에 있어서 동시에 취급되어야 할 과제이다.

결론으로 말하자면 여성의 세계 진출 혹은 사회 진출과 여권 신장은 시민적 자유주의에서 각성되고 추진되어온 것이다. 여성운동의 이러한 목표는 이미 제시했듯이 프랑스혁명 이래의 시민적 자유주의의 맥락에서 각성되고 제창된 것이었다. 이러한 사조는 부르주아

---

4 김준엽·김창순,『한국공산주의 운동사』제3권 (고려대학교 아세아문제연구소), 70-99.

계층을 형성하는 것으로 귀결되어 버린 한계점에 다다랐다. 그러나 이 사조는 세계의 남성 지배의 체제들을 상대화시키는 역사적 과정에 있어서 여성운동의 한 수단으로의 역할을 했고 또 아직도 그러한 의의를 갖는다. 그러나 이 사조는 여성해방의 근원적 전제인 인간성의 자유의 실현이라는 궁극적인 목표가 될 수 없다. 또한 이 사조는 여성해방의 주제인 인간 평등을 궁극적으로 보장해주지도 못할뿐더러 결국 세계의 불평등 지배와 피지배의 구조를 산출하는 데 크게 영향을 미쳤을 따름이다. 그러나 사회주의가 여성해방과 자유를 보장해주는 것도 아니다. 그것은 시민적 자유주의 · 자본주의의 위와 같은 한계를 통찰했고, 이의 극복 없이는 인간 평등과 세계 평등이 실현될 수 없다는 것을 제창함으로써 19세기 이래 오늘의 여성해방론에 지대한 영향을 끼쳤다. 그럼에도 불구하고 그것은 인간 해방, 평등, 자유의 궁극적인 실현은 보장하지 못한다. 이러한 주제는 인간성 자체의 근원적인 문제이며, 인간성의 궁극적 성취는 종교적 주제이다. 자본주의와 사회주의의 반립(反立)을 넘어서는 제3의 다른 차원, 즉 종교적 차원에서 다루어져야 할 것 같다.

II. 종교와 여성해방

1. 종교의 인간학적 규정

여기서 우리는 우선 종교 개념을 논의하지 않을 수 없다. 그러나 다양한 종교들을 일괄적으로 규정한다는 것은 대단히 어려울 뿐만 아니라 그것들의 특수성과 문제점들을 무마해버릴 위험을 초래할 수 있다. 그래서 우리는 다만 그것들의 인간학적 의미를 여성해방의 관점으로부터 규정하고자 할 뿐이다.

종교의 인간학적 의미는 인간 정신의 근원적인 또 궁극적인 추구로서, 인간성 자체를 문제 삼는다는 점이다. 종교적 표상 혹은 상징은 인간 정신의 표현 혹은 상상물이기도 하다. 기독교의 성서적 증언에 나타나는 하나님, 예수 그리스도, 성령, 하나님 나라 등의 주제가 인간 정신의 표상들이라고 규정되어서는 안 된다. 그것은 인간학적 차원이 아니다. 그럼에도 불구하고 그 주제들은 인간성 자체의 근원과 궁극적 구원 혹은 성취를 내포하고 있으며, 이러한 의미에서 인간학적 차원으로부터 해석될 수 있다. 종교의 인간학적 규정은 18세기 서구의 합리주의 이래의 자유주의 사조의 맥락에서 제시되었다. 헤겔의 종교 철학은 전형적으로 그러한 종교 개념을 대표한다.[5] 종교는 다름 아니라 절대자 혹은 절대이념의 자아 표현이다. 이것은 바로 헤겔 철학의 대전제이다. 절대자 개념은 그에게 있어서 신을 의미하는바, 신을 이성 이념과 동일화시킨 것은 성서와 신학의 핵심적인 증언에 비추어 볼 때 심각한 문제를 초래했다. 이 문제를 파헤친 사람은 20세기 신학의 거장인 칼 바르트이다.[6] 바르트에 의하면 하나님은 결단코 인간 이성의 이념과 동일화될 수 없다. 그렇게 되면 신은 다름 아닌 바로 인간 정신이라는 말이 된다. 신은 곧 인간이라는 인간학적인

5 G. W. F. Hegel, *Vorlesungen über die Philosophie der Religion* (Hamburg: Verlag von Felix Meiner), zweiter Band, Georg Lassong, ed., 2 Kapite, Einleitung, 3-10.

6 박순경, "칼 바르트의 하나님론 연구 I," 『하나님 나라와 민족의 미래』 (대한기독교출판사), 85-153.

철저한 규정은 포이에르바하에서 성취되었다.[7] 19세기 자유주의신학
의 창시자인 슐라이어마허는 신을 인간의 이성 이념이라고 규정하지
는 않았으나 인간의 근원적 원초적 느낌(das Gefühl)에 있어서의 신
의식(神意識)에 대한 직관으로부터 종교 개념을 규정했다.[8] 슐라이어
마허에게서 신 의식은 곧 인간의 종교성 혹은 인간성의 근원적 차원,
즉 종교적 인간(homo religiosus)의 차원이다. 인간의 신 의식 속에서의
신이란 곧 인간인 것이다. 슐라이어마허는 이러한 귀결에 이르지는
않았으나 이 귀결은 포이에르바하에서 제시되었다. 이와 같이 종교의
인간학적 규정은 무신론에 귀결하게 되었다는 심각한 문제점을 초래
했다. 그러나 이러한 문제점들은 기독교를 포함해서 모든 종교가
인간의 정신성의 근원적 문제들에 관계된다는 의미에서 고찰될 수
있다. 사실 힌두교나 불교와 같은 동양의 대종교들은 신이라는 대전제
를 갖지 않으므로 인간의 정신성의 차원에서 고찰될 수 있으며, 원시적
인 또 통속적인 종교 표상들이나 신상(神像)들도 인간의 정신성의
산물들로서 규정될 수 있고 또 그렇게 규정되어야 한다. 기독교의
하나님 신앙과 타 종교들과의 관계에 대해서는 논외로 한다. 지금
우리가 직면한 과제는 종교들의 인간학적 의미를 여성의 문제 제기의
관점으로부터 규정하는 것이다. 기독교 성서가 증언하는 하나님은
이성의 절대 이념도 아니며, 인간의 종교의식 혹은 신 의식도 아니다.
그럼에도 불구하고 하나님 신앙은 그러한 인간의 정신성의 문제에

---

7 Ludwig Feuerbach, *Das Wesen des Christentums* (Köln: Hegner, 1967), 박순경 역, 『기독교의
  본질』 (종로서적).

8 Friedrich Schleiermacher, "Zur Einführung," *Über die Religion: Reden an die Gebildeten
  unter ihren Verächtern* (Vandenhoeck & Ruprecht, 1799), 5-16.

관계되며, 인간성 자체의 근원과 궁극적인 구원과 성취의 길이 하나님 신앙에 포함되어 있으므로 이 신앙은 인간학의 정초이며, 따라서 인간학적으로 추구될 수 있다. 틸리히는 종교의 본질을 인간학적으로 궁극적 관심 혹은 무제약적(無制約的)인 의식(意識) 등의 개념들로써 규정하는데, 이는 슐라이어마허의 종교 개념에 접근한다.[9] 이러한 규정은 종교의 다양한 현상들의 의미와 문제를 제시해주지는 못하나 어쨌든 인간의 종교적 차원 혹은 정신성을 말해준다는 점에서 의미를 갖는다.

종교로서의 기독교를 포함해서 모든 종교가 여성해방의 주제에 비추어볼 때 어떠한 문제들과 의의를 가지는가 하는 것이 여기서 고찰되어야 할 초점이다. 역사와 문화 전반, 모든 삶의 영역과 학문의 분야가 그러하듯이 종교도—특히 고등 종교들이— 지금까지 남성에 의해 대변되었다. 따라서 종교는 인간성의 왜곡을 함축하고 있다는 점에서 문제적이며, 여성해방과 자유 혹은 인간성의 궁극적 성취를 위하여 재해석되거나 재구성되지 않으면 안 된다. 본래 종교의 정신적 근원과 인간성의 성취라는 목표는 남성 지배 혹은 남성 위주의 종교사와 세계 질서를 초월한다는 점에서 여성해방과 자유를 위한 정신적 근거로서의 의의를 갖는다. 그런데 우리는 여기서 종교의 그러한 초월적 의의와 문제들을 포괄적으로 고찰할 수는 없으며, 다만 예증적으로만 지적해보고자 한다.

2. 신화와 여성

---

9 Paul Tillich, *Systematic Theology*, Vol. I (The University of Chicago Press), 3-68.

현대에 있어서는 인간사(人間事)는 물론이고 자연 전체가 역사의 영역, 인간의 임의적 창출에 의한 역사적 현실과 관계되어 고찰되지 않으면 안 된다. 원시 시대에는 인간과 모든 사물이 자연으로 여겨졌으며, 이 자연은 종교적으로 신적인 근원을 가지는 것으로서 직관되었고, 신화적인 형식으로 표현되었다. 신화들은 자연과 인간사에 대한, 말하자면 원초 의식 혹은 근원 의식의 산물이며, 이러한 의미에서 신화들은 원시인들의 정신성을 말해준다. 신화들은 부족과 종족과 민족과 지역에 따라서 각양각이하게 엮어졌고 전래되었다.[10] 신화들은 기독교를 전통으로 가진 서양에 있어서 19세기 이전까지는 대체로 인간이 해의 중요한 소재로서 고려되지 못했다. 그러나 19세기의 역사의식과 인간학적 관심에 있어서는 그것들이 중요시되기 시작했으며, 역사 연구, 인류학, 심리학 등에서 그러한 것들에 대한 연구는 괄목할 만했고, 문학의 소재로 재표현되기도 했다. 신화들은 말하자면 종교시적(宗敎詩的)인 상상 혹은 환상의 산물들이며, 원시종교성의 표현들로서 자연과 인간사에 대한 원초 의식과 직관을 말해준다.

오늘의 여성해방론자들은 신화에서의 원시모(原始母) 혹은 여신상들에 관심을 두고 그 여성학적 의의를 제창한다.[11] 그런데 신화에 나타난 여신상들만이 여성에 직결되는 것은 아니다. 그것들에 전제된 원초 의식 혹은 원시적 종교성 자체가 지배 의식과 세계 구조와는

---

10 전규태, 『한국신화와 원초의식』(이우출판사). 많은 신화와 전설을 수록한 책이다. 저자는 이 책에서 기독교의 본질을 원초 의식에 입각해서 보는데, 이러한 견해는 잘못된 것이다. 이 책은 원초 의식에 대한 정의를 제시해주지는 않으나 많은 신화들을 일별하는 데에 큰 도움이 된다. 나는 이것을 1984년 제1학기에 이화여대 대학원의 여성학과에서 '여성과 종교'라는 주제 아래 교재로 사용하기도 했다.

11 Patricia Martin Doyle, "Women and Religion: Psychological and Cultural Implications," Rosemary R. Ruether, Simon and Schuster, eds., *Religion and Sexism*, 15-39.

다른, 말하자면 여성의 종교성에 더 가깝고 또 여기에 더 잘 보존되어 있다. 많은 신화가 남성 됨의 원초성과 남성의 지배 의식과 세계를 표출해줌에도 불구하고[12] 그것들의 원시적 정신성은 남성 지배의 세계 질서와 역사를 초월하여 여성에게서 더 잘 보존되어 있다. 왜냐하면 그 원초 의식은 남성 지배의 세계 출현 이전을 함축하고 있고, 그것들을 암시해주기 때문이며, 여성은 곧잘 그러한 문제적인 세계로부터 원시성으로 후퇴하려는 경향을 나타내기 때문이다. 이러한 성향은 특히 무속(巫俗)에 잘 나타나 있다. 또 지적해두어야 할 것은 원시성 혹은 여신상들이 여성 됨의 종교적 상징이라는 사실이 남성 지배와 여성 억압의 역사와 세계 질서를 상대화시키는 의의를 지닌다고 해도 여성해방을 보장하지도 못하며 또 여성해방의 미래를 지시해주지도 못한다는 점이다. 이 점이 여성론자들에게서 명시되어 있지 않다. 다시 말하자면 신화에서의 원초 의식은 남성 지배의 역사가 언제 시작되었든지 간에 이 역사와 세계 이전의, 즉 초남성 지배적 종교성을 암시해준다. 그래서 이 역사와 세계를 상대화시키는 정신적 근거로서의 상대적 의의를 갖지만, 그 원시 의식에로의 회귀나 몰입은 여성해방을 궁극적으로 성취할 능력을 갖지 못한다.

신화에 나타나는 원시모 혹은 여신상들은 여성의 자연적 생리적 출산력의 종교적 표상들이며, 이것들은 아마도 농경문화 시대에 있어서 자연의 출산력과 합일하는 자연의 신적인 근원을 암시해준다. 이러한 자연관은 물론 남성 지배 이전의 종교성을 함축하고 있으며, 따라서 초남성 지배의 의의를 갖지만 자연 자체 혹은 여성의 출산력

---

12 전규태, 앞의 책.

자체를 신격화함으로써 인간으로 하여금 그의 자유를 망각하게 하고 자연의 모태로 퇴행하게 하는 요인이 될 수 있다. 에릭슨(Erik Erikson)과 같은 심리학자는 여성의 의미를 '내적인 산출하는 공간'13이라고 규정하는데, 이는 두말할 것 없이 여성의 태(胎)의 원초적 의의를 생각하고 있는 것이다. 여기에서 여성의 신체적인 태는 내면성을 의미한다. 프로이트(S. Freud)의 심리학에 입각해서 에릭슨은 태를 인간의 내적인 고향을 상징하는 것으로서 생각하며, 말하자면 인간의 원초 의식을 암시해준다. 오늘의 핵무기 체제에 직면해서 그는 이제 남성 지배의 문화의 가치와 합리성이 한계점에 다다랐다고 하며, 성숙한 인간성의 조성을 위하여 여성 됨의 내적인 의미를 강조한다. 성숙한 인간은 남자이든 여자이든 각각의 성(性) 안에 그리고 상호적으로 양성(兩性)을 조화시켜 가져야 한다는 것이다.14 여성론자들은 기독교의 하나님 성품에서도 양성적 의미를 읽어내려고 해 왔다. 성서의 증언에서의 하나님은 물론 남성과 여성의 창조자와 구원자로서 성을 초월하지만, 양성의 의미는 남성과 여성에 대한 관계에서 읽어낼 수 있다. 그러나 성서적 하나님의 여성적 의미는 원시 신화나 에릭슨에게서처럼 여성의 자연적인 출산력의 신격화 혹은 신비화 의식의 표상이 아니다. 『한국민족과 여성신학』이라는 소책자에서 필자가 하나님의 어머니 됨 혹은 하나님의 어머니 호칭을 강조한 것은 여성 됨의 원초성 혹은 출산력을 함축하나, 여기에 근거한 주장은 아니다. 하나님의 어머니 됨은 남성 지배의 역사와 세계 상황에서의 불의와 인간성 왜곡에 대한 심판을 의미하며, 구원의 새로운 인간성의 탄생을 여성이

---

13 P. M. Doyle, 앞의 책, 28.
14 같은 책, 15-39.

증언해야 하는 여성의 역사적 의의를 표징하는 것이다. 이 새로운 인간성은 인간의 자유 성취를 의미하며, 이 자유는 결코 여성의 출산력도 아니고 여성의 태에로의, 즉 내면성으로의 귀향도 아니다. 자유의 성취는 미래로부터 대망되어야 할 구원의 주제이다. 이것은 역사의 주제이며, 이 역사의 과정에서 자연적인 어머니 됨은 출산의 어머니 됨을 능가하는 의미를 가지는 것으로서 표징적인 모델이 되어야 한다.

한때 동남아 여성들이 여성의 태를 신의 이미지로서 종교의 여성적 성격을 운운하기도 했고 또 태의 신학이라는 말이 전파되기도 했다. 이러한 태의 신비화는 원시 신화들의 동기를 재현하려는 것이다. 그러나 그러한 원시성으로의 퇴행은 결코 여성해방의 동력이 될 수 없다. 신화에서의 원초 의식과 종교성은 남성 지배의 세계 창출 이전의 정신성을 암시해준다는 점에서 여성해방의 역사적 과정에서 과거 시발점으로서의 의의를 가지나, 미래에 기대되는 인간성 성취의 확실성에 대한 신앙으로부터 볼 때만 비로소 그러한 시발점으로서의 의의가 획득되는 것이다.

3. 무속과 여성

무속(巫俗) 현상들도 원시적 종교성의 범주에 포함시켜 고찰될 수 있다. 무속을 여기서 언급하는 이유는 이것이 특히 여성들에 의해 대변되어왔기 때문이다. 무당들의 신분이 대체로 눌린 자의 계층, 즉 하층이었다는 사실은 무엇을 의미하는가? 영계(靈界)의 신과 망령은 그들의 원시적 직관에 의해 불러내어지며,[15] 이것들이 인간사의 고통과 질고(疾苦)의 원인이라고 여겨지기도 하고, 따라서 그것들에 의해 답을 얻을 수 있다고 믿는 무당들은 인간사의 모든 것을 원시성으로 소급시켜 직관한다는 사실을 말해준다. 이러한 생각은 물론 숙명론적인, 자유의 상실로 귀결되고 만다. 그럼에도 불구하고 무당들이 그러한 신들과 영들의 신통력을 행사한다는 것은 그것이 남성 지배의 세계와 가난과 질곡에서 벗어나려는 탈출구였다는 사실이 주목되어야만 한다. 그 영들은 망령들로서 계속 이 세상의 인간사와 사물들에 관련해서 신적인 위력을 발휘한다. 그러나 그것들은 독자적으로 그 힘을 발휘할 수는 없으며, 무당들과 같은 매개자들을 필요로 한다. 그것들은 현실적으로는 무력하지만, 이들의 원시적 정신성에 힘입어 이들의 직관과 환상력에 의해서 현현한다. 그것들은 이 세상에서의 지배와 피지배, 모든 갈등, 질곡와 고통에서 벗어난, 과거적 원시성으로 되돌아간 망령들이다.[16] 이것들은 자연의 원시성으로 되돌아간 것이나 이 세상에서의 인연 · 갈등 · 원한과 같은 질곡들에 여전히 관계하고 간섭한다고 여겨진다. 무당들은 이것들을 매개하고 달래고 위로하고 조종하기도 함으로써 이 세상에서의 억압과 고통과 곤경을

---

15 김태곤,『한국무속연구』, 한국무속총서 IV (집문당), 279. 이 저자는 무속을 '원형사고', 즉 arche(始初)를 의미하는 사고라고 보며, 이것은 시공을 가지지 않는, 따라서 영원성이라고 본다. 이 arche라는 것은 원시성이라고 규정될 수 있다. 그런데 저자는 신화들에서 표상되는 혼돈을 생각하고 있는 데 반해서 우리는 이를 정신성이라고 규정한다. 無時間 · 無空間性을 영원성이라고 할 수 있는가 하는 것도 문제이다. 무당들의 신들이나 영들이 시간과 공간 안에 존재하지 않는다면 이것들은 무시간적이고 무공간적이지만, 영원하다고는 말해질 수 없다고 생각된다. 무당들의 신들이나 영들은 바로 arche로서의 정신성을 의미하며, 그들의 환상적 표상들이 아니겠는가. 이것들 자체는 시간 · 무공간적이지만, 그들과 관련해서 또 이 세상의 존속에 의거해서 시간과 공간, 즉 세계에 관련된다. 우리의 관심은 이것들이 무당 혹은 사람의 의식 속에서 어떠한 힘을 가진다고 생각되고 있는가 하는 점이다.

16 같은 책, 301-307.

이겨내며, 이 세상으로부터의 탈출구를 갖는다. 무당들은 자연의 원시성 혹은 원시성 의식으로부터 수많은 자연 사물들을 주관하는 신들,17 천신(天神)·지신(地神)·산신(山神)과 같은 신들을 표상하고 매개함으로써 역시 인간에 대한 신통력을 발휘한다.

그와 같이 무당들은 정신적인 자유를 행사하는 셈이나 실제적으로는 신들과 영들에 의한 운명과 우연 아래서 자유를 상실한다. 세상의 잘못된 질서와 고통의 원인을 실질적으로 혹은 역사적으로 극복하고 변혁하고 새로운 미래의 세계를 창출하는 과정에서 그들의 자유가 행사되어야 하며, 이 과정에서 그들의 해방이 성취되어야 한다. 그러나 미래로의 자유는 원시적인 방식으로 생각하는 무당들, 이 세상에서 피억압 상황에 놓인 무당들에게는 행사될 수 없었으며, 이들은 그 대신 원시성으로 퇴행하면서 해방의 탈출구를 찾았던 것이다. 원시종교성 혹은 정신성의 여성해방을 위한 의의는 우리가 그것으로 귀향함에 있지 않고 남성 지배의 세계 이전에 이 세계를 초월하는 인간성을 암시해준다는 데에 있다. 그 정신성은 지배자들에 의해서 조종되는 세계에 대해서는 완전히 무력하다. 세계에서의 지배 의식과 지배력, 재물과 영달을 누리는 자들은 결코 그러한 원시성으로 귀향하지 않으며, 새로운 미래를 갈망하지도 않는다. 다만 그들은 현재의 기득권을 연장하기 위한 현상(現狀, status quo)을 지속시키려고 할 뿐이다. 무력하고 가난한 여성들만이 곧잘 그렇게 퇴행해버린다. 원시적 종교성은 오늘의 세계, 완전히 인위적으로 과학적으로 조종되는 세계에서는 거의 완전히 상실되고 만 것이다. 기록된 또 잔존하는 무속의

17 같은 책, 296-299.

현상들을 통해서 우리는 그러한 원시적 종교성을 통찰할 수 있을 뿐이다. 이 종교성의 적극적인 의미는 새로운 미래, 즉 인간성과 자유가 성취되는 미래에 달려 있을 것이다. 눌린 자 무당들은 무수한 신들과 영들의 자의적 운명들로부터 새로운 미래로 해방되어야 한다.

4. 불교와 여성

불교와 같은 장구한 역사를 가지고 동양의 정신을 지배해 온 심오한 종교를 여기서 간단한 항목으로 취급한다는 것은 어려운 일이나, 그 종교성도 역시 인간 정신의 근원성으로 고려될 수 있다고 생각된다. 그러한 것으로서 그것은 원초성, 따라서 원시성을 의미하며, 주어진 역사적 세계 질서를 초월한다. 그러한 것으로서 그것은 여성해방을 위한 정신적 계기가 될 수 있다. 불교는 사실상 역사적으로 수많은 눌린 자들과 가난한 자들의 도피처가 되어 온 것이다. 문제는 그것이 새로운 세계의 미래로의 정신적 동력을 그들에게 제공해주지 못했다는 점이다. 불교도 물론 남성들에 의해서 주도되고 대변되어 왔으며, 따라서 여성해방의 관점으로부터 재해석되어야 한다. 어느 종교이든 그것이 세계에서 역사적으로 사람들의 정신계를 지배해 왔다면 그 역시 남성들에 의해서 주도되고 대변되어 온 것이다. 그럼에도 불구하고 그것들은 주어진 그러한 세계를 초월할 수 있는 정신성을 함축하고 있다.

불교에 있어서 특징적인 개념들, 말하자면 각(覺)·해탈(解脫)·탈아(脫我)·대아(大我)·열반과 같은 개념들은 신화나 무속에서의 환상적인 표상들과는 달리 보다 원초적인 정신성을 근원적으로 암시해준다.

또한 죽음에 있어서 입적(入寂)한다든지 몰입(沒入)한다는 사상은 사후, 즉 종말의 경지를 말하지만, 역시 원초적 근원적 정신에로의 귀환 혹은 초월을 의미한다. 정신의 이러한 원시성은 바로 신화나 무속의 환상에 전제된 원천이다. 이러한 초월성은 남성들에 의해서 대변되어 왔지만, 그와 동시에 여성들, 눌린 자들, 가난한 자들의 도피처로서의 의미를 수행해오기도 했다.

조선조에 있어서 유교 윤리가 전형적으로 봉건적 가부장제의 이데올로기로서 여성들의 상사금제법(上寺禁制法)을 아무리 강화시켜도 그들의 불심을 막을 도리가 없었다.[18] 남성 위주의 사회질서에 있어서 불교에의 여성의 헌신은 거의 대동소이해 그것은 여말(麗末)에도 크게 문제화되었다. 유교성(劉敎聖)은 그 상황을 이렇게 말한다. 즉, 사대부 부녀들이 불사(佛寺)를 위하여 가사(家舍)와 재산을 모두 사원에 바치는 일을 계속하므로 현종(顯宗) 8년에 그들의 사가위사(捨家爲寺)와 위니(爲尼)가 금지되었으니, 사가위니의 사태가 얼마나 "사회적으로 국가적으로 폐해가 되었던가"를 우리가 추측할 수 있다고 한다.[19] 유원동은 부녀들의 사가위니와 헌신을 남성 위주의 사회·국가 질서의 유지라는 견지를 고스란히 전제하고 있는 듯이 서술하고 있다. 여말에 승려들의 윤리적 부패와 탐욕, 국가재정의 소모 등의 문제들이 야기되기는 했다.[20] 그러나 부녀들의 불심과 헌신이 그러한 각도에서만 해석되어버릴 수는 없다. 사대부의 부녀들이었다 해도 그들이

---

18 유원동, "이조전기의 불교와 여성,"「아세아여성연구」제6집, 47.

19 유교성, "여말선초의 불교와 여성,"「아세아여성연구」제4집 (1965), 10. 유교성은 불교와 여성의 주제를 다루고 있지만 여성의 문제 상황을 전혀 반영하고 있지 않다.

20 같은 책, 11.

그들의 지위나 재산에 집착하지 않고 그 굴레를 벗어버리려 했다는 것은 이것들을 넘어서는 인간성의 자유를 행사했다는 사실로서 주목되어야 한다.

조선 초부터 거듭 논의된 여성에 대한 상사금제법은 무엇보다도 여성의 정조 문제에 직결되었다. 세종(世宗) 11년에 불교에 관련된 법령이 공포되었는데, 그 법령 중에 부녀상사금지와 '승인출입과부가 금지'(僧人出入寡婦家禁止)[21]라는 조항이 있다. 특히 사대부 부녀들의 실절(失節)이 문제가 되었다. 전조선 시대에 걸쳐서 여성의 정조는 철저하게 요청되었으며, 이에 따라 여성의 성 억압 또한 철저했다.[22] 부녀들이 승려들과 놀아나는 일이 여성해방을 위해서 필요한 것은 아니다. 그러나 그러한 행위가 남성 지배의 유교 윤리의 표준에 입각하여 실덕(失德)이라고 규정되어서는 안 된다. 오히려 그것은 여성의 성 억압으로부터의 탈출구의 하나였을 것이다. 특히 사대부의 부녀들이 그러한 탈출구를 필요로 했다고 추측된다. 그들은 춘추가절에는 산야 산천을 찾아가서 신들 앞에 성대한 술상을 차려놓고 제사하면서 신들을 즐겁게 한다고 무속의 가무를 즐기고 흥겨워했다.[23] 그러한 행사는 무속의 원시성과 같은 것이다. 주목할 것은 사대부의 부녀들과 천한 무당들의 원시성이 동일하다는 예증이다. 그러한 행사는 물론, 실절이라고 말한다면 실절의 문턱에 들어선 것이다. 명산신사(名山神祠)들로 사대부 부녀들의 왕래가 빈번하므로 금제법이 강화되었으며, 세종 14년에는 그들의 외출 시에 덮개가 있는 교자, 즉 중국의 본을

21 같은 책, 22.
22 김용덕, 『조선후기사상사연구』, 한국문화총서 제21집 (을유문화사), 제1편 "婦女守節考."
23 유교성, 앞의 책, 23.

딴 유옥교자(有屋轎子)를 타야만 외출이 허락되었다[24]고 하니, 그들에게는 자연을 즐기는 자유마저 억제된 것이다. 조선법전인 『대전회통』의 부녀상사금령에 이러한 규정이 있다. "상사(上寺)하는 부녀들, 야제를 행하는 자들, 사족부녀로서 산간수곡에서 축제를 행하고 성황사묘에 친히 제사를 지내는 자들을 장 일백에 처하라"(私出入官府者 儒生婦女上寺者…都城內行野祭者 士族婦女 遊宴山間水 曲及親行野祭 山川城隍祠廟祭者…竝杖一百)[25]는 것이니, 얼마나 가혹한 법규였는가. 그럼에도 불구하고 부녀들의 상사와 설연(設宴)과 야제는 그치지 않았다고 한다.[26]

김용덕에 의하면 "조선 초의 불교와 무속을 성(女性)의 해방이란 안목으로 새로이 검토할 필요가 있다"는 것이다.[27] 그는 여성해방을 위한 불교와 무속의 의의와 문제를 말해주지 않으나 어쨌든 그의 이 말이 암시하는 바는 중요하다. 부가해서 말하자면 조선조의 봉건적 여성 억압의 상황에 있어서 여성을 위한 불교와 무속의 의의가 오늘날과는 달리 잘 발휘된 것이다. 오늘에 있어서는 여성의 사회 진출과 활동의 기회들이 주어져 있으므로 그들이 불교나 무속에서 세상으로부터의 탈출구를 추구하지는 않는다. 그러나 그러한 기회들이나 활동이 여성해방의 성취라고 생각된다면, 아직도 인간성의 자유, 즉 여성해

---

24 같은 책, 같은 곳.

25 같은 책, 같은 곳.

26 같은 책, 24. 이 글의 필자 유교성은 그러한 여성들의 추구의 의미를 전혀 말해주지 않으며, 객관적으로 서술해줄 뿐이다. 유원동의 앞의 글도 동일한 양식으로 서술되고 있다. 역시 여성들 자신이 종래의 종교들을 재해석할 필요성이 확실히 있다.

27 김용덕, 앞의 책, 359. 필자는 『한국민족과 여성신학의 과제』에서 이 필요성을 충분히 검토하지 않았으나 해석의 방향을 과제로서 남겨두었다. 이 글에서도 역시 필자는 그에 대해 충분히 논할 수 없다.

방의 주제에 전제된 자유는 근원적으로 이해되어 있지 않다. 원시적 종교성이나 불교는 자유의 정신적 근원성을 암시해준다.

결론적으로 말하자면 불교의 초월성은 정신의 자유를 의미하고, 이 때문에 그것은 남자에게든 여자에게든 세상에서의 삶의 유한성과 고뇌로부터의 해방을 위한 정신적 지주가 되어왔을 뿐만 아니라, 눌린 자, 비천한 자에게 삶의 의미와 도피처를 제공했으며, 남성 위주의 법과 질서의 굴레 아래 억압된 여성에게 해방의 한 계기가 되었던 것이다. 그런데 문제는 그러한 초월이나 해방의 방향이 원칙적으로 정신의 원시성 혹은 근원성으로의 해탈의 길이라는 점이다. 이 때문에 그 초월성과 해방은 추상적 관념성으로 남아 있고, 이 세상과의 현실적인 관련에 있어서는 무당들의 신이나 영처럼 새로운 세계의 미래를 암시해주지도 못하고, 새로운 미래에의 역사적 자유를 행사하지도 못한다. 정신의 현실적 초월은 역사와 사회, 민족과 세계에 있어서의 올바른 인간관계, 남자와 여자, 민족과 민족의 평등하고 정의로운 관계와 질서를 창출하는 자유, 세계의 물질과 자원을 공평하게 사용하는 자유, 주어져 있는 잘못된 세계의 체제들을 넘어서서 새로운 인류의 미래를 창출하는 자유로 구체화되어야 할 것이다. 정신의 원시성 혹은 원초성의 삶의 영역은 이 역사적 시련의 과정에서, 이 과정을 통해서 미래에 역사적 자유가 성취되리라는 것을 믿어야 한다. 그 자체에로의 몰입 혹은 해탈은 말하자면 아무것도 아닌 원점, 순수정신과 같은 무(無)에로 퇴행해버린다는 것을 의미한다. 그러한 원시성으로부터 신화와 환상이 끝없이 끌어내진다 해도 이것들은 다시 원점으로 사라지고 만다. 원시적 초월의 정신은 주어지는 세계 상황들, 인간성과 자연을 왜곡시키는 세계 상황들을 극복하고 새로운 미래로 초월하려는 정신으로서, 즉 역사의 혼[28]으로서 현재적인 삶의 정신이 된다. 이 혼은 인간성의 자유와 자연의 의미가 성취되는 구원의 날에 부활하리라. 그것은 민족해방의 혼, 여성해방의 혼으로서 구현될 수 있고 또 되어야 한다.

III. 기독교와 여성해방

기독교에 관한 항목을 별도로 취급하는 이유는 그것이 인간 정신의 차원에서만 취급될 수 없는 주제들, 즉 하나님, 예수 그리스도, 성령과 같은 주제들과 종말적 미래의 하나님 나라와 부활과 같은 주제를 근간에 가지고 있기 때문이다. 그러나 이러한 주제들이 인간성의 근원과 구원의 성취를 포함하고 정초해주므로 인간학적 차원에서

---

28 필자는 여기에서 이 주제를 더 해명해나갈 수는 없다. 여기에서의 혼이라는 말은 무당들의 신이나 靈과 유사한 말이다. 그러나 그들은 역사의 미래를 지향하지 못했고, 알려졌든 알려지지 않았든 끝없는 과거의 운명의 세력에 매여 있었던 것이다. 그러므로 그들의 신과 靈은 역사의 혼이 아니었다. 역사의 혼이라는 의식은 한민족의 해방을 위해서 투쟁한 박은식, 신채호와 같은 민족사가에게 있어서 민족혼이라든지 민족정신과 같은 개념들에 암시되어 있으나, 그 의미가 밝혀져 있지 않으며 또 사가들에 의해서 추상적인 개념이라고 규정되어 있다. 나는 이 규정에 만족하지 않으며, 이 규정과 다른 해석의 방향을 여기서 다만 암시하고 있는 바이다(이만열 편, 『박은식』(한길사), 제1장 "論說"에 나타난 '大韓魂'이라는 말 참조; 안병직 편, 『신채호』(한길사), 제1장의 "讀史新論" 참조). 신채호에 있어서 민족사의 주체성은 민족정신을 의미한다(안병직 편, 같은 책, 60). 민족이 멸망해도 이 정신이 살아 있으면, 민족의 주체성 혹은 자유와 독립이 이루어질 수는 있다는 그의 신념이 주목되어야 한다. 그의 역사 연구에의 정열은 바로 그것이다. 대한혼이라든지 민족정신이란 역사의 공동 운명과 민족의 자유를 위한 미래의 공동 과제의 정신적 유대성을 의미하며, 이 유대성은 역사의 과정에서 구현되고 형성된 것임을 암시한다. 원초 의식은 신화나 불교 정신에만 있는 것이 아니라 역사의식에도 전제되어 있는 것이다.

고찰될 수 있고 또 되어야 한다. 인간 정신으로서의 근원성이나 그 표상 혹은 기독교 전통의 형성은 종교의 범주에 포함되며, 따라서 여성학의 재해석 영역에 속한다. 또 기독교에 관한 고찰을 여기서 별도로 독자적인 항목으로 취급하는 이유는 그것이 특징적으로 또 본질적으로 종말적 구원을 문제 삼기 때문이다. 기독교의 주제들을 여성신학의 문제 제기에 입각해서 이미 취급했으나,[29] 여기서는 종말적 구원의 주제만을 간략하게 이 글의 결론 형식으로 취급하고자 한다. 기독교의 창조론과 구원론 등은 인간성을 근원적으로 또 종말적으로 문제삼는다는 점에서 종교의 원시성 혹은 근원성을 함축하고 있다. 그러나 이것이 어떻게 함축되어 있느냐가 우리의 관심사이다. 인간성으로서의 원시성 혹은 근원성은 정신과 육의 두 차원으로 성립되어 있으며 또 역사의 시초부터 타락과 범죄에 얽혀지고, 그 구원은 원시성으로의 몰입에서 성립되는 것이 아니라 종말적 미래에 성취되리라는 것이다. 예수 그리스도가 알파요 오메가, 처음과 나중이라는 표현은 인간성의 구원과 성취를 위한 시간과 역사 전체의 차원을 열어주는 창조자와 구원자인 하나님을 가리키는 말이다. 정신과 육체로서의 인간성의 구원은 정신의 초월성으로의 몰입에서 성취되는 것이 아니다. 인간성은 이미 역사의 와중에 휘말려 있으며, 이 역사의 구원에서만 성취될 것이므로 역사의 종말적 미래로 행진할 수밖에 없다. 그런데 기독교 전통이 역사에 집착하다가는 곧잘 역사의 죄악에

---

29 박순경, 『한국민족과 여성신학의 과제』; 『하나님 나라와 민족의 미래』. 기독교 전통은 원시적 종교나 불교보다 훨씬 더 남성 위주의 세계질서의 형성 과정에 이바지해 왔으므로 오늘의 여성신학에서 크게 비판되고 있다. 그러나 필자는 기독교의 핵심적 주제들이 어떠한 의미에서 그러한 세계질서들을 심판하고 넘어서는 근원과 미래를 지시하는가를 제시하려고 했다.

동참해버리곤 했었다. 어느 종교이든 역사와 세계에 관여할 때, 그것은 동일한 문제 상황에 떨어지게 된다. 특히 기독교는 구미 열강들과 밀착되어 왔으므로 세계에서의 그 지배 이데올로기로 전락했다는 문제를 아직도 안고 있다. 따라서 새로운 미래로 세계를 지향하게 하는 역사적 동력을 상실하고, 자체 안에서 분열하며, 추상적으로 사후의 영생을 말하는 것은 다른 종교들과 마찬가지로 추상적인 정신성으로 퇴행하는 셈이다. 사후의 추상적인 정신성은 추상적인 원시성과 동일한 것이다. 그럼에도 불구하고 기독교 신앙은 역사의 종말적 미래와 인간성 구원의 주제에 매여 있으므로 이 신앙이 거듭 재포착되기도 한다. 그리고 우리는 이 예언자적 신앙을 세계와 역사에서 증언해야 한다. 인간성·역사·세계의 종말적 미래의 구원과 성취라는 주제는 역사와 세계의 현실과 과학에만 집착하는 사람들에게는 추상적인 공상, 말하자면 꿈과 같은 유토피아로 여겨질 수도 있고 또 여겨지고 있다. 그렇다고 해도 그러한 궁극적인 역사의 목표가 없이는 인간성과 세계는 역사적 시간의 의미와 방향을 상실하게 되고, 현상 유지에 머물러 있으려고 하며, 종교적으로는 원시성으로, 즉 무로 되돌아가 버리는 순환론에 귀착하고 말 것이다. 그런데 그러한 궁극적인 목표가 우리의 종교성 혹은 정신성의 투영에 불과한 것인가 하는 문제가 제기되지 않을 수 없다. 기독교 신앙에 의하면 그렇지 않다. 그 종말적 목표는 하나님 나라의 도래를 의미하며, 그 나라는 인간의 종교성 투영이 아니라 하나님 자신에 의해서 성취될 것이다. 그래서 하나님 나라, 예수 그리스도의 의미, 종말적 구원이라는 주제는 종교성을 넘어선다. 만일 역사와 세계의 궁극적 미래의 목표가 종교성이나 정신성의 투영이라면, 그것은 신화의 환상이나 다를 바 없을 것이다. 또 그렇다면 그것이 성취되리라는 보장이 없으며, 그야말로 공상에 불과하기 때문에 언젠가는 사라져버릴 것인지도 모른다. 그 성취의 확실성은 하나님에게 달려 있으며, 그에 대한 신뢰가 아니고는 지탱될 수 없으니, 이는 역사와 세계에서는 불의와 조작과 패권과 무력이 승리하는 것 같기 때문이다.

여성해방의 주제도 근원적으로 또 종말적으로 인간성·역사·세계의 구원과 성취에의 희망의 확실성 없이는 성립될 수 없으며, 그렇지 않으면 여성해방은 기껏해야 남성들의 세계에 더 진출하고 특전을 쟁취해보자는 데서 멈추어버릴 것이다. 또한 이러한 세계에서의 인간성과 자연 왜곡의 문제들을 궁극적으로 극복하려는 정열을 가지지 못할 것이며, 방향을 찾지 못할 것이다.

종교적 정신은 여성해방의 원시적 혼이요, 종말적 미래의 구원은 이 혼과 세계, 정신과 자연, 영혼과 물질의 질서를 성취한다는 것을 의미한다.

현대의 여성해방운동은 시민적 자유주의·자본주의의 맥락에 관계되어 있다. 그리고, 이 조류의 한계를 간파하고 이것에 대립되는 사회주의 노선을 지향하는 여성해방론도 대체로 전자의 지배 세력의 범위를 넘어서지 못하고 있다. 또 넘어선다 해도 이것 또한 인간성과 자연의 성취를 보장하지는 못할 것이다. 종교는 말하자면 여성해방론에서 제3의 계기라고 말해질 수 있다.

제3세계 신학과 방법론에 대한 고찰*

I. 제3세계 신학의 대두

필자는 1976년에 창립된 제3세계 신학자 에큐메니컬협의회(EATW OT, Ecumenical Association of Third World Theologians)를 중심으로 하여 제3세계 신학의 등장과 의의와 주제를 방법론적인 측면에서 요점적으로 고찰하고자 한다. 그 협의회는 아프리카 · 아시아 · 라틴 아메리카 3대륙의 가톨릭 · 프로테스탄트 신학자들의 협의회로서, 여기에 북미주 흑인 신학계가 가입되어 있으며 또한 제3세계 여성신학이 그 협의회 사업에 포함되어 있어 많은 여성이 참여하고 있다. 지금까지 이 협의회에 의한 여섯 차례의 신학회의가 열렸다. 거기에 아시아신학회의(ATC, Asian Theological Conference)가 두 번 열렸으며, 이 7회의 신학회의들의 공식 문서들에 나타난 제3세계 신학의 윤곽은 다음과 같다.

첫째, 제3세계 신학자 에큐메니컬협의회는 1976년 아프리카에서

---

* 이 논문은 한국신학연구소, 「신학사상」 46집 (1984, 가을호)에 실린 것이다.

몇몇 제3세계 신학자들에 의해서 발기되었고, 그해 8월 5일부터 12일까지 탄자니아 다르에스살람(Dar es Salaam)에서 제1차 신학회의가 개최되었다. 이 회의의 문서[1]에 의하면 제3세계 신학의 대두는 제3세계의 피억압 민족 혹은 억압받는 가난한 자들의 역사적 현재의 문제 상황에서 비롯된다.

　제3세계의 출현은 미·소를 비롯한 세계 분단의 상황에 기인하지만, 그 현재적 문제는 수 세기에 걸친 피억압의 역사적 산물이다. 수 세기 동안 서양 족속들은 아프리카, 아시아, 중남미를 지배해왔다. 아프리카와 중남미는 15세기 말부터 서구 족속들의 군사적 기술의 침입, 탐험, 경제적 착취, 식민화의 무대들이었으며, 이들은 이 대륙들을 횡행하면서 금, 은, 보석, 원료들을 노략질했고, 자본을 축적하기 시작했으며, 온화한 기후의 비옥한 땅들을 점유했다. 북미, 오스트레일리아, 뉴질랜드에서는 서구인들이 본토인들을 멸절시키다시피 하면서 식민화했다. 식민지의 본토인들은 노예화되었다. 현대에 이르러서는 북미, 독일, 이탈리아, 일본이 제국주의 식민세력과 경합하게 되어 세계 대전들을 유발하게 된 것이다. 제3세계의 나라들이 독립하게 되자 식민 세력들은 이들 내부의 엘리트 지배 세력에 의해서 지속되어 왔다. 1950년 이래 제3세계는 대체로 미국의 지배 아래 놓이게 되었고, 일본도 이에 합세하여 지배 세력을 가지고 재등장했다.[2] 한국은 일본의 마성적 지배 의식과 잠재력을 경계해야 한다.

---

1 Tissa Balasuriya, ed., *Theologizing from the Other Side of the World* (Colombo: Centre for Society and Religion). 이 책자는 EATWOT 신학회의의 문서들을 편집 수록한 것이다. 여기에서 "Final Statement": Ecumenical Dialogue of Third World Theologians (Dar es Salaam, Angus 5-12, 1976).

2 같은 책, 1-6.

제3세계의 저개발과 빈곤의 현상과 분열의 주요 원인은 수세기 동안의 그러한 지배 세력이라는 것이다. 물론 제3세계의 문제 상황은 자체 내의 요인들, 말하자면 씨족주의, 부족주의, 봉건주의와 같은 전근대적 잔재들이나 인도의 종교적 카스트 구조와 같은 불합리한 요인을 안고 있다. 오늘의 제3세계의 문제 상황은 주로 미·소를 비롯한 세계 분단의 산물이기는 하나 오랜 서양 지배의 세력과 억압의 역사적 산물이다. 사회주의 국가들은 북대서양의 지배력에 대한 견제 세력이기는 하나, 정치적 민주화의 과제를 안고 있다.[3]

　　그리스도교는 그러한 서양 지배의 역사적 과정에 있어서 대체로 지배 세력과 협력했으니, 이것이 그리스도교 정신의 우월성 구현이라고 생각되었으며, 따라서 복음 선교의 방편은 이교도들을 서양 문명의 가치관에 의해서 '문명화'시키는 일이었고, 그들을 '그리스도교화' 하는 것은 곧 서양의 지배 정신으로 예속화시키는 것과 같았다. 복음 선교의 동기를 가졌음은 틀림없으나 그럼에도 불구하고 선교사들은 서양의 상인들과 군사력 침입에서 또 이들과의 협력 아래서 구미의 교회들을 이식시킨 것이다.[4] 제3세계와 그리스도교의 그러한 역사적 현재의 문제 상황에 입각하여 교회사의 비판적 재서술의 연구작업이 진행되고 있다.[5] 그리스도교 선교는 피선교지 그리스도교인들을 이들

---

3 같은 책, 3.

4 "The Presence and Role of the Church in Third World Countries," 같은 책, 6-10.

5 "Working Commission on Church History"라는 주제 아래 그 첫 번째의 회의가 1983년 8월에 제네바에서 진행되었고, 1984년 11월에 인도 봄베이에서 두 번째의 회의가 열리게 된다. 이 연구프로젝트는 멕시코의 교회사가 Eurique Dussel에 의해서 주도되고 있으며, EATWOT내의 프로젝트이다. 필자가 작년(1983)에 초청받았으나 시간상 참석하지 못했고, 금년에는 최석우 신부와 민경배 교수가 참석하게 될 듯하다. 피억압 인민의 관점으로부터 의 교회사의 재서술 작업은 한국에 있어서 항일 민족운동과 민족 분단의 상황으로부터

의 종교·문화적 유산들로부터 소외시켰고, 식민 세력에 대한 이들의 민족적 저항력을 약화시켜 버렸다. 그리스도교 선교에 수반된 과학이나 교육 사업은 피선교지들의 삶의 여건들을 향상시키기는 했으나 엘리트층을 형성하여 민중을 지배하게 만들었고, 서양의 지배 세력을 밑받침하는 가치관을 이식시켰다. 그리스도교의 사회봉사는 급박한 곤경을 면하게 하기는 했으나 사회정의를 근본적으로 통찰할 수 있는 양심을 무디게 했고, 철저한 사회운동에 참여하지 못하게 했다는 것이다.[6]

그러한 역사적 과정에 있어서 피억압 민족들의 저항운동, 특히 오늘의 제3세계 도처에서 일어나는바 사회정의를 위한 억압받는 가난한 자들의 요구와 운동, 정의와 평등과 평화가 지배하는 새로운 미래의 세계 질서를 향한 이들의 갈망은 제3세계 신학 대두의 맥락이다. 이것은 억압받는 가난한 자들의 혹은 민중의 외침을 하나님의 의를 요구하는 소리로서 들음으로써 출발하며, 이들의 해방과 자유를 위한 역사적 현재에서의 실천 — 하나님의 구원의 행위(Theopraxis)에 상응하는 실천(Praxis)에 집중하며, 이러한 실천의 진리를 추구한다. 신학적 진리가 진리라면, 이것은 실천의 장, 즉 역사의 현재에서 검증되어야 하며, 미래의 자유로운 인간성 실현과 새로운 사회 실현을 위한 이론임을 의미한다.[7] 눌린 자와 가난한 자의 해방 없이는 새로운 인간성과 사회는 실현될 수 없으며, 하나님의 구원과 의의 나라의 도래는 지연될 수밖에 없다. 세계와 역사의 구원은 제3세계의 해방과

추진되어야 하며, 선교 역사의 철저한 재검토를 필요로 한다.

6 주 4 참조.

7 "Toward a Theological Approach in Third Word," 같은 책, 10-13.

자유에 집중되는 주제이다.

둘째, 제3세계 신학자 에큐메니컬협의회는 1977년 12월 17일부터 23일까지 가나의 아크라(Accra)에서 제2차 신학회의로서 '제3세계 신학자들의 범아프리카회의'(Pan African Conference of Third World Theologians)를 개최했으며, "아프리카 신학의 대두"(The Emergence of African Theology)라는 주제를 다루었다.[8]

그 회의의 공식 문서에 의하면 아프리카의 피억압 경험을 아프리카 신학 출발의 맥락으로 하고 아프리카 종교와 문화유산들의 의미, 피억압자들의 해방을 위한 의미의 신학적 해석이 주로 논의되었다. 아프리카의 종교와 문화, 이것들의 언어 상징들, 신상(神像)들이 그리스도교적 예배 의식과 종교적 표현 양식에 풍부하게 흡수되어 있으며, 하나님 경험의 중요한 자료이며, 아프리카 특유의 영성(靈性)을 풍요롭게 하는 중요한 자료라는 것이다. 또 아프리카의 인간학이 논의되었는데, '인간의 목적성'(destiny of man)은 '자연의 목적성'(destiny of cosmos)과의 통일성에서 이해된다는 것이다. 그러한 종교성과 인간학은 구미의 신학과는 아주 다른 신학 방법론이 필요하다는 것이다.

셋째, 저 협의회의 제3차 회의로서 아시아신학회의(ATC)가 1979년 1월 7일부터 20일까지 스리랑카의 웬납푸(Wennappuwa)에서 열렸으며, "참된 인간성 실현을 위한 아시아의 투쟁"(Asia's Struggle for Full Humanity)이라는 주제를 다루었다.[9]

---

8 "Final Communique," Balasuriya, ed., 앞의 책, 14-20.

9 Virginia Fabella, ed., *Asia's Struggle for Full Humanity: Towards a Relevant Theology* (New York: Orbis Books). 이 책에 ATC의 진행 과정이 상세하게 보고되어 있고, 공식 문서와 강연들이 실려 있다.

아시아신학회의 특징은 아시아의 참가자들이 스리랑카의 삶의 현장에 3일간 동숙했다는 점이며, 이 '입주 경험'을 바탕으로 신학적 반성을 진행시켰다는 점이다. 입주 현장들은 ① 농촌 사람, ② 어민, ③ 차 재배 노동자, ④ 코코넛 재배 노동자, ⑤ 공장노동자, ⑥ 특정 여성단, ⑦ 집단농장에 관여하는 청년과 학생의 현장들이었다. 이 현장의 사회·경제적 문제들의 분석에서부터 출발하여 참가국들의 상황들이 비교되었고, 신학적 반성이 아시아에 '타당한 신학으로' 진행되었다.[10] 참가국들의 사회·경제적 문제들은 개별적 양상을 달리한다 해도 오늘의 제3세계 전반의 피억압 빈곤 상황이라는 점에서 대동소이하다. 제3세계는 외자(外資)와 외국·기술에 의존해 있고, 아시아의 값싼 노동력은 국내외적으로 착취되어왔다는 것이다. 그러나 아시아의 억압받고 가난한 자들은 자신들의 인권과 해방을 요청하고 여러 가지 형태로 운동을 전개하고 있다. 이러한 '아시아 민족들의 역사에로의 대두'는 바로 아시아신학회의의 출발점이다. 아시아의 역사적 현재의 문제 상황에 상응하여 "누가 신학의 주체이냐, 누구를 위하여 신학은 존재하느냐, 누구를 위해서 신학이 봉사해야 하느냐" 하는 물음이 제기되었으며,[11] 이 물음은 다름 아닌 방법론적 물음이다. 아시아의 역사적 현재에서 출발한 아시아 신학은 신학 전통의 '철저한 변혁'을 필요로 한다는 것이며, "아시아 신학의 새로운 언어가 무엇이냐, 서양 신학의 언어로 말해질 수는 없지 않느냐" 하는 문제가 논의되었다.[12] 이러한 방법론적 문제 제기는 해답을 요청하는 단계에 머물러

---

10 같은 책, Part Two: "The Live-In Experience," 39-41.

11 "The Issues," 같은 책, 153-156.

12 V. Fabella, "Introduction," 같은 책, 11 이하.

있었다.

　아시아 신학은 사회·경제 문제들과 동시에 아시아의 종교·문화 전통 혹은 정신성을 고려해야 한다는 제창이 특히 인도와 스리랑카의 참가자들에 의해서 강조되었다. 경제적 피억압과 빈곤으로부터의 아시아의 해방은 절실하게 요청되지만, 이것만으로는 인간성의 해방, 즉 황금에 대한 탐욕과 소유욕으로부터의 정신적 해방이 성취되지 못한다는 것이다. 아시아의 종교·문화·전통의 내적 근거인 정신성 혹은 종교성은 그러한 탐욕과 소유욕을 뛰어넘는 초월적 차원이며, 이러한 의미에서 인간성 '해방의 잠재력'이라는 것이다.[13] 물론 민중을 외면하고 권력층과 편당한 역사적 개별적 종교들과 민중의 피땀에 의해서 조성되었음에도 불구하고 민중을 소외시킨 엘리트 전용의 문화 전통들이 오늘 제3세계의 억압받는 가난한 자들의 해방이라는 관점에서 비판되어야 한다는 것은 다르에스살람 회의 때부터 제창되어 왔다. 그러나 서양 그리스도교와 문화의 지배 아래서 제3세계의 종교·문화 전통이 억압받아왔으며, 이제 그것은 새롭게 재해석되어서 제3세계 해방의 요소들이 되어야 한다는 것이다. 이러한 제창은 제3세계, 특히 아시아 신학의 과제로서 제기되어왔으나 그 방법론이 아직 전개되어 있지 않다. 그것은 아시아 신학의 영속적인 과제일 것이다.

　넷째, 저 협의회의 제4차 회의가 1980년 2월 20일부터 3월 2일까지

---

13 같은 책에 실린 Aloysius Pieris(스리랑카의 신부)의 글, "Towards an Asian Theology of Liberation: Some Religio-Cultural Guidelines," 75-94(이하 "Liberation"으로 약칭); CTC (Commission on Theological Concerns, Christian Conference of Asia, 즉 CCA의 신학위원회), CTC Bulletin, Vol. 4, No. 1 (April, 1983)에 실린 Aloysius Pieris의 글 "Mission of the Local Church in Relation to Other Major Religious Traditions," 30-42.

브라질의 상파울루에서 개최되었으며, 그 주제는 그라스 루츠(Grass roots), '민중의 크리스천 기초 공동체'로서, 기성 교회 공동체들에서 이미 전개되어온 민중의 의식화와 운동, 성서와 사회교육, 사회·경제 문제들과 사회윤리의 검토, 기존 가치관에 대한 비판, 예배 의식, 드라마와 춤과 노래를 통한 공동체 생활 양식의 변화, 즉 '가난한 자들의 대두'를 기초로 해서 해방신학의 필요성과 의의가 논의되었다.[14] 중남미에서 확대되어가는 가난한 자들의 대두는 인간해방에 대한 잠재력의 표출이고, 이 잠재력은 가난한 자들에 의한 복음 선교의 주체적 능력이며, 하나님 나라의 표징이라는 것이다. "가난한 자들이 복음화할 수 있으니, 이는 하나님의 신비가 그들에게 계시됨이라"(마태복음 11:25-27).[15] 문제는 그러한 잠재력을 가진 기초 공동체들이 현상 유지(status quo)의 정치·사회·교회로 언제라도 합류해버리고 말 수 있다는 점이며, 이것이 해방신학 혹은 아시아 신학의 애매한 현실이요 문제 상황이다.

다섯째, 저 협의회의 제5차 회의는 1981년 8월 17일부터 29일까지 인도의 뉴델리에서 개최되었다.[16] 이 회의는 아프리카·아시아·라

---

14 이 회의는 가장 큰 규모의 회의로서, 42개국에서 180명이 참가했었는데, 브라질의 추기경 Paulo Evaristo Arns의 알선과 도움이 주목할 만했다. Balasuriya, ed., "Final Document-International Ecumenical Congress of Theology," 앞의 책, 30-46. "The Irruption of the Poor"라는 제목은 Gustavo Gutierrez의 발제 강연 제목이었다. Gustavo Gutierrez, *A Theology of Liberation* (New York: Orbis Books), 88-92.

15 가난한 자들에의 복음 선교의 주제가 1980년 초 남미 가톨릭신학자들의 멕시코 Puebla 회의에서 강조되었으며, 가난한 자들의 크리스천 기초 공동체의 운동이 이들의 주체적인 복음 선교로서 주목된 것이다. 1968년 Colombia의 Medellin에서의 가톨릭감독회의는 해방신학 대두의 결정적인 계기가 되었는데, 거기에서는 우선적으로 민족들에의 복음 선교가 다루어졌다. Puebla 회의는 가난한 자들을 위한, 가난한 자들의 복음 선교의 의의가 논의되었다(CTC, 앞의 책, 31).

틴 아메리카 3대륙의 대화를 위주로 했으며, 지난 5년간의 신학 작업의 종합과 문제 규명 그리고 앞으로의 5년간의 전망을 열어 놓으려고 했다. 그 주제는 "제3세계의 대두 ― 신학에의 도전"이었으며, 이 주제 아래서 구미의 세계 지배의 죄악과 교회 · 신학 전통에 대한 비판이 다시금 요약적으로 천명되었다.

빈곤은 제3세계 전역에 만연해가는 질병과 같고, 가난한 자들은 국내외적인 이중적 억압 아래 놓여 있으며, 제3세계의 저개발 상황은 부유한 나라들의 지배와 착취의 결과라는 것이 재천명되었다. 게다가 인종차별, 카스트 제도 등의 전근대적 요인들이 잔존해 있어서 제3세계의 문제 상황은 복잡하다. 구미의 신학은 대체로 인종차별주의, 성차별주의(sexism), 자본주의, 식민주의, 신식민주의에 너무 적응해 왔고, 저항의 동력을 제공하지 못했으며, 제1세계 자체 내의 사회문제와 제3세계의 도전에 응답하지 못했고, 성서는 지배 인종 · 지배 계급 · 지배자 남성의 특권 옹호를 위해서 오용되어 왔다는 것이다.[17]

이러한 역사와 현실 비판이 바로 신학의 새로운 방법론적 반성을 요구한다. 그 회의에서 제기된 제3세계 신학의 방법론적인 요소들을 보자면, 우선 제3세계의 해방과 사회정의 실현을 위한 민중의 투쟁과 운동에의 신학적 참여의 결단이 요청된다는 것, 이러한 운동과 신학적 결단이 '신학의 본질적 모체'라는 것이며, 이것이 역사에서의 하나님의 구원 행위, 즉 해방시키는 행위에 상응하는 것이라는 것이다. 다음으로 주목할 요소는 사회의 풀뿌리들의 삶과 이야기들 그리고

---

16 이 회의에 50명이 참가했는데, 한국 대표로서 이선애 목사가 미국 NCC 계통의 추천으로 참가했고, 국내의 불안한 정치적 상황 때문에 다른 사람들은 참가할 수 없었다.

17 Tissa Balasuriya, ed., "Challenge of Reality to Theology," 앞의 책, 110-115.

그들의 문화와 언어가 교회 공동체의 예배 의식과 삶과 신학의 부분이 되어야 한다는 점이다.[18] 마지막으로 주목할 방법론적 요소는 아프리카 · 아시아 · 라틴 아메리카의 차이점들이다. 그에 대해 인용해본다.

> 대다수의 라틴 아메리카 사람들은 그들의 해방신학이 그들 인민의 문화적 차원과 그들 대륙의 소외된 집단(예컨대 인디오와 흑인)의 갈망을 포함해서 고려하지 못했다. 또 한편 어떤 아프리카 사람들은 (아프리카의) 인간학, 전통문화와 종교들을 강조하되, 그들 인민의 현재적인 경제 · 정치적 곤경에 대하여 거의 고려하지 않는 경향을 띤다. 1979년 아시아신학회의 (ATC)에서 강하게 제시된 바는 아시아 신학은 아시아의 빈곤과 또한 아시아의 종교성에 집중되어야 한다는 것이다. 종교 · 문화적 요소들과 사회 · 경제적 요소들의 종합적 고려가 미래의 제3세계의 필수적 과제로서 남아 있다.[19]

아시아의 종교들과 문화적 유산들의 근저에 있는 정신성의 신학적 해석 문제가 아시아신학회의에서 제기되었고 여기에서 재천명되었다.[20]

---

18 Tissa Balasuriya, ed., "Elements of an Emerging Methology," 같은 책, 39, 41항, 121-122.
19 같은 책, 44항, 123에서부터 인용됨. 금년, 즉 1984년 8월 2일부터 11일까지 홍콩에서 1979년의 ATC 후속으로 ATC II가 개최되었는데, 거기에서 EATWO 의 창시자 중 한 사람인 Sergio Torres 신부는 라틴 아메리카의 해방신학에 있어서 몇 가지 변화된 강조점들을 지적했다. 토착민들의 갈망과 운동이 중요시되고 있다는 것이다. 또 문화적 유산들과 종교적 정신성이 사회 · 경제 문제와 함께 강조되고 추구되고 있다는 것이다. 라틴 아메리카의 해방신학의 강조점들은 ① 역사적 예수, ② 삶의 하나님 , ③ 영성과 축제에 있어서의 정신성이 강조되고 있고, ④ 기성교회론과의 긴장과 이것의 disfunction 이 논의되고 있다고 한다.
20 1930년대에 인도에서 논의된 '성취의 신학'이 뉴델리 회의문서에 언급되었는데, 이것은

여섯째, 저 협의회의 제6차 신학회의는 1983년 1월 5일부터 13일까지 제네바에서 개최되었고, 제1세계와 제3세계의 대화를 위주로 했으며, 그 주제는 "분열된 세계에서의 신학함"(Doing a Theology in a Divided World)이었다.[21] 제3세계 신학자 에큐메니컬협의회에 관심하는 많은 제1세계 인사들, 즉 신학자, 목사, 평신도 지도자, 교육자, 청년운동가, 노동자·농민 운동가들이 참가했고, 이들은 제3세계의 문제들에 관련하여 자신들이 무엇을 할 수 있는지를 반성하기도 했으며, 제3세계의 억압받는 가난한 자들의 문제가 신학의 주제가 되어야 하는 타당성이 확인되기도 했다. 서구 신학자들과의 대화에서 제3세계 신학은 자체의 방법론과 방향을 다시금 규명하고자 했다. 공통점은 신학이 행위에

서양 선교사들의 '문화 신학'에의 反立으로 등장했다고 한다. 즉, 그리스도가 모든 종교의 궁극적 성취라는 말이다. 그런데 이 신학은 아시아의 사회·경제적 문제 상황을 고려하지 않았으므로 부적당하다는 것이다. 또 '문화내재화'의 신학적 시도가 인도를 비롯해서 동남아에서 논의되고 있는데, 아시아의 문화 혹은 대중문화 속으로 파고들어 가려는 토착화의 시도인 것이다. 이것은 라틴 아메리카의 해방신학에의 반립으로 논의되고 있다고 한다. 그러나 이것도 문화의 억압 구조와 역사적 현재의 피억압 상황을 몰각하고 있다는 것이다("Theology of Religion and Culture," 같은 책, 57항, 129). 한국에서 논의되는 '종교의 신학'이나 '문화의 신학'이라는 시도는 저 선교사들의 서양 문화적 'Civilization theology'를 단순히 동양의 종교들이나 문화적 언어로써 대치하려는 시도가 되어서는 안 된다. 그러한 시도는 우선 성서적 근거와 동양 종교·문화의 관련의 방법을 제시해야 하며 또한 제3세계 혹은 한국의 역사적 현재의 문제 상황의 극복과 민족 분단과 관련된 그리스도교 전반의 문제 상황의 극복이라는 역사적 과제에 의하여 테스트되어야만 역사적 의의를 가지게 될 것이다. 1960년대에 시도된 '토착화'의 신학은 그러한 역사적 문제 상황을 고려하지 않았으므로 비역사적 관념론적 시도에 머물러 있었다.

21 필자는 그 회의에 초청되었으며, 이선애 목사가 옵저버로 자원해서 참석하여 여성신학 전개 프로그램에 관여하게 되었다. 그 회의의 공식 문서가 이정희에 의해서 번역되었다 ("제3세계 신학의 논리와 실천방향," 『제3세계 연구』 1, 한길사, 426-446). 그 회의에서의 James H. Cone의 "Black Theology: It's Origin, Method and Relation to Third World Theologies"라는 발표가 감동적이었다(김애영 역, "흑인 신학과 제3세계 신학," 「기독교 사상」 (1984. 9.): 131-147). 흑인 신학과 제3세계 신학의 관계와 유대에 관해서 Cone의 "From Geneva to São Paulo: A Dialogue between Black Theology and Latin American Liberation Theology," Balasuriya, ed., 앞의 책, 60-75 참조.

서 시작한다는 것이다. 그 회의 주제 자체가 방법론적인 것이었다. 아래에 인용해보기로 한다.

> 신학 작업은 억압의 희생자들이 자유롭게 되기 위한 싸움에 우선 참여함으로써 시작되어야 한다. 이러한 방법론 이해는 예언자들을 통하여 그리고 예수 그리스도 안에서, 나아가 성서 기자들에 의해 기록된 계시에 의해 결정된다. 즉, 하나님이 오늘날 가난하고 억눌린 민중의 역사적 투쟁 속에 계신다는 사실이다. 해방신학이 신학을 이데올로기로 환원시킨다는 비판은 잘못된 것이다. 그것은(이 비판은) 모든 신학에 내포된 인간적 성격과 부자와 힘 있는 자를 위한 비판가들의 이데올로기적 선택을 감추기 때문이다. 어떤 신학도 중립적일 수 없다. 억압받는 자들의 고통이라는 극악무도한 죄는 신학자들로 하여금 그들의 해방을 위해 그리고 그들을 묶어두려는 불의한 체제에 대항하는 선택을 하도록 요구한다. 가난한 자와 억압받는 자를 위한 선택은 곧 하나님의 선택이다. 그리고 우리 자신의 선택일 수밖에 없다.[22]

여기서 제3세계 신학 방법론의 논란점이 다루어지고 있다. 즉, 제3세계 신학을 이데올로기라고 지적하는 비판 자체가 이미 지배자의 이데올로기 편에 서 있다는 것이다. 하나님의 구원을 서양의 엄청난 죄악의 결과인 피억압자, 가난한 자의 해방 없이 보편적으로 모든 인류를 위한 것이라고 생각한다면, 그것은 추상적이요 비역사적이라는 말일 뿐이다. 다시 인용해본다.

---

22 이정희 역, 앞의 글, 앞의 책, 37항, 439.

유럽과 북아메리카의 지배자 신학의 관념적 언어는 너무 제약적이며, 가난한 자들을 억압하는 가치관에 의해 너무 제한되어 있다. 우리의 신학이 우리 대륙들의 짓밟힌 사람들에게 봉사하려고 한다면 이 공동체들의 이야기, 노래, 춤, 설교, 그림과 담화 등에서 창출되는 언어를 개발해야 한다. 이와 같은 신앙 표현은 신학의 내용이 될 뿐 아니라 그것이 표현되는 형식을 마련하기도 한다. 우리의 예배의 경험과 문화적 축제들은 이러한 새로운 많은 신학적 언어를 반영한다.[23]

이러한 신학 방법론에 따라서 이제 전통적인 신학의 주제들이 제3세계 신학의 맥락에서 재형성될 필요가 있다는 것이 암시되어 있다.[24] 또 신학의 근거 혹은 원천의 문제가 논의되었다. 유대 · 그리스도교의 경전 이외에도 하나님의 영감과 계시, 즉 다른 종교들에도 계시의 자료가 포함되어 있다는 것이다. 다른 종교들과의 대화가 요청되며, 이것들은 그리스도교 전통을 '상대화'하도록 하고 또 신앙의 깊이를 더하게 할 것이라고 한다. 예컨대 다른 종교들의 전통은 성(聖)과 속(俗), 정신과 육체, 인간과 자연, 사회와 우주를 이분화하지 않는 삶의 거룩한 비전을 제공해줄 것이라고 한다.[25]

제1세계의 신학자들은 대체로 제3세계의 고난에 민감하지 못했고, 이것을 인식하지도 못했다는 것과 합법화된 식민주의에 대하여 대체로 무식했다는 것을 승인했으며 또한 제1세계 자체 내에서의 가난한

---

23 같은 글, 40항, 440. 한국의 민중신학에 있어서의 민중의 이야기와 언어, 탈춤과 민중의 축제 행사들의 신학적 해석의 시도가 이 항목과 비교된다. 그것들은 민중의 해방을 위한 언어와 축제의 표현양식으로 오늘의 맥락에서 재해석되고 신학적으로 조명되어야 한다.
24 같은 글, 44항, 441.
25 같은 글, 51항, 443.

자, 노동자, 흑인, 토착민, 이민자의 곤경에 대해서도 무감각했다는 것을 승인했다. 제1세계 신학들도 제3세계의 고난받는 자들과의 연대성을 가져야 할 필요성이 또한 공인되었다.[26]

일곱째, 여성해방의 주제는 저 협의회 회의의 주제 중에 포함되어 있었으며, 이들 회의에서 논의되어왔다. 회의 진행 과정에서 많은 남성 참가자들의 의식도 어느 정도 달라졌다고 생각된다. 여성해방을 취급하지 않고는 피억압자의 해방을 논할 수 없다는 것이 싫든 좋든 승인되지 않을 수 없었으리라고 추측되기도 한다. 저 협의회의 창립 의도는 처음부터 여성해방의 주제를 포함했으며, 모든 회의의 여성 참여는 약 3분의 1이라는 비율로 고려되었다. 제네바회의에는 미국, 캐나다 등의 여성 신학자들과 그 외의 나라들의 여성 운동가들이 참여했으며, 거기에서 여성신학회의의 프로그램이 설정되었다. 제1세계 여성운동은 인종차별, 계급착취, 제국주의, 식민주의 등의 문제들을 심각하게 취급하지 않는다는 비판이 제기되기도 했다.[27]

여덟째, 아시아신학회의(ATC)의 후속으로 제2회 아시아신학회의(ATC II)가 1984년 8월 2일부터 11일까지 홍콩에서 개최되었으며, 그 주제는 "오늘의 아시아의 역사적 과정에 대한 신앙의 반성"으로서 하나님 나라의 표징과 반(反)징조, 성령의 역사(役事)와 판별, 오늘의 분열되고 다원적인 세계에서의 크리스천의 동일성과 같은 소주제들이 논의되었다.[28]

---

26 같은 글, 55항, 445.

27 같은 글, 29항, 436. 제네바회의에서 여성신학회의에 대한 계획수립이 있었는데, 1984년의 아시아 국가별 회의, 1985년의 아시아 지역 회의, 1986년의 제1세계와 제3세계의 대화를 위한 여성신학회의가 바로 그것이다. 한국에서는 10월에 여신학자협의회주도 아래 열리게 될 아시아 여성신학 정립 회의가 그 프로그램의 하나이다.

II. 제3세계 신학의 방법론적 주제들

제3세계 신학의 대두에 관한 지금까지의 서술이 이미 그 방법론을 제시하고 있다. 신학의 방법론이란, 간단하게 말하자면 주어진 역사적 현재에서 성서적 신앙을 새롭게 듣고, 이 현재적 상황에 실천적으로 응답하기 위해서 이 상황을 분석하고 성서적 신앙의 의의를 새롭게 해명하는 이론적 작업이다. 제3세계 신학이 제3세계의 역사적 현재의 문제 상황으로부터 출발했다는 그 출발점이 이 신학의 역사·맥락 (historical context)으로서 이 신학의 역사·맥락적(historical contextual) 성격을 규정한다. 제3세계 신학의 이 출발점에 관련된 몇 가지 방법론적 주제들이 재반성될 필요가 있으며 여기에서 이것들을 고찰해보고자 한다.[29]

1. 제3세계 신학의 성서적 근거와 의의

제3세계 신학의 성서적 근거가 이 고찰의 초점이다. 제3세계 신학의 역사·맥락적 성격은 성서적 신앙에 근거해 있으나, 이 근거에 대한 해석학적 반성이 어떤 불확실성을 내포하고 있으며, 그 단편적인 표현들은 현대 유럽 신학에서의 성서해석학(hermeneutics)을 이런저

---

28 ATC II에의 한국 참가자들은 이우정, 서광선, 고재식, 박순경이며, 故 서남동 교수의 공석이 못내 아쉬웠다. 거기에서 고재식 교수는 ATCI과 뉴델리회의를 중심으로 한 아시아 신학 총괄에 대한 논평을 했고, 서광선 교수는 그 회의의 조절위원으로서 참여하면서 한국 신학의 역사적 과정에 대한 발표를 했으며, 이우정 교수는 문서초안위원이었고, 필자는 대만의 Mark Fang 신부, 인도의 Christopher Duraisingh과 더불어 제3세계 신학의 방법론에 대한 발제를 맡았다.

29 필자는 ATC II에서의 신학 방법론 발제에 기초하여 여기에서 고찰하는 바이다.

런 양식으로 전제하고 있다는 사실이 관찰된다. 그러나 제3세계 신학의 역사 · 맥락으로서의 제3세계의 역사적 현재의 문제 상황은 서양의 지배 세력과 의식적이든 무의식적이든 또 많든 적든, 이것의 정신적 이데올로기적 동반자이던 그리스도교 전통과 이 틀 안에서의 신학 전통의 엄청난 죄악을 반증하는 상황이다. 이러한 상황에서의 제3세계 신학의 서양 신학적 연관을 논한다는 것은 성급한 반발을 초래할 수 있으며, 실제로 저 협의회 회의에서의 분위기가 그러했다. 그럼에도 불구하고 우선 성서해석 방법에 있어서 제3세계 신학은 현대 유럽 신학에서의 논의의 전제를 없는 것처럼 여길 수는 없으며, 이것을 인정하고서 제3세계 신학의 반립(反立) 혹은 탈서구화의 의의가 무엇인지를 우리는 규명해야 한다.

제3세계 신학의 역사 · 맥락적 출발점 혹은 성격은 이른바 '맥락화'(contextualization)한다는 말이 지향하던 것이다. 이 말은 제3세계 혹은 아시아에서 등장하기 전에 이미 유럽의 현대 신학에서 성서해석 방법, 즉 텍스트-콘텍스트의 연관(hermeneultical circle)에 관한 논의[30]

---

[30] 그러한 해석학은 19세기 이래와 신학에 있어서의 역사의식을 전제하고 있고, 불트만학파에 의해서 전개되었으며, 텍스트와 콘텍스트의 관련은 성서와 실존 혹은 역사의 관련을 의미한다(Ernst Fuchs, *Hermeneutik*, 1958², R. Müllerschön Verlag, Bad Canstatt). 불트만학파인 James M. Robinson은 20세기 신학의 성서해석학의 출발점, 19세기 신학의 역사 방법론과 구별되는 출발점을 칼 바르트의 『로마서 주석』(*Der Römer Brief*, 1922, 제2판)에서 본다. "Hermeneutic Since Barth," *New Frontiers in Theology*, Vol. II; *The New Hermeneutic* (New York: Harper & Row Publishers), 1-77. 역시 불트만파인 Gerhard Ebeling 의 글, "Word of God and Hermeneutic"이 이 책에 실려 있다. 해방신학 계통에 속하는 José Porfirio Miranda는 그의 저서 *Marx and the Bible*(John Eagleson 역, New York: Orbis Books)에서 불트만의 성서해석학을 크게 원용한다. 그의 불트만 비판은 불트만의 실존 맥락이 개인적 차원에 머물러 있으며, 오늘의 세계의 역사 맥락 혹은 사회 · 경제적 문제 상황을 고려하지 않았다는 점이다. 프로테스탄트 해방신학자인 Jose Miguez Bonino의 성서해석 방법도 불트만 계통의 해석방법을 전제하고서 제3세계의 역

에 함축된 말이다. 이 말이 제3세계 혹은 아시아에서 1940년대 말부터[31] 등장하게 된 동기는 구미 신학에의 반립을 암시하며 제3세계의 역사·맥락적 고려를 지향하기는 했다. 그러나 '맥락화'의 신학적 반성이 불확실했다.

맥락화는 바로 신학의 역사성을 의미한다. 그런데 이것은 신학자의 임의에 따라서 되는 것이 아니다. 성서적 신앙을 오늘의 주어진 역사적 현재의 맥락에서 듣는다는 것, 즉 콘텍스트에서의 신앙의 사건은 종교개혁자들과 칼 바르트에 의하면 성서 자체가 현재에 대하여 말한다는 것, 즉 하나님이 현재적으로 먼저 말씀하시고 행위하신다는 것을 전제하고서 성립되는 사건이다.[32] 하나님이 현재적으로 말씀하시고 행위하신다는 것은 곧 성령의 역사하심이다. 이 사건은 성서해석학에 전제되며, 동시에 해석하는 과정에 상관적(circular)이

사적 현재의 맥락에서 전개되어 있다(*Doing Theology in a Revolutionary Situation*, Philadelphia: Fortress Press, 86-104).

31 "An Introduction," Fabella, ed., 앞의 책, 3-6; M. M. Thomas, "Christian Action in the Asian Struggle," *Christian Conference of Asia* (Singapore) 비교. 한국에서는 대략 1970년대 초부터 '맥락화'라는 말이 애매하게 논의되곤 했던 것 같다. 이 말은 또 신학의 '토착화'라는 말과 같은 것으로 막연히 추정되기도 했다.

32 불트만학파에 있어서 성서라는 텍스트는 실존이라는 콘텍스트에 말한다거나 의미가 있다. 그리고 우리가 신앙하는 것이 실존의 문제 분석과 전이해(Vorverständnis)에 의해서, 이 전이해와 상관해서 일어나는 사건이다. 이 때문에 텍스트와 콘텍스트는 순환(Zirkel, circle)의 관계라는 것이다. 칼바르트의 성서해석 방법은 종교개혁의 원리를 관철한 것인데, 저 현재적 신앙의 사건은 먼저 하나님이 말씀하셨다는 것, 즉 예수 그리스도의 사건과 이 사건이 현재적으로 말씀하시는 하나님의 행위라는 것을 전제한다는 것이다. 즉, 현재적으로 그의 말씀을 듣는다는 것은 그가 먼저 말씀하시고 행위하신다는 것을 전제하고 있다는 것이다. 그의 말씀을 듣는다는 것은 성서적 증언, 예수 그리스도와 초대교회의 본래적인 증언이 현재적으로 말한다는 것, 즉 성서 자체가 말한다는 것을 의미한다. 이 때문에 텍스트와 콘텍스트의 관계는 우선적으로 순환적이 아니라, 하나님의 말씀 혹은 행위를 전제한다는 것이다. 이에 대한 신앙의 응답이 곧 콘텍스트에 해당된다. 텍스트는 콘텍스트에 앞서 서 작용하며 동시에 콘텍스트와 순환적이다.

다. 성서가 변화하는 역사적 맥락에서 거듭 말한다는 것, 따라서 새로운 맥락에서도 그것이 신학의 근거와 원천이 된다는 것은 성서가 증언하는, 신약성서를 중심으로 해서 말한다면 예수 그리스도 자신과 그의 행위를 통하여 일어난 사건이 하나님의 종말론적인 구원의 사건이기 때문이다. 20세기 유럽 신학에서 이러한 종말적 사건의 의미를 재발견하는 일이 긴 역사의 우여곡절과 과오와 논전을 겪으면서 이루어진 것이다. 제3세계의 역사·맥락적 방법론이 제3세계에 의해서 창출된 원리라고 생각된다면 그것은 큰 착각이다. 서양 신학에서 일어난 그러한 과정을 도외시하고서 우리만이 말할 수 있는 어떤 새로운 신학 방법론을 생각한다는 것은 우리가 값비싼 대가를 치르고 습득한 소득을 무모하게 버리는 일이요 어리석은 일이다. 제3세계 신학은 확실히 신학사에 있어서 한 혁명이다. 그러나 그것은 역사의 문제를 짊어지고 있으며, 이것에 대하여 해답해야 하고, 이것의 문제를 넘어서야 하므로 이것은 이미 제 3세계신학의 역사적 맥락의 한 부분이다. 어느 정도의 혁명이냐 하는 문제가 밝혀지려면, 어쩌면 역사가 끝나는 날까지 신학 전통과 씨름해야 할지도 모른다. 제3세계 신학은 제3세계의 해방과 동시에 새로운 미래의 세계 질서를 향한 절규, 피억압자들의 절규를 대변한다. 그 신학은 이 절규를 종말적으로는 하나님의 구원과 하나님 나라를 요청하는 소리로서, 표징으로서, 고난받는 자 안에서의 성령의 탄식(로마서 8장)으로서 듣는다. 제3세계 신학의 역사적 맥락화는 그와 같이 종말적인 예수 그리스도에의 성서적 신앙을 전제하고서 이 신앙의 미래적 성취를 희망하면서 이루어진 사건이다. 사건이라 함은 이것이 신학적 이론 작업이기 전에 일어났다는 말이며, 하나님이 현재적으로 말씀하시고 행위하신다는 말이다. 신학 작업은 이것을 주어진 역사적 현재에서 판별하고 수긍하고, 복종하고, 증언하고, 설명한다.33 다시 말하자면 신학의 맥락화는 성서적 신앙의 그러한 현재적 사건에 대한 이해를 통해 필연적으로 일어난다. 그렇지 않으면 신앙한다든지 신학한다는 말은 비역사적인 것이 되어버린다. 성서를 수천 번 읽어도 읽는 자가 처해 있는 역사적 현재의 문제 상황을 몰각하면 그것은 기껏해야 성서의 문구들을 반복하는 것일 뿐 사건화시키는 방편이 못되며, 대체로는 성서를 왜곡시켜 멋대로 해석하기에 이르게 된다. 물론 한정된 의미에서의 실존적 혹은 어떤 개인적인 문제 상황이 그 읽음에 의하여 해답된다고 말해질 수는 있으나 이것은 역사의 문제 상황을 대변할 수는 없다.

제3세계 신학의 역사·맥락적 방법론이 알게 모르게 20세기 유럽의 신학 작업을 이런저런 양식으로 전제하고 반영하나 바로 제3세계라는 주어진 역사·맥락이 제3세계 신학이 서구 신학의 일부분이 될 수 없게 하는 현실적 맥락이다. 제3세계라는 특수한 현상은, 서양

---

33 그러므로 성서적 신학은 중세기 가톨릭 교의학이나 프로테스탄트 정통주의, 루터파와 개혁파의 교의학처럼 교의에서부터 교의에로, 그것을 더 이론적으로 설명하면서 보다 더 철저한 교의나 신조에로, 즉 이론에서부터 이론에로의 길을 걷지 말아야 한다는 것을 바르트는 그의 『교회교의학』에서 역설한 것이다. 그래도 서구 신학 전통이 제3세계 신학자들에게는 이론에서부터 이론에로, 도그마에서부터 도그마에로의 방법론에 기초한 것처럼 보이는 이유는 추측컨대 그 전통이 긴 역사적 과정에서 축적되어 있고, 역사적 맥락들로부터 유리되어 있다는 사실 때문인 것 같으며 또 그 전통이 제3세계의 절박한 상황과 아주 먼 것처럼 보이기 때문일 것이다. 그 전통도 그 나름대로 역사적 맥락들과 직결되어 있으나 전통으로서 전수될 때는 이론적 축적의 덩어리처럼 추상화될 수밖에 없다. 추상화되었다 해서 우리가 그것을 도외시해서는 안 된다. 그 전통은 현재의 상황에서 여러 가지 양식으로 재해석될 수 있고, 언어적 도구로서 사용될 수 있으며 또 역사적 과오와 한계를 제시해줌으로써 현재에서 그러한 과오들을 재현하지 못하게 하는, 말하자면 변증법적인 가르침이 될 수도 있다.

지배 세력의 죄악의 결과라는 맥락에서의 신학은 서양 신학의 일부분이 될 수 없으며 반립일 수밖에 없다. 그럼에도 불구하고 우리가 간과해서는 안 될 점은 제3세계 신학이 서양 교회·신학 전통을 가지고 서양에 반립하고 있다는 사실이다. 이 현상은 무엇을 의미하는가? 서양의 교회·신학 전통이 이미 제3세계 신학의 맥락의 일부분으로 주어져 있으며, 이것이 그 반립의 도구가 되어 있다는 사실이다. 주목할 점은 이러한 양식의 반립은 교회·신학 전통의 변혁과정의 시초를 의미한다. 제3세계 신학은 제3세계만의 신학이 아니라 서양의 교회·신학 전통의 변혁 계기로서 서양, 제1세계에 대해서도 타당하다. 저 제네바회의에서도 이러한 제3세계 신학의 의의는 제1세계의 참가자들에게 분명하게 전달되지 못했다. 제3세계에로의 신학의 이러한 맥락화는 어느 신학이든 신학 작업 자체에 의해서 이루어지는 것이 아니다. 이 맥락화는 수 세기 동안의 서양 지배 세력에 의해서, 아니 어쩌면 창세 때부터 제3세계의 고난이라는 희생의 대가를 통해서 예비되어온 것이 아니냐. 그렇지 않다면 우리가 어떻게 하나님이 제3세계의 피억압 상황에서 제3세계의 해방과 새로운 세계의 미래를 위하여 행위하신다고 고백할 수 있는가. 어떻게 예수 그리스도의 종말적 하나님 나라 선포와 구원의 의미를 제3세계의 피억압적 맥락으로부터 새롭게 읽어낼 수 있는가. 예수 그리스도가 이 맥락에서 피억압자의 해방을 위하여 행위하신다는 것은 억압자에 대한 그의 심판을 의미한다. 그것은 이스라엘 백성의 출애굽이 바로에게 심판됨과 같다. 서양의 교회·신학 전통이 이 심판을 받아야 하는 이유는 이것이 서양의 식민주의·신식민주의의 정신적 이데올로기로 사용되었고 또 아직도 사용되고 있기 때문이다. 서양의 교회·신학 전통의 변혁 과제는 우리가 전수해 받은 그리스도교 전반의 변혁 과제인 것이다. 이러한 변혁의 시도들은 이미 구미의 그리스도교계에서도 일어나고 있다는 사실이 주목된다.

　세계의 교회·신학의 변혁을 위한 제3세계 신학의 반립은 그 전통에 포함되어 있는 진리 혹은 개념, 그때그때의 서양의 역사적 맥락들에 관련되어서 형성된 개념들의 재해석 가능성과 새로운 기능의 가능성을 몰각해버려서는 안 된다. 문제는 이 재해석과 새로운 기능의 역사적 맥락이 무엇이냐 하는 것이다. 이제 이 재해석과 새로운 기능이 지배자로 군림한 서양의 정신적 장식물이나 이데올로기로 전락해서는 안 되며, 이제 어쩔 수 없이 피지배자를 위한 언어가 될 수밖에 없다. 그 언어가 민중 혹은 가난한 자의 삶의 곤경에 당장에는 부적합하고 추상적인 것으로 생각될지라도, 그들은 도대체 신학적 언어가 필요하지도 않는 것처럼 보일지라도 그들의 상황이 여기에 머물러 있어서도 안 된다. 그 언어는 그들의 이야기·춤·노래에로 합류하여 그들의 해방과 자유와 인간성의 종말적인 성취를 위한 언어가 되어야 한다. 교회·신학 전통에서, 역사적 맥락들로부터 추상화되어 전통이라는 틀 속에서 침묵하고 있는 어떤 진리가 있다면, 이것이 진리가 되는 것은 현재적인 삶의 맥락에서이다. 즉, 그것들이 진리가 되는 가능성과 현실성이 이 살아 있는 맥락에서 주어지며 결정된다. 그 진리들의 이러한 맥락화, 역사화, 현실화는 교회·신학 전통의 능력을 넘어서는 사건이며, 삶과 역사가 존속한다는 현재적 현실에 달려 있고, 이 존속은 살아 계신 생명의 근원 하나님으로부터 주어진다. 주의해야 할 점은 그 맥락화, 역사화, 현재화가 추상적으로 어느 맥락이라도 상관없는 일반적인 것으로서 생각되어서는 안 된다.

역사의 존속을 하나님의 구원의 빛에서 보아야 한다면 역사의 장에 등장하고 횡행하는 죄악과 사망의 권세가 판별되어야 하며, 삶과 자유가 억압되는 상황이 등장할 때 하나님의 구원과 자비가 어느 편에 또 그의 심판과 분노가 어느 편에 내려지는가 하는 문제가 판별되어야 한다. 이 판별의 문제가 저 협의회의 회의에서 논의되었고, 특히 제2회 아시아신학회의에서는 하나님 나라와 성령의 역사의 표징들, 반(反)징조들이라는 주제와 관련해 논의되었다. 그러나 그 판별은 언제나 혼미하다는 문제점을 안고 있다. 혼미함에도 불구하고 상대적으로나마 올바른 판별과 결단과 선택이 수행될 때, 과거 혹은 전통에 침묵하고 있는 진리 혹은 언어의 올바른 맥락화, 역사화, 현재화가 일어나게 된다. 역사에는 부정이 있고, 긍정이 있다. 그 맥락화, 역사화, 현재화도 그렇게 상대적으로 선택적으로 일어난다. 과거 전통으로부터 어떤 개념 혹은 진리가 어떻게 취사 선택되어야 하는가 하는 것은 역사가 지속되고 맥락이 변화함에 따라서 그때그때 거듭 새롭게 물어져야 하는 열려 있는 물음이며, 진리로써 결정되는 맥락화, 역사화, 현재화는 우리의 임의대로 되지 않는다. 올바른 맥락화, 역사화, 현재화가 일어난다면, 이것은 하나님이 현재적으로 어느 특정한 맥락에서 말씀하시고 행위하신다는 말이다.

다시 구체적으로 말하자면 제3세계 신학의 역사·맥락적 출발점 혹은 방법에 관한 표현이 알게 모르게 유럽의 20세기 신학에서 원칙적으로 전개된 성서해석학적 방법론, 예수 그리스도의 선포와 업적의 종말론적 개념, 하나님 나라의 종말론적 도래에 대한 해석 등을 암암리에 반영한다는 사실이다. 제3세계 신학회의들에 관여한 수많은 사람들은 그러한 사실을 부정해버리려고 하나 그것은 착각이다. 그러한 사실이 정당하다면, 그것은 서양 신학에 포함되어 있는 진리들이 제3세계 신학으로 맥락화되었다는 것을 의미한다. 이 맥락화는 서양 신학의 그러한 업적에 힘입어 이루어지는 것이 아니다. 이 맥락화는 서양 신학의 능력을 넘어서는 사건이며, 하나님이 이 맥락에서 말씀하시고 행위하신다는 말이다. 이 신앙을 전제하거나 고백하지 않고서 우리는 신학의 맥락화를 전개할 수 없다. 서양 신학에 진리가 포함되어 있다면, 그것들은 이 맥락화의 사건에서 결정되는 것이다. 제3세계 신학에 새롭게 등장하는 신학적 주제들, 즉 하나님, 예수 그리스도, 성령, 교회, 인간과 세계의 종말적 구원의 성취 등의 주제들에 관해서도 마찬가지다. 서구 신학의 전통에 의해서 전수된 이 주제들이 제3세계에서 새롭게 맥락화된다는 것은 하나님이 서양으로부터 제3세계에로 옮겨오심을 말하지 않는가. 이스라엘의 하나님은 이스라엘에만 계시지 않으며, 서양에만 계시지 않는다. 성서적 표현들에 의하면 하나님은 이리저리 인간의 신음 소리를 들으시고 임의로 움직이신다. 인간을 억압하고, 자연의 혜택을 독점하고 파괴하는 서양에 그는 계시지 않는다. 그 세계는 그를 필요로 하지도 않는다. 그는 가난한 자의 하나님이시다. 그의 의와 그의 나라를 갈망하는 자가 누구이냐. 억눌리고 가난한 자가 아니냐. 그 나라는 그들의 것이다. 종말적인 하나님 나라의 복음은 그들의 것이다. 그들을 통해서 이 복음은 세계에 증언되고 매개되어야 한다.[34] 이제 역으로 제3세계는 서양에 참된 선교를 할 차례다. 지배자의 위치에서가 아니라 고난받은 자의 위치에서 말이다. 이것이 고난의 종 예수의 형상이 아니냐.

---

34 주 15.

2. 그리스도교와 이데올로기 문제

중남미의 해방신학이 오늘의 주어진 사회·경제 문제 분석에 있어서 사회주의적 방법론을 사용한다고 해서 세계의 기성 그리스도교 인사들은 해방신학이 신학을 이데올로기로 환원시킨다는 비판을 제기하곤 한다. 사회주의적 분석 방법론이 신학 자체에 어느 정도 타당한가 하는 문제는 제3세계 신학에 관여하는 모든 사람에게 일률적으로 의식되어 있지 않으며, 현재 해답될 수도 없다. 그런데 본래 이데올로기 비판은 마르크스-엥겔스에 의해 이루어졌으며, 마르크스주의니, 사회주의니 하는 것은 이데올로기로서 출발한 것이 아니다. 사회·경제 문제의 분석을 위한 방법론은 이데올로기가 아니라는 것이며, 이데올로기는 사회의 어떤 기득권이나 특권을 옹호하려는 목적으로 원용되는, 말하자면 서양에서의 관념론을 의미하는데, 그리스도교도 이러한 관념론으로 규정되었던 것이다. 그리스도교의 영성 혹은 정신성이 그렇게 규정된 이유는 이것이 물질적 세계, 인간의 육체적인 삶의 일부분인 물질적 세계, 즉 사회·경제 구조의 모순과 인간의 현실을 초월한 것처럼, 현실적으로는 물질적 혜택을 점유한 계층에 붙어 있으면서도 초월해 있는 것처럼 생각되었고, 바로 이 초월의식 때문에 사회·경제 구조의 모순을 지탱시키려는 저 계층에 봉사하는 결과를 초래하게 된 상황에서 비롯된 것이다. 마르크스-엥겔스에게서 관념론 비판은 곧 그리스도교 비판이었으니, 그리스도교가 관념론의 핵심이라고 생각되었다. 서양 그리스도교 선교가 지배자의 의식을 가지고 지배자의 문화적 수단으로써 복음을 전파한다고 했으니, 그리스도교 전통은 이 선교의 과정에서 서양의 관념론적 이데올로기로 둔갑해버렸다. 바로 이러한 문제가 제3세계의 많은 사람들로 하여금 그리스도교 전반에 대해 그리고 제3세계 신학으로 하여금 서양의 그리스도교 신학에 반립하게 한 핵심적 계기이다. 이러한 상황에서 마르크스주의니, 사회주의니 하는 것이 결정적 모멘트를 제공했음은 틀림없으나 이것은 수단에 불과하다. 제3세계의 "해방이다", "자유다" 하는 외침은 마르크스주의나 사회주의를 적용해서 성취되는 것이 아니다. 마르크스도, 엥겔스도 자유를 외치는 소리에 불과했다. 서양 그리스도교에의 제3세계 신학의 반립도 마르크스주의·사회주의를 훨씬 넘어서는 신학적 문제들과 과제들을 제기하게 된 것이다.

계속 논란이 되는 것은 해방신학이 신앙 혹은 신학을 이데올로기로 환원시킨다는 비판이다. 해방신학이 마르크스주의적 사회·경제 문제 분석 방법을 사용한다 해도 신학은 이데올로기화될 수 없는 주제들을 가진다. 마르크스주의가 이데올로기라고 일컬어진다면 구별해야 할 점은 그것은 지배자의 이데올로기가 아니며, 그렇게 되어서도 안 된다는 점이다. 그런데 문제는 해방신학에 대한 그러한 비판이 대체로 지배자의 세계 구조와 여기에 안주하고 있는 그리스도교 측에서부터 제기된다면, 이 비판 자체가 지배자의 이데올로기라는 것을 반증한다. 만일 해방신학이 비판받아야 할 문제를 안고 있다고 해도 이것이 그러한 측면에서 비판될 수는 없다. 해방신학은 물론 신학적으로 성서적 근거에서 비판되어야 할 문제들을 내포하고 있다. 해방신학이나 제3세계 신학이 갈망하는 눌린 자의 해방과 자유, 정의와 평등, 새로운 인간성과 세계의 질서는 마르크스주의나 사회주의의 이데올로기가 아니라 성서적인 주제들이다. 만일 이것들이 마르크스주의의 비전과 일치한다면 아무래도 마르크스주의의 사상적 원천이 성서 전통으로부터 유래했음이 틀림없다. 이러한 문제는 지금까지 그리스도교 측의 마르크스 연구를 통해 지적된 바이나 더 연구되어야 할 것이다. 어쨌든 해방신학은 마르크스주의가 아니라 이것을 사회·경제 문제의 분석 이론으로 사용할 따름이다. 이러한 마르크스주의에 대한 접근이 해방신학에서 비로소 주장된 것이 아니라 서양의 많은 가톨릭·프로테스탄트 인사들과 신학자들에 의해 간헐적이기는 하지만 19세기 말부터 시도된 것이다.[35] 해방신학이나 제3세계 신학은 오히려 이데올로기화한 그리스도교의 비이데올로기화의 계기로서 해석되어야 한다. 사회·경제적 현실은 성서적 인간 개념에 의하면 몸의 실 존과 삶에 직결되는 차원이다. 이 현실의 모순은 몸에 대한 불의요 죄악이다. 몸의 현실은 불의와 죄악의 직접적인 대상이다. 하나님의 의와 정의가 실천되느냐, 부정되느냐 하는 물음의 시험장도 직접으로는 바로 몸의 현실이요, 여기서 결정된다. 눌린 자와 가난한 자가 존재한다는 것, 제3세계의 피억압과 빈곤의 상황이 존속한다는 것, 이것은 세계의 불의와 죄악을 단적으로 반증한다. 억압의 직접적 수단이 바로 경제 구조이다. 이 경제 구조의 문제 분석에 있어서 마르크스주의가 어느 정도 타당한가 하는 문제를 해방신학이나 제3세계 신학은 답변하지 않고 있다. 그 분석 방법을 대치할 수 있는 다른 수단이 주어져 있느냐 하는 물음이 물어져야 할 것이다. 어쨌든 제3세계의 상황과 제3세계 신학이 또 오늘의 많은 구미의 가톨릭·프로테스

---

35 Johann-Baptist Metz and Jean-Pierre Jossua, eds., *Concilium: Christianity and Socialism* (New York: A Crossroad Book, The Seabury Press, 1977); 박순경, "기독교와 공산주의의 이론과 현실," 『하나님 나라와 민족의 미래』 (기독교서회).

탄트 인사들과 신학자들이 제기하는 문제는 세계를 지배하는 자본주의 구조가 시정되어야 한다는 것이다. "어디까지" 그리고 "어떻게"라는 물음에 대한 해답이 범세계적으로, 개별적 국가들의 차원에서, 제3세계에서 추구되어야 할 것이다. 그러한 비판은 곧장 주어진 사회주의 혹은 전체주의적 사회체제로 굴러 들어가려는 것이 아니다. 주어진 사회주의 체제의 핵심적 문제는 정치적 민주화의 과제를 해결하지 않으면 안 된다는 것이 제3세계 신학에서 논의되었다. 세계적 상황에서 본다면, 자본주의적 경제 구조가 오히려 세계를 지배하는 더 큰 전체주의가 아닌가. 해방신학을 대변하는 중남미의 신부들은 가난하게 살면서, 가난한 민중의 시중을 들면서 맨주먹으로 바다의 괴물더러 회개하라고 외친다는 말이 들려온다. 그들은 도저히 전체주의를 표방할 수 없는 소수의 무력한 사람들이다. 이들은 마르크스주의라는 이데올로기를 위해서 이것을 선택한 것이 아니라, 이것을 사회·경제의 분석 방법의 수단으로서의 타당성을 인정한다는 것이다. 해방신학 혹은 제3세계 신학과 저 구미의 가톨릭·프로테스탄트 인사들이 요청하는 미래의 새로운 세계 질서의 모형은 제시되어 있지 않다. 그것은 주어진 분단된 세계의 어느 한 편을 다른 한 편으로 정복해 버리는 양식으로 투사될 수 없다. 그 모형은 아무래도 세계열강들에 의해서 축적된 자본과 박탈된 자연 자원과 조종되는 과학기술과 생산이 가난한 나라들에 분배되는 한편, 서양 전통의 정치적 민주화에 의한 전체주의 체제의 개편[36] 과정을 통과함에 따라 구현될 것인지 모른다. 그와 같이 세계 분단이 극복되는 제3의 길이 열리지 않으면

---

36 ATC II에서의 Tissa Balasuriya(SriLanka의 신부)의 "Recent Trends in Asia"라는 발제 강연에 그러한 미래의 세계 질서, 하나 되는 세계 질서의 방향이 암시되었다.

세계의 새로운 미래는 주어지지 않을 것이다. 또 그리스도교가 구미의 이데올로기로부터 자유롭게 될 때 새로운 미래로의 길을 열어나가는 역사적 과제에 참여하게 될 것이요, 그렇게 함으로써 하나님 나라의 종말적 도래를 증언하게 될 것이다.

3. 아시아의 정신성

인간의 해방과 구원, 인간성의 자유 성취는 사회 · 경제 문제의 해결에 의해서만 실현되는 것이 아니라는 것이 아시아 신학 계통(ATC I, 뉴델리회의, ATC II)에서 제창되었으며, 이것이 중남미의 해방신학에도 어느 정도의 영향을 끼쳤다. 인간의 해방과 자유는 사회 · 경제적 차원뿐만 아니라 그의 정신성이 고려되어야 한다는 것이다. 이 주장은 특히 인도와 스리랑카에서 제기된 것이다. 정신성의 차원이 물질적 경제적 차원과 함께 고려될 때 통전적(wholistic) 인간성의 비전이 가능하다는 것이며, 아시아 신학의 깊이는 아시아의 정신성에서 찾아내져야 한다는 것이다.[37] 그래서 중남미의 해방신학자들도 그곳의 토착적 정신성을 종교 · 문화적 유산들에서 찾아내 재해석하려고 한다.[38]

정신성이라는 말은 종교 · 문화의 근거로서의 인간성을 의미하며, 역사적으로 전개되어온 개별적 종교들이나 문화적 유산들을 하나하나 가리키는 말은 아니다. 개별적 종교와 문화에는 많은 문제점이

---

37 Aloysius Pieris, "Towards an Asian Theology of Liberation," 앞의 책, 75-94.

38 이것을 Sergio Torres신부가 ATC II에서 지적한 바 있다. 그는 성령의 차원으로서의 영성과 다른 토착 종교 · 문화의 차원에서의 정신성을 언급했다고 생각된다.

있으며, 비판적인 재해석이 필요하나, 구체적으로 이 재해석의 방법과 표준이 제시되어 있지 않다. 다만 아시아의 종교·문화의 근거로서의 정신성의 의미가 물욕과 소유욕으로부터의 정신적 초월성으로서 '해방의 잠재력'을 내포하고 있다는 것이다. 바로 힌두교, 특히 불교의 '정신적 가난함'의 실천이 그 잠재력이라는 것이다."[39] 알로이시우스 피에리스(Aloysius Pieris)에 의하면, 피억압 경제적 빈곤으로부터의 제3세계의 해방은 필수적 조건이나 이것은 인간의 끝없는 탐욕 혹은 구미의 세계 지배와 점유의 탐욕을 해결할 수 없으며, 정신적 해탈 혹은 가난함으로 보충되어야 한다는 것이다. 그래야만 통전적 인간성과 자유가 성취된다는 것이다. 아시아 그리스도교는 아시아의 정신성과 가난함의 실천에 아주 푹 빠져들어야만 진정한 아시아 신학을 탄생시킬 것이요, 가난한 자를 위한 선교를 수행할 것이라고 한다. 이와 같이 피에리스는 해방신학을 보충하고, 구미의 물질문명 내부에 있는 탐욕적 정신성을 아시아의 종교성에 의해서 극복하려는 것 같다.[40]

이러한 아시아의 정신성 이해는 충분히 아시아 신학에서 고려되어야 하며 또한 그 문제가 다루어져야 한다. 피에리스는 힌두교나 불교의 초월적 정신성의 비역사적 성격을 전혀 고려하지 않고 또 그 종교성의 역사적 구현에 내포된 문제들, 인도의 카스트 구조, 숙명론적인 요인

---

39 Aloysius Pieris, 주 37의 글. 그는 여기서 종교를 두 형태, 즉 아프리카의 종교 형태와 같은 '우주적 종교'와 힌두교 불교와 같은 '초우주적 종교'로 분류하고, 전자는 이른바 animism과 같은 사회·경제적 차원을 포함하는 자연종교의 차원이고, 후자는 열반과 같은 개념이 제시하는바 초월성을 의미하는데, 전자의 차원을 포함한다는 것이다. 이 초우주적 정신성이 바로 정신적 해방의 잠재력이라는 것이다.

40 Aloysius Pieris, "Mission of the Local Church in Relation to Other Religious Traditions," 앞의 책, 30-42.

들, 미신적 요인들과 같은 문제들을 고려하지 않으며, 신학적 해석의 근거를 제시하지 않는다. 어떻게 아시아의 종교성 혹은 정신성이 오늘날 세계 질서의 문제 상황을 극복하는 데에 참여하느냐, 즉 어떻게 역사화, 맥락화하느냐 하는 문제와 어떻게 그 역사적 구현에 들어 있는 저 문제들이 극복되느냐 하는 문제가 답을 얻어야 할 것이다. 그래야만 아시아의 정신성은 '해방의 잠재력'을 행사할 수 있다. 초월적 정신성은 심오하고 아름답다. 그 초월성이 탐욕으로부터의 자유이기는 하나 탐욕의 질서의 역사적 극복을 위한 잠재력을 행사하려면 역사의 장으로 이끌어 내려져 역사화되어야 한다. 이러한 계기는 역사적으로 해방신학을 통해 제기된 것이며, 피에리스에 있어서의 그 정신성 개념은 이미 성서적 신앙과 해방신학에 의해 규정된 재해석이다. 어쨌든 아시아의 정신성은 해방신학의 한 계기가 되어야 한다는 것이 아시아 신학 계통에서 주장되는 바이다.[41]

제3세계 신학이 제3세계의 종교·문화를 다루어야 하는 이유는 주로 두 가지 점에서 말해졌다. 서양의 지배 세력은 그리스도교 종교의 정신적 뒷받침을 받아 식민지·피선교지의 토착적 종교들과 문화들을 제압했기 때문이며, 제3세계의 인간성은 그 종교·문화적 맥락에서 이해되어야 하기 때문이다. 그래야만 제3세계의 인간성에 대한 통전적 이해가 가능하다. 인간과 우주 자연에 대한 통전적 비전은 아시아 신학 계통에 있어서는 종교적 정신성에 근거한 것으로 생각되어 있다. 서양의 물질문명에 반하여 아시아의 정신 문화의 의의가

---

41 도교나 유교 사상의 종교적 차원, 무속, 동학과 같은 종교성은 고려되지 않았다. 일반적으로 '종교성' 혹은 '정신성'이라는 말들이 ATC I, 뉴델리회의, ATC II에서 논의되었으나, 종교들의 다양성과 문제들을 어떻게 취급하느냐 하는 물음은 논의되지 못했다.

강조되고 있다. 우리는 여기서 아시아의 종교·문화를 포괄적으로 취급할 수는 없다. 이 작업은 아마도 서서히 전개될 것이다. 다만 우리는 문제 제기와 신학적 해석의 근거와 역사화의 양식에 관해서 요점으로만 고찰하고자 한다.

인간과 우주 자연에 대한 통전적인 비전은 초월적 정신성에 있어서 환상적으로는 가능하지만, 역사적 과정에 있어서는 현실적으로 실현되지 못한다. 역사는 모든 것이 개별화하는 상대적인 장이다. 또 통전적인 비전은 모든 개별화된 종교들을 종합해야 하는데, 이것은 역사적 과정에서 성취되지 못한다. 우리가 그러한 시도를 하자마자 우리의 비전은 부분화되고 서로 충돌하게 마련이다. 그러나 통전적인 어떤 환상이라 해도 통전적인 의식과 동경은 필요하다. 이것은 우리의 부분성 상대성 불완전성을 승인하게 하고, 겸허하게 하기 때문이다. 이것은 그리스도교 종교에 관해서도 마찬가지다. 한 분 하나님, 한 분 예수 그리스도, 한 분 성령, 그의 종말적인 나라와 같은 주제들도 물론 아시아의 정신성과 마찬가지로 통전적 보편타당성을 요청한다. 어쩌면 이 때문에 그리스도교 선교가 이교도들을 무력으로라도 정복하려고 했을 법하다. 그러나 그것은 복음화가 아니다. 그리스도교 선교가 아시아의 종교를 다 그리스도교화를 이루었다고 가정하자. 그랬다면 서양 그리스도교 종교의 오만은 하늘에까지 충천했으리라. 하나님의 보편성은 서양에 구현된 그리스도교 종교의 보편성이 될 수 없다. 아시아의 초월적 정신성도 하나님의 보편성이 아니다. 그리스도교 종교는 다른 종교들과 함께 존재할 줄 알아야 한다. 그래야만 자체의 상대성과 불완전성이 인식되고 또 하나님의 이름 아래 망각된 인간 정신성의 차원과 문제를 마주 보게 된다. 그리스도교 종교의 정신성은 너무 탐욕스러운 물질문명에 업혀 있는 데 반해, 아시아의 정신성은 탐욕스러운 세상과 역사의 질곡을 넘어서는 초월과 자유의 심연을 의식하며, 심오하다. 이 정신은 서양의 물질문명 속에서는 상실되어 있다. 그러므로 그리스도교 종교는 아시아의 정신성에서 인간성을 재발견해야 한다. 저 '정신적 가난함'의 의의는 바로 이러한 그리스도교와 서양의 탐욕을 부끄럽게 하는 요인이다. 아시아의 정신성이든 그리스도교의 보편성 의식이든 서로 상대적으로 마주 설 때 대화의 길이 열리게 될 것이요 또 아시아 신학은 새로운 언어를 획득하게 될 것이다. 양자의 정신성은 다 인간성의 차원에서 해석되어야 할 것이며, 정신성으로서의 종교성은 양자에 있어서 동일하다. 아시아 신학 계통에서 주장되는 아시아 종교의 통전 의식은 비역사화의 문제를 안고 있다는 점을 고려해야 한다. 가령 우리가 종교·문화·자연에 관한 통전적 비전의 경지에 도달하고 도통했다고 하자. 그 경지에 이르면 아무 할 일도 없고 역사의 문제니, 죄악이니, 새로운 미래니 하는 따위의 말들은 그저 물거품 같은 것이므로 우리는 잠들어 버리고 말 것이다. 동양의 사변적인 심오한 종교성이나 사상은 그러한 초월경을 환상한다. 이러한 정신성이 어떻게 역사화될 수 있는가? 피에리스가 이러한 정신성과 역사적 문제의 극복을 무난하게 연결하는 근거가 무엇이냐 하는 물음이 제기되어야 한다. 그는 이미 어떤 역사적 현재에서의 결단, 즉 피억압적 경제 문제를 극복할 필요성에 대한 결단을 그리스도교 신앙의 견지에서 내렸고, 여기에서 아시아의 초월적 정신성의 역사적 의의를 해석한다는 사실이 지적되어야 한다. 이것은 다른 종교들을 그리스도교화하려는 자의적 의도가 되어서는 안 된다. 하나님이 역사에서 행위하시므로 또 역사적 과정에서 인간들이 억눌리고 고난받으므로 초월적 정신은 역사화, 맥락화되어야 한다. 중생의 구제는 정신적 초월을 통해 저절로 해결되지 않는다. 초월적 정신은 사실상 초월경에 머물러 있을 수 없다. 그것은 몸의 현실, 세계 질서 혹은 정치·경제 질서와 언제나 결부되어 있다. 종교들이 바로 그 초월의식 때문에 세계 질서의 문제에 대해서 어둡고, 여기에 휘말려 들면 잘못된 이데올로기의 역할을 하게 된다. 이러한 잘못된 역사화의 방향이 방지되려면, 지배와 피지배의 죄악의 역사 문제에 대한 인식과 그 극복을 위한 역사적 결단이 요청된다. 그리스도교 종교와 다른 종교들과의 대화의 방향은 정신성의 차원에서뿐만 아니라 올바른 역사화, 맥락화의 차원, 즉 몸의 현실의 차원에서도 열려야 할 것이다. 그렇지 않으면 종교적 정신성은 추상적인 허공에서 논해질 것이다.

III. 성령과 제3세계 신학

1. 성령과 제3세계

하나님이 역사에서 행위하신다는 신앙에 상응해서 신학은 역사적 맥락에서의 실천에서 시작한다는 제3세계 신학의 출발점,[42] 신학의

---

[42] 신학이 역사에서의 하나님의 행위로부터 출발한다는 기본 주장, 즉 신학의 역사성에 대해 칼 바르트가 그의 *Kirchliche Dogmatik*에서 얼마나 철저하게 관철시켰는가 하는 점은 제3세계 신학의 신학회의에 있어서 완전히 몰각되었다. 제3세계라는 신학의 출발점은 완전히 새로운 사건이지만 그럼에도 불구하고 제3세계 신학의 방법론은 바르트에게서의 저 원칙을 반영한다는 사실이 간과되어서는 안 된다.

이러한 역사·맥락화, 억압받는 가난한 자들의 신음과 해방의 요청에의 응답, 새로운 인간성과 정의로운 삶의 새로운 질서와 하나님의 종말적 구원의 주제들 — 제3세계 신학의 이 모든 특징이 다 성령의 차원을 가리킨다. 성령은 성서에 의하면 자유롭게 하는 하나님의 영이다. 전통적으로 성령은 우선적으로 교회의 영이요, 믿는 자의 영으로서 생각되었다. 성령의 자유는 그렇게 한정될 수 없다. 제3세계 신학의 판별이 옳다면, 자유로운 성령의 역사는 신음하는 눌린 자, 가난한 자의 장에서 일어난다. 그는 기구화된, 성령과 인간의 자유를 감당할 수 없는 기구화된 교회의 틀 속에 머물러 계실 수 없다. 그는 오만한 지배자의 세계로부터 신음하는 제3세계로 옮겨오셨다. 제3세계에서의 신학의 맥락화가 참이라면, 바로 그의 옮겨오심을 의미한다. 서양 그리스도교는 이제 제3세계의 신음과 여기에서 탄식하시는 성령의 음성을 들어야 그의 구원의 역사에 참여하게 될 것이다.

전통적으로 가톨릭교회의 신학은 하나님의 부성(父性)의 형상을 더 반영한다. 가톨릭교회의 위계질서와 그 언어가 그렇다. 그의 부성은 지금까지 교회 질서에서 너무도 지배자 남성의 형상과 서양의 지배 세력에 합류해버렸으므로 재해석이 필요하다. 프로테스탄트 신학은 가톨릭교회의 위계질서에 반립해서 아들 예수 그리스도에게 집중하는 그리스도론적 특징을 가진다. 여기서도 대체로 아들의 형상은 너무도 남성 지배의 교회와 세계 체제로 오용되었으며, 역시 여성신학의 비판의 표적이 되어 있다. 필자는 『한국민족과 여성신학의 과제』라는 책자에서 하나님의 부성과 예수 그리스도의 아들 됨에 대해 여성신학적 관점으로부터의 재해석을 시도했다. 여기서 다만 지적해두고 싶은 것은 그러한 서양 그리스도교 전통에서의 특징들은 성령의 차원에 의해 보충될 필요가 있다는 점이다. 성령은 하나님의 영으로서 인간성 안에서 인간성을 새롭게 하는 생명력이요, 인간성 구원의 능력이다. 본래 전통적으로 성령은 구원론의 차원인데, 성령의 구원의 역사가 세계 상황에서 왜곡되어 왔으므로 이제 제3세계의 문제 상황에서 새롭게 해석되어야 한다. 제3세계 신학이 대두할 필연성은 바로 구원론의 차원이다. 성령의 역사가 새롭게 해석됨으로써 하나님의 아버지 됨과 예수 그리스도의 아들 됨의 구원론적 의미가 새롭게 파악되어야 할 것이다.

2. 성령과 종교

제3세계 신학이 다른 종교들을 고려하지 않으면 안 되는 이유가 앞에 제시되었다. 그렇기 때문에 신학의 원천, 즉 하나님의 계시가 다른 종교들에서도 발견된다고 주장하나, 이것은 대단히 불확실한 주장으로 남아 있다. 다른 종교들의 어떤 요소들이 어떠한 의미에서 하나님의 계시인지가 전혀 제시되어 있지 않다. 만일 그것들로부터 우리가 제3세계의 문제 상황으로부터의 해방과 구원을 위한 하나님 계시의 원천들을 읽어낸다면, 그것은 우리가 이미 그것들을 성서적 신앙의 빛으로부터 해석한다는 것을 의미한다. 그렇게 해석하는 근거는 성서적 증언에 의한 신앙이라는 사실이며, 성서적 증언이 신학의 원천이라는 말이다. 종교적 정신성은 성령에의 신앙에 의해서 재해석될 수밖에 없다. 성령은 종교적 정신성이 아니며, 이 구별 없이는 우리는 헤어날 수 없는 혼란으로 떨어지고 만다. 한 분 성령, 자유의 영, 생명의 영에의 신앙에 입각해야만 우리는 종교적 정신성을 새롭게 해석할 수 있다. 이 경우에 성령은 신학의 원천이라는 뜻이며, 종교적 정신성은 그리스도교적 정신성이든 다른 종교의 정신성이든 신학의 소재이며, 원천이 아니다. 종교적 정신성의 원천은 창조자 하나님의 영이 아니겠는가.

성령에 대한 신앙에 입각해서 종교적 정신성이 재해석된다면, 그 정신성의 표상, 즉 신, 귀신, 영, 망령, 상징과 같은 환상적 표상들이 신학의 소재가 될 수 있다. 그것들이 하나님의 신성과 혼동될 때 우상으로 둔갑하게 되므로 예언자들에 의해서 정죄된 것이다. 서양 그리스도교 선교는 서양의 지배 문화라는 물질문명의 우상과 합리성을 가지고 그 표상들을 정죄했으며, 그것들의 정신적 의미와 문제를 제대로 이해하지 못했다. 그것들은 인간사와 자연의 신적 근거를 환상적으로 표출한 것이다. 물론 그것들은 미신, 혼돈, 악마적 요인, 숙명론적 자유 상실 등의 온갖 문제들을 내포하고 있으며, 역사의 방향을 판별할 수도 없고, 비역사적이다. 역사(歷史)에서 역사(役事)하는 성령은 다름 아니라 역사의 미래, 미래로 향하는 자유의 영이다. 한 분 성령, 역사의 구원의 영에 대한 신앙은 그러한 종교적 환상물들을 특정한 역사적 맥락에서 재해석할 수 있다. 예컨대 그러한 환상물들은 눌린 자의 해방을 위한 언어와 형상으로서 재현될 수 있다. 또 그것들은 인간 정신의 문제와 구원의 필요성을 제시하는 것들로서 재해석될 수 있다.

역사에서 역사하는 영에 대한 신앙은 초월경에 머무는 비역사적인 정신성을 올바르게 역사화 맥락화할 수 있다. 초월적 정신은 본래적으로 자유의 가능성이고, 주어진 세계 질서의 문제를 직관하는 능력이며, 이것에 매여 있지 않으려는 초월적 인간성의 차원이다. 그러나 이 초월성 그 자체로는 역사성 혹은 미래로의 역사의 방향을 상실해버리고 어떤 과거적 차원, 말하자면 원시성으로 되돌아가 버리고 만다. 정신성은 본래 근원성을 의미하므로 역사의 방향을 상실하면 근원적 원시성으로 초월해버리고 만다. 원시성이란 신적인 차원에 접하는 정신성을 의미한다. 종교적인 환상물들은 그 원시성으로부터 나오며 또 거기로 꺼져버린다. 즉, 그것들은 정신성으로 환원될 수 있다. 정신은 그리스도교적 정신이든 다른 종교의 정신이든 그리고 인지하든 인지하지 못하든 역사에서의 성령의 역사하심과 역사의 지속에 힘입어 미래로의 역사 변혁의 잠재력을 발휘할 수 있다. 역사의 변혁은 물질에 의해서 저절로 이루어지는 것이 아니다. 역사 변혁의 결정적 계기로서의 경제적 조건은 자유로운 정신의, 몸의 조건이다. 유물론적 역사 혁명의 개념도 이 정신적 계기를 지니고 있다.

3. 성령과 여성

제3세계 신학, 흑인 신학, 민중신학, 여성신학과 같은 오늘의 소리는 다 인간성의 문제에 총집중하며, 인간과 세계와 역사의 구원이라는 주제를 의미한다. 이것은 곧 성령의 차원이다. 신학 전통에 있어서 성령은 교회의 영, 즉 신앙 공동체의 영으로서 인간 내부로부터 역사하고 인간을 자유롭게 하는 새 인간, 새 생명의 근원이다. 성령의 그러한 의미는 바로 피억압자들의 외침으로부터 새롭게 읽어내어진다는 사실이다. 이러한 신학적 사건은 신학 전통에 있어서 전적으로 새로운 것이다. 성령은 진리의 영, 혀의 능력으로서 눌린 자들로 하여금 말하고 예언하게 한다. 사도행전 2장에 묘사된 성령강림과 초대교회의 선포의 사건이 여기에서 비교 참조되면 좋다. 제3세계 신학은 새 하늘, 새 땅을 갈망하는 징조를 제3세계 인간성 내부로부터 읽어내며, 제3세계의 언어, 종교·문화의 언어를 제3세계의 해방을 위한 예언자적 의미로서 해석해내야 한다고 제창한다.

남성 지배의 교회 체제에 있어서 남성이 하나님을 대변해오면서도 교회 공동체적 인간성은 여성으로서 표상되어 왔다. 여성은 여기에서 새 인간성의 표징이 아닌가. 그리스도교 전통은 남성적 지배 체제 때문에 자체가 말한 이 표징을 상실해버렸다. 이제 피지배자들과 여성들의 소리에서 성령의 표징은 읽어져야 한다.

제3세계의 억압받는 가난한 여성들의 신음은 인간성 안에서 새로운 인간성의 탄생을 위해 탄식하는 성령의 표징이다. 성령은 새롭고 자유로운 인간성과 자연의 탄생의 어머니이다. 여성의 어머니 됨의 의미는 여기에서 종말적 구원의 의의를 지니게 된다. 이것이 진리라면, 이는 진리의 영의 역사하심의 사건이며, 신학자가 임의대로 꾸며대는 말이 아니다. 성령의 역사하심이 어느 특정한 역사·맥락과 문제 상황에서 일어난다고 고백될 때에는 그 이전의 모든 역사·종교·문화의 유산들이 이 고백되는 사건으로부터 비판되고 재해석되므로 이것들의 언어가 되살아나서 그 역사·맥락의 말이 된다. 제3세계의 언어, 여성의 언어가 그리스도교 전통의 언어에 변혁과 재발견을 가져올 것이다.

교회 연합과 민족통일*

I. 세계기독교교회협의회(WCC) 신앙과직제위원회의 동향

필자는 세계기독교교회협의회 신앙과직제위원회(Commission on Faith and Order, FO)의 위원으로서, 1985년 8월 13일부터 26일까지 노르웨이의 스타방에르(Stavanger)에서 개최된 FO 전체회의[1]에 참가했는데, 이 글에서는 그 회의의 토론 주제들과 방향에 관해서 약술한 다음에[2] 이와 관련해서 교회 연합 운동의 과제와 민족통일 과제의 상호 연관성을 간단하게 논하고자 한다.

스타방에르에서의 토론 주제들은 「리마문서」(Lima Documents)에

---

* 이 글은 한국 NCC의 「교회와 세계」 1986년 1월호에 실린 것이다.
1 그 전체회의에는 120명의 위원들, 즉 초빙된 세계 교회 대표들을 비롯해서 여기에 직원들을 합하여 약 150명이 참가했다. 그들은 대체로 신학자, 교수, 교계 지도자들이었다. 특히 여성 참여율이 종전보다 증가했다고 하며, 로마가톨릭교회의 공식 대표들도 참가했다. FO는 1910년부터 시작되었으며, 이번 회의에서 그 75주년 축하식이 있었다.
2 필자는 그 회의에서의 토론을 위한 문서, 강연, 보도, 세계 교회들의 서신 그리고 토론 내용 보고문에 의거해서 서술하고자 한다.

포함된 내용이었는데, 이 문서는 1982년 페루의 리마(Lima)에서의 FO 전체회의에서 공식적으로 채택된 것이며, 1983년 캐나다의 밴쿠버(Vancouver)에서의 WCC 제6차 총회에서 인준된 것이다. 이 문서는 사도적 신앙의 표현으로서의 세례, 성만찬, 사목[3]에 관해서 신학 전통에 있어서 여러 가지 불일치점들을 극복하여 기초적인 일치점으로 수렴하면서 교회 연합을 향한 문서이다. 이 문서는 또한 사도적 신앙의 에큐메니컬한 표현으로서의 고대 니케아 콘스탄티노플 신조에 관한 연구 과제를 포함하고 있으며 또한 교회 연합과 인류 공동체 갱신이라는 대단히 힘겨운 그러나 취급해야만 하는 주제를 포함하고 있다. 그 문서는 FO뿐만 아니라 WCC 자체의 에큐메니컬 운동과 방향에 대하여 결정적인 의의를 지니는 사건으로 평가되고 있다. 스타방에르에서의 토론 주제들을 다시 명시하자면, ① "세례, 성만찬 그리고 사목", ② "오늘의 사도적 신앙, 니케아 콘스탄티노플 신조"(Nicene-Constantinopolitan Creed, NC 신조), ③ "교회 연합과 인류 공동체 갱신"이다. 리마문서 공식 채택과 더불어 FO의 사업은 ① '세례, 성만찬, 사목'(BEM)[4]에 관한 세계 교회들의 토론 · 응답 · 수납 과정을 추진시키는 일, ② 오늘의 사도적 신앙, NC 신조에 대한 공동 인정, 공동 해설, 공동 고백을 위한 세계 교회들의 응답과 토론을 전개하면서 그들에 의한 교육과 사용 방법들을 모색하게 하는 일, ③ '세례, 성만찬, 사목'과 사도적 신앙에 기초하는 교회 연합 운동을 분열된 세계의

---

3 WCC, *Baptism, Eucharist and Ministry*, Faith and Order Paper, No. 111 (Geneva, 1982). 이 책자는 한국기독교장로회 총회에 의해서 『세례 · 성만찬 · 사역』이라는 제목으로 번역되어 있다.

4 한국기독교장로회 역, 『세례 · 성만찬 · 사역』, 세계기독교교회협의회 신앙과직제위원회 편.

갱신 혹은 인류 공동체의 갱신과 결부시켜 전개하는 일이다. 이번 스타방에르에서의 토론 결과와 제의들을 참작하는 부분적 협의회들을 거쳐서 문서들이 회원교회들에 전달될 것이며, 그들의 응답에 관한 토론이 1989년의 FO 세계대회에서 전개될 것이고, 그 문서들이 1991년 WCC 제7차 총회에 제시될 것이다.

1. BEM에 관해서

첫째, 세례에 관련된 주요 분열 계기는 세례 집례자의 권위가 고대 로마제국의 기독교 박해와 배교 성직자들에 반대해서 논란되어 교회 분열을 초래한 일, 16세기 종교개혁 당시 가톨릭교회의 권위를 거부한 재세례파(Anabaptists)와 교회·사회질서를 어지럽힌다고 해서 이 종파에 대한 주류 종교개혁 계통에 의한 박해 사건, 세례와 신앙의 불가분성을 제창한 침례파의 유아세례 거부와 이 전통이 그 계기들이다. 유아세례의 타당성 문제는 BEM에 관한 토론에 있어서 아직도 미해결로 남아 있다.

둘째, 성만찬에 관한 역사적 주요 분열 계기는 가톨릭교회와 종교개혁, 루터파와 개혁파, 이 두 종교개혁 계통과 개신교 종파들 사이에서 벌어진 것들이다. 가톨릭교회는 성만찬을 예수 그리스도의 십자가의 희생 제사의 반복으로서, 따라서 그 집례를 제사 행위(sacrifice)로서 이해했으며, 이 제사 행위의 권위가 강조되었다. 종교개혁자들은 그러한 제사 개념은 예수 그리스도의 일회적, 반복될 수 없는 희생의 행위와 은혜를 약화시키며 사제의 제사 행위를 강조하는 율법주의라고 비판했고, 예수 그리스도의 은혜와 우리의 신앙을 강조했다. 루터파와 개혁파 사이의 쟁점은 성만찬에 있어서 예수 그리스도의 현존의 양식에 관계된 것이다. 전자는 그의 육체적 현존, 즉 성만찬의 말씀과 성만찬의 물질 표징들과의 연합을 강조한, 말하자면 실재론을 역설한 데 반하여 후자는 그의 현존을 성령의 형식으로, 즉 영적인 현존을 역설했다. 그런데 루터파나 개혁파를 비롯한 주류 종교개혁 계통, 즉 복음주의 교회 전통은 세례와 성만찬을 그리스도의 구원의 실재적 매체로 이해했다는 점에서 모두 실재론적이다. 이에 반하여 종교개혁 좌파들 혹은 종파들은 세례와 성만찬을 상징에 불과한 것들로서 이해했고, 신앙의 실제적 체험을 강조했다. 그러한 신학적 차이점들은 지금도 상존한다. 저 리마문서는 그러한 차이점들을 가능한 한 제거하려고 하면서 성서적 신앙의 공동 근거에 입각해서 재해설을 시도한 것이다. 예컨대 '희생 제사'라는 말이 그 문서에 나타나 있으나 예수 그리스도의 십자가의 일회성과 은혜, 의인과 구원의 의미가 제시되어 있다. 이번 스타방에르에서의 토론에 있어서 그러한 말에 대한 문제가 제기되기는 했으나 대체로 저 리마문서에 대해서 호의적인 경향이었다.

셋째, 역사에 있어서 사목에 관한 주요 논쟁점들은 말씀과 예전, 성서와 예전, 성서와 전통의 관계에 집중되었는데, 가톨릭교회는 예전과 전통을 강조한 데 반해 종교개혁은 성서와 말씀으로서의 예전을 우선적으로 제창했으며, 사목의 우선적 직책을 말씀의 선포라고 이해했다. 다른 개신교파들은 성서를 강조하면서도 신앙의 내적 체험을 사목의 우선적 관심사로 생각했고, 지금도 대체로 그러한 경향을 보인다. 이러한 교파들은 대체로 무(無)신조적 교회(non-creedal churches)라고 지칭된다. 정교회는 BEM에 대한 이해에 있어서 대체로 로마가톨릭교회에 접근한다. BEM에 관한 저 리마문서는 가능한 한 교회들 사이의 그러한 교리신학적 차이점들을 넘어서서 성서와 사도적 신앙 전통의 공동 근거에 입각해서 BEM의 교리적 통일성을 간결하게 재해설한 것이다.

　FO 총무실은 BEM에 관한 리마문서에 대하여 세계 교회들의 공식 논평·응답을 1985년 말까지 보내주도록 요청했으며, 6월까지 28개의 서신 응답들이 전달되었다. 그것들은 대체로 북부 서양 교회들의 응답이었다. 제3세계 교회들의 관심사는 BEM과 같은 교리 문제에 집중되어 있지 않았고 또 그들에게는 리마문서 번역 문제가 있다. 로마가톨릭교회의 기독교일치추진 총무실은 이미 1982년, 83년에 BEM 문서에 대한 응답을 세계가톨릭주교회의에 요청했으며, 공식 응답들이 WCC에 전달되었다. 정교회는 1985년 6월 미국 보스턴에서 FO의 후원으로 범정교회(Pan Orthodox Church) 심포지엄을 개최했으며, 리마문서의 공식 수납을 표명했다. 여기에서 공식 수납이라고 함은 고대 교회의 교리들과 동일한 수준에서가 아니라 로마가톨릭교회와 개신교들과의 숙고와 토론 혹은 수납 과정에 적극적으로 호응한다는 의미에서의 공식 인정이며, BEM에 관한 언어와 해설 문제들을 지적했다.[5] 성공회는 BEM 문서에 관한 에큐메니컬 대화를 위해서 지침서를 준비하고 있다고 하며, 주교·신학자·평신도에 의한 공식 토론의 계기들을 추진시키고 있다. 한국에 있어서도 공식 협의가 있어야 할 것이다.

　이번 스타방에르 토론에서도 참여자들은 BEM 문서에 대해서 대체로 적극적이었다. 거기에서 제기된 주요 문제들은 한편으로는

---

5 1986년 2월경에 Pan Orthodox Church의 협의회가 또 개최될 예정이다.

교리신학적 해설에 관계된 것들이었고, 다른 한편으로는 세계의 정치·경제·사회, 평화와 정의, 인종차별, 타 종교와 문화 전통에 관계된 것들이었다. 신조적 교회, 특히 정교회는 전자에 더 민감하였고, 무신조적 교회, 특히 제3세계의 교회들이나 흑인계 교회들은 후자에 더 관심하는 경향이었다. 리마의 BEM 문서가 이 후자의 문제들에 관해서 불충분하다는 논평은 더 진전된 BEM 해설 혹은 토론에 있어서 지금까지의 교회 전통과는 다른 새로운 신학적 방향을 암시해준다. 다시 말하자면 세례는 새로운 인류 공동체의 표지이며, 성만찬의 공동체는 인종차별과 세계 분열을 극복하는 정의와 평화의 표지, 하나님 나라의 표지이며, 사목은 하나님 나라를 선포하는, 그래서 인류 공동체를 그의 백성이 되도록 소명하는 예언자적 직분을 수행해야 한다는 것이다. 그와 같이 BEM에 관한 교리적 문제가 세계 전반의 문제와 불가분하다는 의식은 교회 전통에 있어서 새로운 현상이며, 에큐메니컬 운동의 원칙적이고 올바른 방향을 암시해준다. 여성목회는 로마가톨릭교회와 정교회를 제외하고는 거의 모든 교파에 의해서 인정되고 있으나 그 문제가 거의 논의되지 않았다. 그러나 세계 교회의 대세는 결국 여성 목회의 타당성을 부인할 수 없다는 방향을 역력히 말해준다.

2. 오늘의 사도적 신앙 ─ NC 신조에 관해서

이 주제에 관한 연구 과제가 리마문서에 포함되어 있다. NC 신조는 381년 니케아·콘스탄티노플에서의 공의회의 삼위일체론적 신앙고백문이며, 사도적 신앙의 한 교리적 정식으로서 오늘의 에큐메니컬 운동의 계기로서 채택된 것이다. NC 신조는 본래 종교개혁자들에 의해서 논란되지 않고 수납된 것이다. 이러한 역사적 사실이 저 채택의 기본 동기였다고 생각한다. 이 주제는 1978년 뱅갈로르(Bangalore)에서의 FO 전체회의 이후 "오늘의 사도적 신앙의 공동 표현을 향하여"(Towards the Common Expression of the Apostolic Faith Today)라는 주제의 연속이다. 이것이 1982년 리마에서의 전체회의에서 인준되었으며, 그 연구 과제는 ① NC 신조에 표현된 사도적 신앙의 공동 인정, ② 교회들의 현재적 상황에서의 공동 해설, ③ 오늘의 공동 고백을 위한 토론의 협의회 혹은 계기를 촉진하고 방법을 전개하는 일이다.

우선 FO 총무실에 전달된 세계 교회들 혹은 세계협의체(Christian World Communions)의 서신들에 근거해서 그들의 신조적 상황을 일별해 보기로 한다. 세계 성공회(Anglican Communion)에 의하면, NC 신조는 모든 성공회 교회의 성만찬 예배에 있어서 매 주일 사용되고, 사도신경은 매일의 조석 기도회에서 사용된다. 침례교 세계연합(Baptist World Alliance)에 의하면, 침례교는 무신조적 교회로서 NC 신조나 다른 신조들을 공식적으로 인정하지는 않으나 삼위일체론적 신앙에 관해서 가톨릭교회와 정교회의 입장에 접근한다고 한다. 형제교회(Church of Brethren)는 사도적 신앙의 우위성을 강조하면서 어떠한 신조적 진술도 그것을 다 포함하지 못한다고 한다. 그러나 그것의 진술로서의 신조 혹은 신조를 중요시한다고 한다. 루터파 세계 연맹(Lutheran World Federation)에 의하면, 루터파 교회들은 1530년의 아우크스부르크 신앙고백문(Augsburg Confession)을 사용하는데, 이것은 사도신경과 NC 신조를 포함한다는 것을 의미한다. NC 신조는 주로 성찬 예배의 신조로 사용되는데, 사도신경에 의해서 대치되기도 한다는 것이다. 1934년의 바르멘 선언문은 오늘의 신앙고백에 있어서 가장 영향력을 가지는 것이라고 한다. 세계감리교협의회(World Methodist Council)에 의하면, 감리교는 사도신경과 고대 교회의 첫 네 공의회의 신조, 즉 NC 신조와 칼케돈 신조에 포함된 교리들을 모두 수납하고, 예배 의식에서 사용하나 때로는 생략하기도 한다. 또 한국감리교는 한국감리교 신조(Korean Creed)를 사용하기도 하고, 경우에 따라 현대적 선언문들이 사용되기도 한다는 것이다. 정교회는 NC 신조를 예배 시나 성찬예배 시 봉독하기도 하고, 찬송으로 노래하기도 한다. 로마가톨릭교회도 유사하게 NC 신조를 사용한다. 미국의 개혁파 에큐메니컬 의회(Reformed Ecumenical Synod)에 의하면, 서양 교회들은 예배·성찬식·교리문답 때에 일반적으로 사도신경이 사용되고 NC 신조는 덜 사용되는 경향이라고 한다. 개혁파 세계연합(World Alliance of Reformed Churches)에 의하면, 개혁파교회들은 NC 신조나 다른 고대의 신조들을 때때로 예배 시에 사용한다고 한다. 그러나 그들 중 회중교회는 신조들에 대해 비판적 보류라는 입장을 갖고 있다. 예배 시에 성서의 말씀이 가능한 한 사용되어야 한다고, 사목과 신앙의 척도는 신조에 대한 고백을 요청하지는 않는다고, 그러나 회중교회의 신조적 진술들은 고대 교회의 신조들을 포함하고 있다는 것이다. 체코슬로바키아의 교회들, 몇몇 교파들을 포함하는 교회들의 응답 서신에 의하면, 그들은 본래 종교개혁의 핵심적 의도에 접근한다. 즉, 신조 혹은 신조들보다 '복음의 살아 있는 말씀', 살아 있는 교회 선포가 우선되어야 한다는 것이다. 교회의 살아 있는 증언은 동시에 선교하는 증언이라는 것이다. 신성로마제국의 서양 기독교 전통은 식민주의적 선교를 했으니 선교의 의미를 왜곡시켰다는 것이다. 신조의 순수성은 살아 있는 현재적 증언, 세계에 대한 올바른 증언과 결부될 때 살아나온다는 것이다. 북미 기독교교회협의회의 신앙과 직제위원회의 응답 서신에 의하면, 이미 1982년에 리마문서를 세밀하게 평가했다. 또 1983년과 84년에 NC 신조와 신조들에 관한 토론회가 있었다. 1982년부터 84년 사이의 그 위원회의 과제는 ① 사도적 신앙에 대한 오늘의 해석, ② NC 신조의 인정과 고백 문제들에 관한 연구였다. 교회 연합을 위해서 리마의 BEM 문서의 중요성이 대체로 인정되었다. 1985년부터 1987년 사이의 연구 목표는 사도적 신앙 — NC 신조의 계속적 연구와 아울러 교회 교육 프로그램에 있어서 청년들을 위하여 사용될 방법에 관한 것이다.

스타방에르에서의 토론도 NC 신조에 대하여 대체로 긍정적이다. 교회들에서의 그 신조의 사용 방법이 제안되었으며, 성만찬 의식이나 송영의 형식으로 또 찬송가로 사용됨이 좋다는 것이다. 세계 교회들에서의 사도적 신앙 — NC 신조의 공동 인정 · 공동 해설 · 공동 고백의 방법과 교육의 방법이 계속 연구될 것이다.[6] 그 신조에 관련해서 제기된 문제점들을 요약해서 말하자면, ① NC 신조는 성서와 사도적 신앙에 근거해서 계속 검토 해석되어야 한다는 것, ② 그것은 피조물의 통전성을 회복하는 빛이 되어야 하고, 오늘의 세계의 문제들, 예컨대 억압과 죄악, 피억압 인종, 낭비와 자연 파괴, 분열된 세계에서의 평화의 파괴와 같은 문제들을 극복하는 해답이 되어야 한다는 것이다.

---

6 들은 바에 의하면 한국장로교통합 측에서 BEM에 관한 협의회가 있었다고 하며, 일부 기독교 장로교 측에서도 어떤 협의회가 있었다고 하나 교회 연합의 차원 혹은 한국 NCC 차원에서는 아직 BEM에 관한 공동협의회가 없었다. 또 사도적 신앙 — NC 신조에 대한 협의회는 어느 교파에서도 계획되어 있지 않으며, 에큐메니컬협의회도 전혀 진척되어 있지 않다.

이러한 문제 제기들은 교회 연합의 이중적 과제, 즉 성서의 사도적 신앙에 기초한 교회 전통 혹은 NC 신조를 비롯한 신조들에 대한 재해석의 필요성, 즉 교회 자체의 근거 문제에 해당하는 과제와 오늘의 세계와의 그 관계성 문제에 해당하는 과제이다.[7] 이러한 이중적 과제는 WCC의 에큐메니컬 운동의 영속적인 원칙이 될 것 같다. 여성신학적인 관점에서 제기된 문제는 주로 사도신경이나 NC 신조에서의 하나님 '아버지' 칭호에 관계되어 있다. 그 아버지 칭호가 어떻게 가부장적이 아닌 의미로 사용될 수 있는가 또 그 칭호는 여성적 속성들을 포함하는가 하는 문제가 제기되기는 했으나 스타방에르에서는 전혀 토론되지 않았다. 하나님을 '어머니'로 호칭할 수 있는가 하는 문제도 미해결의 문제로 남아 있다.[8]

3. 교회 연합과 인류 공동체 갱신

이 셋째 주제 아래서 세 가지 제목들이 토론되었는데, ① "신비와 예언자적 표징으로서의 교회", ② "여성들과 남성들의 공동체", ③ "정의와 평화 문제들에 대한 크리스천 응답·태도들에서의 이데올로기들, 문화들, 사회체제들의 상호 영향"이라는 소제목들이다.[9] 이

---

7 "사도적 신앙의 빛에서의 피조물의 통전성"이라는 제목이 바로 NC 신조의 삼위일체론에 대한 토론의 일부분으로서 스타방에르에서 취급되었다. 이 제목은 에큐메니컬운동의 저 이중적 원칙을 단적으로 말해준다.

8 스타방에르에서의 토론의 관심이 BEM과 NC 신조에 집중되어 있었으므로 BEM과 NC 신조에 관한 여성신학적 해석 문제는 분과토론에서 거론되기는 했으나 주요 관심이 여기에 집중될 수 없었다는 사실이 아쉽다.

9 "교회 연합과 인류 공동체 갱신"이라는 주제도 리마문서에 포함되어 있다. ① 제목은 1985년 1월 프랑스의 샹티에에서 협의된 것이며, ② 제목은 1985년 9월에 체코슬로바키아의 프라

셋째 주제는 사도적 신앙 — NC 신조에 포함된 교회론에 해당하는 것이며, 교회 연합은 인류 공동체 갱신 없이는 또 인류 공동체 갱신은 교회 연합 없이는 성취될 수 없다는 신학적 방법론을 말해준다. 이러한 이중적 주제는 사도적 신앙 — NC 신조에 관련된 이중적 의미, 즉 이것의 세계 문제에서의 의미에 대한 연구 과제와 동일하다. BEM 문서에 대한 주요 비판점도 이미 지적한 바와 같이 그러한 이중적 관심으로부터 제기된 것이다. 에큐메니컬 구심점들로서의 BEM 재해설도 사도적 신앙 — NC 신조에 대한 오늘의 공동 해설과 공동 고백도 모두 세계 문제들에 대한 해답의 빛으로서 인류 공동체 갱신이라는 목표에 직결되어야 한다. 그렇지 않고서는 교회가 세계에 대해서 예언자적 직분을 수행할 수 없으며, 하나님 나라의 의(義)와 평화를 증언할 수 없다. 그러한 이중적 주제에 대한 WCC의 의식은 특히 제3세계의 도전, 서양 기독교 전통에 대한 도전으로 확연해졌다는 사실이 주목되어야 한다. 여성들과 남성들의 공동체에 관한 토론에서는 특히 제3세계 문제와 여성의 시각이 고려되어야 한다는 점이 강조되었다.

그리고 위의 ③ 자체는 그 표현에 있어서 애매모호하기는 하나 그에 관한 토론 내용에 관해서 몇 가지 주목할 사례들이 있다. 남미의 경우 국가권력 체제에 대한 이데올로기적 지지를 보여 온 가톨릭교회

하에서 후속 토론될 예정이었으며, ③제목은 1986년 6월에 제3세계 어느 장소에서 WCC의 다른 위원회들과 협동으로 후속 토론될 예정이다. ③ 제목의 표현 양식 자체는 모호성을 가지고 있으니 오늘의 분단된 세계의 문제, 서양 자본주의 이데올로기와 결탁해 온 기독교 전통의 문제를 지적해주지 않는다. 어쨌든 "교회 연합과 인류 공동체 갱신"이라는 이중적 주제는 1970년대부터 FO의 연구 과제였으니, "The Unity of the Church: The Unity of Humankind", "A Common Account of Hope", "Racism in Theology" 혹은 "Theology against Racism" 등의 주제들이 연구되어 왔으며, 이제 저 셋째 주제에 내포되기에 이르렀다.

에 반하여 기초 공동체론, 즉 가난한 자들의 공동체로서의 교회론이 논의되었다.[10] 불가리아의 정교회는 평화와 사회정의를 오랫동안 제창해 왔고, 동유럽에서의 구사회체제 해체를 위한 협의회 활동을 전개해 왔으며, 핵무기 배제 운동을 진행하고 있다. 또한 성서 · 교부 · 신학 전통이 사회 · 정치 문제 및 평화 · 정의 문제와 직결되어 재해석되어왔다. 서양 기독교 전통이 서양 제국주의 · 식민주의 및 자본주의 · 식민주의와 결부되어 오랫동안 지배자 이데올로기 구실을 해왔다는 사실은 스타방에르 회의에서 전혀 토론되지 않았다. 이 문제가 토론되고, 그 문제점이 극복되지 않고는 우리는 한국 민족의 분단 상황을 극복할 수 없다.

WCC 혹은 FO의 저 세 가지 핵심적인 주제들은 교회 연합 운동에 있어서 원칙적으로 또 방법론적으로 옳다. 특히 BEM이나 사도적 신앙 — NC 신조와 같은 교회 내적 주제들 자체가 세계 문제들 혹은 인류 공동체 갱신의 목표에 직결되어 재해석되어야 한다는 의식은 교회 역사에 있어서 새로운 사건이며, 계속해서 추구되어야 할 WCC 방향을 암시해준다. 그러나 WCC 혹은 FC가 안고 있는 핵심적 문제는 그 주도 세력이 서양 대교회들이라는 점, 이들의 관심사는 저 이중적 주제, 즉 교회 연합과 인류 공동체 갱신에 있어서 전자에 더 기울어져 있다는 점이다. 그러한 한계성은 교회 연합 운동으로 하여금 서양 기독교 전통의 통전성 회복을 지향하게 하는 경향을 띠게 되고, 따라서 세계에서의 지배 · 피지배의 문제들이 집약된 제3

---

10 가난한 자들의 기초 공동체로서의 교회론은 바로 남미 해방신학의 교회론이며, 그러한 공동체 운동이 상당히 전개되었으나 교회 공동체들은 아직도 대체로 서양 지배의 구질서 내에 머물러 있는 상황이다.

세계에 대한 새로운 해답을 주지 못하게 될 것이며, 따라서 인류 공동체 갱신이라는 목표는 공허한 말이 될 수밖에 없다. 이러한 문제는 FO의 문제만이 아니고, 세계 교회 전반에 걸친 문제이다. 그러한 한계성 극복은 WCC의 운동 자체에만 달린 게 아니라, 제3세계의 교회와 민족이 주체적으로 자신들의 자유를 쟁취하고 세계 평화와 정의를 실현하는 역사적 과정에 참여하느냐, 하지 않느냐의 여부에도 달려 있다.

II. 교회 연합과 민족통일

첫째, BEM과 사도적 신앙이 교회 연합의 내적 주제들이면서 동시에 인류 공동체 갱신이라는 세계 문제에 대한 해답으로서 추구될 수밖에 없듯이 한국교회 연합의 과제는 민족 공동체 갱신 혹은 민족통일의 과제와 결부되어 연구 추진되어야 한다. 이 상관성의 첫째 이유는 서양 기독교가 세계 분단을 예비하고 지속시키는 요인이 되어왔듯이 한국에서의 기독교 선교와 교회도 민족 분단과 그 지속의 요인이 되어왔으므로 이제 세계 교회 연합은 세계 분단을 극복하고 한국교회 연합은 민족 분단을 극복하는 계기가 되어야 하며, 이것은 민족에 대한 또 분단된 세계에 대한 교회의 책임이다.[11] 세계와 민족의 죄악이

---

11 스타방에르에서의 토론에서는 세계 분단에 대한 기독교의 책임 문제가 전혀 취급되지 않았으나 어쨌든 인류 공동체에 대한 교회의 예언자적 책임 문제는 계속 추구될 것이다. 세계와 민족 분단에 대한 기독교의 책임 문제에 관해서는 박순경, "기독교와 공산주의의 이론과 현실,"『하나님 나라와 민족의 미래』(기독교서회)와 "여성이여 깰지어다 일어날지어다 노래할지어다,"『한국민족과 기독교 선교의 문제』, 한국기독교 100주년기

집결 응집된 민족 분단의 상황, 민족의 고난의 원천인 민족 분단의
상황을 방관하는 한국교회가 교회 연합을 구축한다 해도, 그것은
민족에 대하여 무익하고 복음에 불복종하는 바벨탑에 불과하게 될
것이다. 상관성의 둘째 이유는 바로 복음 선교 자체의 요청이다.
이것은 사실상 우선적인 이유이다. 복음은 성서적으로 본래부터 교회
의 소유물이 아니라 교회의 선교에 위탁된 것으로서 세계와 민족에
대한 하나님 구원의 역사하심 자체이다. 세계와 민족에 대한 교회의
예언자적 직분은 바로 하나님의 역사하심에의 복종이다. 셋째 이유는
한국교회 자체 내의 상황에서 기인한다. 즉, 민족 분단은 저 38선에
의해서만 표시되는 것은 아니고 교회 내부에 깊숙이 개입해 있으며,
따라서 교회 연합 운동은 민족통일의 과제를 취급하지 않을 수 없게
되어 있다는 사실이 주목되어야 한다. 분단 극복의 과제는 교회 내적
요청이니, 이것은 복음의 요청이 아니겠는가. 분단 상황의 교회 내적
징조들은 교회를 새롭게 하는 누룩이요, 새로운 사건이다. 징조들은
민족 사회 자체의 갱신을 혹은 민족과 민중의 평등한 통일된 사회를
갈망하는 외침과 고투에 상응하는 현상이다. 교회의 예언자적 직분은
구약성서의 예언자들에 의해서 예증되었듯이 시대의 징조들에 직
면해서 하나님의 소명과 역사하심에 복종하고 증언하는 직분이다.
종래의 교회에서의 반공(反共)은 그 징조들에의 역행이요 불복종이요
민족통일의 길을 차단하는 것이다. 한국교회는 이제 민족 분단을
자체 내에서 알게 모르게 반복해서는 안 된다. 반공은 공산주의의
반기독교적 무신론에 대한 해답이 될 수 없다. 그 무신론은 본래

넘사업협의회 여성분과위원회 편 참조.

기독교 자체의 무신론, 신을 빙자해 지배자 이데올로기로 둔갑해버린 우상에 대한 공격이요, 인간으로 하여금 지배자 이데올로기와 체제를 극복하고 넘어서는, 새 역사를 창출하게 하는 자유의 표지로서 제창된 것이었으니 그 무신론 극복은 우선이 기독교 문제 극복에 달려 있다. 넷째로 민족통일의 과업은 교회 연합 운동에 통일적인 구체적 사업을 제공한다. 이 과업은 민족 전체에 해당하는 것이므로 통일적이며, 동시에 연합 운동에 통일적 구체적 사업을 제공한다. 교회 연합 운동이 민족통일 혹은 민족 사회 전체의 문제를 제쳐놓고 교회 내적 일이든 교회 외적 일에 관련되든 이러저러한 부분적 사업들, 말하자면 기독교 100주년 사업이다, 기념관 건립이다, 부흥 집회다 하는 사업들을 전개하고 대성황을 이룬다 해도 결코 이러한 사업들은 연합 운동을 통일시키는 기초 공사가 될 수 없을 뿐만 아니라 연합 운동을 무의미하게 만든다. 오늘의 한국교회 상황은 민족 전체의 문제가 교회 자체의 문제가 되어 있다는 사실을 역력히 말해주며, 이러한 사실은 한국교회의 민족사적 책임을 명시해준다.

이제 교회는 민족통일 과업의 한 주체가 되어야 한다. 바야흐로 전개될 듯이 보이는 남북의 정치 · 경제적 협상은 본격적으로 추진된다 해도 양쪽 권력 구조의 이해관계와 결렬의 불씨를 내포하고 있을 뿐만 아니라, 정신적 사상적 통일의 기초 작업이 아니다. 또 한민족의 공통적 문화와 현재적 문화의 교류도 통일된 새로운 민족 사회 창출의 기초가 될 수 없다. 전통적 문화유산은 민족적 동일성을 밑받침해주는 한 수단이기는 하나 민족 분단의 요인들을 제거하는 기초는 아니다. 현재적 문화교류라는 것도 남북의 접촉 수단일 수는 있겠으나 분단 극복의 수단은 되지 못한다. 더욱이 문화교류라고 한 다음 각자의 우월을 운운하는 것은 접촉을 저해할 뿐이다. 복음과 신앙에 입각하는 교회는 정치·경제적 권력관계나 이해관계의 직접적 영향권에 속하지 않고, 문화적 매체에 근거하지도 않으며, 분단된 양편의 중간에 입각하는 제3의 입장을 취할 수밖에 없고, 그러한 위치에서 화해의 역할을 할 수 있다. 교회만이 이 제3의 중립적 위치를 취할 수 있는 정신적 근거를 가진다. 교회의 반공 문제는 한편에 부착해서 살아 왔기 때문에 신앙의 자유를 상실하고 분단 상황을 굳히는 데 이바지해 왔다는 점이다. 신앙의 자유는 복음의 자유, 하나님의 자유에의 신앙에서 성립하며, 자본주의 체제 혹은 세계의 부속물이 아니다. 신앙의 자유는 본래 공산주의가 제기한 사회 정의 혹은 세계 정의의 문제를 복음의 자유에 입각해서 재해석할 수 있으니 사회주의 국가들이나 북한에 주어진 권력 구조들을 능가하는 새로운 미래, 인류 공동체의 새로운 미래, 새로운 민족 공동체의 창출을 위해서 재해석할 수 있다. 이때 자본주의 체제에 있어서 성취된 인류를 위해서 유익한 문화적 수단들이 새로운 인류 공동체 혹은 민족 공동체에 흡수되어야 할 것이다. 그러한 의미에서 교회는 제3의 입장을 취할 수 있으며 또 취할 수밖에 없다. 문제는 남북한 기독교인들이 각각의 정치·사회체제에 속해 있어서 신앙의 자유 혹은 제3의 중립지대를 취하지 못하고 있다는 점이다. 이러한 난관은 분단된 세계에 처해 있는 기독교 전반의 문제이기도 하다. 어쨌든 남북한 기독교인들이 대화의 장을 요청하고 열어야 한다. 그 장(場)에서만 신앙의 자유와 초월성이 되살아날 수 있을 것이다. 분단 극복을 위한 제3의 주체는 남북한 기독교인들이어야 한다. 북한 기독교인들이 남한 기독교인들 수에 대해 비교가 안 될 뿐만 아니라 정치 체제에 더 밀착되어 있다고 해도 서양 기독교와 문화·사회체제에 결탁해 온 남한 기독교인들도 저들과 동일한 문제점을 안고 있다. 현재 미국에서 또 한국에서 통일 문제가 논의될 때 '북한 선교'라는 말이 등장하곤 하는데, 이 말도 문제점을 내포하고 있다. 북한 선교가 필요하다면, 그것은 서양 기독교나 남한 기독교에 편입시키는 방향을 취해서는 안 된다. 북한 선교가 필요하다면, 서양 기독교의 오류를 넘어서는 새로운 남한 선교도 필요하다. 어쨌든 남북한 기독교인들 사이에 대화의 장이 열리고, 거기에서 기독교 전반의 문제와 분단된 세계와 민족의 문제가 공동으로 규명되고 극복된다면, 그러한 작업이 곧 새로운 선교의 계기가 될 것이다. 한국교회의 연합 운동은 전 민족, 전 세계, 전 기독교에 직결되는 민족통일의 과제라는 기독교 역사 이래 미증유의 구심점을 가지게 되며, 동시에 새로운 선교의 과제를 성취할 수 있을 것이다.

둘째, 교회 연합이 민족 분단 극복과 통일된 새로운 민족 사회 창출이라는 벅찬 과제를 수납해야 하지만, 이것만이 교회 연합의 주제는 아니다. 교회 연합은 복음의 초월성에 근거하는 BEM과 사도적 신앙이라는 교회 자체의 주제를 가진다. 교회 연합 주제의 이 양면성은 하나님과 세계의 관계성, 즉 세계에서 역사하시는 하나님에 대한 신앙에 근거해 있다. 이 양면성이 올바르게 또 균형 있게 연구 추진되느냐 하는 문제는 WCC에 속하는 세계 교회들에 물어져야 할 문제로 남아 있기는 하나 그 양면성의 원칙과 방법은 앞에서 제시한 바와 같이 설정되어 있다. 한국교회의 연합 운동은 그러한 원칙과 방법이 대체로 확연하지 못했을 뿐만 아니라 신앙의 통일적 근거를 추구하지도 않았다. 인권과 민주화와 같은 긴박한 문제들을 계기로 해서 연합 운동이 역동적으로 전개된 것 같아도 이것만으로 교회 연합의 기초 작업이 이루어지는 것은 아니다. 민족통일이 아무리 긴박한 문제라고 해도 이것만이 교회 연합이라는 과제의 다가 아니다. 교회 연합 운동에 있어서 BEM이나 사도적 신앙에 관련된 교리적 문제들 혹은 NC 신조 따위는 도외시되어도 된다든지 하는 생각은 교회 신앙의 본질 문제를 몰각한 것이다. 그렇게 생각하는 한 교회 신앙은 지리멸렬하게 되며, 왜곡되고 만다. 이것이 한국의 분파주의의 상황이 아닌가 싶다. 교회의 근거 자체에 관련된 주제를 도외시하거나 상실하는 연합 운동은 민족통일의 신학적 방향을 개척할 수 없으며, 민족사의 종말적 구원을 증언할 수 없다. 연합 운동은 이제 복음과 신앙의 통일성과 민족의 통일성을 동시적으로 설정하면서 이 방향으로 교파들을 수렴 해야 할 것이다.

참 고 문 헌

강동진.『일본근대사』. 한길사, 1985.

강만길. "독립운동과정의 민족국가건설론."『한국민족주의론』. 창작과비평사, 1982.

_____. "문호개방을 전후한 역사적 상황과 한미수교."「기독교사상」. 1982년 2월호, 22.

강재언.『한국근대사연구』. 한밭, 1982.

고병익.『동아시아의 전통과 근대사』. 삼지원, 1984.

국토통일원.『한국사 현대편』. 을유문화사, 1963.

김명구. "코민테른의 대한정책과 신간회, 1927~1931."

김양선. "한국선교의 회고와 전망."『한국교회와 선교』 기독교사상강좌 제3권. 대한기독교서회, 1963.

김용덕. "조선女속고", "婦女守節考."『조선후기사상사연구』한국문화총서 제21집. 을유문화사.

_____.『조선후기사상사연구』한국문화총서 제21집. 을유문화사.

김욱제. "민중의 종교."「청년」제6권 제2호(1926).

김인서. "第十九會 總會에 際하여 ― 組織期의 危懼一非福音的 新傾向及 維物史觀의 害惡을 보고."「신학지남」. 제12권 제5호(1929).

김정명 편.『조선독립운동 II』. 원서방.

김정원. "해방 이후 한국의 정치과정, 1945~1948."『한국현대사의 재조명』. 돌베개, 1982.

김준엽 · 김창순.『한국공산주의 운동사』제2, 3권. 고려대학교 아세아문제연구소.

김쾌상 역.『교육과 문화적 식민주의』. 한길사, 1980.

김태곤.『한국무속연구』한국무속총서 IV. 집문당.

김학준. "분단사의 재조명."『분단과 통일 그리고 민족주의』. 박영사, 1984.

_____. "역사는 흐른다." 한민족의 동질성회복캠페인.「조선일보」.

김호일. "한국근대교육의 성립."「한국사학 2」. 1980.

류영렬.『개화기의 윤치호 연구』. 한길사, 1985.

마삼락 · S. H. Moffet.『아세아와 선교』. 장로회신학대학 선교문제 연구원, 1976.

문일평. "조선여성의 사회적 지위." 이기백 편,『湖岩史論選』탐구신서 99. 1975.

임종국.『일제침략과 친일파』. 청사.

민경배.『교회와 민족』. 대한기독교출판사.

_____.「동양지광」 1942년 6월호.

민영진. "구약성서의 靈 이해."「신학사상」. 1980.

박순경. "기독교와 공산주의의 이론과 현실."『하나님 나라와 민족의 미래』. 대한기
독교서회.

_____. "민족의 문제와 신학의 과제."「신학사상」.

_____. "인간의 여성신학적 해석."『한국민족과 여성신학의 과제』. 대한기독교서
회.

_____. "칼 바르트의 하나님론 연구 I."「이화논총」 21집(1973).

_____. "칼 바르트의 하나님론 연구."『하나님 나라와 민족의 미래』. 대한기독교출
판사, 1984.

_____. "한국민족과 여성신학의 과제."『하나님 나라와 민족의 미래』. 대한기독교
출판사, 1984.

_____.『하나님 나라와 민족의 미래』. 대한기독교출판사, 1984.

박완.『여성운동, 청년운동』 한국기독교백년 10. 성서교재간행사, 1982.

박용옥.『한국근대여성사』. 정음사, 1975.

_____.『한국근대여성운동사연구』. 한국정신문화연구원.

박종근. "조선근대에 있어서 민족운동의 전개 ─ 개화·동학·위정척사사상과 운동
을 중심으로."『갑신갑오기의 근대변혁과 민족운동』. 청아출판사, 1983.

박종화 역.『칼 바르트』. 신학사상문집 9.

박현채.『한국자본주의와 민족운동』. 한길사, 1984.

박현채·정창렬 편.『한국민족주의론 III』. 창작과비평사, 1985.

백낙준. "한국기독교의 사회신조"「한국교회사학회지」. 창간호, 1979.

_____.『한국개신교사』. 연세대학교출판부.

서중석.『미국의 대극동정책』. 1973.

손승희 역.『파트너십과 교육』. 현대사상사.

손인수.『한국여성교육사』. 연세대학교 출판부, 1971.

송건호·강만길 편.『한국민족주의론』. 창작과비평사, 1982.

송길섭.『일제하 감리교의 삼대성좌』. 성광문화사.

송연옥. "1920년 조선여성운동과 그 사상 ─ 근우회를 중심으로."『1930년대 민족
해방운동』. 도서출판 거름, 1984.

송재소. "허균의 사상사적 위치." 신동욱 편.『허균의 문학과 혁신사상』. 새문사.

송창근. "오늘 조선교회의 사명."「신학지남」. 제15권 제6호(1933년 11월호).

스칼라피노·이정식 외 6인.『신간회연구』. 도서출판 동녘, 1983.

신동욱 편.『허균의 문학과 혁신사상 II』. 새문사.

신용하. 『3.1독립운동의 사회사』. 현암사, 1984.

_____. 『한국근대사와 사회변동』. 문학과지성사, 1980.

신채호. "조선사 총론." 안병직 편. 『신채호』. 한길사.

신흥우. "Laymen and the Church." *Within the Gate*. Addresses Delivered at the Semi-Centennial of the Methodist Church in Korea, The Korea Methodist News Service, 1934.

_____. "동양화완성." 「매일신보」. 1940년 10월 3일자.

심일변. 『한국 민족운동과 기독교수용사고』. 아세아문화사.

안국선. "레닌주의는 합리한가." 「청년」. 제1권 제5호(1921).

연세대 출판부. 『대한제국의 종말』.

유교성. "여말선초의 불교와 여성." 「아세아여성연구」 제4집(1965).

유동식. 『한국신학의 광맥 III』. 전망사.

유원동. "이조전기의 불교와 여성." 「아세아여성연구」 제6집.

윤근. "공산주의의 사조사." 「청년」 제2권 제9호(1922).

윤성범. 『한국적 신학』. 선명문화사.

이광린. 『한국개화사상연구』. 일조각.

이대위. "금일 조선인의 呼聲." 제4권 제6호(1924).

_____. "민중화할 금일과 농촌개량 문제." 제4권 제5호(1924).

_____. "민중화할 금일과 이상적 생활의 실현." 제4권 제3호(1924).

_____. "사회주의와 기독교사상." 「청년」. 제3권 제5호(1923).

_____. "사회주의와 기독교의 귀착점이 엇더한가." 「청년」 제3권 제8호.

_____. "인류사회를 개조하는 근본적 방침." 「청년」 제4권 제1호(1924).

이만렬. 『한국기독교와 역사의식』. 지식산업사, 1981.

이우성. 『한국의 역사상』. 창작과비평사, 1982.

이이화. "기생, 보부상, 백정들이 앞장선 만세." 「월간 조선」 1985년 3월호.

이정식. 『한국민족주의의 정치학』. 한밭.

이현종. 『한말에 있어서의 중립화론』.

이현희. 『한국근대여성개화사 ― 우리 여성이 걸어온 길』. 이우출판사.

임진실. "여자의 지위에 대한 일고찰." 「청년」 제6권 제3호(1926).

장량단. 『한국감리교여성사, 1885~1945』. 성광문화사, 1979.

장로교신학대학. "Samuel A. Moffet 박사의 선교일지." 「교회와 신학」 VII(1975).

전규태. 『한국신화와 원초의식』. 이우출판사.

전택부. 『인간 신흥우』. 기독교서회, 1971.

_____. 『토박인 신앙산맥 2』. 대한기독교서회, 1982.

조선총독부. "조선의 통치와 기독교."1921.

차기벽. 『한국민족주의의 이념과 실태』. 도서출판 까치, 1978.

최직순. "조선여자의 이상과 포부." 제8권 제1호(1928).

한국기독교사연구회. 「사료총서」.

한국기독교장로회 역. 『세례·성만찬·사역』.

허혁 역. 『학문과 실존』. 성광문화사.

홍병선. "국민정신총동원과 총후(銃後) 후원."「청년」 제6집(1938).

_____.「청년」. 제1집 1-28호(1938).

홍이섭. "한국현대사와 기독교." 기독교사상 편집부 편. 『한국 역사와 기독교』 기독
교사상 300호 기념논문집. 대한기독교서회, 1983.

황신덕. "朝鮮婦人の過去, 現在及將來."「조선급조선민족」 제1집(1927).

『교회교의학』. II/2.

『단재 신채호전집』 하. 형설출판사, 1977.

『동경대전』. 을유문화사.

『월간목회』. 1977.

『윤치호일기 I』. 국사편찬위원회, 1973.

「동양지광」. "조선기독교도의 국가적 사명." 1939년 2호.

「독립신문」. 1896년 4월 23일 자 논설.

「독립신문」. 1896년 4월 30일 자 논설.

「독립신문」. 1896년 5월 12일 자 논설.

「매일신보」. "동양화(東洋化) 완성." 1940년 10월 3일 자.

「조선일보」.

『일본외교문서』, 제27권, 제1책, 문서번호 438호.

「天來之聲」, 제8권, 제1호. 1935.

『大東韻府群玉』, 卷 5 "心火曉塔."

Korea Review. 1904년 2월호.

Allen, *Korea: Fact and Fancy*, 김원모 편.『대한국외교사연표』. 단국대학교 출판
부, 1984.

Alison M. Jaggar · Paula Rothenberg Struhl, *Feminist Frameworks Alternative
Theoretical Accounts of the Relations between Women and Men.* New
York: McGraw-Hill Book Company, 1978(신인령 역. 『여성해방의 이론
체계』. 풀빛.)

Bruce Cumings. "한국의 해방과 미국정책." 일월서각 편집부 편.『분단전후의 현대사』. 일월서각, 1983.

S. H. Moffet.『아세아와 선교』. 장로회학대학 선교문제 연구, 1976.

F. A. McKenzie. *Korea's Fight for Freedom*. (이광린 역.『한국의 독립운동』. 일조각.)

F. H. Harrington. *God, Mammon and the Japanese*. (이광린 역.『개화기의 한미관계』. 일조각.)

Homer B. Hulbert. *The Passing of Korea*. (신복룡 역.『대한제국의 멸망사』. 평민사.)

J. L. Neve. *A History of Christian Thought*, Vol. I. (서남동 역.『기독교 교리사』. 기독교서회.)

L. Feuerbach. *Das Wesen des Christentum*. Köln: Hegner, 1967년판. (박순경 역.『기독교의 본질』. 종로서적.)

Letty M. Russell. *Human Liberation in a Feminist Perspective: A Theology.* (안상임 역.『여성해방의 신학』. 기독교서회.)

Library of Congress. Microfilms, Roll 28299. Schufeldt's Letter Book, No.43, Memoranda, U.S.S. Wachusett, Near Mouth of Tai-tong River, Corea, Jan. 25, 1867.

Ludwig Feuerbach. *Das Wesen des Christentums*. Köln: Hegner, 1967. (박순경 역.『기독교의 본질』. 종로서적.)

Ludwig Feuerbach. *Das Wesen des Christentums*. Köln: Hegner, 1967. (박순경 역.『기독교의 본질』. 종로서적.)

Maité Albistur and Daniel Armogathe. *Histoire du Feminisme Français*. (박정자 역.『여성은 해방되었는가』. 인간사.)

R. A. 스칼라피노·이정식. *Communism in Korea* University of California Press, 1972.

R. Ruether. *New Woman·New Earth*. (손승희 역.『새 여성·새 세계』. 현대사상사.)

Roy E. Shearer/서명원·이승익 역.『한국교회 성장사』. 기독교서회, 1966.

Russell.『여성해방의 신학』.

W. M Griffis. *A Modern Pioneer in Korea, The Life Story of Henry G. Appenzeller*, 한국기독교사연구회.「사료총서 7집」. 1912.

Walter Kasper. *Jesus der Christus*. Matthias-Grünewald-Verlag. (박상래 역.『예수 그리스도』. 분도출판사.)

A. D. Barnett. *China after Mao*. Princeton, 1967.

A. J. Brown. *Report of a Visit to Korea.* 1902.

_____. *Report of Visitation of the Korea Mission.* 1901.

_____. *The Korean Conspiracy Case.* Northfield, Mass, 1912.

_____. *The Mastery of the Far East.*

Alexander V. G. Allen. *Jonathan Edwards.* Boston: Houghton Mifflin Co, 1889.

Anna B. Chaffin. "Union Methodist Woman's Bible Training School." *Fifty Years of Light, Woman's Foreign Missionary Society of the Methodist Episcopal Church.* 1938.

Annual Report of the Board of Missions M. E. Church South. 1908.

Arthur Becker. "A Desire for Education." *The Korea Methodist,* Vol. I, No. 9. 1905.

Bloch. *Atheismus im Christentum.* Suhrkamp, 1973.

_____. *Das Prinzip Hoffnung.* Suhrkamp, 1959.

Bruce Cumings. "American Policy and Korean Liberation." Frank Bal win ed., *Without Parallel: The American Korean Relationship Since 1945.* New York: Pantheon Books, 1974.

Charles Allen Clark. *The Korean Church and the Nevius Methods.*

D. Bonhoeffe. *Schöpfung und Fall.* Chr. Kaiser Verlag, 1937.

D.A. Bunker. "A Bird's-eye View of Korea Methodism." *The Korea Methodist,* Vol. I, No. 3. 1905.

Dae-sook Suh. *The Korean Nationalist Movement 1918~1948.* Princeton University Press, 1967.

E. N. Hunt. *The Gospel in All Land.* 1888.

Eduard Thurneysen. *Karl Barth: Theologie und Sozialismus,* Theologischer Verlag (Zürich), 8f.; Eberhard Busch, *Karl Barths Lebenslauf,* Chr. Kaiser Verlag. 1976.

Ernst Bloch. *Atheismus in Christentum.* Suhrkamp, 1973.

Everett N. Hunt. *Protestant Pioneers in Korea,* American Society of Missionary Series, No.1. Orbis Books, 1980.

F. H. Smith. "The Japanese Work in Korea." *The Christian Movement in Japan, Korea and Formosa.* Japan, 1922.

Friedrich Schleiermacher. "Zur Einführung." *Über die Religion: Reden an die Gebildeten unter ihren Verächtern.* Vandenhoeck & Ruprecht, 1799.

Fioreuza, *In Memory of Her.* New York: Crossroad.

G. Kitte. *Theological Dictionary of the New Testament*, Vol. II.

G. Ruggieri. "Christianity and Socialism in Italy." Johann Bapfist Metz & Jean-Pierre Jossua. ed. *Concilium*. The Seabury Press, 1977.

G. T. Ladd. *In Korea with Marquis Ito.*

G. W. F. Hegel. *Vorlesungen über die Philosophie der Religion*. Hamburg: Verlag von Felix Meiner.

George T. Ladd. *In Korea with Marquis Ito.*

Growth in Partnership. Westminster Press, 1981.

Gustavo Gutierrez. *A Theology of Liberation*. New York: Orbis Books.

H. B. Hulbert. "Missionary Work in Korea." *The Korea Review*, vol. X. 1806.

_____. *The Passing of Korea*. 1906.

H. G. Appenzeller. "Fifty Years of Education Work." *Within the Gate*, 감리교 50 주년 기념 강연집. 1934.

H. H. Rowley. *The Servant of the Lord and Other Essays on the Old Testament*. London: Lutterworth, 1954, 2nd ed.

H. Richard Niebuhr. *The Social Sources of Denominationalism*. Living Age Books, 1957.

Max Weber. *Die Protestantische Ethik*, I. Hamburg: Siebenstern Taschenbuch Verlag.

Harry A. Rhodes. Archbald Campbell, ed., *History of the Korea Mission: Presbyterian Church in the U.S.A.*, Vol. II. 1935-1959.

J. L. Gerdine. "National Revivals." *The Korea Methodist*, Vol. I, No. 7. 1905.

J. Merle Davies. ed., *The Economic Basis of the Church*. International Missionary Council Meeting at Tambaram, Madras, Dec. 12th to 29th, 1938, London: Oxford University Press.

J. S. Gale. *Korea in Transition.*

_____. *The Ministry*, Vol. 43, No.5. 1910.

J.C.B. Mohr. *Glauben und Verstehen.*

James Dale van Buskirk. *Korea: Land of the Down, Missionary, Education Movement of the United States and Canada*. New York, 1931.

James Earnest Fisher. *Democracy and Mission Education in Korea*. Teachers' College, Colombia University, 1928.

James S. Gale. *Korea in Transition, Young People's Missionary Movement of the U.S. and Canada*. 1909.

Johann-Baptist Metz and Jean-Pierre Jossua. eds., *Concilium: Christianity and Socialism*. New York: A Crossroad Book, The Seabury Press, 1977.

Kar Kuppsch. *Karl Barth*. Rewohlt, 1971.

Karl Barth. "Die Menschlichkeit Gottes." *Theologische Studien* 48. Zollikon-Zürich: Evangelischer Verlag, 1956.

_____. *The Humanity of God*. John Knox Press.

_____. "Die Kirche zwischen Ost und West." Karl Kupisch, ed., *Der Götze Wackelt*. Käthe Vogt Verlag.

_____. "Rechtfertigung und Recht." "Christengemeinde und Bürgergemeinde." *Theologische Studien* 104, EVZ.

_____. *Der Römerbrief*, 1922년 제2판. EVZ-Verlag-Zürich, 1967.

_____. *Kirchliche Dogmatik*, I/2, S. ,III/4.

Kenneth Scott Latourette. *Three Centuries of Advance, A History of the Expansion of Christianity*, Vol.3. Zondervan Publishing House.

Korean Information Papers. New York: Foreign Mission Board, Presbyterian Church.

L. M. Russell. *The Future of Partnership*. The Westminster Press, 1979.

M. E. North. *Report for 1885*.

_____. *Report for 1906*.

M. M. Thomas. "Christian Action in the Asian Struggle." *Christian Conference of Asia*. Singapore.

Mack B. Stokes."Methodist Evangelism." *Within the Gate* (Addresses Delivered at the Semi-Centennial of the Methodist Church in Korea. The Korea Methodist News Service, 1934.

Martin Carnoy. *Education as Cultural Imperialism*. Longman Inc., 1977. 제3판.

N. P. *Report for 1907*.

Patricia Martin Doyle. "Women and Religion: Psychological and Cultural Implications." Rosemary R. Ruether, Simon and Schuster, eds., *Religion and Sexism*.

Paul Tillich. *Systematic Theology*, Vol. I. The University of Chicago Press.

R. Bultmann. *Die Geschichte der Synoptischen Tradition*, 7 Auflage. Göttingen: Vanden- hoeck & Ruprecht, 1967.

R. E. Speer. *Missionary Principle and Practice*. New York: Fleming H. Revell, 1902.

Report of First Session of Unofficial Conference. 1919. Second Session. 1919.

"Report on Chosen Mission." *Annual Report of the Board of Foreign Missions of the Presbyterian Church in the U.S.A.* 1927.

"Report on the Korea Conference." *Annual Report of the Board of Foreign Mission of the Methodist Episcopal Church.* 1926.

Richard Lischer. *Marx and Teilhard: Two Ways to the New Humanitity.* New York: Maryknoll, Orbis Books, 1979.

Rosemary Ruether. *Liberation Theology.* New York: Paulist Press.

Ruether. *Liberation Theology.* New York: Paulist Press.

S. Hugh Moffet. *The Christians of Korea.* New York: Friendship Press, 1962.

T. Dennett. "President Rosevelt's Secret Pact with Japanese." *The Current History Magazine.* 1924.

T. Stanley Soltau. *Korea, The Hermit Nation and ifs Response to Christianity.* *The Korea Mission Field.* Vol. 4. 1908.

Tissa Balasuriya. ed., *Theologizing from the Other Side of the World.* Colombo: Centre for Society and Religion.

Tyler Dennett. *Americans in Eastern Asia.*

U.S.A. ed., *Christianity and New China,* Vols. I and II. Ecclesia Publications, Lutheran World Federation, 1976.

Virginia Fabella. ed., *Asia's Struggle for Full Humanity: Towards a Relevant Theology.* New York: Orbis Books.

W. M. Clark. "Christian Sociology in the Light of Conditions in Korea." *The Korea Mission Field.* 1927.

W. N. Blai. *The Korea Pentecost.* Edinburgh: The Banner of Truth Trust, 1977.

WCC. *Baptism, Eucharist and Ministry,* Faith and Order Paper, No. 111. Geneva, 1982.

William Elliot Griffis. *Corea, the Hermit Nation.* New York: C. Scribner's Sons, 1882.